Patrick Seale · Abu Nidal – Der Händler des Todes

Patrick Seale

Abu Nidal –
Der Händler des Todes

Die Wahrheit über den palästinensischen Terror

Aus dem Englischen von Gaby Burkhardt, Andrea Galler und Reinhard Tiffert

C. Bertelsmann

Die Originalausgabe
erschien 1992 unter dem Titel
»Abu Nidal: A Gun For Hire«
bei Random House, New York

1. Auflage

Redaktionelle Bearbeitung: Reiner Pfleiderer, Tübingen
Umschlaggestaltung: Claus Grube, München
Satz: Büro Dr. Ulrich Mihr
Druck und Bindung: Mohndruck, Gütersloh
Printed in Germany
ISBN 3-570-00244-6

Für Farah
in der Hoffnung, daß sie einmal
frei von Furcht sein wird

Inhalt

1 Jordes Geschichte

Mehr als zwanzig Jahre ist es nun schon her, daß Oberst Gaddafi in Libyen die Macht ergriffen hat, und immer noch macht die Hauptstadt Tripolis den Eindruck eines verschlafenen Provinznestes, das eine lange Siesta hält. Hier gibt es keine Menschenmassen, keine Verkehrsstaus, das pulsierende Leben einer Metropole ist hier unbekannt. Mit dem Auto kommt man mühelos aus der Stadt, folgt eine Weile dem schmalen, besiedelten Küstenstreifen und fährt, das Mittelmeer im Rücken, durch niedrige Vorstadtsiedlungen, die bald von verstreut liegenden Dörfern abgelöst werden, bis man schließlich nur noch einen weiten dunklen Horizont vor sich hat. In dieser endlosen Landschaft aus Strauchwerk und Dünen läßt sich manches verstecken. Weiter nach Südwesten, entlang der tunesischen Grenze erstreckt sich die rauhe, trostlose Al-Hamra-Steppe; noch weiter südöstlich in der Wüste ragt das mächtige Soda-Gebirge auf. Irgendwo zwischen Steppe und Gebirge, gut hundertsiebzig Kilometer Landstraße von Tripolis entfernt, hat der exzentrische Herr über Libyen den wichtigsten Stützpunkt des Terroristen Abu Nidal errichten lassen.

Das Wüstencamp

Ein Stacheldrahtzaun folgt der Straße über mehrere Kilometer. Der Eingang ist nur durch eine Stange zwischen zwei Pfosten markiert, bewacht von einem einsamen jungen Burschen, der den Kopf in eine *Kouffiya,* das traditionelle karierte Palästinensertuch, gehüllt hat. Dahinter, teils zwischen Hügel gebettet, erkennt man verstreut liegende Ansammlungen von niedrigen Gebäuden, ein oder zwei Zeltreihen, eine Funkantenne und vermutlich einen

Wassertankwagen, der von der nächsten Wasserstelle Nachschub zu diesem ausgedörrten Flecken Erde bringt. Auf den ersten Blick scheint es ein Camp für ausländische Bauarbeiter zu sein, die an einem weiteren Projekt des Obersten arbeiten, und das war es tatsächlich, bis Abu Nidal es 1987 übernahm und ausbaute.

Auf sechs Quadratkilometern Sand- und Steinwüste breitet sich ein weites Lager aus, dessen verschiedene Abteilungen voneinander abgeschottet sind: vier oder fünf kleinere Lager, jedes von Stacheldraht umzäunt. Eine Bungalowsiedlung für verheiratete Kader und ihre Familien, zu der Nichtbewohner keinen Zutritt haben; Verwaltungsgebäude, Unterkünfte, Schulungsräume, eine Kantine und Übungsplätze für die Kampftruppe; in einiger Entfernung davon ein Zeltlager, in dem kleine Gruppen maskierter Männer auf Kommandoeinsätze vorbereitet werden; ein streng bewachtes Archiv mit dem Namen Station 11, das von zwei Raketenbatterien gegen Fliegerangriffe geschützt wird; und ein Gefängnis- und Verhörblock, genannt Station 16, über den keiner ohne Schaudern spricht und von dem nachts arabische Liebeslieder herüberdröhnen, die, so heißt es, die Schreie der Gefolterten übertönen sollen. Stets auf der Hut vor feindlicher Unterwanderung, von Furcht und Argwohn geprägt, führen die Insassen des Camps kein glückliches Leben, wie die wenigen Zeugen, denen die Flucht gelang, bestätigen.

Der größte Teil des Camps ist ein Ausbildungslager für Einheiten von Abu Nidals ›Volksarmee‹, einer mehr oder weniger offenen Miliz wie die Kampfverbände anderer Palästinensergruppen. Aber der eigentliche Kern des Lagers, in dem Männer auf Auslandsoperationen vorbereitet werden, ist so hermetisch abgeschirmt, wie es in der Welt der Geheimdienste üblich ist. Die gewöhnliche Kampftruppe dient nur als Schutzschild und Tarnung für die geheimen Machenschaften im Innern.

Einer Laune folgend hat Abu Nidal sein libysches Camp nach Nadschi al-Ali benannt, einem respektlosen arabischen Cartoonisten, der am 22. Juli 1987 vor dem Londoner Büro der arabischen Tageszeitung *Al-Qabas,* für die er arbeitete, auf offener Straße niedergeschossen worden war. Manche behaupten, daß Jassir Arafat die Ermordung angeordnet habe, weil der Cartoonist mit Vorliebe die menschlichen Schwächen des PLO-Vorsitzenden anprangerte, und daß das Kommando von Abd al-Rahman Mustafa, einem Major aus Arafats Leibwache, der Kampfgruppe 17, geplant und geleitet worden sei. Allerdings gibt es dafür keinen Beweis, weil der Attentäter nie gefaßt wurde. Andere sagen, der Mossad habe die Aktion durchgeführt, um Arafat und seine PLO als Mörderbande hinzustellen. Bei der Untersuchung des Mordfalls stieß die britische Polizei auf ein Waffenlager mit Gewehren, Granaten und Semtex-Sprengstoff, das angeblich Mustafa gehörte. Die Polizei fand es in der Wohnung eines Palästinensers namens Ismail Sawwan, der nach eigenem Bekunden ein Doppelagent des Mossad war. Sawwan wurde zu zwölf Jahren Haft verurteilt, und seine Führungsoffiziere, zwei israelische Diplomaten, wurden aus Großbritannien ausgewiesen.

Höchstwahrscheinlich hat Abu Nidal sein libysches Camp deshalb nach Nadschi al-Ali benannt, weil ihm Arafat ebenso verhaßt ist wie den Israelis. Allerdings wirft er ihm wohl weniger den Tod eines Cartoonisten vor als vielmehr den ständigen ›Verrat‹ am Kampf der Palästinenser, der seiner Meinung nach nur die Zerstörung Israels zum Ziel hat. Jedem Mann, der in seine Hände gerät, versucht er den Haß auf den PLO-Führer einzuflößen. Arafat ist ins Kreuzfeuer geraten – schwere Attacken von den Israelis und tödliche Nadelstiche von Abu Nidal.

Abu Nidal selbst wohnt nicht im Camp, sondern bevorzugt nicht ohne Grund ein aus drei Häusern und einem großen Garten bestehendes Anwesen in einem Vorort von Tripolis, das ihm als Hauptquartier und Wohnsitz dient. Aber ungefähr einmal im Monat stattet er, lässig in Hemd und Freizeithosen gekleidet und selbst am Steuer seines Wagens sitzend, dem Camp einen unangemeldeten Besuch ab und versetzt alle, vom Kommandanten bis zum einfachen Rekruten, in Erstaunen. Blaß, schmerbäuchig, mit schütterem Haar, langer, dünner Nase und grauem Schnurrbart, fährt er ohne großes Trara ins Lager ein. Sein Auftreten wirkt zurückhaltend, fast schüchtern. Begleitet wird er gewöhnlich von Amdschad Ata, einem großen dunkelhaarigen Mann um die Vierzig. Ata ist sein Vertrauter und trägt in der Organisation den offiziellen Titel eines Zweiten Sekretärs des Zentralkomitees. Die Bewohner des Camps fürchten ihn mehr als Abu Nidal selbst. Immer wenn er kommt, heißt es, werde ein ›Verräter‹ zur Hinrichtung geführt oder müsse die Schrecken der Station 16 gewärtigen. Viele ›starke Männer‹ im Nahen Osten umgeben sich aus Sicherheitsgründen mit Mitgliedern ihrer eigenen Familie, und Abu Nidal macht darin keine Ausnahme: Amdschad Ata ist der Ehemann einer seiner zahlreichen Nichten.

Oberst Gaddafi, Abu Nidals gegenwärtiger Schutzherr, hat sich großzügig gezeigt. Neben dem Camp und dem Hauptquartier in Tripolis hat er Abu Nidals Gefolgsleuten ein Dutzend Häuser in der Stadt zur Verfügung gestellt, Häuser von Gaddafi-Gegnern, die ins Gefängnis geworfen, verbannt oder liquidiert wurden – ›streunende Hunde‹, wie sie der libysche Herrscher zu nennen beliebt. Dazu kommen ein dreistöckiges Gebäude in der Umar-al-Muchtar-Straße im Zentrum Tripolis', das dem Komitee für Sonderaufträge als konspirativer Treffpunkt dient, eine komfortable Villa in der Nähe des Flughafens, in der Agenten zwischen zwei Kommandounternehmen ausruhen und instruiert werden, sowie eine Plantage siebzehn Kilometer außerhalb der Stadt, auf der Gemüse und Obst für die Männer im Camp angebaut werden. Abu Nidal, der Sohn eines Orangenzüchters aus Jaffa, sieht gern, wie Pflanzen gedeihen. Er ist stolz auf seine gutgeführte Plantage und achtet darauf, daß die besten Früchte auf seinen eigenen Tisch kommen.

Die Kämpfer

Seit der Errichtung des Camps 1987 leben dort vor allem junge Palästinenser, andere Araber sind in der Minderheit. Die meisten werden im Libanon unter den verlorenen Schafen dieses leidgeprüften Landes angeworben und jeweils zu Hunderten in libyschen Transportmaschinen vom Flughafen Damaskus nach Libyen ausgeflogen. Diese Männer sind menschliches Strandgut und kommen aus den beiden wichtigsten Brutstätten des Hasses und der Entfremdung im Nahen Osten: aus den palästinensischen Flüchtlingslagern und dem libanesischen Bürgerkrieg. Für sie gab es nur eine Möglichkeit, die beiden letzten Jahrzehnte zu überleben und ihrer Existenz einen Sinn zu geben, nämlich einer der bewaffneten Organisationen beizutreten, die in das Machtvakuum drängten, das der Zusammenbruch des libanesischen Staates im Jahr 1975 hinterlassen hatte.

Erstaunlicherweise gelang es Abu Nidal, die Besten für sich zu gewinnen. Er hielt Ausschau nach aufgeweckten, vorzugsweise sehr jungen Studenten, die im Leben unbedingt vorankommen und der palästinensischen Sache dienen wollten. Er versprach ihnen nicht nur, ihre Ausbildung zu fördern – was häufig der einzige Weg aus der Perspektivelosigkeit in den Flüchtlingslagern ist –, sondern auch, ihre Familien zu unterstützen. Und er zahlte gut. Obendrein verschaffte er ihnen das erhebende Gefühl, einer militanten Geheimorganisation anzugehören. Er verhöhnte die Schwäche und Kompromißbereitschaft der PLO und predigte, daß Palästina nur durch den bewaffneten Kampf den Händen der Israelis wieder entwunden werden könne. Den jungen Rekruten wurde eingetrichtert, daß sie durch ihren Beitritt zu seiner Organisation nicht nur ihre Pflicht gegenüber Palästina, sondern gegenüber der ganzen arabischen Nation erfüllten. Andere Organisationen trügen den Makel des Verrats, der Korruption und der Kompromißbereitschaft; ihre eigene hingegen verkörpere die höchsten arabischen Tugenden. Sie sei die letzte Bannerträgerin des aufrechten Kampfes.

Bei der Aufnahme wurde aus gutem Grund auf strenge Auslese geachtet: Abu Nidal wollte sichergehen, daß seine Mitglieder keinerlei Kontakte zu anderen politischen Organisationen oder Geheimdiensten hatten. Neulinge mußten ein Papier unterschreiben, in dem sie ihr Einverständnis zu ihrer Hinrichtung gaben, falls im nachhinein entdeckt werden sollte, daß sie verdächtige Kontakte unterhalten hatten. Das war kein schierer Verfolgungswahn: Es bestand der begründete Verdacht, daß der Mossad wie auch eine Reihe westlicher Geheimdienste in Europa und den besetzten Gebieten Palästinenser anwarben und nach entsprechender Schulung in die Flüchtlingslager und in die gefährlichen Seitenstraßen Beiruts zurückschickten, um die palästinensischen Guerillabewegungen zu unterwandern. Wer war ein Patriot und wer ein Verräter? Niemand konnte sich dessen sicher sein. Die Furcht vor Spionen grassierte überall in der palästinensischen Bewegung, und niemand litt mehr unter ihr als der überaus mißtrauische und sektiererische Abu Nidal.

Jeder Bewerber erhielt bei der Aufnahme einen dicken Stoß Papier, auf dem er seinen Lebenslauf niederschreiben sollte: Alles mußte angegeben werden – die Familie, weitere Verwandte, Bekannte, Freunde, Geliebte, Schulen, Anstellungen, soziale Situation, jede Kleinigkeit von der Geburt bis zum Zeitpunkt der Bewerbung. Dieses erste Dokument in der Personalakte des Bewerbers bildete den Prüfstein für alle Erkenntnisse, die später ans Licht kamen. Wehe dem, der sich nicht an die Wahrheit gehalten hatte! Noch in der Probezeit wurde dem Neuling zusammen mit seinem Werbeoffizier eine Zwei-Mann-Zelle zugewiesen. Er hatte vor den Büros der Organisation Wache zu schieben, ihre Zeitschrift *Filastin al-Thawra* (»Palästinensische Revolution«) zu verteilen und an Märschen und Demonstrationen teilzunehmen. Zuweilen übernahm er auch schon einfachere geheimdienstliche Aufgaben, beschattete eine bestimmte Person oder berichtete über die Aktivitäten feindlicher Organisationen an seinem Wohnort, darunter Jassir Arafats Fatah, über rivalisierende Gruppen wie Georges Habaschs Volksfront oder über die beiden schiitischen Milizen Amal und ihre radikalere Schwesterorganisation Hisbollah. Um sich der Mitgliedschaft würdig zu erweisen, mußte der Bewerber sein Leben ändern und sich läutern: Alkohol, Tabak, Drogen und Frauen waren fortan für ihn tabu; unbedachtes Plaudern oder unnötige Fragen waren nicht erlaubt; ebenso war es verboten, nach dem richtigen Namen eines Mitglieds der Organisation zu fragen oder seinen eigenen Namen preiszugeben: Nur Decknamen durften benutzt werden; jede Unregelmäßigkeit, so trivial sie auch scheinen mochte, hatte er dem Vorgesetzten zu melden, und in Sitzungen, bei denen Selbstkritik zu üben war, mußte er vor seinen Mitstreitern Fehler und Irrtümer bekennen und selbst seine Bestrafung vorschlagen.

Während der Ausbildung wurden ihm die zehn Grundsätze der Organisation so lange eingeschärft, bis sie ihm zur zweiten Natur wurden und sein ganzes Handeln und Denken bestimmten: Pflichterfüllung, Disziplin, demokratischer Zentralismus, Gehorsam gegenüber der Befehlskette, Initiative und Einsatzwillen, Kritik und Selbstkritik, Sicherheit und Geheimhaltung, Planung und Durchführung, Auswertung gewonnener Erfahrung, Sparsamkeit. Jeder einzelne Grundsatz wurde von führenden Kadern in langatmigen Vorträgen erläutert.

Waren diese Lektionen in Fleisch und Blut übergegangen und untaugliche Bewerber ausgesondert, erfuhr der ausgewählte Mann, daß man ihn zu einer sechsmonatigen Ausbildung ins Ausland schicken werde, um ihn auf höhere Aufgaben vorzubereiten. Zusammen mit vier oder fünf anderen jungen Männern brachte man ihn dann in ein Dorf im bergigen Hinterland der südlibanesischen Hafenstadt Sidon, das Milizen des Drusenführers Walid Dschumblat kontrollierten. Er wurde in ein Haus einquartiert, das von seinen Bewohnern verlassen worden war und immer wieder unter Granatbeschuß geriet. Er erhielt eine Waffe, dazu eine Uniform und einen Trainingsanzug, und absolvierte eine mehrwöchige militärische Grundausbildung, bestehend aus Drill und körperlicher Ertüchtigung, vor allem aber aus nächtlichen Geländegängen, bei denen es galt, einer Entdeckung durch israelische Aufklärungsflugzeuge zu entgehen.

Nach einigen Wochen wurde er mit seiner Gruppe im Reisebus zum Flughafen von Damaskus gebracht. Einer dieser Rekruten, den ich im Sommer 1990 interviewte, berichtet, was dann geschah:

> Für die Reise erhielten wir neue Decknamen, die wir uns einprägen sollten. Aber nach der stundenlangen Warterei in der Flughafenhalle vergaßen einige Männer ihre neuen Namen und reagierten nicht, als sie aufgerufen wurden. Sie mußten mehrmals aufgerufen werden! Die syrischen Sicherheitsbeamten amüsierten sich köstlich, aber unser Vorgesetzter kochte vor Wut.
>
> Schließlich gingen wir an Bord einer libyschen Militärmaschine und flogen ab. Wir hatten keine Ahnung, wohin der Flug ging. Man munkelte, nach Kuba oder Nordkorea. Die meisten waren vom Lärm und vom Luftdruck ganz benommen. Doch drei Stunden später landeten wir in der libyschen Hauptstadt Tripolis.
>
> Wieder mußten wir lange warten. Dann wurden wir mit Bussen in die Wüste gefahren. Es war bereits Nacht, als wir im Camp ankamen. Unsere ursprünglichen Decknamen wurden ausgerufen, und nachdem jeder einzeln durchsucht worden war, ließ man uns herein.

Ihr Martyrium hatte begonnen.

Jordes Bericht

(Die folgende Schilderung basiert auf einem Erfahrungsbericht, den mir ein Mann aus Abu Nidals Organisation Anfang 1991 anvertraut hat.)

Er war ein kleiner, stämmiger Mann, Ende Zwanzig, stiernakkig, mit kurzgeschnittenem Haar, runden Hüften und dem federnden Gang eines Sportlers oder Tänzers. Sein Deckname, so verriet er mir, sei Hussein Jorde Abdallah gewesen, und für einen Palästinenser war seine Vorgeschichte recht ungewöhnlich. Sein Großvater war ein Kabyle aus Algerien, einer von tausenden Berbern, die um die Jahrhundertwende von Nordafrika nach Palästina ausgewandert waren. Sein Vater war in Palästina geboren, floh aber 1948, als die Israelis die Macht im Land übernahmen, mit seiner Familie in den Libanon und kam schließlich in Burdj al-Schamali unweit von Tyr unter, einem der zahlreichen Zeltlager, die das Hilfswerk der Vereinten Nationen für arabische Flüchtlinge aus Palästina (UNRWA) unmittelbar nach dem Palästina-Krieg errichtet hatte. Dort wurde Jorde 1961 geboren. Aber das Leben im Libanon war für die Palästinenser nicht einfach. Daher beschloß Jordes Vater Anfang der siebziger Jahre, als sich die Lage im unabhängigen Algerien stabilisiert hatte, mit seiner Familie in das Land seiner Herkunft zurückzukehren: in die Kabylei, das Bergland östlich von Algier. Dort wuchs Jorde auf, lernte Arabisch und ein oder zwei Berbersprachen, dazu ein paar Brocken Französisch. Er war ein rastloser, cleverer Junge, der sich sein Essen zusammenstahl, eine Laufbahn als Ladendieb einschlug und sich nach dem Ende der Schulzeit in das Heer der algerischen Arbeitslosen einreihte. Alle Hoffnungen der Familie ruhten auf Jordes jüngerem Bruder Abdallah, der zur Arbeitssuche in die Golfregion gegangen war und bei den Kuwait Airlines eine Anstellung gefunden hatte.

Als der Vater 1986 starb und die Familie ihren Ernährer verlor, wäre es an Jorde gewesen, für die Mutter und die beiden jüngeren Schwestern zu sorgen. Diese Aussicht behagte ihm wenig, und so beschloß er, fortzugehen. Mit dem Geld, das er sich von Abdallah in Kuwait erbettelt hatte, löste er ein Flugticket nach Barcelona und bestieg ein Flugzeug der Iberia. Er besaß weder ein Visum für Spanien noch einen Paß, nur einen libanesischen *laissez passer,* wie er an Palästinenser ausgegeben wird. Bei der Ankunft hatte er großes Glück. Fast zur gleichen Zeit war nämlich die Maschine eines Inlandfluges gelandet, deren Passagiere in der Ankunftshalle kaum zwei Schritte neben den Passagieren des internationalen Fluges standen. Nur ein schmaler Gang trennte die beiden Warteschlangen. Während seine Mitreisenden, allesamt Algerier, zum Einreiseschalter drängten, trat Jorde unauffällig in die andere Schlange und reiste unbehelligt in Spanien ein.

Er blieb drei Monate in Barcelona, wohnte in billigen Hotels und brachte die Nächte in Diskotheken zu, die von Arabern besucht wurden. Er erleichterte jene um ihre Habe, die nicht so gewitzt waren wie er selbst, stahl Lebensmittel in Supermärkten und freundete sich mit Kleinkriminellen an, bis er eines Nachts auf der Plaza Catalonia von der spanischen Polizei aufgegriffen und nach Verhören in den Libanon abgeschoben wurde.

In Beirut lernte er eine junge Frau kennen, mit der er bald regelmäßig ausging. Sie vertraute ihm an, daß sie für eine geheime Organisation arbeite, die sie den ›Rat‹ nannte, warnte ihn aber davor, ihr beizutreten. Er wurde neugierig. Es gelang ihm, ihr weitere Einzelheiten zu entlocken. Der vollständige Name der Organisation lautete ›Fatah, der Revolutionäre Rat‹, ihr Anführer war Abu Nidal. Jorde war abgebrannt und wollte sich hervortun: Der geheimnisumwitterte und mächtige ›Rat‹ schien ihm dafür gerade das Richtige zu sein. Er erfuhr, daß dieser im Flüchtlingslager Mar Elias ein Büro unterhielt und bot sich dort als Freiwilliger an.

Der junge Mann hinter dem Schreibtisch hörte sich seine Geschichte an. Was konnte er? Was hatte er gelernt? Was hatte ihn hierher geführt? Jorde verwies auf seine Sprachkenntnisse. Er sagte, daß er für eine Mahlzeit am Tag und einen Schlafplatz zur Mitarbeit bereit sei.

»Was hältst du von Arafat?« fragte der junge Mann.

»Ein hoffnungsloser Fall!« antwortete Jorde. Er hatte die dunkle Ahnung, daß er damit auf ihrer Linie lag. »Er will Palästina durch Reden befreien. Was mit Gewalt genommen wurde, kann nur mit Gewalt zurückgewonnen werden!«

Wenige Tage später hatte sich Jorde verpflichtet. Man gab ihm einen Decknamen und eine Matratze im ersten Stock des Gebäudes. Er hatte einen siebenundzwanzig Seiten starken Lebenslauf verfaßt, in dem er, um Eindruck zu machen, kräftig aufgeschnitten hatte. So schrieb er unter anderem, er habe in Spanien einen Juden ermordet, in Algerien in einer renommierten Fußballmannschaft gespielt und in Pamplona als Dolmetscher in einem Reisebüro gearbeitet. Außerdem zählte er ein Dutzend Spanierinnen auf, mit denen er geschlafen habe. Alles war pure Erfindung.

Jorde war nicht der ideale Kandidat für den ›Rat‹. Er war ein Aufschneider und Schwätzer; er unterwarf sich nicht der Disziplin; für eine Organisation, in der Informationen auf das Nötigste beschränkt wurden, war er zu neugierig; er suchte sich mit Mitstreitern anzufreunden, obwohl das den Regeln der Organisation widersprach; er prahlte gern mit seinen Sprachkenntnissen; und er zeigte keinerlei Bereitschaft zur Selbstkritik. In einer paranoiden Organisation wie dieser, in der jeder jeden bespitzelte und unablässig Berichte schrieb, mußte er einfach in Schwierigkeiten geraten. Doch er glänzte in den Kampfsportarten und wurde Klassenbester. Und auch beim Exerzieren und beim Sport zeichnete er sich aus, so daß er nach der Verlegung in den Süden nach Sidon zum Gruppenführer avancierte. Seine Angewohnheit, sich täglich zu rasieren, erregte allerdings Argwohn. Woher hatte er nur ein solches Luxusgebaren? Aus Angst, er könnte ein Spitzel sein, befahlen ihm seine Vorgesetzten, er solle nochmals seine Lebensgeschichte niederschreiben. Er mühte sich ab, bekam aber nicht mehr die Namen der Frauen zusammen, die zu kennen er behauptet hatte, geschweige denn ihre erfundenen Adressen.

Da aber nichts wirklich Belastendes gegen ihn sprach, wurde er bald mit einer Schar anderer Rekruten nach Libyen geflogen und in das Wüstencamp gebracht. Das was im Jahr 1987. An den Unterkünften und Duschräumen wurde damals noch gebaut – von den Männern selbst –, und in der Zwischenzeit dienten Zelte zur Unterbringung. Schon allein der Tagesablauf war eine Strafe. Nach dem Wecken im Morgengrauen absolvierten die Männer einen einstündigen Dauerlauf. Anschließend bekamen sie ein leichtes Frühstück und arbeiteten dann von sieben Uhr dreißig bis dreizehn Uhr auf dem Bau. Auf das spartanische Mittagessen und die anschließende Pause bis fünfzehn Uhr folgte eine zweite Arbeitsschicht bis achtzehn Uhr. Erst dann durften sie sich waschen und für das abendliche Schulungsprogramm umziehen, das aus politischen Filmen und Vorträgen bestand. Entsetzt mußte Jorde feststellen, daß Nachzügler, die nur fünf Minuten zu spät zu den Mahlzeiten erschienen, überhaupt nicht mehr in die Kantine gelassen wurden. Wer morgens nicht zur rechten Zeit aufstand, wurde mit einem Eimer kalten Wassers übergossen oder aus seiner Matratze gekippt. Wer für einen Augenblick sein Werkzeug niederlegte, um zu verschnaufen, wurde gerügt und beschimpft. Ohne Erlaubnis durfte niemand auf die Toilette gehen, und man mußte schon ernstlich krank sein, ja, geradezu Blut spucken, ehe der Lagerarzt einen krank schrieb. Beschwerden waren streng verboten, wollte man nicht zur Station 16 geschleppt werden; Männer, die von dort zurückkamen, konnten kaum noch gehen. Einmal versuchte Jorde, sich nach der ersten Hälfte der Morgenschicht wegzuschleichen, um sich zu rasieren und ein wenig auszuruhen, aber man erwischte ihn und drohte ihm Prügel an.

Jorde war seit etwa einem Monat im Camp, als der Kommandant seiner Abteilung eröffnete, daß sie in Kürze Besuch von einem ›Genossen‹ erhalten werde, dem sich jeder anvertrauen könne. »Sprecht offen, und beantwortet jede Frage, die er euch stellt.«

»Ein Fahrer nahm Haltung an und salutierte«, sagte Jorde, »daran merkte ich, daß Abu Nidal im Lager war. Ich erblickte einen Mann in Zivil, begleitet von drei uniformierten Offizieren aus dem Camp. Ich sah ihn mir genau an. Er war nicht sehr groß, der Schädel kahl mit einem Kranz grauer Haare, die Augen blaugrün und das Gesicht bullig. Ich dachte mir, das muß der große Boß sein.

Als wir auf dem Sportplatz angetreten waren, sprach er zu uns. Zuerst sagte er, daß die sechsmonatige Ausbildung nur der Beginn unserer Laufbahn innerhalb der Organisation sei. Jeder bekomme zur rechten Zeit eine Aufgabe, die seinen Neigungen entspreche und bei der er seine Fähigkeiten am besten entfalten könne. Daraufhin begann er uns mit ruhiger Stimme auszufragen, erkundigte sich nach unseren Lebensumständen, nach unseren Interessen und Ambitionen. Jeder mußte einzeln vortreten, seinen Decknamen nennen und sein Anliegen vorbringen.

Als ich an der Reihe war, trat ich vor und nannte meinen Namen Hussein Jorde Abdallah.

›Woher kommst du?‹

›Nordafrika.‹

›Bist du Palästinenser?‹

›Ja.‹

›Bist du in Algerien geboren?‹

›Nein. In einem Flüchtlingslager in Tyr.‹

›Aber Jorde ist kein arabischer Name.‹

›Ich bin kein Araber!‹

Alle schauten mich verwundert an. Mein Gruppenführer wollte erklären, daß dies nur mein Deckname sei, aber Abu Nidal bedeutete ihm zu schweigen.

›Bist du Spanier?‹

›Nein, Kabyle.‹

Und ich berichtete von den Reisen meiner Familie von Nordafrika nach Palästina und über den Libanon wieder zurück nach Algerien in die Berberhauptstadt Tizi-Ouzo. Der Name Jorde, erklärte ich, sei die katalanische Form von Jorje oder Georg, ich hätte ihn von einem spanischen Bekannten entlehnt. Ich erwähnte meine Sprachkenntnisse. Er bat den Kommandanten des Camps, Husam Jusif, eine Notiz über meine Aussage zu machen.«

Seit dem Wortwechsel mit Abu Nidal war Jorde ein gezeichneter Mann: Indem er die Aufmerksamkeit der Führung auf seine Fähigkeiten lenkte, weckte er auch ihren Argwohn. Tags darauf mußte er sich beim Lagerkommandanten melden.

»Hast du Angehörige, die für einen Geheim- oder Sicherheitsdienst arbeiten?« wurde er gefragt.

»Nein.« Er hatte eine Tante und einen Onkel in Kuwait; zwei Onkel lebten in Amerika, der eine in Michigan und der andere in Ohio, doch wußte er wenig über sie. Eine andere Tante lebte in Bengasi. Sie war die Schwester seines Vaters, und er hatte sie seit zwanzig Jahren nicht gesehen. Wie viele andere palästinensische Familien lebte auch seine in der ganzen Welt verstreut.

»Und du selbst? Hast du schon einmal für einen Geheimdienst gearbeitet?«

»Nein.«

»Bist du dir da ganz sicher?«

»Ja, ganz sicher.«

»Dein Leben steht auf dem Spiel. Denke daran, daß du in Beirut eine Erklärung unterschrieben hast, in der steht, daß du mit deinem Tod einverstanden bist, wenn dir Verbindungen zu einem Geheimdienst nachgewiesen werden können. Schreib noch einmal deinen Lebenslauf, aber diesmal mit allen Einzelheiten über dich und alle deine Verwandten – Namen, Adressen und alles andere.«

Diese Aufgabe wurde Jorde nun schon zum dritten Mal gestellt.

Mit Schreibzeug und Papier versehen, hockte er in den folgenden zwei Wochen die meiste Zeit in seinem Zelt und schrieb, während Groll und Angst in ihm wuchsen. Er befürchtete, daß seine Lügen nun an den Tag kommen würden. Er aß nichts mehr und weinte viel. Dann besuchte ihn der Kommandant Husam Jusif.

»Was ist los mit dir? Wo fehlt es?«

»Ich will hier raus! Ich ertrage es nicht mehr.«

Am anderen Morgen kamen Husam Jusif und ein kräftig gebauter Mann namens Baha, angeblich der palästinensische Karatemeister, und schleppten ihn mit dem Gesicht nach unten zur Hintertür des Küchenblocks. Dort stießen sie ihn in einen dunklen, mit alten Besen und schmutzigen Lumpen vollgestopften Abstellraum, der unmittelbar hinter den großen Gasbrennern in der Küche lag, deren fauchendes Geräusch durch die Wand zu hören war.

»Wir haben dich nicht hierher gebracht, um dich einzusperren, sondern damit du keine Dummheiten machst«, sagte Husam. »Sami will dich sehen, wenn er in ein paar Tagen aus Tripolis zurückkommt.« Sami war der Leiter von Station 16, dem Gefängnis- und Verhörblock.

Schmutzig und unrasiert wurde er zwei Tage später Sami vorgeführt.

»Wo ist dein Lebenslauf?«

Jorde sagte, er habe ihn unter der Matratze in der Mannschaftsunterkunft versteckt.

»Hast du uns die volle Wahrheit gesagt?«

»Ja.«

»Bevor wir zu anderen Mitteln greifen, möchte ich eines klarstellen. Du bist immer noch unser Genosse! Wenn du in Schwierigkeiten steckst, mußt du es uns sagen. Wenn du in Gefahr bist, sind wir es auch. Uns kann keiner täuschen. Allah richtet im Himmel, aber auf Erden richten wir. Einige Genossen haben sich als Agenten fremder Geheimdienste entpuppt. Als wir sie entlarvten, sagten sie, sie seien erpreßt worden. Wir konnten ihnen helfen. Das gleiche können wir auch für dich tun. Ich werde dir noch eine Woche geben, damit du deinen Lebenslauf schreiben kannst. Vergiß die bisherigen Fassungen. Sage uns nur, für wen du arbeitest!«

»Aber ich arbeite für niemanden!«

»Doch, das tust du! Wir können es beweisen. Aber ich möchte, daß du es selber zugibst. Sage uns die volle Wahrheit. Zwinge uns nicht, zu anderen Mitteln zu greifen.«

Also setzte sich Jorde wieder hin und schrieb. Er gestand, daß er weder in Algerien Fußball gespielt noch in Spanien gedolmetscht hätte. Das Reisebüro in Pamplona gäbe es nicht. Die fünfundzwanzig Frauen, mit denen er geschlafen haben wollte, wären reine Erfindung. Aber er wäre wirklich ohne Visum nach Spanien eingereist, indem er sich auf dem Flughafen von Barcelona in eine andere Warteschlange geschlichen hätte.

Diesmal mußte er zehn Tage lang in dem Abstellraum bleiben. Sein Bart war gewachsen. Es juckte ihn am ganzen Körper. Wenn in der Küche die Gasbrenner angezündet wurden, schnellte die Temperatur in die Höhe. Er zog sich bis auf die Unterhose aus. Eines Tages wurde er, spärlich bekleidet, wie er war, nach draußen gezerrt und auf dem Rücksitz eines Jeeps, eingeklemmt zwischen Sami und einem anderen Mann, aus dem Camp hinaus in die offene Wüste gefahren. Zuerst dachte er, sie wollten ihn umbringen. Hinter einer Düne gelangten sie zu einem einsamen Zelt. Es stand mitten im Sand und war leer. Keine Matte, kein Bett gab es darin, nur ein paar eiserne Pflöcke im Boden, an die sie ihn fesselten. Dann ließen sie ihn ein paar Tage allein. Nur einmal am Tag wurden ihm ein Stück Brot und ein Becher Wasser gebracht.

»Hast du dich jetzt entschlossen, uns die Wahrheit zu sagen?«

»Ich habe euch schon die Wahrheit gesagt«, stöhnte er.

»Hör gut zu«, sagte Sami. »Schläge sind in unserer Organisation nicht erlaubt, es sei denn, das Zentralkomitee gibt den Befehl dazu. Wenn du aber nicht redest, bleibt dem Zentralkomitee nichts anderes übrig ...«

Jorde schwieg weiter. Er war schmutzig und hungrig. Er roch schlecht. Schon wünschte er sich, ein Skorpionbiß möge ihm die Erlösung bringen.

Tags darauf kamen Sami, Baha und drei andere Männer zu seinem Zelt. Einer trug ein Seil, ein anderer ein Stück Gummischlauch, der dritte eine Sauerstoffflasche, ein Desinfektionsmittel und ein paar Lappen.

Baha baute sich vor ihm auf. »Steh auf!« brüllte er. »Wirst du uns endlich die Wahrheit sagen?« Ehe Jorde überhaupt ein Wort herausbrachte, erhielt er einen Schlag ins Gesicht. Er fiel zu Boden, wurde aber sofort wieder auf die Füße gestellt. »Stillgestanden!

Laß deine Hände unten! Her mit dem Schlauch!« Und dann schlugen sie abwechselnd auf ihn ein.

Einer seiner Folterer war ein junger Schläger namens Masud. Er gehörte zu der Sportgruppe, die Jorde geleitet hatte. Jorde hatte Masud beim Laufen und Springen geschliffen und sich dadurch seinen Haß zugezogen. Nun mußte er dafür büßen. Sie banden Jorde am Boden fest, legten seine Beine auf einen Stein und schlugen ihm auf die Fußsohlen. Schreiend und heulend, den Mund voller Sand, flehte er sie an, ihn zu verschonen.

»Hört auf! Hört auf! Ich sage euch alles. Algerien, ich arbeite für den algerischen Geheimdienst. Die haben mich hierher geschickt. Sie haben mich gezwungen. Ich hatte Angst um meine Familie. Hört auf!«

»Na also«, sagte Sami. »Jetzt wissen wir es. Nur keine Sorge. Wir kümmern uns um deine Familie.« Sie richteten ihn auf und lösten seine Fesseln.

»War es das?« fragte Jorde unter Tränen. »Ist jetzt alles vorüber?«

»Ja, das war's. Wir werden nach dem Abendessen noch etwas miteinander plaudern. Jetzt bist du außer Gefahr. Du bist wieder unser Genosse. Aber du wirst uns alles sagen müssen!« Jorde konnte nicht mehr stehen. Sie trugen ihn ein Stück weit zu Samis Zelt, gaben ihm Tee zu trinken und verbanden seine Wunden.

Er tischte ihnen folgende Geschichte auf: Als er noch mit seiner Familie in Algerien lebte, kaufte er ab und zu kleinere Mengen Haschisch bei seinem Nachbarn, einem kleinen Rauschgiftschmuggler. Dieser Mann warnte ihn vor einem gewissen Hauptmann Kamal vom militärischen Geheimdienst, der Jagd auf Rauschgifthändler mache. Jorde hatte bald herausgefunden, welches Auto der Hauptmann fuhr. Eines Tages besuchte Hauptmann Kamal Jordes Familie zu Hause, und wenig später bestellte er Jorde in sein Büro und warb ihn als Spitzel an. Zuerst wollte er Informationen über Schmuggler, dann sollte Jorde ein Auge auf studentische Agitatoren in der Stadt werfen. Doch dabei blieb es nicht. Als Abu Nidal in Algier ein Büro eröffnete, in dem, wie man fürchtete, Anschläge auf palästinensische Besucher geplant werden könnten, schickte man Jorde nach Spanien und von dort weiter nach Beirut, um die Organisation zu infiltrieren.

Soweit Jordes in Eile zusammengestrickte Geschichte. Manches entsprach der Wahrheit. Hauptmann Kamal gab es tatsächlich. Aber alles andere war erfunden. Die Geschichte hielt dem Verhör nicht stand. Jorde verlor den Faden und verfing sich in Widersprüchen. Sami zeigte sich unbeeindruckt. Später in der Nacht brachten sie ihn zurück in das Zelt, und die Schläge begannen von neuem. In dem verzweifelten Versuch, sich zu retten, nahm er seinen ganzen Verstand zusammen und präsentierte ihnen eine plausiblere Geschichte: Er behauptete, er habe in Bilbao für die baskische Separatistenbewegung ETA gearbeitet und sei Mitglied ihres militärischen Flügels. Die ETA habe ihn nach Beirut geschickt, um in Abu Nidals Organisation einzutreten. Die ETA habe einen Soldaten aus ihm gemacht! Er sei nie in Pamplona gewesen und habe nie mit Spanierinnen geschlafen; in diesen Punkten habe er gelogen. Es tue ihm sehr, sehr leid. Er habe sich nur interessant machen wollen. Die Schläge gingen in regelmäßigen Abständen die ganze Nacht hindurch weiter.

In den darauffolgenden Tagen fragten sie nicht mehr nach der Wahrheit, es ging ihnen nur noch darum, seinen Willen zu brechen. Im Zelt war es unerträglich heiß. Sami kürzte ihm die Wasserration auf knappe drei Schluck täglich. Er war so durstig, daß er kaum sprechen konnte. Sie gaben ihm eine Büchse, in die er seine Notdurft verrichten sollte. Auf seinem Rücken und auf dem Schmutz um ihn herum sammelten sich Fliegen. Das Blut auf seinen Wunden trocknete ein. Sein Körper war ein einziger Schmerz. Sie stopften ihm eine Kartoffel in den Mund, verbanden ihm die Augen und ließen dann Masud auf ihn los. Um den Schlägen zu entkommen, tat er so, als sei er wahnsinnig geworden, und warf sich in epileptischen Zuckungen auf den Boden.

»Was meinst du?« hörte er Sami zu Baha sagen. »Sollen wir ihn zum Arzt bringen?« Er wurde zur Krankenstation geschleppt, an ein Bett gefesselt und erhielt eine Spritze. Er merkte, daß Sami und Baha mehrmals in der Nacht zu ihm hereinschauten. Im Halbschlaf antwortete er auf ihre Fragen, und sie merkten, daß er simuliert hatte.

»Ist dir schon mal ein Draht in den Penis eingeführt worden?« fragte Sami. »Hat man dich schon mal wie ein Brathähnchen verschnürt und dann auf einer zerbrochenen Flasche sitzen lassen? Wir werden dir die Zunge herausschneiden. Alles was du geschrieben hast, ist gelogen. Jedes Wort. Wer hat dich angeworben? Wer hat dich zu uns geschickt? Was war mit den Syrern? Was war mit den Jordaniern?«

»Gnade! Bei Allah, Gnade! Ich schwöre, daß ich euch in der Küche die Wahrheit gesagt habe. Je länger ihr mich schlagt, desto mehr werde ich lügen.«

Mahmud, ein großer grauhaariger Mann vom Zentralkomitee, kam ihn sich anschauen. »Bringt ihn auf Station 16«, befahl er.

Sie sperrten ihn in eine winzige unterirdische Betonzelle und zwangen ihn, mit dem Gesicht zur Wand die ganze Nacht stramm zu stehen, auch die folgende Nacht und so die ganze Woche. Er lernte, im Stehen zu schlafen. Gegen Morgen kamen die Wächter in seine Zelle, und jeder schlug ihm hundertmal ins Gesicht. Er mußte die Schläge im Stillen zählen und durfte, wenn es soweit war, nur laut »Hundert!« sagen. Fiel er zu Boden oder entfuhr ihm auch nur die Andeutung eines Stöhnens, begannen sie von vorn. Sein Gesicht schwoll auf die Größe eines Fußballs an, und aus seinen Ohren sickerte eine ekelerregende Flüssigkeit. Nur jeden zweiten oder dritten Tag durfte er auf die Toilette gehen. Der Gestank in seiner Zelle war widerlich. Ab und zu kam Sami vorbei und spielte ein Tonband von Umm Kalthoum ab, der unbestrittenen Primadonna des arabischen Gesangs. Dann kamen die Wachen hereingestürmt, warfen Jorde zu Boden, schoben ihm einen Ziegelstein unter die Füße, banden seine Beine zusammen und schlugen ihm so lange auf die Fußsohlen, bis er ohnmächtig wurde.

Ein Eimer kaltes Wasser brachte ihn wieder zu sich. »Wo hast du Yoga gelernt? Wer hat dir beigebracht, im Stehen zu schlafen? Rede endlich, du Hund! Wer, wenn nicht ein Soldat, rasiert sich jeden Tag? Du bist ein Agent. Gib es zu!«

»Ich bin kein Agent! Ich bin nur ein armes Kind aus den Flüchtlingslagern! Glaubt mir doch.«

Jorde verbrachte zwei Monate im Gefängnis, und kein Tag verging ohne Schläge. Eines Nachts, als er immer noch in seiner unterirdischen Zelle eingesperrt war, fand im Camp eine Hochzeitsfeier statt. Ein Genosse heiratete eine Genossin, und alle Wachen gingen zu dem Fest, nur Masud paßte auf ihn auf.

»Heute nacht«, drohte er, »werde ich dich fertigmachen!« Er spulte eine Rolle Draht ab, knipste im Flur einen Schalter an und ließ durch die schmale Öffnung über der Tür eine gleißende Glühbirne in Jordes Zelle baumeln. »Nimm sie!«, schrie er. »Halte sie in der Hand! Wenn du sie losläßt, breche ich dir alle Knochen.« Jorde gehorchte. Nach wenigen Minuten stieg Rauch aus seiner mit Blasen bedeckten Hand auf. Ohnmächtig vor Schmerz wurde er von den Wachen gerettet, die gerade von der Feier zurückkamen.

Eines Abends kam Sami, nachdem er Jordes Lebenslauf gelesen hatte, mit grimmigem Gesicht in den unterirdischen Zellenblock. »Heute nacht«, sagte er mit leiser Stimme, »wirst du sterben! Sprich dein letztes Gebet.« Sie brachten ihm Wasser, damit er sich waschen konnte, und schauten stehend zu, wie er sich zum Gebet niederkniete. Dann steckten sie ihn in eine Uniform, schlugen ein Tuch um seinen Kopf und führten ihn nach draußen hinter den Gefängnisblock, wo eine tiefe Grube, die offensichtlich zu den Abwasserkanälen gehörte, ausgehoben worden war. Eine Leiter führte hinunter. Ekelhafter Gestank schlug ihm entgegen. Direkt unter ihm war ein Loch, das wie ein Grab aussah.

»Leg dich hin!« befahl Sami, zog seine Browning und entsicherte. »Hast du uns etwas zu sagen? Das ist jetzt deine letzte Gelegenheit.«

»Ich bin unschuldig!« schluchzte Jorde. »Ich habe euch die Wahrheit gesagt.« Und dann, als ihn schon die schmutzige Brühe umspülte, schloß er die Augen zu einem letzten Gebet.

»In Ordnung! Holt ihn raus!« befahl Sami. Völlig verstört und am ganzen Leib zitternd, wurde Jorde zurück ins Gefängnis gebracht. Man gab ihm frische Wäsche und verlegte ihn in eine saubere Zelle. Es war warm und dunkel darin. Er rollte sich auf dem Boden in ein Laken und schlief ein.

Sami weckte ihn am folgenden Morgen.

»Meinen Glückwunsch!« sagte er. »Du hast bestanden!« Er griff in die Tasche und reichte Jorde eine Handvoll Süßigkeiten. »Ich glaube dir, daß du wirklich unschuldig bist! Wasch dich, rasier dich und frühstücke etwas. Wir reden später miteinander. Wir müssen so handeln, um uns zu schützen. Wir haben draußen viele Feinde …«

Jordes Ausbildung

Ein paar Wochen lang genoß Jorde ein vages Glück zwischen Himmel und Hölle. Er war von Arbeit, Ausbildung und Wachdienst dispensiert und erhielt seine persönliche Habe zurück. Er teilte im Gefängniskomplex des Camps ein Zelt mit einem seiner früheren Folterer, erhielt Zeitschriften zum Lesen und reichlich Essen. Sein Heißhunger auf Kuchen und Obst, sein Verlangen nach frischer Luft und häufigem Duschen wurden geduldet. Er durfte so lange schlafen, wie er wollte. Im Camp konnte er sich frei bewegen, durfte allerdings niemanden ansprechen. Seine Wunden heilten, das Haar sproß wieder auf seinem geschorenen Schädel, und seine geschundenen Füße erholten sich bald soweit, daß er Turnschuhe anziehen konnte. Er kam wieder zu Kräften und zeigte auch andeutungsweise seine frühere Großspurigkeit.

Nach den Prügelstrafen und der Scheinexekution hatte Jorde nur noch einen Gedanken: Flucht. Eines Nachmittags hob ein Bulldozer am Fuß des Hügels hinter Station 16 eine Grube aus. Jorde war neugierig, was da vorging, aber Amdschad Ata, der Zweite Sekretär des Zentralkomitees, ließ den Gefängniskomplex für den Rest des Tages räumen. Als sie nach ein paar Stunden wieder zurückkommen durften, stellte er fest, daß die Grube zugeschüttet war. Jorde war überzeugt, daß hier Leichen verscharrt worden waren. Zwar durfte sich kein Insasse ein loses Mundwerk erlauben, und jeder lebte in ständiger Furcht vor Denunziation, aber dennoch kursierte das Gerücht, es habe Exekutionen gegeben. Wenig später erfuhr Jorde, daß der Fahrer des Bulldozers Selbstmord begangen habe. Er fragte sich, ob er hier je wieder lebend herauskommen würde.

Da er nun mehr Freizeit hatte und nach allem, was er durchgemacht hatte, eine gewisse Immunität genoß, vermochte er das Treiben in Station 16 genauer zu beobachten und die allgemeine Stimmung im Camp besser einzuschätzen. Ein Vorfall kam ihm zu Ohren: Ein Mann hatte einen anderen geschlagen, weil dieser entgegen der Vorschrift länger als eine Minute geduscht hatte. Um den Schläger von seiner ›Disziplinlosigkeit‹ zu kurieren, wurde er in den Zellenblock gebracht, an die Wand gekettet und bewußtlos geschlagen. Die »Behandlung« dauerte mehrere Wochen. Die Schreie, die nachts aus den Zellen drangen, rissen Jorde aus dem

Schlaf. Grauen überkam ihn, wenn in voller Lautstärke arabische Musik aus der Anlage dröhnte.

Nicht einmal diejenigen, die mit der Lagerleitung nicht in Konflikt gerieten, entkamen der strengen Arbeitsordnung und den geisttötenden Vorträgen über die Fehler der PLO und über die Tugenden der Organisation Abu Nidals, ihre zehn Grundsätze und die Unerläßlichkeit des bewaffneten Kampfes zur Befreiung Palästinas. Die Indoktrination war umfassend und systematisch. Den Rekruten war es verboten, Radio zu hören. Von dem wenigen abgesehen, was durch den Filter der Abteilung für politische Mobilisierung gegangen war und in der Lagerzeitung veröffentlicht wurde, erhielten sie keinerlei Nachrichten von draußen. Briefe an die Angehörigen wurden zensiert, während Briefe von draußen oft gar nicht ihre Adressaten erreichten. Die Lagerverwaltung führte umfangreiche Personalakten über jeden einzelnen und hielt es allem Anschein nach für angebrachter, Briefe zu archivieren, statt weiterzuleiten. Der Unmut der Männer entzündete sich vor allem an der Tatsache, daß stets von einer sechsmonatigen Ausbildung die Rede gewesen war, mittlerweile aber bereits achtzehn Monate verstrichen waren und keinerlei Aussicht auf Entlassung bestand. Im Lager herrschte ein solches Klima der Unterdrückung und Furcht, daß alle der physischen und psychischen Erschöpfung nahe waren – auch die Wächter, die noch vor wenigen Wochen Jorde so grausam mißhandelt hatten. Da sie alle persönlichen Papiere wie Ausweise oder Reisedokumente beim Betreten des Camps abgegeben hatten, war sogar das Gefühl für die eigene Individualität auf ein Minimum geschrumpft.

Eines Morgens stattete Abu Nidal dem Camp wieder einen Besuch ab. Es war das zweite Mal, daß Jorde ihn sah. In Begleitung zweier Männer besichtigte er die Station 16, die um einige neue Gebäude erweitert worden war. Sami machte ihn auf Jorde aufmerksam, und Abu Nidal kam auf ihn zu und begrüßte ihn kurz. Dann setzte er seine Inspektionsrunde fort, aber Jorde bemerkte, daß er ständig zu ihm herüberschaute.

Am Nachmittag des gleichen Tages wurde Jorde in Samis Büro beordert.

»Du bist ein Lügner und ein Dieb«, sagte Sami. »Deswegen haben wir die Absicht, dich im Ausland einzusetzen. Meinst du, du könntest für uns Pässe stehlen und Informationen beschaffen?« Jorde beteuerte, daß er dafür genau der richtige Mann sei.

»Du hast klar bewiesen, daß du einer Entlarvung entgehen kannst! Die Taktik, die du uns gegenüber angewendet hast, kannst du nun an anderen ausprobieren. Wir geben dir Geld. Damit kannst du reisen und im Ausland leben. Aber wenn du einen Fluchtversuch unternimmst, fangen wir dich und bringen dich hierher zurück, und dann kommst du hier nie wieder raus!«

Man stellte ihn einem ›Genossen Ali‹ vor, einem großen, hellhäutigen, westlich aussehenden Mann mit libanesisch-palästinensischem Akzent, seinem künftigen Ausbilder und Führungsoffizier. »Lerne soviel wie möglich von ihm«, sagte Sami, »und gehorche ihm aufs Wort.«

In einem entlegeneren Teil des Camps stand, eingezäunt und mit einem eigenen Wachposten versehen, eine kleine Gruppe von Zelten, die für Schulungen des Komitees für Sonderaufträge der Geheimdienstabteilung reserviert waren. Hierher wurden des Nachts Männer gebracht, einzeln und mit vermummten Gesichtern, und dann auf die Zelte verteilt. Sie durften weder untereinander noch zu irgendeinem anderen im Camp Kontakt aufnehmen, und Unbefugten war der Zutritt zu diesem Teil des Lagers streng verboten. Die Schulungen dauerten in der Regel zwei oder drei Wochen. In dieser Zeit kümmerte sich der Lagerkommandant persönlich um ihre Bedürfnisse, brachte ihnen die Mahlzeiten und frische Wäsche. Die Schulungen waren genau auf die einzelnen Agenten und die Erfordernisse ihrer Auslandseinsätze zugeschnitten.

Auch Jorde wurde hierhin verlegt, und in den folgenden Wochen nahm Ali seine geheimdienstliche Grundausbildung in die Hand. Er brachte ihm bei, wie man eine falsche Identität annimmt; wie man geht und sich bewegt, ohne Aufmerksamkeit zu erregen; wie man einen Treffpunkt auskundschaftet; wie man ein Objekt observiert; wie man einen Beschatter abschüttelt; wie man mit unsichtbarer Tinte schreibt und chiffrierte Nachrichten an die Zentrale sendet. Ein anderer Ausbilder namens Raid Sakr zeigte ihm, wie man Pistolen und leichte Maschinengewehre auseinandernimmt, wieder zusammensetzt und bedient; wie man sie reinigt, ölt und vor dem Vergraben verpackt; wie man sich eine Karte einprägt und in einem fremden Land ein Waffenlager anlegt.

Als er sich mit diesen Techniken einigermaßen vertraut gemacht hatte, sagte ihm Ali, es sei nun an der Zeit, sie in der Praxis zu erproben. Eines Nachts verließen sie zu Jordes großer Erleichterung das Camp und fuhren nach Tripolis. Ihr Ziel war eine Wohnung in der obersten Etage eines dreistöckigen Hauses in der Umar-al-Muchtar-Straße. Bevor Ali an der gelben Haustür klingelte, befahl er Jorde, sich zu vermummen. Jorde erhaschte einen flüchtigen Blick von mehreren kräftigen Männern, die am Ende des Korridors standen, bevor er rasch in ein Zimmer bugsiert wurde, in dem sich ein Bett, ein Tisch, ein Stuhl und einige Bücher befanden. An der Wand hing eine Weltkarte mit deutschen Ortsnamen.

In jener Nacht erteilte ihm Ali eine Lektion in Sachen Disziplin. »Wie ich höre, neigst du zum Jammern«, begann er. »Das muß aufhören. Unbedingt. Wir haben vor, dich ins Ausland zu schikken, wo wir dich ständig überwachen werden. Du mußt über alles Bericht erstatten. Wenn wir dir sagen, trink Alkohol, dann tust du es auch. Wenn wir sagen, heirate, dann suchst du dir eine Frau und heiratest sie. Wenn wir sagen, zeuge keine Kinder, mußt du gehorchen. Wenn wir sagen, töte König Hussein, mußt du bereit sein, dein Leben zu opfern!«

Jorde erklärte sich zu allem bereit.

»Ich will dir ein Beispiel für einen möglichen Auftrag geben«, fuhr Ali fort. »Wir könnten etwa sagen, geh in das argentinische Konsulat in Brüssel, und beantrage ein Visum. Etwa fünfzig Kilometer außerhalb von Buenos Aires gibt es eine Gegend namens La Plata, in der einige arme Dörfer liegen. Du gehst in eines dieser Dörfer, suchst eine mittellose alte Frau auf und gibst ihr zwei- oder dreihundert Dollar. Du erzählst ihr, du seist ihr lang vermißter Sohn und hättest in Europa gearbeitet. Sie wird mit dir aufs Bürgermeisteramt gehen und dir Papiere aushändigen, aus denen hervorgeht, daß du ihr Sohn bist. Du meldest dich freiwillig zum Militärdienst. Wenn er vorüber ist, beantragst du ein Visum für Israel. Du besorgst dir ein Flugticket nach Tel Aviv. Dann wartest du auf weitere Instruktionen!«

Ali ließ Paßfotos von Jorde machen, und am nächsten Tag gab er ihm einen abgewetzten nordjemenitischen Paß mit allerlei Stempeln und Visa, ausgestellt auf den Namen Muhammad Ahmad al-Salihi, wohnhaft in Abu Dhabi, Beruf Erdölingenieur. Jorde sollte die Daten in seinem Paß auswendig lernen und sich mit seiner neuen Identität vertraut machen. Außerdem erhielt er einen Koffer voller Kleidung, einen Samsonite-Aktenkoffer und fünftausend Dollar in Hunderterscheinen. Jorde hatte noch nie soviel Geld auf einem Haufen gesehen und fragte sich, ob die Scheine gefälscht seien.

»Gib nichts unüberlegt aus«, mahnte Ali. »Vergiß nicht: Einer unserer zehn Grundsätze ist Sparsamkeit. Wir sind nur eine kleine Organisation, unsere Mittel sind begrenzt. Das Geld, über das wir verfügen, gehört unseren Märtyrern und muß mit Bedacht verwendet werden.«

Eine Stunde lang ging er mit Jorde nochmals die Reiseroute durch, die ihn nach Athen, Rom, Zürich und Paris, von dort nach Niamey, der Hauptstadt des afrikanischen Staates Niger, und dann wieder zurück nach Paris und Tripolis führen sollte. Bei jedem Aufenthalt hatte er Leute zu treffen, Kennwörter auszutauschen und Warnsignale zu beachten. Wenn etwa ein hochgewachsener Farbiger mit einem versilberten Schneidezahn in seinem Hotel in Niamey ein Feuerzeug in der linken Hand hielt, durfte er ihn auf keinen Fall ansprechen; trug er das Feuerzeug dagegen in der rechten Hand, konnte er gefahrlos Kontakt zu ihm aufnehmen. Jorde durfte sich keine Notizen machen. Ali verlangte, daß er sich jedes Detail ins Gedächtnis einprägte.

»In Ordnung!« sagte Ali am Ende. »Morgen machen wir zusammen eine Reise. Schau noch einmal deine Sachen durch und entferne alles, was dich mit Libyen in Verbindung bringen könnte.«

Mit den Gedanken schon in Schwarzafrika, traf Jorde am nächsten Morgen Ali auf dem Flughafen Tripolis und wurde nochmals über seine Reiseroute befragt. Ali verlangte seinen Paß, schob einen Zettel hinein und gab ihn dem Beamten an der Paßkontrolle. Jorde bemerkte, daß sein Paß nicht gestempelt wurde. Tatsächlich wies er überhaupt keine libyschen Stempel auf. Dafür trug er einen Ausreisestempel aus Kairo mit dem aktuellen Datum. Sie stiegen in ein Flugzeug und landeten kurz darauf nicht in Athen, wie er erwartet hatte, sondern in Valetta auf Malta.

»Hier trennen sich unsere Wege«, sagte Ali. »Laß dir ein Transitvisum für drei Tage geben. Sag, daß du nach Athen weiterreisen willst. Ehe du dein Gepäck abholst, gehst du auf die Toilette und läßt dein libysches Flugticket verschwinden. Dann tauschst du hundert Dollar in Landeswährung um. Rede nicht mit Taxifahrern, das sind alles Geheimdienstleute. Du suchst dir ein billiges Hotel, und heute abend um acht treffen wir uns in der Cafeteria des Holyday Inn.«

Aber Jorde wurde an der Schranke aufgehalten. Die Beamtin am Einreiseschalter überflog seinen Paß, und als er um ein Transitvisum bat, schüttelte sie nur den Kopf. Er blickte sich kurz um und bemerkte, daß Ali ihn beobachtete. Dann sah er, wie Ali mit einem anderen Beamten sprach, augenscheinlich einem Araber. Der Mann kam herüber und sagte etwas zu der Beamtin, die daraufhin seinen Paß stempelte und ihn passieren ließ. »Vielen Dank«, sagte Jorde auf arabisch. »Keine Ursache«, antwortete der Mann.

In Valetta fand Jorde ein billiges Hotel am Meer und traf sich wie verabredet mit Ali. Sie aßen zusammen und machten einen Abendspaziergang durch die Stadt, bei dem Ali seinen Schüler weiter in Geheimdienstmethoden unterwies: Wurden sie verfolgt? Wie ließ sich das feststellen? War die Luft ›rein‹? Wo gab es hier einen geeigneten Treffpunkt? Hatte er für den Notfall mehrere Ausgänge? Wer war der Hauptfeind – Israel oder Arafat? Beim Frühstück am nächsten Morgen wurde der Unterricht fortgesetzt.

Anschließend gingen sie in einen kleinen Supermarkt, in dem Ali mehrere Packungen Seifenpulver und zwei Dutzend Filme kaufte. Er verstaute die Hälfte der Einkäufe in Jordes Koffer und tauchte erst am Nachmittag auf dem Flughafen wieder auf. Dort kaufte er zwei Tickets nach Libyen und bat Jorde um den Rest des Bargelds. Erst jetzt begriff Jorde, daß die Reise nur ein Test, eine Art Probelauf war, und daß er seine Hoffnungen, nach Schwarzafrika zu fliegen, auf später verschieben mußte. Nach der Landung in Tripolis wurde Ali von einem libyschen Beamten aufs Herzlichste begrüßt. Der Mann nahm ihnen die Pässe ab, wiederum ohne sie zu stempeln, und geleitete sie durch einen Hinterausgang aus dem Flughafengebäude. Ali sagte, er habe dem Mann dreihundert Dollar gegeben, damit er sie durchschleuste, aber Jorde nahm ihm das nicht ab. Wieder in der Wohnung in der Umar-al-Muchtar-Straße, verlangte Ali die Filme und die Packungen mit Seifenpulver zurück, die Jorde für ihn getragen hatte.

Die Ausbildung ging weiter. Ein bis zwei Wochen später waren sie in Belgrad. Jorde reiste mit einem mauretanischen Paß, abermals ohne libyschen Ausreisevermerk. Zum erstenmal reiste er allein. Mit fünftausend Dollar in der Tasche flog er zunächst nach Frankfurt, wo er sein libysches Flugticket verbrannte und auf der Toilette hinunterspülte, und dann weiter nach Belgrad. Ali führte ihn durch die Stadt, die, wie er ihm erklärte, Abu Nidal als Koordinationszentrale für seine Operationen in Europa diente. Er zeigte ihm die Büros von Fluggesellschaften und westliche Botschaften, günstige Cafés, die sich als Treffpunkt eigneten, und Hotels, in denen er sich auf keinen Fall blicken lassen durfte.

Die Arbeitsweise der Organisation wurde ihm allmählich durchsichtiger. Ali erklärte ihm, daß beträchtliche Mittel auf die Beschaffung von Informationen verwandt wurden. Bevor ein Zielobjekt ausgewählt oder ein Angriff ausgeführt werden konnte, mußten erst Daten über das Umfeld und alle betroffenen Personen gesammelt werden. Das gehörte zur Routinearbeit der Organisation und war gleichzeitig die wichtigste Tätigkeit der im Ausland operierenden Agenten. Den Schwerpunkt bildeten dabei fotografische Erfassung, Kartierung und Berichterstattung. Eine zweite wichtige Aufgabe war, Waffen in andere Länder zu schmuggeln oder sie an Ort und Stelle zu besorgen und dann für einen späteren Gebrauch zu verstecken. An dritter Stelle stand die Beschaffung echter Pässe, die den Fälschungen, die das eigene Technische Komitee herstellte, stets vorgezogen wurden. Und nicht zu vergessen die Ausbildung: Abu Nidal war der Überzeugung, daß seine Kader permanent Schulungen durchlaufen mußten, um ihre Fähigkeiten zu verbessern und ihren Mut zu erproben.

In Belgrad stellte Ali Jorde eine letzte Testaufgabe, bevor er eingesetzt werden sollte. Die Aufgabe bestand darin, ein Visum für Belgien zu beschaffen, nach Brüssel zu fliegen und Partner zu finden, die ihm bei der Beschaffung von Visa für spätere Reisen in dieses Land behilflich sein konnten. Mit anderen Worten: Er sollte in Belgien eine Geschäftsbeziehung aufbauen, die eine erneute Einreise rechtfertigen würde. Jorde kam auf die Idee, sich als Autohändler auszugeben, der nach guten Gebrauchtwagen für den Export nach Nordafrika suchte.

Wie ihm Ali geraten hatte, reiste er mit einer Maschine der Swiss Air nach Brüssel, stieg in einem kleinen Hotel ab und mietete sich einen Taxifahrer – einen Griechen namens Victor Roumis –, der ihn zu den Autowerkstätten brachte, die in der näheren Umgebung mit Gebrauchtwagen handelten. Er zahlte ihm zweihundertzwanzig Dollar für zweieinhalb Tage Arbeit. Gemeinsam erstellten sie Fahrzeuglisten, verglichen Preise, feilschten, schlossen Verträge ab und sammelten einen Stoß Visitenkarten. Jorde erzählte den Händlern, daß er mit zwei Partnern in Belgrad zusammenarbeite und den Markt sondiere. Wenn er sich mit seinen Partnern abgesprochen habe, werde er in ein oder zwei Wochen zurückkommen und feste Bestellungen aufgeben. Ob sie für ihn bürgen und ihm bei der Beantragung eines Visums behilflich sein würden? Mehrere waren dazu bereit. Sein neuer Freund Roumis lud ihn zu sich nach Hause ein. Das Essen hatte seine Frau zubereitet, die sich als überzeugte Zeugin Jehovas entpuppte. Nach dem Abendessen schauten sich alle drei ein religiöses Video an!

Zurück in Belgrad, schrieb er für Ali einen ausführlichen Bericht mit Namen, Adressen, Beschreibungen und topographischen Einzelheiten. Es war sein erster selbständiger Auftrag gewesen, und Ali war mit ihm hochzufrieden. Eines verschwieg er ihm allerdings: In Brüssel hatte er sich mit Fluchtgedanken getragen. Aber er hatte nicht viel Geld und wußte nur zu gut, daß er mit einem mauretanischen Paß nicht weit kommen würde. Und solange er auf Kosten anderer durch Europa reiste, schien ihm der Wunsch zu fliehen auch gar nicht so dringlich.

Erste Einsätze

Nach Abschluß der geheimdienstlichen Ausbildung übergab Ali seinen Schützling einem hageren dunkelhaarigen Mittdreißiger namens Hischam Harb, einem leitenden Kader im Komitee für Sonderaufträge, dem man ein besonderes Talent für die Leitung von Auslandseinsätzen und Attentaten nachsagte.

Sie verbrachten zusammen eine Woche in Belgrad, saßen in Cafés, führten lange Gespräche und lernten einander kennen. Jorde erzählte Harb von den Folterungen, die er im Camp hatte erdulden müssen. Er bekomme Alpträume, wenn er daran zurückdenke, und leide immer noch an Ohrensausen. Warum habe man ihm das angetan? Was habe man damit bezweckt? Er war nicht gerade entzückt, als Harb ihm antwortete, daß er weniger wegen seines angeblichen Verrats als vielmehr wegen seiner ständigen Klagen geschlagen worden sei! Es sei eine Art Prüfung gewesen, und er solle deswegen nicht verbittert sein. Andere hätten noch viel mehr gelitten. Jetzt sei er ein Kader, der volles Vertrauen genieße, und werde bald Gelegenheit bekommen, sich auszuzeichnen.

Harb weihte ihn in einige Geheimnisse der Organisation ein, zu der er nun gehörte. Er machte ihn mit ihrer Geschichte und ihrem Aufbau bekannt, mit den Aufgaben der verschiedenen Abteilungen und Komitees und vor allem mit dem Kern des ganzen Systems, der Elitetruppe der Geheimdienstabteilung, zu der er, Jorde, sich nun zählen durfte. Er behauptete, sie sei das einzige wirksame Instrument im palästinensischen Kampf, die einzige wirklich disziplinierte Truppe, vor der allein die Welt zittere! Die anderen Gruppen und Fraktionen der Palästinenser bestünden bloß aus Clowns und Scharlatanen, die nur die Wahrung ihrer Privilegien im Auge hätten und die palästinensische Sache bei der erstbesten Gelegenheit verraten würden.

»Wärst du imstande, einen Menschen zu töten, wenn wir es von dir verlangten?« fragte er.

Jorde sagte, daß er jeden Befehl ausführen würde.

Harb gab ihm eine teure Nikon-Kamera mit Zoomobjektiv und erklärte ihm ihre Bedienung. »Du bist begabt«, sagte er. »Du wirst zehn Jahre lang für uns arbeiten. Danach bist du frei und kannst tun, was du willst.«

Die ersten Aufgaben waren recht einfach. Jorde besorgte aus Reisebüros Flugpläne von Fluggesellschaften (dafür zeigte die Organisation einen unersättlichen Appetit), fotografierte in verschiedenen europäischen Städten israelische und amerikanische Botschaften und fuhr im Taxi an diesen potentiellen Zielen vorbei, um ihre Sicherheitsanlagen auszuspähen. Vor allem aber sollte er Pässe stehlen oder kaufen. In Paris stahl er gleich vier – zwei französische, einen amerikanischen und einen algerischen. Er fand heraus, daß überfüllte Diskotheken gute Jagdgründe waren, weil Touristen zum Tanzen gern ihre Jacken ablegten und unbewacht zurückließen. Auf dem Boulevard Barbès nördlich der Gare du Nord traf er einen alten algerischen Bekannten, der ihm nach diskreten Verhandlungen dabei half, für tausend Francs eine italienische Pistole zu kaufen, die er sorgfältig fotografierte (als Beweis, daß er sie tatsächlich erworben hatte) und dann in einem öffentlichen Park vergrub. Weihnachten 1988 ging ihm das Geld aus. Er schickte eine verschlüsselte Nachricht nach Tripolis, um seine

Rückkehr anzukündigen, und flog von Zürich aus mit der Swiss Air zurück.

Dort angekommen, traf er auf denselben Beamten, der ihn bei seinen Reisen mit Ali durch den Flughafen geschleust hatte. »Haben Sie etwas zu verzollen?« fragte ihn der Mann. »Keine Sorge! Mir können Sie es ruhig sagen. Wir arbeiten für denselben Haufen.«

Nach einigem Zögern zeigte ihm Jorde die gestohlenen Pässe. Der Mann nahm sie mit, kam aber nach einer Weile mit ihnen zurück und winkte Jorde durch die Kontrolle. Ein Wagen brachte ihn zur Wohnung in der Umar-al-Muchtar-Straße, wo Hischam Harb schon wartete, um sich von ihm berichten zu lassen. Jorde übergab ihm die Filme, die selbstgezeichneten Karten und die gestohlenen Pässe, doch als er Harb sagte, daß er die Pässe ihrem Kollegen auf dem Flughafen gezeigt habe, geriet Harb in Zorn. »Du Trottel!« brüllte er. »Du ahnungsloser Trottel! Du gehörst ordentlich durchgeprügelt! Damit ist deine ganze Reise wertlos geworden.« In Ungnade gefallen, wurde Jorde für mehrere Monate ins Camp abgeschoben.

Als erstes sollte er einen selbstkritischen Bericht schreiben und, wie in der Organisation üblich, selbst die Form seiner Bestrafung vorschlagen. Er ging überaus streng mit sich ins Gericht: einen Monat Arbeit auf der Baustelle, zehn Tage lang jede Nacht eine zusätzliche vierstündige Wache und jeden Morgen zwei Stunden Körperertüchtigung statt einer, was bedeutete, daß er gegen vier Uhr in der Früh hätte aufstehen müssen. Darüber hinaus verpflichtete er sich dazu, zwei Artikel für die organisationsinterne Zeitschrift *Al-Tariq* (»Der Pfad«) zu schreiben: einen über Selbstsucht und einen über Übellaunigkeit. Vielleicht war es diese unterwürfige Reue, die Hischam Harb veranlaßte, die Strafen zu suspendieren und Jorde auf einen Waffenlehrgang zu schicken, auf dem er seine Kenntnisse der Browning, Scorpion, M16, Kalaschnikow und einer in Amerika hergestellten RPG vertiefte.

Er wußte nicht, ob es eine Auszeichnung oder eine Bestrafung war, als ihm Harb kurze Zeit darauf einen tunesischen Paß auf den Namen Schaban Abd al-Majid Belqassim überreichte und ihn mit der Mission betraute, einen Bericht und eine Fotodokumentation über die jüdischen Synagogen in Istanbul zu erstellen. Harb warnte ihn, es könne gefährlich werden, weil die türkische Polizei und die

Selbstschutzgruppe der jüdischen Gemeinde nach dem blutigen Anschlag auf Istanbuls größte Synagoge, die Neve-Schalom-Synagoge, zwei Jahre zuvor auf der Hut waren. Bei dem Anschlag am 6. September 1986 waren zwei Mitglieder der Organisation als Fotografen getarnt in die Synagoge eingedrungen, hatten die Tür von innen verriegelt, mit Maschinenpistolen das Feuer auf die Versammlung eröffnet und sich anschließend selbst in die Luft gesprengt. Zweiundzwanzig jüdische Gläubige hatten dabei ihr Leben verloren, vier weitere waren verwundet worden. Der damalige israelische Premierminister Schimon Peres hatte geschworen: »Wir werden diesen Mördern die Hände abschlagen, Mördern, wie es sie seit der Nazizeit nicht mehr gegeben hat.« Und jetzt wollte die Organisation wissen, wie diese und andere Synagogen gesichert waren. Gab es besondere Kontrollen für Besucher? Leibesvisitationen? Hinweise auf bewaffnete Wachen? Jorde sollte den jüdischen Friedhof besuchen, auf dem die Opfer bestattet worden waren, ihre Gräber fotografieren und eine Lageskizze anfertigen. Harb riet Jorde, sich als tunesischer Jude auszugeben. Er brachte ihm ein halbes Dutzend hebräischer Wörter bei, gab ihm ein Käppchen und zeigte ihm, wie er sich beim Gebet zu verhalten habe.

Binnen drei Wochen war Jorde wieder zurück in Tripolis, im Gepäck einen ausführlichen Bericht. Sein Ruf als mutiger und findiger Mann war wiederhergestellt. Im Touristenbus hatte er sich mit der Reiseführerin angefreundet, die, zufällig Jüdin, dem frommen jungen Tunesier während seines Aufenthalts sehr behilflich gewesen war. Dennoch bestand Hischam Harb darauf, daß Jorde seinem Bericht eine Seite Selbstkritik folgen ließ, weil er in sehr kurzer Zeit einen gut Teil des Geldes der Organisation ausgegeben hatte.

Saudische Ziele

Im September 1988 wurde Jorde auf eine Mission vorbereitet, die laut Hischam Harb von höchster Bedeutung war – während eines einjährigen Aufenthalts in Thailand sollte er die Landessprache erlernen, eine Thailänderin heiraten (vorzugsweise eine Frau, die in einem Krankenhaus, einer Drogerie, bei einer Fluggesellschaft oder einer Bank arbeitete), wenn möglich einen Einbürgerungsantrag stellen und in der Nähe von Bangkok ein Waffenlager anlegen. Er hatte Anweisung, sein Hauptaugenmerk auf saudische Niederlassungen und Staatsbürger in Bangkok zu richten: saudische Geschäftsleute, die saudische Fluggesellschaft und vor allem die Diplomaten der saudischen Botschaft, über die er zudem einen detaillierten Bericht und eine Fotodokumentation anfertigen sollte. Es war offensichtlich, daß Abu Nidal ein Attentat, höchstwahrscheinlich einen Mordanschlag, auf ein saudisches Ziel in Thailand plante.

Seit vielen Jahren stand Abu Nidal, der Apostel palästinensischer Gewalt, auf Kriegsfuß mit den Mitgliedern der saudischen Königsfamilie, die in der arabischen Welt als eiserne Verfechter von Stabilität und Konservatismus galten. In der Tat hatte sich Abu Nidals erste Operation im September 1973, also noch vor seiner Trennung von der Fatah, gegen die saudische Botschaft in Paris gerichtet. Bei dem Anschlag waren zwei Diplomaten als Geiseln genommen worden. Und zweifellos hätte er seine Angriffe auf saudische Einrichtungen im Lauf der Jahre noch verstärkt, wenn ihn seine Geldgeber – der Irak in den siebziger und Syrien in den frühen achtziger Jahren – nicht gebremst hätten. Doch ab 1985, als Libyen zu seinem wichtigsten Förderer aufstieg, bestand ein solches Verbot nicht mehr, und Abu Nidal drohte den Saudis Vergeltung an, weil er in seiner paranoiden Denkweise annahm, daß sie hinter all den Anschlägen gegen ihn steckten.

Die Saudis waren hinreichend gewarnt und versuchten, Kontakt zu ihm aufzunehmen, was ihnen nach diskreten Sondierungen mit Hilfe des algerischen Geheimdienstes auch gelang. Abu Nidal strebte keine politische Verständigung mit Rijad an – die politischen Differenzen waren so groß, daß daran überhaupt nicht zu denken war –, aber er hoffte, daß sich die Saudis freikaufen würden. Da sie die PLO mit beträchtlichen Summen unterstützten, meinte er, ebenfalls Ansprüche auf Zahlungen zu haben. Wiederum war es der algerische Geheimdienst, der für Abu Nidal 1987 eine Reise nach Saudi-Arabien arrangierte, von der der Erpresser mit einer ›ersten Zahlung‹ von drei Millionen Dollar in bar zurückkehrte.

Allerdings beging er einen Fehler, durch den die eben erst geknüpfte Beziehung ein jähes Ende fand: Er akzeptierte das saudische Angebot, ihn mit einer Privatmaschine nach Algier zurückzufliegen, weil er annahm, eine solche Vorzugsbehandlung würde sein Ansehen in Algerien heben. Da er aber in ständiger Angst vor Anschlägen lebte und möglicherweise eine Panne während des Fluges befürchtete, bestand er darauf, daß ein saudischer Prinz ihn begleitete. Wie ich von Überläufern aus Abu Nidals Organisation erfuhr, soll sich ein prominenter saudischer Prinz, ein erfahrener Mann in geheimen Missionen, dazu bereit erklärt haben. Doch angeblich bekamen die Amerikaner Wind von seinen Reiseplänen und setzten Rijad unter Druck, die Beziehung abzubrechen. Wie dem auch sei, jedenfalls blieben weitere Zahlungen aus. Abu Nidals Wut kannte keine Grenzen. Aus seiner Sicht hatten die Saudis mit ihm eine Abmachung getroffen und hinterher nicht eingehalten.

Auf Rache sinnend, griff er ›weiche‹ saudische Ziele an. Am 25. Oktober 1988 wurde Abdallah Ghani Badawi, zweiter Sekretär an der saudischen Botschaft in Ankara, niedergeschossen. Zwei Monate darauf, am 27. Dezember, folgte als nächstes Opfer Hasan al-Amir, saudischer Vizekonsul in Karatschi. Da die westeuropäischen Staaten wirkungsvolle Maßnahmen gegen den Terrorismus ergriffen hatten, wurde dort der Boden für Terroristen zu heiß, und Abu Nidal wandte sich Staaten zu, die über einen weniger gut funktionierenden Polizeiapparat verfügten. So kam es, daß er Thailand für einen dritten Anschlag auswählte. Und die Vorbereitung dieses Anschlags war Jordes Aufgabe.

Jorde wußte, daß er in Thailand nicht allein arbeiten würde. Seine Partner würden ihm wie Schatten folgen, obwohl er nur ahnen konnte, wer sie waren und wo sie sich aufhielten. Nach den bewährten Methoden der Organisation erforderte ein Anschlag die Koordinierung mehrerer Elemente:

Da war zunächst der ›Resident‹, der bereits längere Zeit im Land lebte und die Aufgabe hatte, das Waffenversteck anzulegen und die nötigen Informationen über das Umfeld des Opfers zu beschaffen. Für diese Rolle war Jorde ausgebildet worden.

Zweitens mußte zum geeigneten Zeitpunkt ein ›Einsatzleiter‹ einfliegen, das Ziel eingehend inspizieren, eine Machbarkeitsstudie erstellen und nach enger Rücksprache mit der Führung in der Zentrale das dritte Element einschalten.

Dieses dritte Element war die Gruppe der eigentlichen Attentäter. Sie bestand gewöhnlich aus drei Mitgliedern und einem Anführer, der über den detaillierten Ablauf der Operation zu entscheiden hatte: Wo sollte die Zielperson angegriffen werden, in ihrem Amtssitz, zu Hause oder auf der Straße? Wie sollte die Gruppe eingesetzt werden? Wer sollte den tödlichen Schuß abgeben, wer für Feuerschutz sorgen? Was war der beste Fluchtweg? Jedes Gruppenmitglied reiste allein und nahm Kontakt mit dem Einsatzleiter auf, der ihm eine Wohnung zuwies. Die Attentäter kannten weder den Residenten noch die Lage des Waffenverstecks. Jeder wußte vom anderen nur den Decknamen, nicht aber, unter welchem Namen er reiste.

Viertens kam schließlich noch ein ›Mittelsmann‹ hinzu, gewöhnlich ein hochrangiger Kader, dessen einzige Aufgabe darin bestand, die Waffen beim Residenten in Empfang zu nehmen und sie dem Einsatzleiter auszuhändigen. Manchmal traf der Mittelsmann gar nicht mit dem Residenten zusammen, sondern holte die Waffen lediglich an einem vereinbarten Ort ab. Sofort nach der Übergabe verließ er das Land, um das Waffenlager und dessen Bewacher nicht zu gefährden. Der Einsatzleiter kannte den Residenten nicht: Er hatte lediglich Kontakt zu dem Mittelsmann. Für den Fall, daß die Operation scheiterte und die Attentäter verhaftet wurden, war die Polizei so nicht in der Lage, den Residenten oder das Waffenversteck ausfindig zu machen. Wenn die Operation gelang und die Gruppe fliehen konnte, brachte der Einsatzleiter die Waffen an einen anderen vorher vereinbarten Ort. Dort konnte sie der Resident abholen und für einen späteren Gebrauch verwahren.

Als Jorde für seine Mission instruiert wurde, glomm seine Hoffnung auf Flucht wieder auf. Er war überzeugt, daß er einen ordentlichen Paß und reichlich Geld für seinen Aufenthalt in Thailand bekommen würde. Im Stillen hegte er den Plan, sich mit dem Bargeld abzusetzen und vielleicht in Spanien unterzutauchen, wo er hoffte, sein früheres, relativ risikoloses Leben als Kleinkrimineller wiederaufnehmen zu können.

Jorde verbrachte fast den ganzen Oktober 1988 damit, sich über Südostasien, insbesondere über Thailand zu informieren. Er brütete über Büchern, Informationsmaterial und Landkarten. Er wurde instruiert, seine ersten Erkenntnisse über das saudische Botschaftspersonal in chiffrierten, mit unsichtbarer Tinte geschriebenen Briefen an einen gewissen Sulayman Taha in Tripolis, Libyen, Postfach 83476, zu schicken. Als Absender sollte er den Namen

Sami Tara angeben. Dann wurde sorgfältig geübt, wo er die Kuriere, die ihm Geld, Waffen und neue Anweisungen bringen würden, treffen und wie er sie erkennen konnte. Als er reisefertig war, gab ihm Hischam Harb einen nordjemenitischen Paß, ausgestellt auf den Namen Hadi Abdallah al-Dawudi, ganze fünftausend Dollar in bar und ein einfaches Flugticket der Libyan Airways nach Wien – eine Enttäuschung auf der ganzen Linie! Hischam schärfte ihm ein, pro Tag nicht mehr als fünfzehn Dollar für das Hotel in Bangkok und zwanzig Dollar für den täglichen Bedarf auszugeben. Einmal mehr lösten sich seine Hoffnungen auf eine finanziell abgepolsterte Flucht in Rauch auf.

Ende Oktober 1988 flog er nach Wien und verbrannte weisungsgemäß sein Ticket bei der Ankunft. Nach dem Stempel in seinem Paß war er von Amman kommend eingereist. Dann flog er über Zagreb nach Belgrad weiter und beantragte ein Visum in der thailändischen Botschaft. Er wurde aufgefordert, ein Rückflugticket vorzulegen – was ihn siebzehnhundert Dollar kostete –, und erhielt ein Touristenvisum.

Er flog nonstop nach Bangkok, stieg für ein paar Nächte in einem billigen Hotel ab und nahm dann, um Geld zu sparen, ein möbliertes Zimmer. Nach ein paar Tagen meldete er sich unter dem Namen Marco al-Dawudi in der Sprachschule American University Alumni zum Thaiunterricht an. Er gab an, er betreibe in Mailand eine Videothek und lebe dort bei seiner geschiedenen Mutter, einer Italienerin. Schon bald schickte er Filme und ausführliche Berichte über die saudische Botschaft nach Tripolis. Er hatte seine Nachmittage damit zugebracht, den Botschaftsangehörigen bis in ihre Häuser und Wohnungen nachzuspionieren.

Um seine Finanzen stand es freilich schlecht. Mit wachsender Sorge schickte er wiederholt chiffrierte Meldungen nach Tripolis, zuerst Briefe, dann auch Telegramme, und bat um Hilfe und weitere Instruktionen. Tag für Tag wartete er geduldig an den vereinbarten Treffpunkten, einer amerikanischen Eisdiele und einem Selbstbedienungsrestaurant namens City Food im Ambassador Hotel, aber kein Kurier ließ sich blicken. Schließlich besann er sich auf seine alten Talente, stahl Brieftaschen, knüpfte Bekanntschaften in Bars und erleichterte sie um ihre Barschaft. Er schmeichelte sich bei thailändischen Geschäftsleuten ein, die ihn zum Essen einluden. Charmant und einnehmend, ein geborener Erzähler, konnte er sich gerade so über Wasser halten. Er lernte auch Kriminelle kennen, die bereit waren, ihm Waffen zu verkaufen, doch besaß er kein Geld, um den Handel perfekt zu machen. Tripolis verharrte in Schweigen.

War er in Ungnade gefallen? Verdächtigte man ihn, ein doppeltes Spiel zu treiben? Wurde er nur als Köder benutzt, während die eigentliche Operation anderswo stattfand? Stimmte etwas nicht mit seinem Nachrichtenkanal? Wurden seine Botschaften abgefangen? Jorde wurde immer ängstlicher und besorgter. Eines Nachts geriet er in eine Schlägerei und wurde mit einer abgebrochenen Flasche an der Brust verletzt. Seine thailändischen Freunde retteten ihn, brachten ihn zur Behandlung in das Deja General Hospital in der Sriayuthaya Road und beglichen die Krankenhausrechnung.

Am 4. Januar 1989 fand das Attentat schließlich doch noch statt: Salah al-Maliki, Dritter Sekretär in der Saudischen Botschaft in Bangkok, einer der Männer, die er fotografiert und genau ausspioniert hatte, wurde von unbekannten Attentätern niedergeschossen. Eine fundamentalistische Gruppe namens Islamischer Dschihad mit Sitz in Beirut bekannte sich zu dem Anschlag. Die meisten ausländischen Beobachter vermuteten proiranische Terroristen hinter dem Mord. Doch Jorde wußte es besser.

Im Gefolge des Bangkoker Attentats wurde er Opfer einer Verhaftungswelle, die ausschließlich Arabern galt. Die Polizei verhörte ihn und durchsuchte sein Zimmer, da sie aber nichts Verdächtiges fand, setzte sie ihn nach achtundvierzig Stunden wieder auf freien Fuß, freilich nicht ohne ihn darauf hinzuweisen, daß er nach Ablauf seines Visums am 8. März Thailand verlassen müsse. Wie schon so oft, wenn er in der Klemme saß, wandte sich Jorde hilfesuchend an seinen Bruder Abdallah. Über das Büro der kuwaitischen Fluggesellschaft teilte er ihm mit, wo er sich aufhielt. Sein verantwortungsbewußter Bruder, der ihn seit fünf Jahren nicht gesehen hatte, kam nach Bangkok und gab ihm neunhundert Dollar, genug für Jorde, um am 8. März nach Rom zu fliegen – und irgendwo in Europa unterzutauchen.

Er verspürte nicht das geringste Verlangen, nach Tripolis zurückzukehren und weiterhin das unsichere Schicksal der Agenten Abu Nidals zu teilen. Er brauchte einen Unterschlupf. Er fürchtete, daß ihn die Organisation zur Strecke bringen würde, wenn er sich an einem der bekannten Treffpunkte in Belgrad, Brüssel oder Barcelona blicken ließe. Da er für Abu Nidal gearbeitet hatte, war er nun für den gesamten palästinensischen Untergrund so etwas wie ein Paria. Die komplizierte, in Fraktionen zersplitterte Welt der palästinensischen Politik war ihm verschlossen. Niemand würde ihm trauen oder Unterschlupf gewähren. Auch konnte er sein Wissen über die Organisation nicht an einen westlichen Geheimdienst verkaufen, wollte er nicht für den Rest seines Lebens ein gezeichneter Mann und eine potentielle Zielscheibe für Racheakte sein. Deshalb entschied sich Jorde, einfach unterzutauchen.

Aber warum hatte ihn die Organisation fallenlassen? Er stand lange vor einem Rätsel. Erst einige Zeit später erfuhr er, daß während seiner monatelangen Abwesenheit in Abu Nidals Organisation ein blutiger Rivalitätskampf ausgebrochen war. Mehr denn je davon überzeugt, von Spionen und Verrätern umgeben zu sein, hatte Abu Nidal Dutzende von Männern hinrichten lassen. Unter den Opfern befanden sich auch Jordes Führungsoffizier und der Kommandant des Camps, Husam Jusif, der beschuldigt worden war, eine Meuterei und die Ermordung seines Führers geplant zu haben. Während die Männer versucht hatten, ihren Kopf zu retten, war Jorde schlicht vergessen worden.

2 Abu Ijads größte Sorge

Das UN-Ultimatum an Saddam Hussein lief am 15. Januar 1991 um Mitternacht ab, und wenige Stunden später sollte die Operation »Wüstensturm« mit der Gewalt einer Naturkatastrophe über den Irak hereinbrechen. Am Abend vor Ablauf der Frist, am 14. Januar gegen neunzehn Uhr, bestellte ein tiefbesorgter Abu Ijad, Chef des PLO-Geheimdienstes, seinen kugelsicheren Mercedes und ließ sich von seinem Büro im Geschäftsviertel von Tunis zum Haus des Sicherheitschefs der Fatah Hadschil Abd al-Hamid (bekannt als Abu al-Hol) bringen, der tags zuvor zusammen mit Jassir Arafat aus Bagdad zurückgekehrt war.

Die PLO versuchte verzweifelt, den Krieg am Golf noch abzuwenden, der nach Abu Ijads Einschätzung unmittelbar bevorstand. Arafat, der den ganzen Tag in Tunis Unterredungen mit französischen, italienischen und algerischen Gesandten geführt hatte, war bereits wieder auf dem Rückflug nach Bagdad, um Saddam Hussein zu bitten, er möge den Abzug seiner Truppen aus Kuwait verkünden. Die PLO-Führer hatten Saddam umarmt, aber sie wußten, daß ein Krieg sie alle vernichten würde. Zum Entsetzen Arafats blieb der irakische Diktator unnachgiebig. War es Stolz oder Fatalismus, was ihn in jenen kritischen Stunden unzugänglich machte? Obwohl eine riesige Armee gegen ihn aufmarschiert war, schien er zu glauben, daß die Alliierten einen Angriff nicht wagen würden, und wenn doch, daß seine Truppen ihnen standhalten könnten. Tief bekümmert, wollte Abu Ijad von Abu al-Hol Informationen aus erster Hand über Saddam Husseins beunruhigend unrealistische Sicht der Dinge. Außerdem wollte er die Pläne der PLO für den Fall eines Krieges neu überdenken.

Abu al-Hols Villa lag in der grünen Vorstadt Carthage, eine halbe Autostunde von Abu Ijads Büro entfernt. Zusammen mit Fachri al-Umari, einem leitenden Mitarbeiter des Geheimdienstes, wurde Abu Ijad von Achmed Said, der in jener Nacht für Abu al-Hols persönliche Sicherheit verantwortlich war, ins Haus geleitet. Zehn weitere Wächter hatten Dienst: Einer stand vor dem Haus, ein anderer vor dem Hintereingang, und die übrigen drängten sich in der Wachstube neben dem Gartentor um einen tragbaren Fernseher, den Abu Ijads Fahrer Mahmud Miri aus dem Mercedes hereingebracht hatte. Die Nacht war kalt und regnerisch. In der Villa und in der Wachstube gab es nur ein Gesprächsthema: die Golfkrise. Abu Ijad und Abu al-Hol wußten, daß Saddam ihr Schicksal aufs Spiel setzte, doch die Männer im Wachraum waren in erregter Stimmung: Ein arabischer Führer hatte Israel und den Westen herausgefordert.

Der Mord an Abu Ijad

Die Sicherheitsmaßnahmen rund um das Haus wurden nachlässig gehandhabt, wie auch sonst bei internen PLO-Treffen. Die Kalaschnikows hatte man draußen im Auto liegengelassen oder im Eckschrank abgestellt. Abu Ijads erster Leibwächter, Fuad al-Nadschar, war nicht zur gleichen Zeit wie sein Chef angekommen, sondern traf erst eine Stunde später ein, da er noch ein Problem mit seinem Vermieter besprochen hatte. Dann fuhr er wieder weg und verhandelte mit einem Mann, dem er einen BMW abkaufen wollte, und schließlich verließ er nochmals seinen Posten, um für die anderen Wächter etwas zum Abendessen zu besorgen.

Einer der Wächter, ein hitzköpfiger junger Mann namens Hamsa Abu Said, schlenderte aus der Wachstube und zettelte einen Streit mit Ali Kasim an, der vor der Eingangstür der Villa Wache hielt. Die beiden machten solchen Lärm, daß Achmed Said zu ihnen hinausrief, sie sollten Ruhe geben. Unter dem Vorwand, ein Papiertaschentuch aus dem Wagen zu holen, riß Hamsa die Tür von Abu Ijads Mercedes auf. Ali Kasim hielt ihn zurück. Darauf wollte Hamsa mit ihm wetten, daß die Kugeln aus seiner Kalaschnikow die Panzerung des Wagens durchdringen könnten, und Ali Kasim warnte ihn, es auch nur zu versuchen. Nicht lange, und zwischen den beiden war ein solches Handgemenge entbrannt, daß man sie trennen mußte. Dann behauptete Hamsa, daß die Glühbirne über der Eingangstür flackere. Er verlangte von Ali Kasim, er solle klingeln und sie auswechseln lassen, aber Ali Kasim schob ihn beiseite.

Wenig später, als Ali Kasim kurz weggegangen war, trat Hamsa an die Eingangstür und klingelte selber. Ein Hausmädchen öffnete, und er ging hinein. Es war gegen 22.45 Uhr. Ali Kasim erwartete, daß Abu al-Hol herauskommen und Hamsa wegen der Störung rügen würde, doch statt dessen hörte er Schüsse im Haus. Er rief um Hilfe. Nach ihren Waffen greifend, stürmten die Wächter ins Freie und eilten auf ihre Posten, da sie meinten, der Angriff sei von draußen erfolgt. Erst nach einer Weile merkten sie, daß die Schüsse aus dem Haus kamen.

Abu al-Hols Ehefrau hatte schon im Bett gelegen, als sie plötzlich durch den Lärm aufgeschreckt wurde. Aus dem Wohnzimmer unter ihr drangen ohrenbetäubende Schüsse herauf. Hamsa hatte Abu Ijad in den Kopf geschossen und auch Fachri al-Umari, der hinter einem Sofa Deckung gesucht hatte, niedergestreckt. Sie hörte Hamsa immer wieder schreien: »Jetzt sieh zu, wie dir Atif Abu Bakr hilft!« Dann rief ihr Ehemann: »Was hast du bloß getan, Hamsa? Was hast du getan?« Und dann eine weitere Salve und noch eine. Abu al-Hol hatte zur Tür rennen wollen, war aber in die Beine getroffen worden. Er rang mit Hamsa, und dann schoß ihm Hamsa aus nächster Nähe in den Bauch.

Abu al-Hols Frau lief ins Zimmer nebenan, wo sich ihre siebzehnjährige Tochter im Bett versteckt hatte. Sie nahm sie in die Arme, da hörte sie einen Mann die Treppe heraufrennen. Hamsa stürzte herein, schlug die Tür zu und verriegelte sie. »Die Israelis sind hier«, rief er. »Sie haben auf Abu al-Hol geschossen.«

Abu al-Hols Frau schrie: »Lebt er noch? Ich will zu ihm.«

»Er ist verletzt. Mehr weiß ich nicht.«

Die beiden Frauen setzten sich zusammen in einer Ecke auf den Boden. Die Tochter weinte, und die Mutter versuchte, sie zu beruhigen, während Hamsa schweigend im Zimmer auf und ab ging, Kleinigkeiten vom Frisiertisch des Mädchens nahm, sie betrachtete und wieder weglegte und dazwischen immer wieder aus dem Fenster spähte. Blitze durchzuckten die Nacht, Regenwasser gurgelte die Traufe hinunter. Draußen war es finster. Im Stockwerk unter ihnen blieb es still.

»Ist das dein Bett?« fragte Hamsa plötzlich das Mädchen. Als sie nicht antwortete, donnerte er: »Ob das dein Bett ist?« Ihre Mutter bedeutete ihr flehend zu antworten.

»Warum habe ich nicht so ein Bett oder so einen Schreibtisch oder so ein Zimmer?« rief er wütend. »Vielleicht deshalb, weil ich nicht der Sohn eines palästinensischen Bonzen bin?« Er machte seinem Ärger über die PLO-Führer Luft: Agenten, Verräter und Lakaien seien sie, ein einziger korrupter Sumpf. Abu al-Hols Frau hörte, wie er Atif Abu Bakr, einen hochrangigen Überläufer aus Abu Nidals Organisation, verwünschte und schwor, ihn zu töten. Dann zog er einen Umschlag aus der Tasche, nahm eine Tablette heraus und schluckte sie hinunter. Dies tat er mehrmals in den fünf Stunden, in denen er sie als Geiseln festhielt.

Sie hörten, wie Autos am Haus vorfuhren, dann Menschen, die hin und her rannten. Die tunesische Polizei war eingetroffen. Die palästinensischen Wächter wurden entwaffnet, die Toten und Verwundeten fortgebracht. Abu Ijad und Umari waren bereits tot, Abu al-Hol, der viel Blut verloren hatte, starb wenig später auf dem Operationstisch im Krankenhaus.

Im ersten Stock klingelte unausgesetzt das Telefon. Schließlich nahm Hamsa ab. Er wirkte sehr ruhig, wie Abu al-Hols Frau später berichtete, und völlig überzeugt, das Richtige getan zu haben. Sie hörte, wie er sagte: »Ich habe Abu Ijad erschossen und halte Abu al-Hols Familie als Geiseln fest. Ich lasse sie nicht eher frei, bis ihr mir Atif Abu Bakr bringt.« Grimmig fügte er hinzu: »Ich habe ihm etwas mitzuteilen.«

Die tunesische Polizei brachte Scheinwerfer und einen Lautsprecher in Stellung. »Hamsa«, tönte es zu ihm hinauf, während Scheinwerferlicht die Fenster bestrich. »Hamsa! Laß die Frauen frei. Mehr verlangen wir von dir nicht.« Die Aufforderung wurde jede halbe Stunde wiederholt, und danach herrschte jedesmal tödliche Stille. Hamsa nahm weitere Tabletten aus seinem Umschlag.

In den frühen Morgenstunden meldete sich die Polizei und bot Verhandlungen an. Welche Forderungen er stelle? Ein Flugzeug, um das Land zu verlassen. Dafür müsse erst bei einer höheren Stelle um Erlaubnis nachgefragt werden, wurde ihm beschieden. Als sie wiederkamen, hieß es, man brauche irgendein Ausweispapier von ihm. Er schlug vor, seinen Personalausweis aus dem Fenster zu werfen. Nein, antwortete man ihm, der Regen würde ihn unbrauchbar machen. So hatte sich ein Dialog entsponnen, und bald brachte man ihn soweit, herunterzukommen, die Tür einen Spalt breit zu öffnen und seinen Ausweis hinauszuschieben. Abu al-Hols Frau hörte, wie er noch die Tür schloß und wieder nach oben schlurfte, dann polterte seine Kalaschnikow die Stufen hinunter. Als sie zum Treppenabsatz eilte, sah sie ihn ohnmächtig und in sich zusammengesackt auf der Treppe liegen. Später begriff sie, daß er durch Gas betäubt worden war, das die Polizei von draußen ins Treppenhaus geleitet hatte. Sie lief an ihm vorbei nach unten, öffnete die Tür und ließ die Polizei ein.

Biographie eines Mörders

Hamsa Abu Said war wie Jorde ein junger Palästinenser mit einer bewegten Vergangenheit. Wie in einer PLO-Akte vermerkt, hatte er folgende ›feste Adresse‹:

> Mustafa Salims Laden,
> hinter der Mädchenschule,
> Wahdat-Flüchtlingslager,
> Jordanien.

Hamsa wurde 1963 im Lager geboren und verbrachte dort die ersten neunzehn Jahre seines Lebens. Seine Familie hatte 1948 auf der Flucht vor den siegreichen israelischen Truppen ihr Heimatdorf Safirija bei Jaffa verlassen.

Anhand zweier interner PLO-Akten konnte ich die Spur seines ruhelosen Lebens verfolgen, das ihn in den zehn Jahren vor der Ermordung Abu Ijads und seiner beiden Kollegen in Tunis umgetrieben hatte. Es wirft Licht sowohl auf die Arbeitsweise der PLO als auch auf Hamsa selbst.

- Im Juli 1982 versuchte er, illegal von Jordanien über die Grenze nach Syrien zu kommen, um in die Fatah einzutreten, aber die Syrer griffen ihn im Grenzgebiet auf. Da nichts gegen ihn vorlag, übergaben sie ihn der Fatah, die ihn auf ihre Gehaltsliste setzte und ihm einen Posten im Flüchtlingslager Salah al-Din bei Damaskus gab.

- Im Oktober 1982 schickte man ihn zu einem zehnwöchigen Waffen- und Sicherheitslehrgang nach Jugoslawien. Von dort kehrte er im Dezember nach Damaskus zurück.

- Im Februar wurde er nach Pakistan versetzt und arbeitete als Wachmann im Büro der PLO-Vertretung.

- Im September wurde er für zwei Wochen für das PLO-Hauptquartier in Tunis freigestellt.

- Im Oktober 1984 wurde er nach Bulgarien versetzt, wieder als Wachmann im Büro der PLO-Vertretung. Wegen rüpelhaften Benehmens und Disziplinlosigkeit wurde er im November zurück nach Tunis geschickt, wo ihn die Fatah zu einem Monat Haft verurteilte.

- Im Jahr 1985 kam er als Wachmann in die PLO-Vertretung auf Zypern. In palästinensischen Geheimdienstkreisen wird vermutet, daß ein Agent des israelischen Geheimdienstes Mossad, der sich als Mitglied der Organisation Abu Nidals ausgab, dort mit ihm Kontakt aufnahm und ihn zur heimlichen Mitarbeit in der Organisation bewegte. Wie dem auch sei, Ende jenes Jahres saß er in Tunis wegen schlechten Betragens erneut in Haft.

- Nach seiner Freilassung Anfang 1986 erhielt er einen Posten als Wachmann im PLO-Hauptquartier in Hammam al-Schatt außerhalb von Tunis. Aber wieder fiel er durch seine Streitsucht und Unzuverlässigkeit auf. Man beschloß, ihn in den Libanon zu schicken, da aber gerade keine Transportmöglichkeit bestand, traf Abu al-Hol die ungewöhnliche Entscheidung, ihn zum Leibwächter in seinem Haus zu ernennen.

- Drei Monate später setzte sich Hamsa mit zwei anderen Wachleuten in den Irak ab und fand eine Anstellung beim PLO-Vertreter in Bagdad. Letzterer überwarf sich aber mit den irakischen Behörden. Sein Büro wurde 1986 geschlossen, die Vertretung aufgelöst. Hamsa und andere verschlug es nach Ungarn.

- Ab diesem Zeitpunkt verlor die PLO Hamsa aus den Augen. Sie wußte lediglich, daß er von Mitte 1986 bis Anfang 1988 achtzehn Monate lang durch Osteuropa vagabundierte und dabei in Städten wie Budapest, Warschau (wo er einundzwanzig Tage wegen Diebstahls im Gefängnis saß), Prag und Belgrad auftauchte. Wahrscheinlich wurde er dort, und nicht etwa 1985 in Zypern, von Abu Nidals Organisation als potentieller Infiltrationsagent angeworben.

- Im Juli 1988 tauchte Hamsa auf den Philippinen auf. Unter falschem Namen suchte er Kontakt zu dem Leiter der palästinensischen Studentenvereinigung in Manila. Er erzählte ihm, er habe auf einem griechischen Schiff angeheuert und versuche, nach Australien auszuwandern. Er wollte bei der PLO-Vertretung eingeführt werden. Doch niemand kaufte ihm die Geschichte ab. Die PLO-Vertreter vor Ort verdächtigten ihn, für eine feindliche Organisation zu arbeiten, und hielten ihn auf Distanz.

In Manila zog er mit einigen palästinensischen Studenten zusammen und borgte sich Geld von ihnen, um seinen Lebensunterhalt zu bestreiten. Einer der Studenten besaß eine Pistole, ein anderer ein M16–Gewehr, das er von einem Filipino erstanden hatte. Eines Tages kam ihnen das Gerücht zu Ohren, General Ariel Scharon, für sie der Teufel in Person, werde in der Stadt erwartet. Sie beschlossen, ihn zu ermorden, und postierten zu diesem Zweck Wachen vor der israelischen Botschaft. Einer glaubte im Fond eines Wagens der Botschaft einen Mann gesehen zu haben, der Scharon ähnlich sah. Daraufhin mieteten sie sich ein Auto, luden ihre Waffen und fuhren auf der Suche nach Scharon einen Tag und eine ganze Nacht lang zwischen der israelischen Botschaft, den wichtigsten Hotels und dem Außenministerium hin und her – natürlich ohne Erfolg.

- Im Februar 1989 verließ Hamsa die Philippinen in einem sehr deprimierten Zustand, wie seine Zimmergenossen berichteten. Es gibt keine Hinweise darauf, wohin er damals reiste, doch im Frühjahr 1990 tauchte er in Libyen auf. Mehrmals rief er im PLO-Büro in Tripolis an und fragte, ob er wieder in Abu al-Hols Dienste treten könne.

- Im Mai 1990 kam Abu al-Hol nach Libyen, um einer Gedenkfeier für Abu Dschihad beizuwohnen, den Arafat-Stellvertreter, der im April 1988 in Tunis von einem israelischen Kommando ermordet worden war. Es gelang Hamsa, Abu al-Hol zu treffen. Er warf sich ihm zu Füßen, schilderte unter Tränen seine mißliche Lage und flehte ihn an, er möge ihn doch wieder aufnehmen. Abu al-Hol hatte Mitleid mit ihm und schickte ihn zurück nach Tunis, wo er wieder als Leibwächter in seinem Haus arbeitete. Zu keinem Zeitpunkt wurde Hamsa einem Verhör unterzogen und gefragt, was er in den Jahren getrieben hatte, in denen er von der Bildfläche verschwunden war.

- Unter dem Vorwand, in Libyen eine Schwester besuchen zu wollen, die er lange nicht mehr gesehen habe, bekam er im Oktober 1990 von Abu al-Hol zwei Wochen Urlaub. In diesen zwei Wochen, so erklärte er später im Verhör, habe er von einem Mann namens Ghalib aus Abu Nidals Organisation den Befehl erhalten, Abu Ijad zu ermorden. Zuerst habe er es nicht tun wollen, doch dann habe man ihm erklärt, daß Abu Ijad die gesamte palästinensische Bewegung korrumpiere und daß er der Verräter sei, der den Überläufer Atif Abu Bakr dazu benutzt habe, die Organisation zu spalten. Abu Ijad müsse sterben, damit die palästinensische Revolution lebe.

Nach der Mordtat in Abu al-Hols Villa in der Nacht des 14. Januar 1991 wurde Hamsa Abu Said von den Tunesiern verhaftet und zum Verhör abgeführt. PLO-Vertreter durften weder an den Verhören teilnehmen, noch erhielten sie Kopien der Protokolle. Die tunesischen Behörden befürchteten, die Morde könnten der Auftakt zu einem israelischen Angriff sein oder Unruhen in der Bevölkerung auslösen, da die überwiegende Mehrheit der Tunesier in der Golfkrise auf seiten des Irak stand. Zwei israelische Angriffe hatte es bereits gegeben: Im Oktober 1985 waren israelische Kampfflugzeuge in den tunesischen Luftraum eingedrungen und hatten Arafats Hauptquartier in Tunis bombardiert, und im April 1988 hatte ein seegestütztes israelisches Kommando Abu Dschihad in seinem Haus ermordet. Grund genug für die

Behörden, den neuerlichen Zwischenfall möglichst herunterzuspielen.

Aber Arafat war damit nicht einverstanden. Er beriet die Angelegenheit mit dem tunesischen Präsidenten Ben Ali. Im Februar 1991 wurde Hamsa der PLO ausgeliefert, damit sie ihm den Prozeß machen konnte. Zweck des Handels war, Hamsa aus dem Land zu schaffen, damit der tunesischen Justiz ein umstrittenes Gerichtsverfahren erspart blieb. Ein PLO-Arzt, der Hamsa untersuchte, diagnostizierte bei ihm eine Drogenabhängigkeit und verabreichte ihm das Fünffache der normalen Dosis an Beruhigungsmitteln, ehe er in einem Privatflugzeug nach Sanaa, der Hauptstadt des Jemen, gebracht wurde. Dort wurde er von der PLO verhört, vor Gericht gestellt und zum Tode verurteilt. Ursprünglich sollten die Witwen Abu Ijads und Abu al-Hols der Exekution beiwohnen. Doch wie es heißt, sollen Oberst Gaddafi und Abu Nidal persönlich den jemenitischen Präsidenten Ali Abdallah Salih unter Druck gesetzt haben, keine öffentliche Exekution zu erlauben.

Im Juni 1991 wurde Hamsa tot in seiner Zelle aufgefunden. Die PLO ließ verlauten, er habe Selbstmord begangen.

Abu Ijads Eingeständnis

Im Frühsommer 1990, neun Monate vor Abu Ijads Ermordung, erhielt ich in London eine Nachricht von ihm. Ob ich zufällig nach Tunis käme, er würde sich über meinen Besuch freuen. Ich wurde neugierig. Was mochte er von mir wollen? Ich hatte noch keine Ferienpläne gemacht, und so entschied ich mich spontan, mit meiner Frau und meinen Kindern nach Tunis zu reisen und außerhalb der Stadt in einem mir bekannten Hotel abzusteigen. Die mit Bougainvillea überwucherten Chalets des Hotels lagen auf einem grünen Rasenteppich, der bis zum Mittelmeer hinabreichte. Ganz gleich, was mir Abu Ijad zu sagen hatte, ich würde es nicht bereuen, diese Reise gemacht zu haben.

Ich kenne den Nahen Osten recht gut. Ich bin dort aufgewachsen und habe die Region dreißig Jahre lang als Autor und Auslandskorrespondent (hauptsächlich für den Londoner *Observer)* bereist und über sie geschrieben. Meine wichtigsten Beiträge zu diesem Thema sind zwei Bücher über Syrien: *The Struggle for Sy-*

ria, erschienen 1965, und aus jüngerer Zeit eine Biographie über den syrischen Präsidenten Hafis al-Assad, die recht kontrovers aufgenommen wurde. Die Syrer verboten das Buch – tatsächlich erlaubte kein arabisches Land den Verkauf im Buchhandel (obwohl ich glaube, daß es verschlungen wurde); auch die Israelis meinten, ich sei zu hart mit ihnen ins Gericht gegangen; die Amerikaner waren mit meiner Kritik an ihrer Nahostpolitik nicht einverstanden; die Christen im Libanon glaubten, ich hätte sie an die Syrer verkauft; Arafat und andere Palästinenser schließlich meinten, ich hätte ihnen bei meiner Beschreibung ihrer Querelen mit Assad keine Gerechtigkeit widerfahren lassen. Mir kam ein Gedanke: Vielleicht war es das, worüber Abu Ijad mit mir reden wollte.

Bei den Recherchen für meine Assad-Biographie hatte ich in Damaskus eine Syrerin kennengelernt, die später meine Frau wurde. Sie war die Tochter eines pensionierten syrischen Diplomaten, der sein Land lange Jahre als Botschafter in Washington vertreten hatte. Trotz dieser familiären Bande vertraue ich darauf, daß die meisten Leser mich für einen unabhängigen Beobachter halten, der keine persönlichen Interessen verfolgt, für keine Seite Partei ergreift und nichts anderes im Sinn hat, als der schwer zu fassenden – und im Nahen Osten stets fließenden – historischen Wahrheit auf die Spur zu kommen.

Ich hatte Abu Ijad mehrmals getroffen, ohne ihn allerdings richtig kennenzulernen. Da er über weite Strecken seiner politischen Laufbahn mit Geheimdienstaufgaben befaßt war, hielt er sich im Hintergrund und war weniger zugänglich als andere Palästinenserführer. Natürlich war er mir als einer der *chefs historiques* der Fatah bekannt, einer der vier Männer, die 1959 die wichtigste palästinensische Befreiungsbewegung gegründet hatten. Die anderen drei waren Arafat, Muhammad Jussif Nadschar, den die Israelis 1973 in seinem Haus mitten in Beirut ermordeten, und Chalid al-Wasir (bekannter als Abu Dschihad), der Militärchef der PLO, den die Israelis 1988 in seinem Haus in Tunis töteten – zwei Kommandounternehmen, bei denen der gegenwärtige israelische Stabschef Ehud Barak die Finger im Spiel hatte.

Mein erstes längeres Gespräch mit Abu Ijad führte ich 1983 in Algier am Rande einer Session des Palästinensischen Nationalrats, die ich für *The Observer* beobachtete. Damals beeindruckte er mich durch seinen Realismus, seine raschen und erstaunlich freimütigen Antworten und seinen Verzicht auf jedwede Pose. Er war welterfahrener und besser informiert als die anderen Palästinenserführer, was möglicherweise darauf zurückzuführen war, daß er jahrelang mit Geheimdiensten in verschiedenen Ländern diesseits und jenseits des Eisernen Vorhangs zu tun gehabt hatte. Im Gegensatz zu den anderen, die gern in derber Guerilla-Kluft auftraten, trug er stets tadellos gebügelte Safarianzüge, wie man es von afrikanischen Politikern kennt, und immer umgab ihn ein diskreter Duft von Eau de Cologne.

Die in einem Turnus von mehreren Jahren stattfindenden Sitzungen des Palästinensischen Nationalrats, des ›Exilparlamentes‹ der Palästinenser, boten immer eine gute Gelegenheit, die Palästinenserführer bei ihren Auftritten im Konferenzsaal zu beobachten, Arafats schauspielerisches Talent zu bewundern und in den Wandelgängen und Fluren mit den Chefs der verschiedenen Fraktionen ungezwungene Gespräche zu führen.

Ich werde nie Georges Habaschs denkwürdigen Auftritt am Rednerpult vergessen. Der Anführer der extremistischen Volksfront für die Befreiung Palästinas wetterte mit funkelnden Augen gegen ein Abkommen mit Israel. Infolge eines früher erlittenen Schlaganfalls konnte er nicht die Hand heben, um die Seiten seines Redemanuskripts umzublättern. Allein schon das Sprechen und Stehen trieben ihm den Schweiß auf die Stirn. Sein Schüler Bassam Abu Scharif, selbst durch eine israelische Briefbombe entstellt und teilweise erblindet, stand neben ihm, tupfte ihm mit einem weißen Taschentuch die Stirn und blätterte für ihn die Seiten um, wie man es sonst für einen Musiker tut. Später distanzierte sich Bassam Abu Scharif von Habaschs grundsätzlicher Ablehnung jedweder Verhandlungen mit Israel und wurde zu einem glühenden Friedensapostel im Lager der Gemäßigten um Arafat. Er ebnete jenem Prozeß den Weg, der schließlich dazu führte, daß die PLO auf der Sitzung des Palästinensischen Nationalrates im Jahr 1988 offiziell dem Terrorismus abschwor und den Staat Israel anerkannte. Während der Tagung in Algier traf ich in den Wandelgängen auch Nadschif Hawatmeh, den Anführer der Demokratischen Front für die Befreiung Palästinas. Seine stets angespannte Miene verriet, welche Anstrengung es ihn kostete, die Widersprüche der palästinensischen Politik in die strengen Begriffe der marxistischen Dialektik zu pressen. Und ich traf Achmed Dschibril, den Chef des PFLP-Generalkommandos, einen stämmigen Mann in einer glänzenden schwarzen Lederjacke, der sich mit einer Schar kahlgeschorener Gefolgsleute umgab und den bewaffneten Kampf predigte. Einfacher Soldat, der er war, hatte er für die windigen Theoretiker der palästinensischen Bewegung nichts als Verachtung übrig. Allein in einer stillen Ecke saß Abu Dawud, ein Riese von einem Mann, dem eine Kugel den Unterkiefer zerschmettert hatte und dessen massiger Körper in allen Richtungen über den Stuhl quoll. Er war einer der bekanntesten Guerilla-Kommandanten der Fatah und ein gesuchter Mann – von den Israelis. Er soll maßgeblich an dem Attentat auf israelische Sportler bei den Olympischen Spielen 1972 in München beteiligt gewesen sein. Im Gespräch gab er sich sanftmütig und bescheiden und verströmte so etwas wie Verzweiflung darüber, daß es für seine augenfällig vorhandenen Energien keine bessere Verwendung gab.

Doch mehr als sie alle beeindruckte mich Abu Ijad. Ruhig, freundlich und ausgeglichen, gehörte er zu jenen Männern, die eine natürliche Autorität ausstrahlen. Während wir miteinander sprachen, kamen Boten und flüsterten ihm etwas ins Ohr oder reichten ihm Zettel, die er kurz überflog und dann wegsteckte. Obgleich die Öffentlichkeit in Jassir Arafat, dem Vorsitzenden der PLO und Kopf der Fatah, die Symbolfigur für die Ziele der Palästinenser sah, leiteten seine engsten Mitstreiter Abu Ijad, der Geheimdienstchef, und Abu Dschihad, der Militärchef, ihre eigenen unabhängigen Organisationen mit einer eigenen Gefolgschaft, so wie einst Herzöge unter einem mittelalterlichen König. Abu Dschihad, der Führer des militärischen Flügels der PLO, wirkte zerknittert und unscheinbar, gar nicht wie ein Soldat, aber er galt als der beste Manager innerhalb der palästinensischen Bewegung, mit einem besonderen Einfluß in Fragen, die das Westjordanland betrafen (was sicherlich auch der Grund dafür war, warum ihn die Israelis ermordeten). Abu Ijad dagegen hatte einen scharfen politischen Verstand und eine gewandte, einnehmende Art: Er war der Macher im Hintergrund, der Mann für vertrauliche Missionen im Ausland, der Hüter der Geheimnisse der PLO. Er zeichnete sich in mehrfacher Hinsicht aus. Zwar galt er als entschiedener Patriot auf dem linken Flügel der Fatah, zugleich aber hatte er 1972 in einem Interview mit *Le Monde* als einer der ersten für

Verhandlungen mit Israel plädiert. Ziel sollte eine Zwei-Staaten-Lösung sein, bei der ein palästinensischer Zwergstaat in harmonischer Nachbarschaft mit dem mächtigen Israel zusammenleben sollte – ein Kompromiß, zu dem die meisten Palästinenser damals noch nicht bereit waren.

Abu Ijads Mutter war Jüdin*, und er selbst hat in seiner Kindheit mit jüdischen Kindern seines Alters hebräisch gesprochen, wenn sie zusammen am Strand von Tel Aviv spielten.

Dies also war der Mann, den ich im Frühsommer 1990 in Tunis besuchte. Ein tunesischer Polizist stand in seinem Wachhäuschen draußen vor dem Gartentor, und in der Einfahrt ein halbes Dutzend schnatternder, mit Maschinenpistolen behangener Palästinenser, darunter ein häßlicher, großmäuliger Bursche, der es mit einem japanischen Ringer hätte aufnehmen können. Ich ging den Weg durch den Garten, vorbei an schmucken Geranien, klingelte an der Eingangstür und wurde von einer Sekretärin eingelassen (die zugleich als Telefonistin fungierte, denn wie ich bemerkte, hatte sie auch einen Stuhl vor der Telefonanlage in einer Ecke der Vorhalle). Sie führte mich in einen fast damenhaft anmutenden Salon, in dem Sofas und blattgoldverzierte Lehnstühle um kleine Tische gruppiert waren, auf denen Vasen mit Blumensträußen standen. Gleich darauf eilte Abu Ijad herein und bot mir nach arabischer Sitte seine glattrasierte Wange zur Akkolade.

Wir plauderten zuerst über meine Assad-Biographie. Wie ich erwartet hatte, gefielen ihm einige Dinge darin nicht. Seiner Ansicht nach hatte ich die Ereignisse zu einseitig aus syrischer Sicht betrachtet. In der nächsten Auflage, so es denn eine geben sollte, wünschte er sich von mir einige inhaltliche Korrekturen. Aber es wurde bald klar, daß er eigentlich etwas anderes auf dem Herzen hatte. Er wollte über Terrorismus sprechen – und vor allem über Abu Nidal.

* Mitte der siebziger Jahre half Eric Rouleau, damals Nahostexperte von *Le Monde* (und heute französischer Botschafter in der Türkei), Abu Ijad bei der Abfassung einer autobiographischen Schrift, die 1978 unter dem französischen Titel *Abu Iyad, Palestinien sans Patrie* erschienen ist. Darin spielt Abu Ijad indirekt auf seine Mutter an, wenn er schreibt: »Mein Großvater, ein gläubiger Mann aus Gaza, hatte seine Kinder im Geist der Toleranz erzogen. Einer seiner Söhne hatte eine Jüdin geheiratet.« Dieser Sohn war Abu Ijads Vater.

Der Westen, so begann er stirnrunzelnd, sei immer noch nicht davon überzeugt, daß die PLO der unerläßliche Partner für einen Frieden im Nahen Osten sei. Immer noch werde die Bedeutung der im November 1988 vom Palästinensischen Nationalrat verabschiedeten historischen Resolutionen unterschätzt, in denen erstmals nicht mehr von ›bewaffnetem Kampf‹ die Rede sei, sondern deutlich die Bereitschaft der PLO signalisiert werde, über eine friedliche Lösung mit Israel zu verhandeln.

Aber wie konnte man dies dem Westen klarmachen? In seinen Augen war der Terrorismus das große Hindernis, der Stein des Anstoßes, auf den die Israelis immer verwiesen, wenn es um einen friedlichen Kompromiß ging. Wenn es einen Mann gab, dem der schlechte Ruf aller palästinensischen Gruppen anzulasten war, so war das für ihn der Erzterrorist Abu Nidal.

Die Israelis, fuhr Abu Ijad fort, seien Meister im Unterwandern und Täuschen. Ein Vierteljahrhundert lang habe er mit dem Mossad in Fehde gelegen, und schon Anfang der achtziger Jahre sei ihm der Verdacht gekommen, daß die Israelis Abu Nidals Organisation infiltriert und für ihre Zwecke benutzt haben könnten. »Jeder Palästinenser, der im Geheimdienst arbeitet, ist überzeugt davon, daß Israel bei Abu Nidals Unternehmungen die Hand mit im Spiel hat.« Inzwischen hatte sich sein Verdacht erhärtet. Er war überzeugt, daß Abu Nidal nicht nur ein Extremist sei, der Verhandlungen mit Israel grundsätzlich ablehne und arabischen Regierungen seine Dienste anbiete, sondern daß es Israel gelungen sei, ihn unter seine Kontrolle zu bringen. Nur so sei es zu erklären, warum er permanent palästinensische Interessen sabotiere.

Für Abu Ijad lagen die Gründe dafür auf der Hand: Israel wolle die PLO zerschlagen und Verhandlungen verhindern, die zu einer friedlichen Lösung und zur Gründung eines unabhängigen Palästinenserstaates im Westjordanland führen könnten. Da echte Verhandlungen aber den Verzicht auf besetzte Gebiete mit sich bringen würden, habe Israel große Mühe darauf verwendet, die Weltöffentlichkeit davon zu überzeugen, daß die Palästinenser Terroristen seien und als Verhandlungspartner nicht in Frage kämen. Abu Nidal sei dabei Israels wichtigstes Werkzeug, der Dreh- und Angelpunkt seiner Strategie. Solange Abu Nidal nicht enttarnt und besiegt sei, werde die Vertrauenswürdigkeit der PLO in Zweifel gezogen und der Friedensprozeß nicht vorankommen.

Wie es seine Gewohnheit war, sprach er sehr schnell und beugte dabei den Oberkörper nach vorn. Es gebe keine andere plausible Erklärung für die Fakten, die sich im Laufe der Jahre angesammelt hätten. Abu Nidal habe die brillantesten Diplomaten der PLO ermordet, Hammami in London, Kalak in Paris, Jasin in Kuwait; er habe Hunderte palästinensischer Kämpfer umgebracht; durch seinen sinnlosen und grausamen Terrorismus habe er den patriotischen Kampf der Palästinenser in Mißkredit gebracht und ihnen die besten Freunde abspenstig gemacht. Er sei schuld daran, daß das Wort »Palästinenser« zum Synonym für »Terrorist« geworden sei. Entweder sei er ein Verrückter oder ein Verräter. Aber Abu Ijad hielt ihn nicht für verrückt. Abu Nidal, so sagte er, sei der größte Feind des palästinensischen Volkes.

»Ein Mann ohne Prinzipien!« brach es aus ihm hervor. »Er würde sich mit dem Teufel verbünden, wenn er nur sein Leben retten und jede Nacht eine Flasche Whisky leeren könnte!«

»Versuchen Sie, mit Abu Nidal Kontakt aufzunehmen«, drängte er mich. »Gehen Sie nach Libyen. Er soll sich rechtfertigen, dann können Sie sich ihr eigenes Urteil bilden.«

Dann machte er ein ungewöhnliches Eingeständnis: »Ich rechne es mir als große Schuld an, daß ich der Bedrohung, die von Abu Nidal ausgeht, nicht schon früher entgegengewirkt habe. Ich hätte ihn vor fünfzehn Jahren töten sollen. Jetzt gestehe ich es ein. Damals habe ich mir eingeredet, daß er ein Patriot sei, der vom rechten Weg abgekommen ist, und daß ich ihn wieder zurückholen könnte. Viel zu lange habe ich mich gegen die Wahrheit gesträubt, daß er ein Verräter ist.«

Abu Ijads Schmähungen verschlugen mir den Atem. Abu Nidal ein israelischer Agent? Die Beschuldigung klang so bizarr, daß ich mir vorkam, als sei ich wieder einmal in eine Fehde zwischen Palästinensern geraten. Es ist typisch für das Treibhaus der palästinensischen Politik und, wie ich vermute, für revolutionäre Politik überhaupt, daß jeder die Hand gegen seinen Bruder erhebt. Wer nur kurze Zeit mit den verschiedenen Guerillagruppen zu tun hatte, ist verblüfft, welche unglaublichen Geschichten sie übereinander verbreiten. Kürzlich unterhielt ich mich zehn Stunden lang mit Achmed Dschibril in seinem Militärcamp außerhalb von Damaskus. Ich wollte herausbekommen, ob er etwas mit dem Bombenattentat auf die Pan Am 103 über Lockerbie in Schottland zu tun hatte, mußte aber feststellen, daß es fast unmöglich war, ihn vom Thema Jassir Arafat – seinem Erzfeind – abzubringen. Wortreich und mit langen Abschweifungen in das Dunkel von Arafats Vergangenheit versuchte er mich davon zu überzeugen, daß der PLO-Vorsitzende ein Jude marokkanischer Herkunft sei. Er sprang von seinem Stuhl auf, riß die Arme hoch und rief: »Der Anführer der palästinensischen Revolution, und wir wissen noch nicht einmal, wer er eigentlich ist!«

Spielte Abu Ijad das gleiche Spiel? Mir waren Gerüchte zu Ohren gekommen, wonach er Abu Nidals Freund und Gönner gewesen sei, als dieser noch ein junger Mann in der Fatah war. Die Zuneigung war offensichtlich in Haß umgeschlagen. Dies würde Abu Ijads gekränkten Ton erklären. Doch seine Anschuldigungen waren von anderem Kaliber. Es war zwar bekannt, daß der israelische Mossad, wie andere Geheimdienste auch, Terroristengruppen zu infiltrieren suchte, aber daß er Abu Nidal ›umgedreht‹ und seine Organisation übernommen haben sollte, war denn doch ein zu starkes Stück.

Ich versuchte, noch mehr von Abu Ijad zu erfahren. Gab es denn Beweise? Mit entwaffnender Offenheit räumte er ein, daß er keine hundertprozentige Gewißheit habe. Wenn man kein eigenes Staatsgebiet besitze und nicht die Möglichkeit habe, Flughäfen, Seehäfen, Grenzen, Hotels und Taxifahrer zu kontrollieren, sei es schwer, Beweismaterial zu sammeln. Effiziente Gegenspionage hänge von einer lückenlosen Überwachung des jeweiligen Umfeldes ab – und das sei der PLO nie gelungen. Im Irak und in Syrien könne die PLO Abu Nidals Aktivitäten nicht wirklich verfolgen, in Libyen sei es noch schwieriger. Selbst im Libanon und in Tunesien, wo es von israelischen Agenten nur so wimmeln soll, habe man der PLO nicht die nötigen Freiheiten eingeräumt. Er fügte hinzu: »Wir haben die Gewißheit, daß auch der Mossad nach Tunis kam, als wir uns 1982 hier niederließen, und daß er über eigene konspirative Wohnungen, Waffen und Kommunikationskanäle verfügt.«

Der Mann, der so zu mir sprach, war kein unerfahrener palästinensischer Freiheitskämpfer, sondern der dienstälteste Geheimdienstchef der PLO. Skeptisch, wie ich war, machte ich mir genaue Notizen. »Warum schreiben Sie nichts über dieses Thema?« fragte er mich. Würde er mir sein Wissen preisgeben? Würde er mir seine

Archive öffnen? Würde er mir helfen, Überläufer aus Abu Nidals Organisation zu treffen, die in Tunis und anderswo angeblich unter dem Schutz der PLO lebten? Ich wollte vor allem zwei Männer unbedingt interviewen, die im November 1989 öffentlich mit Abu Nidal gebrochen hatten und dann untergetaucht waren. Der eine war Atif Abu Bakr, der ehemalige Chef von Abu Nidals politischer Abteilung und in palästinensischen Kreisen als Denker, Diplomat und Dichter wohlbekannt. Der andere war ein ganz anderer Charakter: Abd al-Rahman Isa, vormals Abu Nidals Mann fürs Grobe und zwanzig Jahre lang sein Geheimdienstchef. Wenn es überhaupt jemanden gab, der Abu Nidals Geheimnisse kannte, dann diese beiden. Ich fragte Abu Ijad, ob er mich mit ihnen zusammenbringen könne. Jederzeit, war seine Antwort.

Ich kehrte nach London zurück und dachte angestrengt darüber nach, worauf ich mich da eingelassen hatte. Ich nahm Abu Ijad die Geschichte nicht ab. Ich hielt sie für absurd. Aber es reizte mich, ihn genauer kennenzulernen, seine Denkweise zu verstehen und die komplizierte Welt der Palästinenser einmal von innen zu sehen. Offensichtlich wollte er mich dazu benutzen, Abu Nidal, den er inzwischen haßte, zu enttarnen. Das gleiche galt auch für die Überläufer. Es lag auf der Hand, daß ich von ihnen nur gefärbte Informationen erhalten würde. Nach Streitigkeiten und Zerwürfnissen belegen sich Revolutionäre bekanntlich gegenseitig mit dem Bann und verbreiten Lügengeschichten. Aber als alter Hase und Kenner der arabischen Politik traute ich mir zu, einen Weg durch dieses Labyrinth zu finden. Aber würde ich genügend Leute finden, um meine Informationen gegenzuprüfen? Würde ich das neue Material mit Geheimdienstfachleuten außerhalb der palästinensischen Bewegung analysieren können? Auf jeden Fall war das Thema so wichtig, daß ich mich verpflichtet fühlte, Abu Ijads Vorwürfen, wenn irgend möglich, auf den Grund zu gehen, ganz gleich was geschah. Ich wußte wirklich nicht, was mich erwartete und wohin mich die Spur führen würde. Und selbst wenn nichts dabei herauskäme, bot sich mir doch die Chance, etwas über eines der großen Geheimnisse der arabischen Politik zu erfahren: Wer war Abu Nidal und welche Rolle spielte er? Ich informierte Abu Ijad, daß ich noch im Spätsommer wieder nach Tunis käme.

Vor meiner Abreise aus London stellte ich erste Recherchen an. Als ich in mehreren Datenbanken nach Hinweisen auf Abu

Nidal suchte, stieß ich auf grauenhafte Berichte über seine Anschläge auf Synagogen in Istanbul und anderswo sowie auf El-Al-Büros auf den Flughäfen Rom und Wien, die wohl kaum das Werk eines israelischen Agenten gewesen sein konnten. Allerdings erinnerte ich mich daran, daß Abu Ijad besonders Abu Nidals Mordanschläge auf prominente Palästinenser hervorgehoben hatte. Vor allem ein Satz hatte sich mir eingeprägt: »Wir waren oft nicht sicher, ob der Mossad oder Abu Nidal zugeschlagen hatte. Ich gebe zu, daß uns das ziemlich verwirrte.« Was hatte er damit sagen wollen?

Ich durchstöberte meine Akten und legte mir eine Liste der Palästinenser an, auf die entweder der Mossad oder Abu Nidal ein Attentat verübt hatten. Obwohl Abu Nidal erstmals 1974 in Erscheinung getreten war, wählte ich die Jahre 1971 bis 1972 als Ausgangspunkt, denn damals formierte sich die Terrorbewegung »Schwarzer September« im Gefolge der blutigen Auseinandersetzungen zwischen den Palästinensern und König Hussein von Jordanien im Jahr 1970. Danach lieferten sich die Palästinenser in ganz Europa einen permanenten Krieg mit dem Mossad – den sogenannten »Krieg der Spione« –, und Abu Ijad hatte daran wesentlichen Anteil. Alle israelischen Einrichtungen wurden zur Zielscheibe für Anschläge: Botschaften, diplomatische Vertretungen, Fluggesellschaften und Firmenniederlassungen. Fest entschlossen, den Terrorismus zu besiegen, hatte die damalige Premierministerin Golda Meir ihre Geheimdienstchefs angewiesen, die Attentäter zu jagen und zur Strecke zu bringen. Ich pinnte die Liste vor mir an die Wand und dachte über sie nach. Hier ihr Inhalt:

8. Mai 1972. Vier Luftpiraten des »Schwarzen September« bringen ein Flugzeug der Sabena auf dem Flug von Wien nach Tel Aviv in ihre Gewalt. Bei der Landung auf dem Flughafen Lod drohen sie, die Maschine in die Luft zu sprengen, wenn Israel nicht hundert inhaftierte Palästinenser freiläßt. Als Mechaniker getarnte Fallschirmspringer stürmen das Flugzeug, töten zwei Attentäter und befreien neunzig Passagiere.

31. Mai 1972. Als Vergeltung richten drei japanische Terroristen, Verbündete von Georges Habaschs Volksfront für die Befreiung

Palästinas (PFLP), auf dem israelischen Flughafen Lod ein Blutbad an, indem sie Handgranaten werfen und wahllos in die Menge schießen. Dabei kommen vierundzwanzig Menschen ums Leben.

9. *Juli* 1972. Israel schlägt zurück. Bei der Detonation einer Autobombe in Beirut werden der PFLP-Sprecher Ghassan Kanafani und seine siebzehnjährige Nichte getötet.
Als Rache für Kanafani wirft ein Terrorist in Tel Aviv eine Handgranate auf einen Busbahnhof. Elf Menschen werden verletzt.

19. *Juli* 1972. Dr. Anis al-Sadschigh, Direktor des Beiruter Zentrums für Palästinensische Angelegenheiten, wird durch eine israelische Briefbombe verletzt.

25. *Juli* 1972. Bassam Abu Scharif, Georges Habaschs rechte Hand, wird durch eine israelische Briefbombe, adressiert an eine Einrichtung der PFLP in Beirut, verstümmelt.

5. *August* 1972. Terroristen des »Schwarzen September« unter Führung von Ali Hasan Salameh verüben einen Sprengstoffanschlag auf ein amerikanisches Öltanklager im italienischen Triest.

5. *September* 1972. Acht palästinensische Terroristen brechen in das Quartier der israelischen Mannschaft im olympischen Dorf in München ein, töten zwei Israelis und nehmen neun weitere als Geiseln. Sie nennen ihr Kommando »Ikrit und Biram« nach zwei arabischen Dörfern in Nordgaliläa, die Israel dem Erdboden gleichgemacht hat, und verlangen die Freilassung von zweihundertfünfzig Palästinensern und Libanesen, die israelische Truppen im Libanon verschleppt haben. Bei einem Schußwechsel mit der deutschen Polizei werden neun Israelis und fünf Palästinenser getötet.

11. *September* 1972. Zadok Ophir, Mossad-Mitarbeiter in der israelischen Botschaft in Brüssel, wird von einem Palästinenser angeschossen und schwer verletzt.

19. *September* 1972. Dr. Ami Schachori, Landwirtschaftsattaché an der israelischen Botschaft in London, wird durch eine arabische Briefbombe getötet.

17. Oktober 1972. Wail Suaiter, Fatah-Vertreter in Rom, wird von israelischen Agenten ermordet.

8. Dezember 1972. Mahmud al-Hamschari, PLO-Vertreter in Paris, wird durch eine israelische Bombe schwer verletzt. Er stirbt einen Monat später.

28. Dezember 1972. Terroristen des »Schwarzen September« dringen in die israelische Botschaft in Bangkok ein und nehmen sechs Israelis als Geiseln. Sie verlangen die Freilassung von sechsunddreißig Palästinensern, die in Israel gefangengehalten werden. Die Geiseln kommen schließlich unversehrt frei.

24. Januar 1973. Hussein Abu al-Chair, Fatah-Vertreter auf Zypern, fällt in einem Hotel in Nikosia einem israelischen Bombenanschlag zum Opfer.

26. Januar 1973. Baruch Cohen, ein Mossad-Agent, der Operationen gegen Palästinenser in Europa leitet, wird in Madrid von einem Fatah-Agenten ermordet.

22. Februar 1973. Israelische Jagdflugzeuge schießen eine Boeing der Libyan Airlines ab, die über der Sinai-Halbinsel neunzig Kilometer von ihrem Kurs abgekommen ist. Die Besatzung und hundertvier Passagiere kommen ums Leben.

6. Mai 1973. Terroristen des »Schwarzen September« stürmen während eines diplomatischen Empfangs die saudische Botschaft in Khartum und verlangen die Freilassung des zu der Zeit in Jordanien inhaftierten Fatah-Führers Abu Dawud. Sie ermorden den amerikanischen Botschafter Cleo Noel, den scheidenden amerikanischen Geschäftsträger George Moore und den belgischen Diplomaten Guy Eid.

12. März 1973. Simha Gilzer, ein Mossad-Agent, wird von einem palästinensischen Attentäter in einem Hotel in Nikosia ermordet.

4. April 1973. Dr. Basil al-Kubaisi, prominentes PFLP-Mitglied, wird von israelischen Agenten in Paris ermordet.

10. April 1973. Ein israelisches Mordkommando tötet die drei prominenten Fatah-Führer Muhammad Jussif Nadschar, Kamal Udwan und Kamal Nasser in ihren Wohnungen mitten in Beirut – ein schwerer Schlag für die Palästinenser, der die libanesische Regierung zu Fall bringt.

27. April 1973. Ein israelischer Angestellter der El Al wir in Rom von einem palästinensischen Attentäter getötet.

27. Juni 1973. Muhammad Boudia, algerisches Fatah-Mitglied, wird in Paris Opfer eines israelischen Bombenanschlags.

2. Juli 1973. Col Josef Alon, israelischer Militärattaché, wird vor seinem Haus in Washington ermordet.

21. Juli 1973. Auf der Suche nach Ali Hasan Salameh, einem Kommandanten des »Schwarzen September«, töten israelische Agenten in der norwegischen Stadt Lillehammer irrtümlich einen marokkanischen Kellner. Sechs Agenten werden verhaftet und vor Gericht gestellt. Dabei wird Israels Gegenterror-Netz in Europa aufgedeckt.

Oktober 1974. Agenten Abu Nidals begehen einen Mordversuch an Mahmud Abbas (Abu Masin), einem engen Mitarbeiter Jassir Arafats.

3. Januar 1977. Mahmud Salih, PLO-Vertreter in Paris und Geschäftsführer einer arabischen Buchhandlung, wird von israelischen Agenten getötet.

4. Januar 1978. Said Hammami, PLO-Vertreter in London und bekannt für seine gemäßigte politische Haltung, wird von einem Terroristen Abu Nidals getötet.

15. Juni 1978. Ali Jasin, PLO-Vertreter in Kuwait, wird von einem Terroristen Abu Nidals getötet.

3. August 1978. Iss al-Din Kalak, PLO-Vertreter in Paris und wie Hammami prominenter Verfechter einer friedlichen Lösung, wird von einem Attentäter aus Abu Nidals Organisation getötet.

5. August 1978. Jussif Abu Hantasch, PLO-Vertreter in Pakistan, entgeht einem Mordanschlag, den Attentäter aus Abu Nidals Organisation verüben. Vier andere Menschen kommen ums Leben.

22. Januar 1979. Ali Hasan Salameh, der Leiter von Arafats Sicherheitseinheit Kampfgruppe 17, wird bei der Detonation einer israelischen Autobombe getötet.

22. April 1980. Agenten Abu Nidals verüben in Belgrad einen Anschlag auf ein Auto, in dem sie Abu Ijad (mit richtigem Namen Salah Chalad) vermuten. Abu Ijad entgeht dem Anschlag.

1. Juni 1981. Naim Chudr, PLO-Vertreter in Brüssel und ebenfalls für seine gemäßigte Haltung bekannt, wird von einem Terroristen Abu Nidals ermordet.

27. Juli 1981. Der Fatah-Führer Abu Dawud (mit richtigem Namen Muhammad Auda) entgeht in Warschau knapp einem Mordanschlag. Der Attentäter stammt aus Abu Nidals Organisation.

8. Oktober 1981. Abu Tarik (mit richtigem Namen Sulaiman al-Schurafa), Fatah-Vertreter in Libyen, entgeht in Malta einem Mordanschlag. Der Attentäter, ein Terrorist Abu Nidals, tötet irrtümlich einen anderen Mann.

9. Oktober 1981. Madschid Abu Scharar, ein prominenter Fatah-Führer, wird in Rom Opfer eines israelischen Bombenanschlags.

10. April 1983. Dr. Isam Sartawi, enger Mitarbeiter Arafats und prominentester Gemäßigter innerhalb der palästinensischen Bewegung, wird in Lissabon von einem Attentäter aus Abu Nidals Organisation getötet.

16. April 1988. Abu Dschihad (mit richtigem Namen Chalid al-Wazir), Militärchef der PLO, wird in seinem Haus in Tunis von einem seegestützten israelischen Mordkommando getötet.

Ich betrachtete die lange, traurige Liste. Sie zerfiel in zwei Teile, mit einem eindeutigen Bruch nach 1973. Bis 1973 hatte Israel palästinensische Terroristen und Guerillaführer getötet. Nach 1977 begannen Abu Nidals Anschläge auf gemäßigte Palästinenserführer – sogenannte ›Tauben‹, die mit Israel verhandeln wollten, statt es aus der Geschichte zu bomben. Meine Liste war zwar nicht akkurat, aber ein Grundmuster war doch erkennbar. Gab es irgendeine Verbindung zwischen den beiden Hälften? Und weshalb die Lücke Mitte der siebziger Jahre?

Ich brauchte in den historischen Jahrbüchern nicht weit zurückzublättern. Während Anfang der siebziger Jahre der ›Krieg der Spione‹ tobte, bat der ägyptische Präsident Sadat die Amerikaner immer wieder, Israel an den Verhandlungstisch zu bringen. Aber der damalige amerikanische Außenminister Henry Kissinger ignorierte ihn. Im Jahr 1973 hatte Arafat genug von Terror und Gegenterror. Er hatte einige seiner besten Männer verloren und brachte seine zerstrittene Bewegung auf einen neuen Kurs, weg von der Gewalt und hin zu Friedensverhandlungen. Unmittelbar nach dem israelischen Fiasko in Lillehammer, zwischen Juli und Oktober 1973, schickte Arafat vier Botschaften an Kissinger, in denen er um einen Dialog mit den Vereinigten Staaten bat. Doch Kissinger entsandte General Vernon Walters, damals stellvertretender CIA-Direktor, nach Marokko, um einem Berater Arafats zu sagen: »Die Vereinigten Staaten haben keine Angebote zu machen.«

Im Oktober 1973 entschieden sich Ägypten und Syrien für Krieg, um die Pattsituation zu beenden, wenigstens Teile der besetzten Gebiete zurückzuerobern und Israel an den Verhandlungstisch zu zwingen. Wie die Operation »Wüstensturm« im Jahr 1991 weckte auch der Jom-Kippur-Krieg Hoffnungen auf eine umfassende arabisch-israelische Einigung unter der Ägide der Vereinigten Staaten und ihrem damaligen Außenminister Henry Kissinger. Wiederum appelierte Arafat an Kissinger, ihn in den Prozeß miteinzubeziehen, und Sadat persönlich drängte Kissinger, sich mit dem PLO-Vorsitzenden zu treffen. Aber Kissinger schreckte vor diesem Schritt zurück. Für ihn, wie auch für viele Israelis, war die PLO keine Organisation, die eine legitime nationale Forderung vertrat, sondern »eine Terrorgruppe« und folglich als Verhandlungspartner unakzeptabel. Ein von der PLO regierter und von den Sowjets unterstützter Staat, so glaubte Kissinger, würde sich, wie Libyen und der Südjemen, zwangsläufig zu einem Bollwerk des Radikalismus entwickeln und als Basis für Anschläge auf Israel dienen.

Daher strich Kissinger das Westjordanland von der Tagesordnung und kam mit Israel darin überein, die PLO von einer Nachkriegsregelung auszuschließen. Je mehr er seine Schritt-für-Schritt-Diplomatie entfaltete, desto deutlicher wurde, daß sein Hauptziel – wie auch das der Israelis – darin bestand, Ägypten, den mächtigsten arabischen Staat, aus der arabischen Front herauszubrechen und die Palästinenserfrage auf den Sankt-Nimmerleinstag zu verschieben. Kissinger machte sich die Strategie der Israelis zu eigen und teilte ihre Ansicht, daß die Palästinenser ein Sicherheitsproblem darstellten, dem nur mit harter physischer Gewalt beizukommen war, und kein politisches Problem, für dessen Lösung Verhandlungen und Kompromisse angezeigt wären.

Vieles, was Arafat in der Folgezeit unternahm, lief daher ins Leere. Im Oktober 1974 brachte er die arabischen Staatschefs dazu, die PLO als »alleinige legitime Vertreterin des palästinensischen Volkes« anzuerkennen. Im November sagte er vor der UNO-Vollversammlung: »Ich komme mit einem Ölzweig in der einen Hand und mit dem Gewehr des Freiheitskämpfers in der anderen. Laßt den Ölzweig nicht aus meiner Hand fallen.« Damit bekundete er seine Bereitschaft zu Verhandlungen mit Israel. Er überredete seine Gefolgsleute, das Konzept eines Zwergstaates neben Israel zu akzeptieren, statt weiter der Maximalforderung nach der Zerstörung des Judenstaats anzuhängen. Aber die Israelis und Kissinger sagten nein.

Im Jahr 1975 brach der Libanesische Bürgerkrieg aus. Für Zündstoff sorgten die enttäuschten Friedenshoffnungen der Palästinenser und Befürchtungen der Christen, sie könnten die Palästinenser womöglich überhaupt nicht mehr loswerden, wenn diese nicht ihren eigenen Staat bekämen. In den Krieg wurden auch unbeteiligte Länder verwickelt, allen voran Syrien. Die gesamte Region sollte auf Jahre hinaus nicht mehr zu Ruhe kommen.

Dann kam im Mai 1977 Menachim Begin, ehemaliger Irgun-Terrorist und eifriger Verfechter eines ›Großisrael‹, an die Macht. Sein Leben lang hatte er das ehrgeizige Ziel verfolgt, durch die Errichtung jüdischer Siedlungen in der West Bank und die Eindämmung des palästinensischen Nationalismus dem Staat Israel das Westjordanland einzuverleiben. Und offenbar war Arafat für ihn das Hauptproblem. Der PLO-Führer wollte verhandeln. Doch Verhandlungen konnten für Israel den Verlust des Westjordanlandes bedeuten. Deshalb zielte die Strategie Israels darauf ab, die PLO mit allen nur erdenklichen Mitteln zu zerschlagen – mit einer weltweiten politischen und diplomatischen Kampagne wollte man sie isolieren, zersetzen und als ›Terrororganisation‹ brandmarken und jeden Versuch Arafats, mit dem Westen und insbesondere mit den Vereinigten Staaten in einen Dialog zu treten, bereits im Keim ersticken.

Im Januar 1978, sechs Monate nach Begins Amtsantritt, begann Abu Nidal damit, prominente und für ihre gemäßigte Haltung bekannte PLO-Angehörige zu ermorden – ebenjene Männer, die auf die Meinung im Westen dadurch Einfluß nehmen wollten, daß sie öffentlich für Verhandlungen und eine Aussöhnung mit Israel eintraten.

Mehr als alle früheren israelischen Regierungschefs war Begin fest entschlossen, Arafat und seine Mitstreiter als Terroristen zu ächten, mit denen kein Gespräch möglich sei – eine Position, die exakt zur Politik der Regierung Reagan paßte, für die der ›internationale Terrorismus‹ geradezu zu einer fixen Idee wurde. Nicht von ungefähr beschäftigte sich die Reagan-Administration schon 1981, als sie ihre Arbeit aufnahm, intensiv mit dem Terrorismus. Die lange Geiselhaft amerikanischer Staatsbürger in der Teheraner Botschaft hatte erheblich zu Jimmy Carters politischem Niedergang und Reagans Wahlsieg beigetragen. Der Präsident, sein Außenminister Alexander Haig und CIA-Direktor William Casey schenkten den hanebüchenen Berichten Glauben, die die amerikanische Journalistin Claire Sterling verbreitete. In ihrem Buch *The Terror Network* (1981) berichtete sie von Zehntausenden von Terroristen, die, direkt oder indirekt von Moskau unterstützt, in Guerillacamps rund um den Globus ausgebildet würden und die künftigen Elitebataillone der kommunistischen Weltrevolution stellen sollten. Angeblich war Kuba maßgeblich daran beteiligt, aber auch die palästinensische Bewegung – »der zweite große Magnet für die Eleven des Terrors«. Zwar wußten Geheimdienstfachleute, daß Frau Sterling Unfug erzählte, aber Begin bestärkte das Weiße Haus und das State Department nur zu gern in dem Glauben, der Terrorismus sei die schlimmste Geisel der modernen Welt und Syrien, Libyen und die PLO seine Brutstätten.

Während ich darüber nachdachte, fragte ich mich, ob dies wohl Abu Ijads Sorge gewesen sei. Er hatte mir gesagt, daß ein Zusammenhang bestand zwischen Abu Nidals Mordanschlägen auf gemäßigte Palästinenser und Begins Entschlossenheit, niemals mit Palästinensern zu verhandeln, da ihm sonst der Verlust des Westjordanlands drohte. Für Begin ging die eigentliche Gefahr von den Gemäßigten aus, folglich mußten sie beseitigt werden. Gesetzt den Fall, die Israelis hatten Abu Nidals Organisation tatsächlich unterwandert, hätte dann nicht irgendeine Geheimdienstkoryphäe in Jerusalem sagen können: »Wir haben jemanden gefunden, der die Arbeit für uns macht.« Es gab sehr wenig Anhaltspunkte, diesen Faden weiterzuspinnen, aber allmählich begriff ich Abu Ijads Logik oder zumindest den äußeren Anlaß für sein paranoides Denken.

Natürlich gab es auch eine andere, einleuchtendere Erklärung: Vielleicht war Abu Nidal einfach nur der, der zu sein er stets behauptet hatte, nämlich ein beinharter Vertreter der Ablehnungsfront, der Leute wie Arafat für Verräter hielt, weil sie eine Einigung mit Israel auch nur in Erwägung zogen, und der bereit war, ›Tauben‹ wie Hammami zu ermorden, weil sie mutig für den Frieden eintraten. Wer wußte schon, was in der Schattenwelt von Geheimagenten und Mördern glaubhaft war und was nicht?

Etwa zur gleichen Zeit hatte ich in London Besuch von einem ehemaligen General des Aman, des israelischen militärischen Nachrichtendienstes, der mit Recherchen zu einem ganz anderen Thema beschäftigt war. Nach unserem Gespräch fragte ich ihn auf den Kopf zu, ob Israel palästinensische Gruppen infiltriert und manipuliert habe. Er fixierte mich. »Infiltriert schon«, sagte er, »aber nicht manipuliert.« Er machte eine Pause und bemerkte dann mit dem Anflug eines Lächelns: »Das würde keiner zugeben.«

Abu Nidal auf der Spur

Ich kehrte in jenem Sommer und Herbst noch ein paarmal nach Tunis zurück, und Abu Ijad löste sein Versprechen ein. Unter großer Geheimhaltung arrangierte er für mich ein Interview mit Atif Abu Bakr. Der prominenteste Überläufer aus Abu Nidals Organisation hielt sich damals versteckt, weil er Abu Nidals Rache fürchtete. Er erwies sich als unschätzbare Informationsquelle. Ehe er 1985 zu Abu Nidal gestoßen war, hatte er als PLO-Vertreter in Belgrad (1974–76), Prag (1976–83) und Budapest (1983–84) fungiert. Er war sehr wortgewandt und einer der intelligentesten Männer der palästinensischen Bewegung, die ich je getroffen habe. Abu Bakr machte mich mit Mitgliedern seiner »Notstandsführung« bekannt – eine gegen Abu Nidal arbeitende Splittergruppe –, unter anderem auch mit ihrem militärischen Kommandanten ›Basil‹, der seit den siebziger Jahren mit Abu Nidal zusammengearbeitet hatte. So gelangte ich von einer Quelle zur anderen.

Ich wollte auch einen anderen prominenten Überläufer, Abd al-Rahman Isa, Abu Nidals ehemaligen Geheimdienstchef, zur Mitarbeit überreden und rief ihn in Algier an, in der Hoffnung, ihn dort besuchen zu können. Aber er war nur gegen ein fürstliches Honorar zu einem Interview bereit. Als ich Abu Ijad davon erzählte, lachte er und gab mir die ungeschnittenen Tonbänder eines mehrstündigen Gesprächs, das er und Isa nach dessen Bruch mit Abu Nidal im Jahr 1989 geführt hatten. Isa hatte die versteckten Mikrophone nicht bemerkt und wußte nicht, daß sein »Verhör« aufgezeichnet worden war. Obwohl ich Isa nie interviewte, fiel mir auf diese Weise der Bericht über seine Agentenkarriere in die Hände, den er einst Abu Ijad erstattet hatte.

Abu Ijad brachte mich auch mit mehreren seiner Geheimdienstoffiziere und seinem Archivar zusammen, einem rundlichen Herrn mit enzyklopädischem Gedächtnis, dessen fahler Teint an die Farbe seiner ledergebundenen Akten erinnerte. Doch ich sprach nicht nur mit Mitarbeitern von Abu Ijads Geheimdienst, sondern auch mit vielen anderen Palästinensern, die mit Abu Nidal zu tun gehabt hatten oder indirekt etwas über ihn wußten. Am ergiebigsten zeigte sich hier der Guerillakommandant Abu Dawud, dessen Weg sich im Lauf der Jahre mehrmals mit dem Abu Nidals gekreuzt hatte.

Jorde traf ich in einer Hafenstadt am Mittelmeer. Nach seinem Abenteuer in Thailand hatte er sich ein paar Monate lang in Südeuropa herumgetrieben und mehr schlecht als recht gelebt. Er werde sich wohl wieder als Kleinkrimineller durchschlagen müssen, gestand er mir, aber er fürchtete, daß Abu Nidals Leute, die in mehreren europäischen Städten im Untergrund lebten, ihn aufstöbern und mit Gewalt nach Libyen zurückbringen könnten. Verunsichert und ohne einen Pfennig Geld in der Tasche, brauchte er Schutz. So war es nur natürlich, daß er Kontakt zur PLO suchte, der einzigen Organisation, von der er annehmen konnte, daß sie ein lebhaftes Interesse an Informationen über Abu Nidal hatte.

Aber nachdem Jorde dem PLO-Geheimdienst seine Geschichte erzählt hatte, traute ihm Abu Ijad nicht mehr und vermutete in ihm einen Agenten. Jorde war so redegewandt, so geschickt im Erfinden von Geschichten, daß Abu Ijad es für ratsam hielt, ihn für ein paar Monate auf Eis zu legen, um seine Vergangenheit zu durchleuchten und seine Geschichte mit den Aussagen anderer Überläufer aus Abu Nidals Organisation zu vergleichen.

Ungefähr zu diesem Zeitpunkt lernte ich ihn kennen. Er war bemüht freundlich und dabei so nervös wie jemand, der nur auf Probe eingestellt war. Tatsächlich hing er in der Schwebe zwischen der Organisation, aus der er geflohen war und deren Häscher er fürchtete, und der anderen Organisation, in die er gern eingetreten wäre, die ihm aber mißtraute. Vielleicht dachte Abu Ijad, ein Gespräch mit einem Außenstehenden wie mir könnte Jorde die Wahrheit entlocken. Zumindest würde dabei eine Version herauskommen, die der PLO-Geheimdienst mit den Aussagen, die Jorde ihm gegenüber gemacht hatte, vergleichen konnte. Ich kenne die Antwort auf dieses Rätsel nicht, und Abu Ijad kann man nicht mehr fragen.

Die meisten Überläufer, denen ich begegnete, lebten in Angst. Unsere Treffen verteilten sich über mehrere Monate und fanden in konspirativen Wohnungen der PLO in Tunis und Umgebung statt. Gewöhnlich erreichte ich die Treffpunkte erst nach langen nächtlichen Autofahrten. Meine Interviewpartner hatten stets Waffen in Reichweite (auf dem Tisch neben meinem Kassettenrecorder oder lässig auf die Polster eines Sessels gelegt) und wurden von jungen, mit Maschinenpistolen bewaffneten Leibwächtern begleitet – Männern wie Jorde. Wenn diese nicht gerade in der Küche Kaffee kochten oder uns bei den langen Sitzungen bedienten, standen sie im Flur oder auf dem Balkon herum, von wo aus sie die angrenzenden Straßen einsehen konnten.

In den Jahren 1990 und 1991 führten mich meine Nachforschungen in kleine Hotels auf Zypern und Malta, nach Paris und

Marseille, nach Italien, Österreich und Griechenland sowie in die Büros und Wohnungen zahlreicher Männer und Frauen in westlichen Hauptstädten, die mit Terrorismusbekämpfung befaßt sind. Ihnen allen gilt mein Dank, wenn ich auch ihre Namen nicht nennen darf.

Im folgenden geht es mir darum, ein möglichst genaues Bild von Abu Nidal und der Geheimorganisation zu zeichnen, die er seit siebzehn Jahren leitet. Keine Organisation, und mag sie auch durchaus legal sein, sieht es gern, wenn sie von Außenstehenden durchleuchtet wird. Um wieviel weniger dann diese eine, die alles andere als legal ist. Sie ist ihrem ganzen Wesen nach geheim. Wenn ihre Mitglieder oder Ex-Mitglieder den Mund aufmachen, riskieren sie Kopf und Kragen. Gleichwohl haben Abtrünnige und Überläufer die Pforte zu dieser geheimen Festung einen Spalt breit geöffnet und einen Blick auf das Treiben im Inneren ermöglicht.

Von allen Männern im Nahen Osten, die sich der Gewalt verschrieben haben, gibt Abu Nidal die größten Rätsel auf. Warum mordet er? Auf wessen Befehl? Zu welchem Zweck? Wie hat er so lange überleben können, obwohl ihm die Geheimdienste der halben Welt auf den Fersen sind? Warum hat ihn Israel nie angegriffen, wo es doch andere Palästinensergruppen nie geschont hat? Keine Terroristenlaufbahn hat in den letzten Jahren mehr Licht auf die geheimen Kriege im Nahen Osten geworfen, in denen schmutzige Tricks zum Alltag gehören und die Dinge selten das sind, als was sie erscheinen.

Diese Geschichte ist alles andere als schön. Es ist eine Reise in eine widerwärtige, von Gewalt geprägte Unterwelt, in der Mitleid und moralische Grundsätze unbekannt sind und der Tod an jeder Ecke lauert.

3 Eine traumatische Kindheit

Wie stichhaltig war Abu Ijads Theorie? Um das herauszufinden, nahm ich Abu Nidals Fährte auf, grub in seiner Vergangenheit, befragte jeden Gesprächspartner, der ihn kannte, und versuchte, seine zweifellos komplexe Persönlichkeit zu verstehen.

Abu Nidal, das war meine erste Entdeckung, ist ein Mann ohne beschreibbares Äußeres (wenn auch mehrere Gesprächspartner seinen kahlen Schädel, seine glänzenden Augen und seine tadellosen Zähne erwähnten), ein Mann von schlichter Bildung und schwacher Gesundheit, der unter Magengeschwüren und permanenten Halsschmerzen leidet. Seine Kleidung ist schäbig, oft trägt er eine Jacke mit Reißverschluß und abgetragene Hosen. Offenkundige Laster hat er kaum: Er spielt nicht, ist nicht hinter Frauen her, verlangt weder nach Luxus noch nach Bequemlichkeit. Von Familienleben kann bei ihm schwerlich die Rede sein. Whisky, den er des Nachts in größeren Mengen konsumiert, ist anscheinend sein einziger Trost.

Seit annähernd zwanzig Jahren lebt er im Untergrund, was in der Schattenwelt geheimer Operationen geradezu einen Rekord darstellt, und dabei ist er menschenscheu geworden. Als Phantast, den die Wahrheit wenig kümmert, lebt er in einer von Gewalt, Wahn und Furcht geprägten Welt, und wie andere Aktivisten aus der nebulösen Geheimdienstszene ist er süchtig nach geheimem Wissen und geheimer Macht. Er ist ein Meister der Verstellung und der List. Mißtrauisch gegen jedermann, einsam und stets um seine Sicherheit besorgt, entzieht er sich dem Blick der Öffentlichkeit und lebt wie ein Maulwurf im Dunkeln. Er ist ein Mann voller Widersprüche: aufbrausend und übervorsichtig, kühn und ängstlich zugleich.

Selbst seine Feinde räumen ein, daß es erheblicher Fähigkeiten bedurfte, um sein diszipliniertes und überall gefürchtetes Terrorinstrument zu schmieden. Ein gerissener Administrator und kühler Rechner, hat er ein Vermögen angehäuft, das sich auf Hunderte Millionen Dollar beläuft. Ehemalige Mitstreiter berichten, daß er über lange Zeiträume hinweg hart arbeiten und klar denken kann und daß er unbestritten ein Führer ist, der, obwohl er zu Loyalität und Gefolgschaft inspirieren kann, seine ausgedehnte Organisation durch Angst und Furcht regiert.

Einst, ganz am Anfang seiner Laufbahn, war Abu Nidal berühmt für seinen stolzen und unbeugsamen Patriotismus. Heute ist er wegen seiner Mordanschläge berüchtigt. Manche behaupten, als Mittfünfziger habe er Geschmack an seinem Ruf als Geächteter und Mörder gefunden. Er sei ein Patriot, der sich zum Psychopathen entwickelt habe. Und in der Tat: Wiederholt und in großer Zahl Menschen zu töten und in Blut zu waten ist kein normales menschliches Verhalten. Einer solchen geistigen Verwirrung begegnet man gewöhnlich nur in außergewöhnlichen Streßsituationen, wenn etwa in Kriegszeiten eine von Haß und Furcht verblendete Gemeinschaft über eine andere herfällt, oder aber bei Individuen, die in ihrer Persönlichkeit zutiefst gestört sind.

Der Verlust der Mutter

Falls Abu Nidal tatsächlich der klassische Fall einer gespaltenen Persönlichkeit ist, dann könnte seine unsichere und unglückliche Kindheit, von der mehrere seiner Bekannten sprachen, einiges zur Erklärung beitragen. Abu Nidal wurde im Mai 1937 in Jaffa geboren, jener alten arabischen Hafenstadt an der Mittelmeerküste im damaligen Palästina. Sein Vater, Chalil al-Banna, war ein ehrbarer Bürger und stolzer Besitzer von Orangenhainen, die sich südlich der Stadt in üppigen und süß duftenden Plantagen hinzogen. Alljährlich wurde die Ernte unter seinen wachsamen Augen in Spankisten verpackt und nach Europa verschifft. Die Linie Jaffa–Liverpool war in den neunziger Jahren des vorigen Jahrhunderts gegründet worden.

Hadschi Chalil war ein Patriarch. Seine erste Frau schenkte ihm elf Kinder, sieben Söhne und vier Töchter. Die ganze Familie wohnte in einem geräumigen, dreistöckigen Haus aus behauenem

Stein, das unmittelbar an der Küste lag, so daß die Kinder nach der Schule ins Meer hüpfen konnten. Um der feuchten Sommerhitze an der Küste zu entgehen, kaufte Chalil al-Banna ein zweites Haus in einem Bergdorf weiter im Norden. Es lag in Nordsyrien, in dem eindrucksvollen Bergland oberhalb der Hafenstadt Alexandretta (die Frankreich am Vorabend des Zweiten Weltkriegs gegen den Willen Syriens der Türkei zugesprochen hatte). Viele Bewohner dieser Bergdörfer waren und sind Alawiten, Angehörige einer schiitischen Sekte. Da sie bitterarm waren und dringend Geld benötigten, mußten sich ihre Töchter oft als Dienstmädchen bei Mittelstandsfamilien in der Gegend verdingen. Eines Sommers brachte die Familie Banna ein hübsches sechzehnjähriges Alawitenmädchen mit in ihr Haus nach Jaffa. Im hohen Alter verliebte sich Chalid al-Banna in dieses Mädchen und heiratete es zum Entsetzen der übrigen Familie. Sein zwölftes Kind, der spätere Abu Nidal, war der Sohn des Dienstmädchens. Er erhielt den Namen Sabri.

Von Anfang an war Sabris Stellung in der Familie prekär. Seine älteren Halbgeschwister verachteten ihn. Doch es kam noch schlimmer: Als sein Vater 1945 starb, verstieß die Familie seine Mutter, so daß er auch sie noch verlor. Der achtjährige Sabri blieb im Vaterhaus, aber niemand kümmerte sich um ihn. Als Folge dieser Vernachlässigung erhielt er praktisch keine Erziehung. Er verließ die Schule bereits nach der dritten Klasse, und bis auf den heutigen Tag schreibt er zu seinem großen Leidwesen mit der ungelenken Hand eines Kindes.

Araber pflegen ihre besonderen Snobismen, bei denen es oft um die Familienehre geht, und das ist einer der Gründe, warum so oft Cousins und Cousinen untereinander heiraten. Allerdings gab es wenig Grund zum Stolz, wenn man der Sohn eines armen Dienstmädchens aus einer mit Füßen getretenen Sekte war – bis zu dem Tag im Jahr 1970, als Hafis al-Assad, selbst ein Alawit bäuerlicher Herkunft, in Syrien an die Macht kam. Wie wir noch sehen werden, versuchte sich Abu Nidal damals unter Verweis auf seine Vorfahren mütterlicherseits bei dem syrischen Staatschef einzuschmeicheln.

Abu Nidal hat sich seitdem mit den Mitgliedern der Familie seines Vaters versöhnt, von denen einige heute in den von Israel besetzten Gebieten leben. Eine Halbschwester lebt in Nablus im

Westjordanland. Ab und zu läßt er ihr auf Umwegen Geld zukommen. Ein Halbbruder, Muhammad al-Banna, setzt als Obst- und Gemüsehändler die Familientradition fort; er soll auf gutem Fuß mit den israelischen Besatzungsbehörden stehen. Mehrere Nichten, von denen er mindestens zwanzig in der arabischen Welt hat, sind mit Aktivisten seiner Organisation verheiratet. Aber wer vermag zu sagen, wie sehr ihn der Verlust der Mutter, die Demütigungen und die Ablehnung, die er in jungen Jahren erfahren hat, getroffen haben? Wie dem auch sei, seine Grausamkeit und das Bedürfnis, die Menschen in seiner Umgebung zu beherrschen, deuten auf einen tiefsitzenden Groll gegen die Welt, der mit dem Schmerz zusammenhängen mag, den er als Kind erfuhr. Diejenigen, die ihn gut kennen, sagen, er verachte Frauen, und tatsächlich gibt es für sie wenig Platz in seiner reinen Männerorganisation. Die Ehefrauen der Mitglieder werden auf Distanz gehalten und wissen nichts über die Tätigkeit ihrer Männer. Es ist ihnen noch nicht einmal erlaubt, sich miteinander anzufreunden oder gegenseitig zu besuchen, wie es in anderen Palästinensergruppen üblich ist. Seine eigene Ehefrau, ein geduldiges, langmütiges Wesen, mußte jahrelang auf gesellschaftlichen Umgang verzichten und ohne Freundinnen leben.

Der Schock des Exils

Abu Nidals verbitterte und rachsüchtige Persönlichkeit wurde höchstwahrscheinlich durch die Kränkungen geprägt, die er in seiner Kindheit erfuhr. Nicht weniger folgenschwer dürfte aber auch der Eindruck gewesen sein, den jene Katastrophe hinterließ, in die seine Familie und die gesamte palästinensische Gesellschaft infolge der massenhaften Einwanderung von Juden nach Palästina, die 1948 mit der Gründung des Staates Israel ihren Höhepunkt fand, gestürzt wurden.

Was in den Jahren 1947 und 1948 in Palästina geschah, gehört zu den umstrittensten Themen der Zeitgeschichte, und dieses Buch ist wohl kaum der geeignete Ort, um die alte Polemik wieder aufzugreifen oder die widersprüchlichen Darstellungen der Vorgänge aus arabischer und jüdischer Sicht darzulegen. Nachdem die Juden unter Hitler unbeschreibliche Verfolgungen erlitten hatten, brauchten sie eine Heimstatt, und die Briten versprachen ihnen eine. Im November 1947 verabschiedete die Vollversammlung der Vereinten Nationen die Resolution 181, nach der das arabische Palästina in einen arabischen und einen jüdischen Staat aufgeteilt werden sollte. Die Zionisten sahen in dieser Resolution eine internationale Bestätigung ihrer Forderung nach einem eigenen Staat. Darüber hinaus machten die Juden eine gefühlsmäßige Bindung an das Land ihrer Väter geltend. Doch die Art und Weise, wie der Staat Israel geschaffen wurde, vor allem, wie die arabische Bevölkerung gewaltsam vertrieben und zu panikartiger Flucht gedrängt wurde, gab Anlaß zu Kritik und sorgt noch heute für erbitterte Kontroversen. Palästinenser, die fast dreizehnhundert Jahre lang im Besitz dieses Landes gewesen waren, wurden ihrer gesamten Habe beraubt. Sie erlitten einen tiefen Schock, von dem sie sich nicht zu erholen vermochten oder es auch nicht wollten.

In den dreißiger Jahren wuchsen viele arabische Kinder wie der junge Sabri al-Banna mit Geschichten von den Heldentaten arabischer Kämpfer auf, die sich der unbarmherzigen Flut der Einwanderer entgegengestemmt hatten, als diese palästinensisches Land in Beschlag nehmen wollten. In Jaffa, wo Sabri aufwuchs, hatte der bewaffnete Widerstand Tradition. Zu einem der ersten Zwischenfälle war es im Jahr 1935 gekommen: Als Juden versuchten, Waffen durch den Hafen von Jaffa einzuschmuggeln, erhoben die Araber die Waffen gegen sie und ihre britischen Beschützer. Arabische Freischärler gerieten mit britischen Truppen aneinander. Dabei fiel ihr Anführer Scheich Iss al-Din Kassam, ein obrigkeitshöriger Geistlicher, der zum Guerillakämpfer geworden war. Für die Palästinenser ist er noch heute der Vater des bewaffneten Widerstands. Sein Tod war einer der Funken, die den großen Araberaufstand der Jahre 1936 bis 1939 entfachten, den die Briten mit unerbittlicher Härte niederschlugen. Tausende Palästinenser wurden getötet, Zehntausende in Lager gesteckt. Der Protest der Palästinenser gegen den Zustrom jüdischer Einwanderer war für eine Generation zum Schweigen gebracht. Jaffa, vor dessen Toren das laute und stürmisch wachsende Tel Aviv lag, wurde in die gewalttätigen Ereignisse hineingezogen. Tausende arabischer Bauern, die gewaltsam von ihrem Land vertrieben worden waren, als es an jüdische Besitzer überging, errichteten rund um den Hafen schäbige Hüttensiedlungen. In Abu Nidals Jugend waren Feindseligkeiten zwischen Arabern und Juden an der Tagesordnung.

Als die Araber den Teilungsplan der UN-Vollversammlung von 1947 ablehnten und der Bürgerkrieg zwischen Arabern und Juden ausbrach, geriet Jaffa unter Belagerung. Da die Stadt eine von jüdischem Territorium umgebene arabische Enklave bildete, war das jüdische Oberkommando entschlossen, sie einzunehmen. Scharmützel eskalierten zu regelrechten Schlachten und Greueltaten auf beiden Seiten. Anfang 1948 kam es zu einem berüchtigten Zwischenfall: Zwei als Araber verkleidete Mitglieder der Sternbande fuhren mit einem Lastwagen voller Dynamit, das sie unter Orangen verborgen hatten, in die Stadt und sprengten ihn in die Luft. Die Explosion forderte über hundert Opfer. Terroranschläge dieser Art wurden in vielen Teilen Palästinas verübt: Die Zionisten wollten vor dem Abzug der Briten am 15. Mai 1948 möglichst viel Territorium an sich reißen, da sie fürchteten, daß danach reguläre arabische Truppen in Palästina einmarschieren könnten. In Jaffa wurden im Gefolge der Kämpfe Schulen und Fabriken geschlossen, der Busverkehr eingestellt und der Handel mit Zitrusfrüchten lahmgelegt. Davon betroffen war auch die Familie Banna mit ihren Orangenplantagen und ihrer Verladestation.

Die überaus erfolgreiche Strategie der Zionisten bestand darin, arabische Städte ohne Vorwarnung mit Granat- und Raketenfeuer zu belegen, die arabische Bevölkerung durch Lautsprecherdurchsagen, Meldungen von Untergrundsendern der Haganah und andere Methoden der psychologischen Kriegsführung zu verunsichern und auf dem Land in abgelegenen Dörfern wie Deir Jassin und Kolonia wohlberechnete Massaker anzurichten, die die Bevölkerung in Panik versetzen und zur Flucht bewegen sollten. In verschiedenen Teilen des Landes wurden Tausende von arabischen Zivilisten hingemetzelt. Daraufhin flohen rund siebenhundertfünfzigtausend Araber panikartig über die Grenzen. Dies war der Ursprung des bis heute ungelösten palästinensischen Flüchtlingsproblems. Jahrelang wurde ein Großteil der Dokumente über diese Massaker unter Verschluß gehalten. Erst in letzter Zeit ist einiges ans Licht gekommen, hauptsächlich dank der Bemühungen israelischer Forscher und Historiker, die die Ereignisse jener Epoche untersucht haben. Um nur ein Beispiel zu nennen: Am 24. August 1984 veröffentlichte die israelische Tageszeitung *Hadaschot* einen Bericht über ein bislang unbekanntes Massaker, das am 28. Oktober 1948 in dem Dorf Dweima stattgefunden hat. Dabei wurden schätzungsweise fünfhundert Männer, Frauen und Kinder von einer Einheit der regulären israelischen Armee getötet.

In Haifa, Akko und Jaffa wurden Dutzende palästinensischer Familien von jüdischen Heckenschützen unter Feuer genommen und ertranken bei dem Versuch, über das Meer nach Gaza oder Beirut zu entkommen. Kaum hatte die Haganah am 14. Mai 1948 Jaffa eingenommen, wurde die Stadt von Plünderern aus Tel Aviv heimgesucht und bald darauf von Tausenden Juden besiedelt. Von ursprünglich fünfundsiebzigtausend arabischen Bewohnern blieben ganze dreitausend. Die Plantagen der Bannas wurden von der israelischen Regierung beschlagnahmt. So überstürzt die Palästinenser aus ihrem Land flohen, so eilig hatten es die Juden, über ihr Eigentum herzufallen. Im Jahr 1953 lebte ein Drittel der jüdischen Bevölkerung Israels auf Ländereien, die den Palästinensern weggenommen worden waren.

Wenige Wochen vor dem Fall Jaffas floh die einst stolze und wohlhabende Familie Banna nach Süden in die Kleinstadt Maidal. Zunächst wähnte sie sich dort sicher, doch bald wurde sie von den vorrückenden Israelis wieder vertrieben. Sie floh weiter nach Süden bis Gaza, das damals von Ägypten besetzt war, und fand schließlich eine Bleibe im Flüchtlingslager Al-Burj. In Zelte gepfercht, verbrachte sie dort ein Jahr unter miserablen Bedingungen, auch den strengen Winter 1948–49. Anschließend zog sie weiter in die Stadt Nablus im Westjordanland, das sich unter jordanischer Herrschaft befand und vorläufig noch außerhalb der Reichweite israelischer Geschütze lag. Mit der Zeit gelang es einigen Mitgliedern der Familie Banna, ein bescheidenes Auskommen zu finden. Doch nur wenigen war dieses Glück beschieden. Noch Jahre nach der Katastrophe von 1948 lebten die meisten palästinensischen Flüchtlinge in Zelten und warteten auf das Wunder, das sie in ihre Heimat zurückbringen würde. Inzwischen haben zwar Häuser aus Schlackenstein die Zelte ersetzt, aber die Flüchtlinge sind immer noch da, und ihre Zahl ist, bedingt durch natürliche Vermehrung und neue Kriege, weiter gestiegen. Die Liebe zu ihrer verlorenen Heimat und der Haß auf jene, die sie aus ihr vertrieben haben, sind ihre vorherrschenden Gefühle, und sie sind mit den Jahren nur noch stärker geworden.

Die Israelis sind zu Recht stolz auf den Aufbau ihres Staates und ihr militärisches Können, aber viele räumen mittlerweile selbst ein, daß ihr ›Unabhängigkeitskrieg‹ ebenso brutal und oft auch verbrecherisch war wie die meisten Kriege. Sie gewannen ihn, weil das militärische Kräfteverhältnis eindeutig zu ihren Gunsten ausfiel. Die Propagandaversion, wonach eine hilflose jüdische Gemeinschaft wie durch ein Wunder eine überwältigende arabische Übermacht besiegte, gehört ins Reich der Legende, wie etwa von den jüdischen Historikern Simha Flapam in *The Birth of Israel: Myths and Realities* (1987) und Benny Morris in *The Birth of the Palestinian Refugee Problem: 1947–1949* (1987) nachgewiesen wurde. Darüber hinaus hat Benny Morris von der Hebrew University in einer 1990 in Jerusalem gehaltenen Vorlesung dokumentiert, daß in den späten vierziger und frühen fünfziger Jahren israelische Soldaten und Zivilisten Tausende unbewaffnet ins Land gekommene Palästinenser bei dem Versuch töteten, ihre Ernte einzubringen oder ihr zurückgelassenes Gut wiederzuerlangen. Die Soldaten schossen auf sie, sobald sie ihnen vor die Gewehrläufe kamen. Siedler in Kibbuz-Dörfern versahen Wasserpumpen mit versteckten Sprengladungen, um Palästinenser daran zu hindern, sie abzubauen. Die Leichen der Palästinenser, die auf diese Weise ums Leben kamen, wurden ihrerseits mit Sprengladungen versehen. Wer sie fortschaffen wollte, um sie anderswo zu begraben, wurde ebenfalls getötet. Solche Vorfälle mahnen an die Grausamkeiten, die Palästinenser erlitten und auch heute noch im Westjordanland und in Gaza erleiden.

Der israelische Staat wurde auf den Ruinen des arabischen Palästina errichtet und hatte die Entwurzelung der einheimischen Bevölkerung zur Folge – eines Volkes, das in keinster Weise an der schrecklichen Verfolgung der Juden in Europa beteiligt gewesen war. Viele Menschen im Westen sehen die Juden immer noch als Opfer einer tausendjährigen Verfolgung, die im Grauen des Holocausts gipfelte. Man kann aber Abu Nidal und andere ebenso zornige Palästinenser nicht verstehen, wenn man unberücksichtigt läßt, welche Wirkung der Sieg Israels von 1948 auf sie hatte. Diese Männer und Frauen wurden aus ihrer Heimat vertrieben und ihres gesamten Besitzes beraubt. Und vergessen von der übrigen Welt, waren sie obendrein unentwegt dem höhnischen Triumph ihrer Sieger ausgesetzt. Der Massenexodus der Palästinenser aus ihrer

Heimat ermöglichte den Israelis den Beginn ihres staatlichen Lebens, aber für die Verlierer bleibt er die größte Tragödie ihrer Geschichte, eine Tragödie, die wie eine undurchdringliche Wolke ihren Horizont verfinstert. Für viele Palästinenser sind die Israelis Diebe und Mörder, gewissenlose und brutale Eroberer, die keine Menschlichkeit kennen.

Was 1948 geschah, war nicht der Abschluß, sondern erst der Beginn eines Prozesses. Die Unterdrückung der Palästinenser, die Enteignung von Land, die Errichtung jüdischer Siedlungen und die Aneignung knapper Ressourcen wie Wasser, all das hält bis zum heutigen Tag an und erzeugt bei den Leidtragenden dieser Politik eine explosive Mischung aus Wut und Verzweiflung. So ungern es Israelis und Juden auch zugeben wollen: Der Terrorismus eines Abu Nidal und seiner Gesinnungsgenossen ist eine Reaktion auf jüdische Gewalt, die die Palästinenser zu einem hilflosen Dahinvegetieren in Unsicherheit und ohne wirkliche Identität verurteilt hat.

In seinem Buch *The Disinherited* (1972) schrieb Fauas Turki, ein im Exil lebender Palästinenser: »Die Gewalt der Palästinenser entsteht nicht im luftleeren Raum. Am besten versteht man sie noch in der Dialektik von Unterdrücker und Unterdrücktem ... von Herr und Sklave. Der Herr wendet Gewalt an, um den Sklaven niederzuhalten, der Sklave wiederum will mit Gewalt seine Ketten sprengen. Wenn der Anwendung von Gewalt Grenzen gesetzt sind ... dann kennt die Fähigkeit von Frauen und Männern, Schmerz, Leid und Erniedrigung zu erdulden, ebenfalls Grenzen.«

Ein tiefsitzender Groll hat unweigerlich den beständigen Gedanken an Rache erzeugt: Was mit Gewalt genommen wurde, kann nur mit Gewalt wiedererlangt werden. So fühlen viele Palästinenser in ihrem tiefsten Innern. Ein Mittelweg, ein Kompromiß oder eine friedliche Lösung scheinen unvorstellbar. Als ich damit begann, Abu Nidals Werdegang zu untersuchen, wurde mir klar, daß ihn diese Losung für die politischen Realitäten blind gemacht und zu einem Leben gezwungen hatte, das von terroristischen Verbrechen ohne Ziel und Zweck geprägt ist.

Der junge Agitator

Abu Nidals frühe Jugend in der westjordanischen Stadt Nablus war nicht leicht. Er war auf die Barmherzigkeit seiner Halbbrüder angewiesen, die selber um ihre Existenz kämpfen mußten. Er nahm Gelegenheitsarbeiten als Laufbursche an oder half bei einem Elektriker aus, doch wie er später gegenüber Freunden eingestand, ärgerte er sich immer über seine schäbige Kleidung, seinen leeren Magen und seine mangelnde Bildung. Ein paar Monate lang besuchte er eine staatliche Schule, aber ohne finanzielle Unterstützung und nach so vielen verlorenen Jahren konnte er das Versäumte einfach nicht aufholen. Er mußte Spott erdulden, was ihn nur noch mehr verbitterte. Aber er war schlau und ehrgeizig, und bei dem Versuch, sich selbst das Lesen beizubringen, stieß er auf das Untergrundblatt *Al-Jaksar* (»Das Erwachen«), das der jordanische Zweig der Baath-Partei im Westjordanland in unregelmäßigen Abständen veröffentlichte.

Die jordanische Baath-Partei war ein Ableger – sogar der erste in der arabischen Welt – jener Mutterpartei, die zwei syrische Lehrer gegen Ende der vierziger Jahre in Damaskus gegründet hatten. Als das Fiasko in Palästina die ganze Schwäche und Uneinigkeit der Araber an den Tag gebracht hatte, traten junge Leute, die eine Zukunft suchten, in Scharen der Baath-Partei bei, die mit dem faszinierenden, wenn auch etwas wirren Programm einer arabischen »Wiedergeburt« lockte. Sie sollte die große nationalistische Partei jener Zeit werden. Im Westjordanland und besonders in Nablus, das von verbitterten Flüchtlingen überquoll, fielen die Ideen der Baath-Partei auf fruchtbaren Boden, vor allem in den stürmischen Jahren nach der Ermordung des jordanischen Königs Abdallah 1951 – ein Palästinenser hatte ihn wegen seines heimlichen Paktierens mit Israel im ersten israelisch-arabischen Krieg von 1948–49 ermordet. Sein psychisch gestörter Sohn Talal folgte ihm auf den Thron, wurde aber bald wegen Unfähigkeit abgesetzt. Seinem Enkel, dem erst siebzehnjährigen Hussein, war das Amt damals noch nicht angetragen worden.

Die Baath-Partei, in Jordanien noch nicht als legale politische Partei zugelassen, arbeitete mehr oder weniger im Untergrund und spielte mit den Behörden Katz und Maus. Auf gewalttätigen Demonstrationen forderte sie mehr Mitsprache der Palästinenser in der Politik des Königreichs sowie den Abbruch der Beziehungen zu Großbritannien, von dem sich die Palästinenser an die Zionisten verraten fühlten. Im Jahr 1955 kämpfte die Baath-Partei gegen den Beitritt Jordaniens zu dem von den Briten angeregten Bagdad-Pakt, während der Suezkrise 1956 verlangte sie von König Hussein, Ägyptens Nasser beizustehen, dem Helden der arabischen Nationalisten, der damals gegen Großbritannien, Frankreich und Israel um sein politisches Überleben kämpfte – und für die arabische Unabhängigkeit. In diese Partei trat der achtzehnjährige Abu Nidal ein. Hier bekam er einen ersten Vorgeschmack von radikaler Politik.

Aber diese politische Liaison war nur von kurzer Dauer. Im April 1957 unternahm eine Gruppe nationalistischer Offiziere in Amman einen Putschversuch, wurde aber von Hussein und seinen loyalen Beduinentruppen unschädlich gemacht. Die Möchtegernputschisten kamen hinter Schloß und Riegel oder wurden ins Exil geschickt. Die Baath-Partei und andere radikale Parteien beriefen einen Kongreß ein, auf dem sie forderten, die Offiziere zu rehabilitieren und die Berater des Königs zu entlassen. Außerdem sollte sich Jordanien von den Briten und Amerikanern lösen und statt dessen auf die Seite der Ägypter stellen. Als Agitator und Demonstrant, Aug in Aug mit bewaffneten Polizeikräften, durchlebte der junge Abu Nidal jeden Augenblick dieser dramatischen Ereignisse. Doch der Traum der Nationalisten zerstob sehr bald. Dank westlicher Hilfe erlangte Hussein seine Autorität wieder und zerschlug die Baath-Partei durch Massenverhaftungen. Ihre Büros wurden geschlossen, das Parteiblatt verboten. Die Spitzenfunktionäre, darunter Parteichef Abdallah Rimawi, flohen nach Syrien, während junge Aktivisten wie Abu Nidal es vorzogen, unterzutauchen.

Ein Jahr später, als Hussein wieder mit fester Hand regierte und die Aussichten für die Baath-Partei immer trüber wurden, suchte ein tief zerknirschter Abu Nidal, dessen Haß auf die Haschemiten nur noch von seinem Haß auf Israel, Großbritannien und die Vereinigten Staaten übertroffen wurde, sein Glück in Saudi-Arabien – einer von Zehntausenden junger Palästinenser, die sich auf den Weg in das dollarschwere Königreich machten, um den stinkenden, überfüllten Flüchtlingslagern zu entkommen. Er ging nach Rijad, wo er sich zusammen mit einem Freund namens Abu Fadi als Anstreicher und Elektriker selbständig machte, Berufe, in denen er sich schon in Nablus versucht hatte. Im Jahr 1959 eröffneten die beiden Geschäftspartner in der Al-Wasir-Straße in der saudischen Hauptstadt einen Laden.

Aber auch in der Ferne erkalteten Abu Nidals Gefühle für Palästina keineswegs. Im Gegenteil, je ferner er der verlorenen Heimat war, desto mehr träumte er von der »Rückkehr«, die für zahllose Palästinenser zur fixen Idee wurde. Er verstand sich immer noch als Baathist, denn während der Jahre in Nablus war die Partei seine Schule gewesen. Allerdings hatte sie in Saudi-Arabien wenig zu bieten: Sie war lediglich eine marginale Untergrundbewegung und bestand aus einem Dutzend junger Männer, die in einem Keller Versammlungen abhielten. Obendrein hatte Nasser, der die Baathisten mit Argwohn betrachtete, die syrische Mutterpartei zur Selbstauflösung gezwungen, als Syrien und Ägypten 1958 eine Union eingegangen waren. Dies stürzte die Bewegung in eine Verwirrung, die sich in all ihre Zweige in der arabischen Welt fortpflanzte. Abdallah Rimawi, der Führer der jordanischen Baath-Partei und der Mann, zu dem Abu Nidal in seiner Jugend aufgeschaut hatte, kehrte der Bewegung den Rücken und setzte sich nach Kairo ab.

Abu Nidal verließ nun seinerseits die Partei und suchte sich ein anderes Ventil für seine überschüssigen Energien. Knapp über zwanzig, wußte er schon um seine noch schlummernden Talente, sah sich zum Führer auserkoren und versuchte, andere durch erfundene Geschichten über seine eigenen Leistungen zu beeindrukken. Er fabulierte und nahm es mit der Wahrheit nicht so genau, ein Charakterzug, der sich noch stärker ausprägen sollte. In Rijad scharte er eine Gruppe junger Männer um sich und gründete seine eigene kleine Organisation. Ganz dem damaligen Zeitgeist folgend, gab er ihr den pompösen Namen »Palästinensische Geheimorganisation«. Er träumte davon, in alle Teile der Region Emissäre zu schicken, Filialen zu gründen und den Kampf in das »usurpierte Palästina« zu tragen. Beirut war sein erstes Ziel. Damals galt die Stadt als die politische und publizistische Metropole des Nahen Ostens, als die einzige arabische Hauptstadt, in der Meinungsfreiheit herrschte und sich die Geheimpolizei vergleichsweise zurückhielt. Deshalb verwendete Abu Nidal Anfang der sechziger Jahre seine Ersparnisse darauf, zwei junge Männer mit dem Auftrag nach Beirut zu schicken, dort einen Ableger seiner geheimen Organisation zu gründen. Aber die Emissäre wurden abtrünnig, und das Unternehmen verlief im Sand.

Abu Nidal war nicht der einzige, der es im Widerstand zu etwas bringen wollte. In den späten fünfziger und frühen sechziger Jahren versuchten viele Palästinenser, die in arabischen Staaten arbeiteten oder in Europa studierten, mehr oder weniger am Rande der Legalität ihre eigenen politischen Organisationen zu gründen. Dutzende Gruppen wurden ins Leben gerufen, aber nur wenige überdauerten. Ihr Hauptmotiv war das Trauma des Exils, die Leiden ihrer Familien, der Drang, sich aus der Abhängigkeit von den arabischen Gastländern zu lösen – und das brennende Verlangen, es Israel heimzuzahlen.

Die bei weitem bedeutendste unter diesen Organisationen war Jassir Arafats Fatah, die von 1958 bis 1959 in Kuwait entstand und bald in eine Mutterrolle für alle palästinensischen Befreiungsbewegungen hineinwachsen sollte. Werber der Fatah waren überall zu finden, wo es Palästinenser gab, so auch in Saudi-Arabien, wo Abu Nidal als erprobter Aktivist unweigerlich in ihrem Netz landete. Der Mann, der ihn damals zur Fatah brachte, ist heute bei der PLO in Tunis. Ein anderer damaliger Weggefährte, Abd al-Fattah Hammud, der später ins Zentralkomitee der Fatah aufstieg, starb 1968 bei einem Autounfall in Amman. Ein Dritter, Abu Fadi, Abu Nidals Geschäftspartner, wurde Sekretär der Fatah-Filiale im libanesischen Sidon und starb Anfang der siebziger Jahre.

Abu Nidal trat nicht als einfacher Fußsoldat in die Fatah ein. Da er eine eigene »Widerstandsgruppe« geführt hatte und der Sache des palästinensischen Widerstands leidenschaftlich ergeben war, begann er ein oder zwei Ränge höher in der Hierarchie der Organisation. Er war ein guter Rechner, und sein Geschäft lief. Dynamisch und umgänglich wie er war, schien er für den Erfolg im Leben wie geschaffen. Bei einem Besuch in Nablus machte er die Bekanntschaft einer jungen Frau, Hijam al-Bitar, und heiratete sie später. Sie stammte aus einer guten Familie aus Jaffa, die nun wie seine eigene im Exil lebte. Sie war gebildeter als er, hatte die Schule besucht und Französisch gelernt. Doch sie entsprach insofern ganz seinem Geschmack, als sie angenehm fügsam war, eine Mischung aus einer traditionellen arabischen und einer modernen westlichen Frau. Sie sollte ihm einen Sohn und zwei Töchter schenken und sich als treue Gattin erweisen, bis sehr viel später seine mörderische Natur ihre Beziehung zerstörte.

In Saudi-Arabien war Abu Nidal nicht mehr als ein Salonrevoluzzer gewesen, der Pläne schmiedete, Reden schwang und von großen Taten träumte, aber tatsächlich nicht viel unternahm. Der Krieg von 1967 – nach 1948 das zweite traumatisierende Datum in der arabischen Zeitrechnung – änderte das mit einem Schlag. Mit einem blitzartigen Präventivkrieg vernichtete Israel die Armeen seiner arabischen Nachbarn, eroberte Ostjerusalem, die Reste des arabischen Palästina sowie die ägyptische Halbinsel Sinai und die syrischen Golanhöhen. Damit etablierte es sich als die regionale Supermacht, die den arabischen Staaten, in welcher Kombination sie auch antreten mochten, militärisch eindeutig überlegen war. Das Westjordanland und der Gazastreifen mit ihrer palästinensischen Bevölkerung wurden zu besetzten Gebieten, woran sich bis heute nichts geändert hat. Die Schmach für die arabische Seele und das arabische Selbstbewußtsein war ungeheuer. Das Geschwür des Hasses fraß sich nur noch tiefer, der Durst nach Rache wurde noch brennender.

Weil Abu Nidal und seine Freunde gegen den Krieg und seine verheerenden Folgen demonstriert hatten, wurden sie von den Saudis festgenommen und als gefährliche Umstürzler des Landes verwiesen. Aber Abu Nidal konnte nicht ins Westjordanland zurückkehren. Nablus, wo sein Haus stand, war von den Israelis überrannt worden. Das einzig mögliche Fluchtziel hieß Amman, wo palästinensische Guerillas sich auf den Kampf gegen einen Feind vorbereiteten, dessen vorderste Linien nunmehr den Jordan erreicht hatten.

Ein palästinensischer Bekannter namens Abu Ali Schahin (der später viele Jahre in israelischen Gefängnissen zubringen sollte), erinnerte sich an den Abu Nidal jener Zeit: »Er war sehr fanatisch. Er wollte in den Kampf ziehen. Er war weder religiös, noch glaubte er an den Baathismus, den Marxismus oder sonst etwas. Palästina sei nur durch Blutvergießen wiederzuerlangen. Das Gewehr war seine Ideologie, und seine Ideologie war das Gewehr. Das Gewehr, und nur das Gewehr!«

4 Ein schwarzer September

»Das Gewehr, und nur das Gewehr!«

Abu Nidals Ruf zu den Waffen nach dem Krieg von 1967 war nichts anderes als die damals übliche Rhetorik. Wie jeder andere Araber stand er unter dem Schock des israelischen Sieges. Wegen politischer Agitation aus Saudi-Arabien ausgewiesen, zog er mit seiner jungen Familie nach Amman.

Damals gab es Hunderttausende Palästinenser im Exil, die wie er seit zwei Jahrzehnten darauf warteten, daß die arabischen Staaten und die Vereinten Nationen das harte Verdikt des Jahres 1948 aufheben würden. Nun aber, nach dem neuerlichen Fiasko, war sich die Mehrheit in zwei Grundsätzen einig – erstens, daß die »verlorene Heimat«, der ihre ganze schmerzliche Sehnsucht galt, nur durch bewaffneten Kampf wiederzugewinnen sei; zweitens, daß jedwedes Verhandeln mit dem triumphierenden Sieger Israel einer Kapitulation gleichkäme und daher rundweg abzulehnen sei.

Gegen Israel die Waffen zu erheben galt als eine unverzichtbare Losung zur Stärkung der Moral und zur Rettung der Nation – eine Anschauung, die in den sechziger Jahren auch andere Befreiungsbewegungen in der Dritten Welt teilten. Aber wie sollte der »bewaffnete Kampf« aussehen, den die Palästinenser gegen die israelische Militärmacht führen wollten?

Vor dem Junikrieg in Rijad hatte Abu Nidals »Widerstand« lediglich in hitzigen nächtlichen Debatten mit den Kameraden seiner Fatah-Zelle bestanden. Wenn die Araber nur ihr großes Potential mobilisierten, sei ihnen der Sieg sicher. Das war das immer wiederkehrende Thema. Wie konnte eine Handvoll fremder Siedler Millionen von Arabern überwinden? Die arabische Welt glich einem in Ketten gelegten Elefanten, der einer israelischen Maus gegenüberstand: Aufgabe der Fatah sei es, die Ketten des Elefanten zu zerbrechen, damit er seine Kraft entfalten könne.

Solche Bilder wirkten Wunder und hoben die Kampfmoral, doch Abu Nidal verfügte weder über eine militärische Ausbildung noch über Erfahrung in bewaffneten Konflikten. Seine Kriegsparolen waren seiner tatsächlichen Situation weit entrückt. Tagsüber war er Geschäftsführer, also ein Bürohengst. Sein Elektroladen hatte sich zu einer Firma entwickelt. Er hatte Geld verdient und klug damit gewirtschaftet. Bei seiner Ankunft in Jordanien ging er daher nicht wie viele andere schnurstracks in eines der baufälligen Flüchtlingslager, die die Fatah am Jordanufer und noch in Schußweite des Feindes errichtet hatte, sondern bezog mit seiner Familie ein ordentliches Haus in Amman. Er besaß Organisationstalent, was in der chaotischen und stets zerstrittenen Guerillabewegung schmerzlich vermißt wurde, und er konnte rund um die Uhr arbeiten.

Innerhalb kürzester Zeit hatte er eine Handelsfirma mit dem Namen IMPEX gegründet, deren Büros in der Innenstadt Ammans bald zu einem geheimen Anlaufpunkt der Fatah wurden. Dort konnten sich Leute treffen, wenn sie in die Stadt kamen, dort gingen Gelder ein und wurden an die Guerillas und ihre Familien ausgezahlt. Trotz aller Reden über revolutionäre Gewalt war Abu Nidal von Natur aus ein logisch denkender und methodischer Kopf, ein Bürokrat des bewaffneten Kampfes und keine Kämpfernatur, und diese Qualitäten wurden von Jassir Arafat und anderen Fatahführern bemerkt und geschätzt.

Während der ersten Monate in Jordanien lernte er auch Abu Ijad kennen, und der langjährige Geheimdienstchef der Fatah nahm sich seiner an. Gewandt und leicht ironisch wie immer, erzählte mir Abu Ijad, daß er den Namen Sabri al-Banna zum erstenmal kurz nach dem Junikrieg gehört habe.

»Er war mir als ein Mann voller Tatkraft und Enthusiasmus empfohlen worden, doch bei unserer ersten Begegnung machte er auf mich eher einen schüchternen Eindruck«, erinnerte sich Abu Ijad. »Erst bei näherer Bekanntschaft stellte ich weitere Züge an ihm fest: Ich war sehr gern mit ihm zusammen, er war scharfzüngig und neigte dazu, den größten Teil der Menschheit als Spione und Verräter abzukanzeln. Das gefiel mir! Ich entdeckte, daß er ehrgeizig war, vielleicht zu ehrgeizig, gemessen an seinen Fähigkeiten. Und er war leicht reizbar. Manchmal steigerte er sich in eine solche Erregung hinein, daß er alles vernünftige Maß verlor.«

Eines gefiel Abu Ijad an dem jungen Mann besonders: Er kritisierte alles und jeden, nicht zuletzt auch Jassir Arafat selbst. Mit jugendlicher Anmaßung stellte sich Sabri al-Banna, der nun den Decknamen Abu Nidal annahm, auf eine Stufe mit Arafat, nur weil er vor seinem Eintritt in die Fatah der Chef einer winzigen palästinensischen Geheimorganisation gewesen war. Abu Nidal wagte Dinge auszusprechen, für die Abu Ijad und andere Fatahführer heimliche Sympathie empfanden – vor allem, daß Arafat ein Diktator sei, der zu impulsiven Entscheidungen neige, ohne vorher seine Mitstreiter zu konsultieren.

Abu Nidal fuhr oft ins Jordantal und besuchte Abu Ijad in Karameh, einem Dorf, in dem die Fatah einen Militärstützpunkt errichtet hatte, von wo aus sie recht dilettantische Versuche unternahm, Männer über den Fluß ins besetzte Westjordanland zu schleusen. Karameh war trostlos, und Sabri war bestürzt über die schäbigen Verhältnisse, in denen Jassir Arafat und Abu Ijad lebten. Warum mußten es immer solche Trümmerfelder sein? Wenn dagegen Abu Ijad zu einem Gegenbesuch nach Amman kam, wohnte er in Abu Nidals sauberem und geräumigem Haus, erhielt ein anständiges Essen, konnte sich duschen, nachts ungestört schlafen und mit Nidal und Badia, den beiden Kindern seines Gastgebers, spielen.

Abu Nidal hatte keinen Sinn für die romantischen Heldentaten der Fedajin und ihr außergewöhnliches Talent, sich abschießen zu lassen. Abu Dawud, ein zwei Meter großer Riese, der später die gesamten palästinensischen Guerillakräfte in Jordanien befehligte, erinnert sich, daß Abu Nidal damals zwar eine Pistole trug, aber, soweit bekannt war, nie einen Schuß abgegeben hatte. Bei den ersten Scharmützeln in Amman zwischen den Truppen Husseins und den Guerillas, die der Auftakt waren zu der großen Abrechnung im September 1970, stürzte sich Abu Dawud ins Getümmel, während Abu Nidal lieber in Sicherheit blieb und nie sein Büro verließ, geschweige denn an den Straßenkämpfen teilnahm. Für einen logisch denkenden Menschen wie ihn waren solche wilden und planlosen Schläge gegen eine Übermacht schierer Wahnsinn.

Ende 1968 oder Anfang 1969 hatte er Abu Ijad davon überzeugt, daß seine Talente eher auf dem Feld der Diplomatie als im

Guerillakrieg lagen. Er erhielt einen Posten als Fatah-Vertreter in Khartum.

Im Sudan arbeitete Abu Nidal hart und umsichtig, knüpfte Kontakte zu Politikern aller Richtungen und stand bald auf freundschaftlichem Fuß mit dem neuen Machthaber Jafar al-Numeiri, dem fünfunddreißigjährigen Oberst, der im Sommer 1969 in Khartum die Macht ergriffen hatte. Es war Abu Nidals erste richtige Mission für die Sache der Palästinenser, und das beflügelte seinen Ehrgeiz.

Warum verließ Abu Nidal Amman? Diese Frage ist in Palästinenserkreisen ausgiebig erörtert worden. Er ließ seine Handelsfirma IMPEX und seine Kameraden von der Fatah just in dem Augenblick im Stich, als die Guerillas in Jordanien durch Israel wie auch durch König Hussein massiv unter Druck gesetzt wurden. Dieser Schritt trug ihm später den Vorwurf der Feigheit ein. Aber vielleicht war er auch nur vorsichtiger als andere.

Die Strategie des Terrors

Nach den wiederholten Niederlagen waren die Palästinenserführer, darunter auch Abu Nidal, gezwungen, die Strategie des »bewaffneten Kampfes«, die sie Mitte der sechziger Jahre mit unbekümmertem Enthusiasmus entworfen hatten und die darin bestand, Guerillas zu Sabotageunternehmen über die Grenzen nach Israel zu schicken, noch einmal gründlich zu überdenken. Israel begegnete dieser Strategie, indem es gemäß dem Gebot Auge um Auge, Zahn um Zahn nicht nur brutale Schläge gegen die Guerillas führte, sondern auch gegen die arabischen Staaten, die ihnen Unterschlupf boten. So konnte es nicht ausbleiben, daß sich die Gastgeberländer ihrerseits gegen die Guerillas wendeten, wie es in Jordanien und später im Libanon geschah: Vor die Wahl gestellt, entweder die Guerillas zu unterstützen oder sich israelische Vergeltungsschläge zu ersparen, dachten die arabischen Staaten verständlicherweise zuerst an ihre eigene Sicherheit.

Bereits vor der Vertreibung der Guerillas durch König Hussein im Jahr 1970 müssen Abu Nidal Zweifel gekommen sein, ob der Kampf der Palästinenser richtig geführt wurde. Statt der offenen Konfrontation suchte er den indirekten Weg. Die Schläge sollten im Verborgenen geplant werden und den Feind dort treffen, wo er es am wenigsten erwartete.

Wie gelangte er zu dieser Strategie? Unter dem Druck der Ereignisse nahmen seine Vorstellungen offenbar in den Jahren 1968 bis 1973 allmählich Gestalt an. In dieser Zeit entwickelte er die Taktik und die Methoden – mit einem Wort den Terrorismus –, für die er heute berüchtigt ist.

Männer, die ihn damals gekannt haben, berichten, daß er sich stark an rechtsgerichteten jüdischen Terrorbewegungen orientierte, ja daß er ihnen sogar nacheiferte. Besonders der Irgun hatte es ihm angetan, jenes Geistesprodukt des in Rußland geborenen Agitators Wladimir Jabotinski, der die skrupellose Anwendung von Gewalt – einen »ehernen Wall« – gegen die Araber forderte, um diesseits und jenseits des Jordan die volle jüdische Souveränität herzustellen. Dieses politische Ziel machten sich dann seine getreuen Schüler Menachim Begin und Jizchak Schamir zu eigen. Ebenso beeindruckt war Abu Nidal vom extrem militanten Ableger des Irgun, der Sternbande, die unter Schamir und anderen entscheidend dazu beitrug, Araber und Briten im Kampf für einen jüdischen Staat zu zermürben. Beim Araberaufstand in den Jahren 1936 bis 1939 griff die Sternbande als erste im Nahen Osten zu Terrormaßnahmen. Sie verübte Sprengstoffanschläge auf Busse und arabische Märkte und ermordete im November 1944 Lord Moyne, den britischen Ministerresidenten für den Nahen Osten. Auch der Irgun wendete Terror gegen britische und arabische Ziele an. Seine bekannteste und spektakulärste Aktion war im Juli 1946 das Bombenattentat auf das King-David-Hotel in Jerusalem, in dem die Briten ihr Hauptquartier eingerichtet hatten. Der Anschlag forderte mehr als hundert Menschenleben. Nach den heutigen pervertierten Maßstäben mag ein solches Blutbad noch vergleichsweise gering erscheinen, aber damals war der Schock ungeheuer. Abu Nidal soll von diesen Terrorakten sehr betroffen gewesen sein, als er später als junger Mann davon erfuhr.

Seine ehemaligen Kameraden berichteten mir weiter, daß er noch in den späten sechziger Jahren darüber nachdachte, welche Lehren aus dem Verlust Palästinas zu ziehen waren. An welchem Punkt waren die Palästinenser in die Irre gegangen? Mitte der dreißiger Jahre hatten sie sich spontan gegen die massive Einwanderung von Juden zur Wehr gesetzt, doch die Briten hatten den Aufstand niedergeschlagen und die gesamte palästinensische Gemeinschaft für die Dauer des Zweiten Weltkriegs in die Rolle hilfloser Zuschauer gedrängt. Dagegen dienten Zehntausende Juden in den Armeen der Alliierten und lernten die Taktik des Krieges, darunter auch Sabotage- und Terrormethoden, die sie dann 1947 und 1948 mit durchschlagendem Erfolg gegen die schlecht vorbereitete arabische Bevölkerung Palästinas und die undisziplinierten Truppen der arabischen Staaten anwandten.

Von 1948 bis 1965 wurde Israel immer stärker, während die Palästinenser untätig blieben. Erst 1965, siebzehn Jahre nach dem Verlust Palästinas, wagte die Fatah kleinere Einfälle in Israel. Ziel war weniger, Israel allein zu bekämpfen – die Fatah wußte nur zu gut, daß dies unmöglich war –, sondern die anderen arabischen Staaten in einen Krieg hineinzuziehen, von dem sie sich die Wiederherstellung der »Rechte« der Palästinenser erhoffte. Dies erwies sich als grobe Fehleinschätzung, nicht zuletzt hinsichtlich der militärischen Stärke der Araber. Obwohl die Guerillas Israel keinen nennenswerten Schaden zufügten, beschleunigten sie doch den Ausbruch des Sechs-Tage-Kriegs. Anfang 1967 verwickelten sie ihre syrischen Verbündeten in ihre törichten militärischen Aktionen, was Befürchtungen aufkommen ließ, Israel könnte Vergeltung an Syrien üben und versuchen, das radikale Regime des Landes zu stürzen. Der ägyptische Präsident Nasser, der sich als Führer aller Araber gerierte, konnte nicht tatenlos zuschauen. Aus Furcht, ein israelischer Angriff auf Syrien könnte ihn unvorbereitet treffen und in einen Krieg verwickeln, versuchte er, die Krise unter seine direkte Kontrolle zu bringen, indem er den Brennpunkt von Syrien auf die Sinaihalbinsel verlagerte, wo er dann selbst mit dem Säbel rasselte. Da die Hälfte seiner Armee im Jemen gebunden war (sie kämpfte im dortigen Bürgerkrieg gegen die Royalisten), hatte Nasser nicht die Absicht, Israel anzugreifen. Aber er berührte einen Lebensnerv Israels, als er den Schiffahrtsweg durch das Rote Meer nach Elat sperren ließ, den Israel während der Suezkrise des Jahres 1956 eröffnet hatte. Israel griff daher diesen *casus belli* auf und schlug die Ägypter mitsamt ihren syrischen und jordanischen Verbündeten im Juni 1967 in einem verheerenden Präventivkrieg (wie William B. Quandt in seinem Buch *Decade of Decision*, erschienen 1977, und ich selbst in meiner Biographie *Asad, The Struggle for the Middle East,* erschienen 1989, dargelegt haben).

Das Fiasko von 1967 hätte eigentlich die alte Guerillastrategie erschüttern müssen, aber die Palästinenser hingen trotz der Niederlage regulärer arabischer Truppen weiter dem Glauben an, daß ein »bewaffneter Kampf« gegen Israel nach dem Vorbild des algerischen oder vietnamesischen Volksbefreiungskrieges nach wie vor möglich sei. Ohne ausreichende Vorbereitung wurden junge palästinensische Kämpfer in das besetzte Westjordanland geschickt, um dort mehr oder weniger unter den Augen des Feindes »revolutionäre Zellen« zu gründen. Ohne schützenden *maquis* wurden sie bald ausgehoben oder getötet. Anfang 1968 war diese Taktik der Nadelstiche praktisch wirkungslos verpufft, und Israel rüstete sich zu Gegenangriffen auf die Guerillastützpunkte in Jordanien – und danach auch auf Jordanien selbst, was zu ernsten Spannungen zwischen den Guerillas und dem König führen mußte.

Zwei Ereignisse des Jahres 1968 hatten insofern große Bedeutung, als die Palästinenser abermals falsche Konsequenzen aus ihnen zogen. Das erste fiel in den März, als eine fünfzehntausend Mann starke israelische Panzerstreitmacht mit Luftunterstützung den Jordan überschritt und, zahlenmäßig überlegen, den Guerillastützpunkt der Fatah im jordanischen Karameh angriff. Der Stützpunkt und ein Großteil des Dorfes wurden nach schweren Kämpfen dem Erdboden gleichgemacht. Aber die Guerillas hatten sich tapfer geschlagen und mit Hilfe der jordanischen Armee den Israelis erhebliche Verluste beigebracht. Zu einem Zeitpunkt, als die arabische Welt noch ganz unter dem demoralisierenden Eindruck des Sechs-Tage-Kriegs stand, wurde die Tatsache, daß Araber den Israelis so etwas wie eine offene Schlacht geliefert hatten, wie ein großer Sieg bejubelt. Die halbe Bevölkerung Ammans eilte hinaus nach Karameh, um die überlebenden Guerillas zu umarmen, und Tausende strömten in ihre Organisation. Von der Woge allgemeiner Begeisterung getragen, kamen sich die umjubelten Guerillas wie Halbgötter vor und stolzierten in Amman und anderen Städten durch die Straßen, ohne Rücksicht auf die lokalen Behörden zu nehmen. Kein Wunder, daß König Hussein ihre zügellose Selbstdarstellung als Bedrohung seiner eigenen Person empfand und heimlich Kontakt mit Israel aufnahm, um diese Umtriebe einzudämmen.

Das zweite entscheidende Ereignis war die Entführung eines Passagierflugzeugs der EL AL im Juli 1968. Die Maschine befand sich auf einem Linienflug von Rom nach Tel Aviv und wurde zur Landung in Algier gezwungen. Frauen, Kinder und Passagiere ohne israelische Staatsbürgerschaft kamen bald wieder frei, aber die verbliebenen zwölf israelischen Männer wurden neununddreißig Tage lang festgehalten und nur im Austausch gegen fünfzehn in Israel inhaftierte Palästinenser freigelassen. In Israel war man empört.

Dies war die erste Terroraktion dieser Art, und viele andere sollten folgen. Der Kopf des Unternehmens war Wadi Haddad, ein palästinensischer Revolutionär aus Safad und Doktor der Medizin, der an der amerikanischen Universität von Beirut promoviert hatte. Aus Zorn über die Gewalt, die Israel seinem Volk angetan hatte, war er zur Vergeltung übergegangen. Gemeinsam mit drei gleichaltrigen Freunden von der amerikanischen Universität – dem Palästinenser Georges Habasch, dem Kuwaiter Achmed al-Chatib, beide Mediziner wie er, und dem Syrer Hani al-Hindi – gründete Haddad eine politische Partei namens »Bewegung arabischer Nationalisten« (MAN), die in mehreren arabischen Ländern Filialen einrichtete. Auf ihrem Banner flammte die Losung »Feuer, Eisen und Rache«, und wenn es nach ihnen ging, sollte die ganze Welt brennen, bis die Palästinenser zu ihrem Recht kamen.

Kurz nachdem sich die Fatah für den »bewaffneten Kampf« entschieden hatte, faßten Habasch und Haddad die *palästinensischen* Mitglieder der MAN in einer separaten Organisation zusammen, der »Volksfront zur Befreiung Palästinas« (PFLP). Aus Neid auf die größere und in der arabischen Welt festverankerte Fatah, mit deren Operationen vor Ort sie nicht mithalten konnte, ging die PFLP zu spektakulären Terroraktionen wie der Entführung der EL-AL-Maschine über. Damit gewann sie ungeheures Ansehen unter den Arabern, und von nun an gab sie die Gangart des gesamten Widerstands vor.

Hätte es sich bei der ersten Flugzeugentführung nicht um eine israelische Maschine gehandelt, wäre ein solcher Akt der Luftpiraterie eventuell sogar von den Palästinensern selbst verurteilt worden. An dieser Stelle sei daran erinnert, daß die Palästinenser in den zwanzig Jahren zwischen 1948 und 1968 nie daran gedacht hatten, einen Israeli oder gar einen Juden außerhalb Israels anzugreifen. Terror war ihre Sache nicht. Ab 1965 zielte der »bewaffnete Kampf« der Fatah auf Objekte wie israelische Wasserpipelines und Eisenbahnlinien. Die Fatah mißbilligte Flugzeugentführungen und hatte nicht die Absicht, dem Beispiel der PFLP zu folgen.

Da das Ziel der PFLP jedoch eine »feindliche« Maschine gewesen war, verurteilte die arabische Welt die Entführung nur halbherzig. Nach diesem ersten »Erfolg« ging Haddad dazu über, Flugzeuge anderer Staaten zu entführen und Verbindungen zu europäischen und japanischen Terrorgruppen zu knüpfen. Ein unerhoffter Glücksfall war, daß ihm Fluggesellschaften hohe Schutzgelder boten. Diese Summen leitete er an die PFLP weiter, die auf diese Weise eine gewisse Unabhängigkeit von ihren arabischen Geldgebern erlangte.

Unterdessen predigten die vor Selbstbewußtsein strotzenden Guerillas in Jordanien den Aufstand gegen den König und riefen öffentlich zu seinem Sturz auf. Durch den Präzedenzfall Aden ermuntert, wo Freischärler aus dem Lager der MAN zuerst die Briten vertrieben, dann die lokalen Rivalen verdrängt und schließlich die Macht ergriffen hatten, glaubten einige Guerillas, daß sie auch in Jordanien unmittelbar vor der Machtübernahme stünden. Der kritische Augenblick kam im September 1970, als die PFLP in einer wahren Kaperorgie nicht weniger als drei Passagiermaschinen zur Landung auf einem stillgelegten Rollfeld in Jordanien zwang. Der erzürnte König Hussein beschloß, zurückzuschlagen. Mit Rückendeckung der Vereinigten Staaten und aus Furcht vor einer Intervention Israels ließ er seine Panzer gegen die Guerillas rollen und seine Luftwaffe Einsätze gegen syrische Panzereinheiten fliegen, die halbherzig die jordanische Grenze überschritten hatten, um den Guerillas zu Hilfe zu eilen. Bei offenen Straßenkämpfen und beim Beschuß von Flüchtlingslagern wurden mehrere hundert Guerillas getötet, weitere dreitausend gefangengenommen und rund zehntausend Palästinenser, die meisten davon Zivilisten, verwundet. So sah am Ende die grausige Bilanz dieses »schwarzen« September aus.

Mit einem Schlag hatten die Guerillas ihre lebenswichtige Basis in Jordanien verloren. Von dort aus, so ihr Traum, hatten sie Israel vom Jordan vertreiben wollen – um dann Meter für Meter Palästina zurückzuerobern. Dieser Traum mitsamt der Strategie zu seiner Verwirklichung war nun zunichte, und darüber geriet die ganze enttäuschte Guerillabewegung in Not.

Aus dem fernen Khartum verfolgte Abu Nidal das sich anbahnende Drama so gut es ging. Doch Anfang 1970 konnte er sich nicht länger zurückhalten und tauchte in Amman auf, wenige Monate vor der schrecklichen Septembertragödie. Im Februar wurde er Zeuge eines der ersten schweren Zusammenstöße zwischen Guerillas und der Armee und war darüber sehr betroffen.

In seinen Augen verfolgten die Palästinenser militärisch wie auch politisch einen falschen Kurs. Militärisch gesehen blieb ihr »bewaffneter Kampf« ohne Wirkung und hatte ihnen obendrein die Sympathie und die Unterstützung Jordaniens verscherzt, des Landes, das die längste gemeinsame Grenze mit Israel hatte. Und politisch gesehen war der palästinensische Widerstand alles andere als eine disziplinierte oder geschlossene Bewegung. Das rasante Tempo, mit dem sich Kommandogruppen bildeten, vereinten, dann wieder trennten, spalteten und ihre Namen wechselten, war für Außenstehende nicht mehr nachzuvollziehen. Gründe für diese Uneinigkeit waren neben persönlichen Antipathien und Rivalitäten auch unterschiedliche Ansichten in der Frage, wie das gemeinsame Ziel, Palästina wiederzuerlangen und einen eigenen palästinensischen Staat zu gründen, zu erreichen sei.

Die Palästinensische Befreiungsbewegung (PLO), der »Dachverband« des gesamten Widerstands, verdankte ihre Gründung den Beschlüssen, die auf der ersten Arabischen Gipfelkonferenz im Januar 1964 getroffen worden waren. Außerstande, den kurz vor der Vollendung stehenden Bau einer Wasserpipeline zu verhindern, mit der Israel Jordanwasser in die Wüste Negev umleiten wollte, entschieden damals die führenden arabischen Politiker, den Zorn und die Enttäuschung der Palästinenser dadurch zu beschwichtigen, daß sie ihnen eine eigene Organisation zubilligten. Achmed Schukairi, ein wortgewandter palästinensischer Rechtsanwalt, der noch nie ein Gewehr in der Hand gehabt hatte, wurde zum PLO-Vorsitzenden ernannt. Zudem wurde eine Palästinensische Nationalcharta verabschiedet, in der zur Vernichtung Israels aufgerufen wurde. Diese Charta blieb lange ein wertloses Stück Papier. Dies änderte sich erst, als, angeregt durch die Niederlage der regulären arabischen Armeen im Juni 1967, verstärkt palästinensische Kommandogruppen in Erscheinung traten, von denen die Fatah als die am besten organisierte und einflußreichste galt.

Im Jahr 1969 wurde Jassir Arafat neuer PLO-Vorsitzender, und die Fatah kontrollierte sowohl das Exekutivkomitee als auch den palästinensischen Nationalrat, das Exilparlament der Palästinenser. Da die Fatah die mit Abstand größte Kommandogruppe war, hätte sie den anderen Fraktionen ihren politischen Willen aufzwingen und die Widerstandsbewegung zu einem wirkungsvollen Instrument zusammenschmieden können. Als Vertreterin der pragmatischen Mitte hätte sie den Palästinensern damit viel Kopfzerbrechen erspart. Doch aus bis heute unerfindlichen Gründen hielten es Arafat und seine Gefährten für ratsamer, sich um Ausgleich unter den verschiedenen Richtungen innerhalb der PLO zu bemühen, mit der Folge, daß die PLO von Anfang an durch interne Querelen gelähmt war. Arafat bekam nicht nur Probleme mit der im Dezember 1967 gegründeten PFLP unter Georges Habasch, die lautstark jede Verhandlungslösung mit Israel ablehnte, sondern auch mit Nadschif Hawatmehs Demokratischer Front zur Befreiung Palästinas (DFLP), einer marxistischen Organisation, die 1969 von den linksextremen Abtrünnigen aus PFLP und MAN ins Leben gerufen worden war und sich dem anti-imperialistischen Kampf nach dem Vorbild der Dritte-Welt-Staaten verschrieben hatte. Eine weitere Gruppierung, die Arafat einiges Kopfzerbrechen machen sollte, war Achmed Dschibrils PFLP-Generalkommando, das 1968 aus einer Splittergruppe innerhalb der PFLP entstanden war. Dschibril, ein strammer Soldat, hatte schon in jungen Jahren Kommandos geführt. Seine Kampferfahrungen als Guerilla reichen bis in das Jahr 1959 zurück. Seiner schlichten Weltanschauung gemäß sollten die Palästinenser weniger Zeit aufs Reden und mehr Zeit aufs Kämpfen verwenden. Von Syrien und Libyen unterstützt, spezialisierte er sich auf Selbstmordkommandos in Israel.

Arafat hatte auch mit zwei einflußreichen Gruppen zu kämpfen, die jeweils von Syrien und Libyen kontrolliert wurden, von Staaten also, die die alles überlagernde und höchst gefährliche Konfrontation mit Israel nicht allein den Palästinensern überlassen wollten. Die syrische Organisation firmierte unter dem Namen Al-Saika (»Der Blitzstrahl«) und war 1968 von Mitgliedern des palästinensischen Zweigs der syrischen Baath-Partei gegründet worden. Ihr irakisches Pendant und ihre Rivalin war die Arabische Befreiungsfront (ALF), in der sich 1969 Palästinenser zusammenfanden, die der irakischen Baath-Partei nahestanden. Doch damit nicht genug. In den Folgejahren traten weitere Gruppierungen hervor, die von unterschiedlichen Geldgebern finanziert wurden und unterschiedliche Ziele verfolgten, so daß es der PLO praktisch unmöglich war, eine klare Strategie zu entwickeln und sich mit einer eindeutigen Botschaft an die Weltöffentlichkeit zu wenden.

Unter diesen Unruhestiftern, die Arafat nicht zu bändigen vermochte, brachte es Abul Abbas zu einiger Bekanntheit. Er war der Anführer der Palästinensischen Befreiungsfront, einem Ableger der Organisation Dschibrils, der zuerst irakische und dann libysche Unterstützung genoß. Zu seinen späteren Taten, die sich auf die Sache der Palästinenser allesamt verheerend auswirkten, zählt die Kaperung der *Achille Lauro* im Oktober 1985, in deren Verlauf ein gelähmter Jude ermordet wurde, sowie ein fehlgeschlagener Guerillaüberfall an der israelischen Küste bei Tel Aviv, der die Vereinigten Staaten veranlaßte, den Dialog mit der PLO abzubrechen.

Mission in Bagdad

Das chaotische Gezänk der palästinensischen Fraktionen war nicht nach Abu Nidals Geschmack. Anfang 1970, als er die bevorstehende Kraftprobe mit König Hussein bereits kommen sah, drängte er Abu Ijad und jeden Palästinenserführer, der ihm sein Ohr lieh, man möge ihn als Fatah-Vertreter ins Ausland schicken – diesmal nach Bagdad. Und wie es der Zufall wollte, brauchte die Fatah just zu diesem Zeitpunkt dringend einen Mann, der die irakische Regierung zu ihren Gunsten beeinflußte. Der Irak hatte vierzehntausend Soldaten in Jordanien stationiert, Einheiten jenes kurzlebigen »Östlichen Kommandos«, dem früher auch ägyptische und syrische Truppen angehört hatten. Die Fatahführer wollten unbedingt erfahren, ob diese irakischen Truppen ihnen bei einem Entscheidungskampf mit Hussein beistehen würden. Um die Absichten der Iraker zu erkunden, hatten sich Arafat und Abu Ijad im Juli 1970 heimlich mit zwei führenden Vertretern des irakischen Regimes, Abd al-Chalik Samirrai, einem Mitglied des Revolutionären Kommandorats, und Innenminister General Salih Mahdi Ammasch, in einem irakischen Militärlager nahe der jordanischen Stadt Zarka getroffen. Man hatte ihnen versichert, daß die irakischen Truppen auf ihrer Seite kämpfen würden. Aber die Fatah brauchte einen Vertreter in Bagdad, der die Iraker bei der Stange hielt, einen fähigen Mann, der energisch genug war, um persönliche Kontakte zu Präsident Achmed Hasan al-Bakr und seinem Armeechef General Hardan al-Takriti zu knüpfen. Abu Nidal schien der geeignete Mann für diese Aufgabe zu sein.

Ende Juli, also gerade zwei Monate, bevor in Amman die Hölle losging, trat er seinen neuen Posten in Bagdad an. Weil er die anarchischen Zustände in Jordanien hinter sich ließ, erregte er einmal mehr den Argwohn einiger Kameraden, die ihm unterstellten, er laufe davon, um seine Haut zu retten.

Doch Abu Nidal scheiterte mit seiner Mission. Als im September König Husseins Panzer die Stellungen der Guerillas zerschossen, rührten sich die Iraker nicht. Die Schlacht zwischen der jordanischen Armee und den Fedajin wütete zehn Tage. Tote und Verwundete häuften sich in den Straßen, aber Bagdad ignorierte die verzweifelten Hilferufe der Fatah.

Arafat konnte mit knapper Not entkommen, aber Abu Ijad und Abu al-Lutf (Faruk Kaddumi), ein weiterer prominenter Fatah-Führer, der später als der »Außenminister« der PLO bekannt werden sollte, wurden von den Jordaniern gefangengenommen und interniert. Um ihre Kampfmoral zu brechen, spielten ihnen die Jordanier ein mitgeschnittenes Telefongespräch zwischen König Hussein und General Takriti vor, in dem der irakische Kommandeur bestätigte, daß gemäß ihrer *vorherigen Vereinbarung* irakische Truppen nicht eingreifen würden. Der Irak hatte die Guerillas verraten.

Die Führer der Fatah sollten bald einen weiteren Schock erleben. Unmittelbar nach dem Septembermassaker attackierte sie Abu Nidal über ihren eigenen Bagdader Rundfunksender, *Die Stimme Palästinas,* indem er sie der Feigheit vor dem Feind bezichtigte und verurteilte, weil sie einem Waffenstillstand mit König Hussein zugestimmt hatten. Der Mann, den Abu Nidal mit besonderen Schmähungen bedachte, war kein anderer als Abu Ijad, sein alter Freund und Mentor, dem er seinen Posten in Bagdad verdankte.

Abu Ijad erzählte mir, rückblickend sei er zu der Überzeugung gelangt, daß 1969 oder 1970 irgend etwas Entscheidendes geschehen sein müsse, das Abu Nidal veranlaßt habe, diesen neuen, verdächtigen Kurs einzuschlagen. Er fragte sich, ob er in Khartum nicht vom irakischen Geheimdienst oder vom Mossad angeworben worden sei. Eine Frage, an der Abu Ijad bis ans Ende seines Lebens rätselte.

Als Abu Nidal 1971 die Angriffe gegen seine Kameraden von der Fatah über den Rundfunk fortsetzte, beschlossen Arafat und sein Militärchef Abu Dschihad, ihn aus der Fatah auszuschließen. Doch Abu Ijad mahnte zur Vorsicht. Obwohl er selbst die bevorzugte Zielscheibe für Abu Nidals verletzende Kritik war, merkte er doch, daß es ein Fehler wäre, einen Mann mit solchen Fähigkeiten an die Iraker zu verlieren – zumindest solange er ihnen keine Erklärung für seinen beunruhigenden Sinneswandel gegeben hatte. Hinzu kam, daß die irakische Führung einen Ausschluß Abu Nidals aus der Fatah wahrscheinlich als Kritik an ihrer Politik aufgefaßt hätte. Nach dem heftigen Zusammenstoß mit Jordanien hielt es Abu Ijad für ratsam, einen ähnlichen Streit mit dem Irak zu vermeiden.

Im Jahr 1972 bot der Irak der Fatah an, eine Delegation nach Bagdad zu entsenden und über die zunehmend gespannten Beziehungen zu sprechen. Die Delegation bestand aus Abu Ijad, Abu al-Lutf und Abu Masen (Muhammad Abbas). Ganz oben auf der Tagesordnung der Fatah stand die Frage, warum ihr der Irak in Jordanien, in der Stunde der Not, nicht beigestanden hatte. Abu Ijad erinnerte sich, daß Abu Nidal sie vom Flugplatz abholte, aber Abu Ijad grollte ihm so, daß er ihm nicht die Hand schüttelte.

Bald entbrannte eine heftige Diskussion mit den irakischen Vertretern, insbesondere mit Abd al-Chalik Samirrai, dem Mann, der ihnen den Beistand der irakischen Truppen zugesagt hatte und nun verständlicherweise in arger Verlegenheit war, da sein Land das Versprechen nicht gehalten hatte.

»Er geleitete uns zu Präsident Bakr«, erzählte Abu Ijad weiter. »Unterwegs versuchte er uns darauf einzustimmen, was uns erwartete. ›Sie werden nicht lange bleiben können‹, warnte er uns. ›Der Präsident ist müde. Nehmen Sie also davon Abstand, ihn bei der Begrüßung zu umarmen.‹ Als wir sein Arbeitszimmer betraten, wunderte ich mich, daß er sich nicht von seinem Schreibtisch erhob. Eine solche Unhöflichkeit eines arabischen Herrschers gegenüber Palästinenserführern hatte es bisher noch nicht gegeben! Ich spürte, wie Samirra nur noch verlegener wurde.«

Die Begegnung verlief in jeder Hinsicht eisig. Gegen Ende erlaubte sich Abu Ijad eine Bemerkung: »Herr Präsident, Sie sind offensichtlich sehr beschäftigt. Erlauben Sie uns daher, daß wir uns nun verabschieden. Aber bevor wir gehen, möchte ich noch sagen, daß wir empört darüber sind, daß ihr Land uns in Jordanien nicht unterstützt hat – eine Entscheidung, die zweifellos ohne Ihr Wissen gefaßt wurde.«

»Es war *meine* Entscheidung!« bellte Bakr zurück. »Der Rückzug der Truppen stand unter *meiner* persönlichen Aufsicht.« Abu Ijad konnte nicht umhin, den Präsidenten nach seinen Gründen zu fragen, und Bakr erwiderte: »Ihr im palästinensischen Widerstand habt sieben Leben wie eine Katze. Wenn man euch tötet, steht ihr bald wieder auf. Aber wir sind eine Regierung! 1970 gab es in Jordanien eine Verschwörung. Man wollte uns in eine Schlacht verwickeln, um uns aufzureiben. Und wären wir aufgerieben worden, hätte das unser Ende bedeutet!«

»Und das war es dann«, sagte Abu Ijad. »Die ganze Audienz hatte kaum zehn Minuten gedauert. Kaum waren wir wieder draußen, nahm ich Abu Nidal beiseite, beschimpfte ihn und sagte ihm gehörig die Meinung. ›Das ist also das Regime, daß du unterstützt‹, wetterte ich. Noch am selben Abend besuchte ich ihn in seinem Haus, und im Beisein seiner Frau ging ich hart mit ihm ins Gericht. Ich hielt ihm vor, daß er sich zu eng an die Iraker gebunden habe. Mir war nämlich zu Ohren gekommen, daß er ein besonders enges Verhältnis zu Sadun Schakir, dem damaligen Chef des irakischen Geheimdienstes, hatte.

Meine Beschuldigungen brachten Abu Nidal in Rage. ›Ich arbeite für niemanden als Agent!‹ beteuerte er. Dennoch blieben bei mir Zweifel bestehen. Bevor ich auf die Möglichkeit einer Verbindung zum Mossad kam, glaubte ich, daß der irakische Geheimdienst während seiner Zeit im Sudan an ihn herangetreten und daß sein Bestreben, nach Bagdad versetzt zu werden, nicht allein seine Idee gewesen sei.«

Doch selbst nach diesem Besuch riet Abu Ijad seinen Mitstreitern in der Fatah, es sei besser, Abu Nidal in der Organisation zu halten, da ihn ein Ausschluß noch mehr in die Arme der Iraker treiben würde. Mir gegenüber gab Abu Ijad zu, daß er damals immer noch große Stücke auf ihn hielt. Gleichwohl machte er sich Sorgen um ihn. Irgend etwas an Abu Nidal ängstigte ihn. Dennoch behielt er seine Befürchtungen für sich.

Die Fatah-Führer mußten der unangenehmen Tatsache ins Auge sehen, daß ihr Mann in Bagdad die Seite gewechselt hatte. Statt ihre Interessen zu vertreten, hatte er sich zum Sprachrohr Bagdads gemacht und attackierte sie im Rundfunk. Abu Nidal war ein schmerzhafter Stachel in ihrem Fleisch, und da er nun unter irakischem Schutz stand, ließ er sich so leicht nicht herausziehen.

Die Entstehung des »Schwarzen September«

Abu Nidals Disziplinlosigkeit war harmlos verglichen mit der Konfusion, die nach dem blutigen Fiasko in Jordanien die gesamte palästinensische Bewegung erfaßte und die auch den Hintergrund für die nächste Etappe in Abu Nidals Entwicklung bilden sollte. Nach der Schlacht um Amman im September 1970 waren die Guerillas nicht nur vertrieben worden, sie waren auch tief zerstritten. Als die belagerten Fatah-Führer auf dem Höhepunkt der Kämpfe begriffen, daß der König zu ihrer Vernichtung ausgezogen war, hielten sie Kriegsrat und entschieden, sich in alle Winde zu zerstreuen – mit anderen Worten wegzulaufen. Einige gingen nach Kairo oder Damaskus, andere in den Untergrund. Sie spürten instinktiv, daß es nur noch das nackte Leben zu retten galt. Der Kampf konnte ja später wiederaufgenommen werden.

Aber einige Kommandanten wollten nicht aufgeben. Ihr prominentester Sprecher war der furchteinflößende Abu Ali Ijad (nicht zu verwechseln mit Abu Ijad), der sich als Guerillaführer in der Schlacht von Karameh ausgezeichnet hatte. Davor war er militärischer Chefausbilder in einem Lager der Fatah in Al-Hama nahe Damaskus gewesen und hatte palästinensische Rekruten gedrillt, die zum Teil kaum älter als vierzehn oder fünfzehn waren. Diese *aschbal* oder »jungen Tiger« hatten große Ehrfurcht vor ihm, weil er streng auf Disziplin hielt und allein schon durch sein Aussehen Furcht einflößte: Bei einem Experiment mit Sprengstoffen hatte er ein Auge verloren und sich am Bein schwer verletzt.

Nach der Schlacht von Amman lief Abu Ali Ijad nicht einfach weg. Entschlossen weiterzukämpfen, zog er mit einer Schar seiner »Tiger« nach Norden in die zerklüftete Gegend um Jarasch und Ajlun, wo es Wälder und Höhlen zum Verstecken gab. Es war ein Selbstmordunternehmen. Im Häuserkampf in Amman hatten die Guerillas eine Chance gegen Husseins Panzerverbände gehabt, aber draußen im offenen Gelände waren sie ihnen nicht gewachsen. Abu Ali Ijad war gehbehindert und praktisch blind. Das Gelände war unwegsam. Im Frühsommer 1971 entsandte der König Truppen, um ihn zur Strecke zu bringen. Sie hatten strenge Order, kein Pardon zu geben. Nach Aussagen von Palästinensern sollen die Jordanier mit Panzern verwundete Männer überrollt und ein solches Entsetzen verbreitet haben, daß siebzig von Ali Ijads »Tigern« weiße Tücher schwenkend über den Fluß flüchteten und sich lieber den Israelis ergaben, als dem sicheren Tod in den Händen von Husseins Truppen entgegenzusehen.

Am 23. Juli 1971 kam die Meldung, daß Abu Ali Ijad getötet worden sei. Allerdings war das Gelände so unwegsam, daß sein Leichnam nie gefunden wurde. Noch wenige Tage zuvor hatte er aus den Bergen einen Boten mit einem Brief an die Führer der Fatah geschickt, in dem er sie wegen ihrer Flucht heftig kritisierte. Er schloß mit einem Satz, der zur Kampfparole der Überlebenden werden sollte: »Wir werden lieber aufrecht sterben, als auf den Knien liegen.« Die wenigen »jungen Tiger«, die dem Gemetzel entkamen, bildeten kleine Untergrundgruppen, beschafften sich Waffen und Sprengstoff und schworen Rache für Abu Ali Ijad.

Vier Monate später, am 28. November des gleichen Jahres, wurde der jordanische Ministerpräsident Wasfi al-Tal, ein fanatischer Gegner der Palästinenser und beim Feldzug gegen die Guerillas König Husseins rechte Hand, auf den Stufen des Sheraton-Hotels in Kairo niedergeschossen. »Endlich ist es vollbracht. Es ist mir eine Genugtuung, daß ich Tals Blut vergossen habe!« verkündete einer der Attentäter, Munzhir Chalifa, bei seiner Verhaftung. Chalifa gehörte zu Abu Ali Ijads »jungen Tigern«. Mit diesem Attentat machte erstmals der »Schwarze September« von sich reden.

Daß Tal mit seinem Blut für das Gemetzel an den Palästinensern hatte büßen müssen, löste in Guerillakreisen Frohlocken aus. Die

Moral, eben noch auf dem Nullpunkt, stieg nun wieder, und die Bereitschaft zur Gewalt erhielt mächtigen Auftrieb. Einige Kämpfer ohne ausgeprägten Realitätssinn glaubten, sie könnten nach Tals Ableben wieder nach Jordanien zurückkehren und von dort den Kampf gegen Israel wiederaufnehmen. Doch wie sich später herausstellen sollte, war der Terror der Palästinenser kein Vorspiel für einen fortgesetzten bewaffneten Kampf, sondern nur ein grell aufgemachter Ersatz. Tals Ermordung zeugte eher von der Schwäche und Enttäuschung der Palästinenser als von wirklicher Kampfkraft.

Im Jahr 1971 war die Widerstandsbewegung in Auflösung begriffen. In Transjordanien hatte dies Husseins Armee erledigt. Doch auch der Gazastreifen, in dem es von verzweifelten Flüchtlingen wimmelte, blieb von Tod und Zerstörung nicht verschont. General Ariel Scharon griff hart durch. Allein in jenem Jahr wurden fast tausend »Terroristen« – so die israelische Bezeichnung für jeden, der es wagte, Israels Herrschaftsanspruch in Frage zu stellen – getötet oder gefangengenommen. Israelische Elitekommandos gingen gegen die Zivilbevölkerung vor. Ausgangsverbote wurden verhängt und Häuser zerstört; Folter, standrechtliche Hinrichtungen, Sippenhaft für Angehörige steckbrieflich gesuchter Männer und die Vernichtung von Obstplantagen, der einzigen Einkommensquelle der Palästinenser, waren weitere Maßnahmen.

Auf der verzweifelten Suche nach einem sicheren Zufluchtsort strömten Überlebende von all diesen Schlachtfeldern in den Südosten des Libanon, wo sie wiederum zur Zielscheibe israelischer Strafexpeditionen wurden. Alle waren gegen sie. Niemand, so schien es, war bereit, die palästinensische Widerstandsbewegung als politische Kraft ernstzunehmen. Wütend über den Tod ihrer Kameraden, gejagt von israelischer und arabischer Seite, aber auch, wie an dieser Stelle gesagt werden muß, angestachelt durch das Aufsehen, das die ersten Flugzeugentführungen in den Medien erregten, gingen einige Kämpfer aus den verschiedensten palästinensischen Gruppierungen zu sogenannten »Auslandsoperationen« über – mit anderen Worten zu Terroraktionen. Da sie den Gegner nicht auf seinem eigenen Territorium treffen konnten, so ihre Schlußfolgerung, blieben ihnen nur noch Ziele im Ausland.

Terror und Gegenterror

Der schmutzige Krieg aus Terror und Gegenterror, den sich Israel und die Palästinenser 1972 und 1973 lieferten, war ein in vieler Hinsicht neues Phänomen im Vergleich zu der Gewalt in den Jahren davor und danach. Vor 1972 waren Terroranschläge auf israelische und ausländische Ziele nicht das Werk der Fatah Jassir Arafats – die solches »Abenteurertum« mißbilligte –, sondern radikaler Gruppen wie etwa Georges Habaschs PFLP. Hierzu gehörte der Anschlag auf eine Boeing der EL AL auf dem Flughafen Athen am 26. Dezember 1968, bei dem ein Israeli getötet wurde. Bezeichnenderweise antwortete Israel zwei Tage darauf mit einem einstündigen Angriff auf den Beiruter Flughafen, bei dem dreizehn *libanesische* Passagierflugzeuge, praktisch die gesamte zivile Luftflotte des Libanon, zerstört wurden.

Ein ähnlicher Fall ereignete sich am 30. August 1969, als die PFLP eine Boeing der TWA auf ihrem Flug von Rom nach Tel Aviv kaperte und nach Damaskus entführte. Die zwei an Bord befindlichen Israelis wurden ohne viel Aufhebens gegen zwei gefangene syrische Piloten ausgetauscht, aber der anschließende israelische Vergeltungsschlag erfolgte in der bekannten Form: Bombardements, Artilleriebeschuß und Bodenangriffe gegen arabische und palästinensische Ziele. Die Vergeltungsmaßnahmen wurden sogar noch brutaler, als Golda Meir im März 1969 israelische Premierministerin wurde. Sie führte die Politik der »aktiven Selbstverteidigung« ein, was soviel hieß wie: aufspüren und eliminieren von Palästinensern, bevor sie angreifen konnten. Ein solcher staatlich gelenkter Terror, dessen Ziel die Liquidierung der Feinde Israels war, hatte weitaus verheerendere Folgen als der wahllose Terror der Guerillas, obwohl auch er nicht immer ins Schwarze traf. Im Juli 1970 beschossen Mossad-Agenten Wadi Haddads Beiruter Wohnung mit Raketen, verfehlten aber das Opfer.

Dieses Konfliktmuster wandelte sich von 1972 bis 1973 grundlegend, als radikale Mitglieder der Fatah unter dem Banner des »Schwarzen September« gemeinsam mit Wadi Haddad von der PFLP und anderen Militanten eine großangelegte Terrorkampagne starteten. Drei Strömungen waren erkennbar: Einige Militante wollten Israelis ermorden; andere wollten Druck auf König Hussein ausüben, damit er die dreitausend Palästinenser, die seit September 1970 in jordanischen Gefängnissen saßen, freiließ und die Rückkehr der Guerillas nach Jordanien erlaubte; wieder andere hatten es auf amerikanische Ziele abgesehen, vor allem auf Fluggesellschaften und Ölfirmen, um die Vereinigten Staaten für ihre Unterstützung Israels zu bestrafen. In dem folgenden schmutzigen Krieg setzten sich sowohl Israel als auch seine Widersacher über alle Bedenken hinweg und schreckten mehrfach nicht vor Mord zurück.

Abu Nidal war vom »Schwarzen September« tief beeindruckt. Er bewunderte seine Operationen. Dennoch gehörte er nicht dazu – die zornigen jungen Männer ignorierten ihn einfach. Sie wollten nicht, daß er an ihren Kommandos teilnahm, obwohl mehrere in Bagdad, seinem damaligen Aufenthaltsort, geplant und vorbereitet wurden.

Schon damals war er ein starker Trinker und stieß andere durch seine Wichtigtuerei ab. Die Männer des »Schwarzen September« meinten wohl, daß er ihren Operationen schaden könnte. Keiner dieser rachelüsternen »jungen Tiger« trat später seiner Geheimorganisation bei. Doch ihr indirekter Einfluß auf ihn war beträchtlich. Es schmerzte ihn, daß sie ihn links liegenließen, und er setzte alles daran, sich Zutritt zu verschaffen. Auf eine diffuse Herausforderung antwortend, warf er sich in den Terrorismus, als wolle er jene Palästinenser, die sich ihm bereits verschrieben hatten, davon überzeugen, daß er stärker und tüchtiger sei als sie. Im Untergrund arbeiten, die Schwachstellen des Gegners erkunden und dann hart zuschlagen, all dies entsprach seinem Temperament und fügte sich in die Weltanschauung ein, die er sich damals zurechtschneiderte.

Doch 1973 waren die Fatah und Israel der Morde und Vergeltungsschläge im »Krieg der Spione« müde und signalisierten ihre Bereitschaft zu einer inoffiziellen Waffenruhe. Die Fatah war nun in einer stärkeren Position, um den Rachedurst undisziplinierter palästinensischer Kämpfer zu zügeln. Aus zwei Gründen: Zum einen hatte sich die muslimische Öffentlichkeit im Libanon entschieden hinter die Widerstandsbewegung gestellt, nachdem ein israelisches Kommando mitten in Beirut drei führende Fatah-Mitglieder getötet hatte; mit diesem Rückhalt fühlte sich die Palästinenserbewegung im Libanon sicherer. Zum anderen hatte der Jom-Kippur-Krieg im Oktober des gleichen Jahres Aussichten auf eine friedliche Lösung eröffnet. Der Stachel der Frustration, der die Palästinenser plagte, war gezogen, so daß es sinnlos schien, weiterhin Terror auszuüben.

Oft wird behauptet, der »Schwarze September« sei ein geheimer Arm der Fatah Jassir Arafats gewesen. Die Wahrheit ist komplexer. Einige Fatah-Kommandanten billigten die Ermordung Wasfi al-Tals, jenes Attentat also, das den Beginn der terroristischen Bewegung markierte. Aber der »Schwarze September« hatte niemals die offizielle Billigung der Fatah, noch war er eine klar gegliederte Organisation unter Arafats Befehl. Es handelte sich eher um eine Art Meuterei innerhalb der Fatah, um den Protest enttäuschter Kämpfer gegen die vermeintlichen Fehler und die Untätigkeit ihrer Führung.

Zornige, auf Rache sinnende Guerillas, die aus den gleichen Flüchtlingslagern kamen und oft als Freunde oder Verwandte durch gemeinsame Treuepflichten und gemeinsamen Haß zusammengeschmiedet waren, konnten nicht so leicht im Zaum gehalten werden. Wollte die Fatah-Führung diese Aufsässigen wieder unter ihre Kontrolle bringen, mußte sie ihnen politische Rückendeckung geben. Abu Ijad verteidigte die jungen Terroristen nicht nur innerhalb der Fatah, sondern auch vor der Weltöffentlichkeit. So rechtfertigte er zum Beispiel das Attentat auf die israelischen Sportler in München – ein Unternehmen, das vielleicht mehr als alle anderen den Ruf der Palästinenser befleckt hat – mit dem Scheinargument, Israel habe den Palästinensern ihren rechtmäßigen Platz bei den Olympischen Spielen weggenommen. Wegen solcher unkluger Bemerkungen galt er als der eigentliche Drahtzieher hinter dem Münchner Attentat. Ob er direkt in die Planung der Operation verwickelt war oder nicht, ist weiterhin strittig, jedenfalls gab er mir bei unserem Gespräch im Sommer 1990 zu bedenken: »Strafverteidiger müssen oft Fälle verteidigen, an die sie selbst nicht glauben!«

Eine List, die von der Fatah angewandt wurde, um Abu Ali Ijads »junge Tiger« zu bändigen, bestand darin, sie zu verheiraten. Ein arabisches Sprichwort besagt, daß die Ehe einen Mann sowohl vernünftig als auch sparsam macht. Einer der Mörder Wasfi al-Tals ist mittlerweile verheiratet und Vater von sieben Kindern.

Der Fatah-Kongreß

Unterdessen hatte sich Abu Nidal in Bagdad zu einem hochkarätigen Diplomaten entwickelt, trotz seiner Attacken im Rundfunk gegen die Kameraden von der Fatah. Als führender Fatah-Vertreter im Irak der frühen siebziger Jahre hatte er ein reges gesellschaftliches Leben, suchte Kontakt zu den Medien, konferierte mit arabischen und ausländischen Gesandten und verbesserte seine Beziehungen zu den irakischen Behörden. Die Iraker waren der Ansicht, daß er seine Sache gut mache – zweifellos deshalb, weil er ihren Standpunkt vertrat. Aber im stillen führte er etwas ganz anderes im Schilde: Zusammen mit gleichgesinnten Männern im Irak und anderen arabischen Staaten wollte er innerhalb der Fatah eine Geheimorganisation aufbauen, die in Opposition zu Jassir Arafat stand.

Den unmittelbaren Hintergrund für seine Verschwörung bildeten die katastrophale Niederlage der Palästinenser in Jordanien und der darauffolgende schmutzige Krieg mit Israel, der, wie aus der Liste im zweiten Kapitel hervorgeht, viele Palästinenser das Leben kostete. Innerhalb der Widerstandsbewegung stritten sich Radikale und Gemäßigte darüber, was denn falsch gemacht worden sei und wie es in Zukunft weitergehen solle. Abu Nidal hatte sich bereits auf dem Dritten Kongreß der Fatah als ein führender Vertreter der Radikalen profiliert. Dieser Kongreß war die erste große Manöverkritik der Palästinenser nach den Ereignissen in Jordanien und wurde Ende 1971 in Hammurija vor den Toren der syrischen Hauptstadt Damaskus abgehalten, also sechs Monate bevor der »Schwarze September« zum ersten Mal von sich reden machte, als er eine Maschine der Sabena auf ihrem Flug von Wien nach Tel Aviv kaperte. Damals wußten die Fatah-Führer freilich noch nicht, daß Abu Nidal über verbale Kritik schon hinausgegangen war und bereits ein Komplott gegen sie schmiedete.

Als Führer der palästinensischen Mehrheit versuchte Arafat seine schwankenden Gefolgsleute wieder auf Kurs zu bringen, indem er vor dem Kongreß für politischen Realismus plädierte und das Waffenstillstandsabkommen mit König Hussein verteidigte. Es sei ein klarer Fehler der Randgruppen wie etwa der PFLP gewesen, den König zu einer Kraftprobe herauszufordern. Eine solche politische Fehleinschätzung dürfe sich nicht wiederholen. Nun, da der Rachedurst der Palästinenser mit dem Tod Wasfi al-Tals erst einmal gestillt sei, würde man mit weiteren Gewaltakten nur den Feinden in die Hände arbeiten.

Mit diesen Argumenten zog sich Arafat die heftige Kritik einer Gruppe von »Linken« zu, darunter auch Abu Dawud, der Intellektuelle Nadschi Allusch, ein Bewunderer der revolutionären Bewegungen in der Dritten Welt –, und Abu Nidal, der sich als wichtigster Sprecher der Gruppe hervortat. Statt sich mit dem König zu einigen, forderten sie lautstark eine Sabotage- und Terrorkampagne mit dem Ziel, ihn zu stürzen. Schließlich sei er der Feind des palästinensischen Volkes! Mit »permanenten Sprengstoffanschlägen« sollte Krieg gegen ihn geführt werden. Statt an der alten, gescheiterten Strategie des »bewaffneten Kampfes« mit mangelhaft ausgebildeten und unzureichend bewaffneten Guerillas festzuhalten, sollte die Widerstandsbewegung in den Untergrund gehen und von geheimen Stützpunkten aus militärische Schläge führen. Abu Nidal war der eloquenteste Verfechter dieser Position.

In der Fatah war man quälende Diskussionen über den politischen Kurs ebenso gewohnt wie Auseinandersetzungen über sogenannte »organisatorische« Fragen, wie es im Jargon hieß, mit anderen Worten: über Fragen der Machtausübung. In der Widerstandsbewegung war Kritik an der Führung an der Tagesordnung. Offiziere hatten mehrere kleinere Meutereien gegen Arafat inszeniert, und politische Kader begehrten gegen den »persönlichen Führungsstil« des Palästinenserführers auf, geißelten seine Irrtümer und Fehler sowie seine mangelnde Bereitwilligkeit zur Konsultation und warfen ihm vor, er halte die Hand zu sehr auf dem Beutel. Wie schon angedeutet, waren Arafats Kollegen in der Führung keineswegs unglücklich über eine derartige Kritik, da sie meinten, sie könne Arafat in seinem natürlichen Hang zu autoritären Entscheidungen bremsen. Abu Ijad, der selbst zum linken Flügel gehörte, hegte große Sympathie für die Rebellen. Wie er mir gestand, hätten ihn Abu Nidals Schmähreden auf dem Kongreß nicht sonderlich aufgebracht. Er habe in Abu Nidal immer noch den etwas eigensinnigen Schüler gesehen, dessen Karriere er gefördert habe.

Die Radikalen waren sich in zwei Punkten einig: Erstens verlangten sie mehr Demokratie innerhalb der Fatah, worin ihnen die

Mehrheit folgte; zweitens verlangten sie militärische Maßnahmen gegen König Hussein – eine Politik, die nach dem Fiasko in Jordanien als »Abenteurertum« verworfen wurde. Hätten sie lediglich für den ersten Punkt gekämpft, wäre ihnen Erfolg beschieden gewesen, so aber wählten sie den zweiten und gaben damit Arafat die Möglichkeit, dem Kongreß die aufwieglerische Politik der Radikalen auszureden und ihn auf seinen Kurs zu bringen. Es sollte der letzte Fatah-Kongreß sein, den Abu Nidal besuchte. Aber er hatte seine Position klargemacht.

Wenig später erhielten seine radikale Politik und sein persönlicher Ehrgeiz weiteren Auftrieb, als man ihn zum Leiter einer dreiköpfigen Delegation bestimmte, die vom 28. März bis zum 8. April 1972 eine zehntägige Reise nach China und Nordkorea unternahm. Auch sein Freund Abu Dawud gehörte ihr an. Sie flogen von Kuwait nach Schanghai und dann mit einer Privatmaschine weiter nach Peking. Beim Anflug auf die chinesische Hauptstadt gerieten sie in einen Sturm. Da eine Landung vorläufig nicht möglich war, kreiste das Flugzeug über der Stadt, was Abu Nidal sichtlich beunruhigte. Des Englischen nicht mächtig, konnte er den Erklärungen des Piloten nicht folgen. »Warum machen die das?« brüllte er. »Warum landen wir denn nicht?« In einem Anfall von Hysterie konnte er plötzlich seine Beine nicht mehr bewegen. Um ihn zu beruhigen, schlug ihm Abu Dawud eine Partie Schach vor, aber, so erzählte mir Abu Dawud später, Abu Nidal blieb hysterisch, bis die Maschine schließlich landete.

Von der übrigen Welt abgeschottet und noch ganz mit den Wirren ihrer »Kulturrevolution« beschäftigt, empfingen die Chinesen die arabische Delegation, als handle es sich um die Führung der gesamten Palästinenserbewegung. Abu Nidal war zufrieden und unterhielt in den folgenden zehn Jahren ausgezeichnete Beziehungen zu China. Seine fanatische Natur fühlte eine Wesensverwandtschaft mit dem China der Kulturrevolution, und sein Streit mit den Sowjets wird sicherlich ein Grund für den warmen Empfang gewesen sein, den ihm die Chinesen bereiteten. Die sowjetischen Diplomaten, denen er in Bagdad begegnet war, hatten ihm mißfallen, und die Russen wiederum fanden ihn zu leichtfertig für ihren Geschmack. Ihr Hauptstreitpunkt war die Frage der Grenzen eines künftigen palästinensischen Staates: Die Russen befürworteten eine Lösung in den Grenzen von 1967, während Abu Nidal von einem Staat in den Grenzen von 1948 träumte und die Auslöschung Israels und die Rückeroberung ganz Palästinas predigte.

Wie mir Abu Dawud berichtete, wollte sich Abu Nidal bei den Chinesen dadurch einschmeicheln, daß er jedes Gespräch mit Schmähreden auf die Russen eröffnete. Dies veranlaßte den Ministerpräsidenten Tschou En-Lai zu der tadelnden Bemerkung: »Sie werden kaum ohne sowjetische Hilfe überleben können. Die Russen sind eine einflußreiche Macht auf der internationalen Bühne, und Sie müssen mit ihnen verhandeln. Aber passen Sie auf, daß Sie nicht zu einem Teil ihrer regionalen Strategie werden.«

Die palästinensische Delegation posierte zusammen mit Mao Tse-Tung und Tschou En-Lai für die Photographen, bevor sie nach Nordkorea weiterflog, wo sie Gespräche und weitere Phototermine mit Kim Il-Sung erwarteten. Abu Nidal kehrte weder nach China noch nach Nordkorea zurück und absolvierte dort auch keine Ausbildung, wie gelegentlich behauptet wird. Allerdings versorgte ihn diese Reise mit einigen neuen Parolen und stärkte sein Selbstbewußtsein.

Als Chef der Fatah im Irak war Abu Nidal den anderen Fatah-Vertretern in Syrien, Ägypten, Libyen und im Libanon, den arabischen Zentren ihrer Aktivitäten, formell gleichgestellt. Aber nach der Vertreibung der Guerillas aus Jordanien hatte sein Posten im Irak gegenüber den anderen an Bedeutung gewonnen. Abu Nidal war es in Bagdad gelungen, irakische Papiere für Tausende vertriebener Kämpfer und ihre Familien zu besorgen. Der Irak war eine Durchgangsstraße zum Golf und das Land, in das palästinensische Freiwillige aus der Golfregion kamen, um in Trainingscamps, die der irakische Staat zur Verfügung stellte, eine Militärausbildung zu absolvieren. Waffen wurden dort gelagert. Spenden irakischer Privatleute flossen in die Kassen. Militanz und politischer Radikalismus prägten das Baathisten-Regime unter Präsident Hasan al-Bakr und seinem furchteinflößenden Stellvertreter Saddam Hussein. Es konnte nicht ausbleiben, daß ein Teil des Prestiges, das der Irak in der arabischen Politik genoß, auch auf den Spitzenmann der Fatah in Bagdad abfärbte.

Doch wie sollten die Guerillas nun, da Jordanien für sie verloren war, Israel bekämpfen? Viele palästinensische Aktivisten glaubten, sie seien zu Unrecht aus Jordanien vertrieben worden und man müsse König Hussein zwingen, sie wieder ins Land zu lassen. Viele träumten immer noch von einem Guerillakrieg gegen Israel im besetzten Westjordanland. Daher versuchten die Palästinenser zwischen 1971 und 1973 immer wieder, König Hussein zu beschwichtigen. So baten sie arabische Politiker wie König Feisal von Saudi-Arabien, er möge sich für ihre Rückkehr nach Jordanien einsetzen, damit sie in enger Absprache mit dem König Israel bekämpfen könnten, sofern er dies wünsche. Aber Hussein dachte nicht daran, Männern zu vertrauen, die ihn um ein Haar gestürzt hätten und seinen Ministerpräsidenten ermordet hatten. Da er Sicherheit und Frieden an der Grenze zu Israel wollte, lehnte er ihr Angebot entschieden ab.

Vor diesem Hintergrund muß Abu Dawuds ehrgeiziger Plan gesehen werden, im Februar 1973 eine sechzehn Mann starke Kommandogruppe nach Jordanien zu führen. In späteren Berichten hieß es, sie hätte die amerikanische Botschaft im Visier gehabt, aber zum damaligen Zeitpunkt war der König das eigentliche Ziel. Zumindest sollte er so eingeschüchtert werden, daß er bereit war, jene Palästinenser freizulassen, die 1970–71 auf den Straßen und in den Lagern zu Hunderten festgenommen worden waren und seither ohne Prozeß in Haft saßen. Abu Dawuds Operation verdient eine ausführliche Schilderung, denn sie hatte auch Folgen für Abu Nidals Karriere.

In Ostdeutschland hatte Abu Dawud gelernt, wie man ein Auto auseinandernimmt und in Hohlräumen des Fahrgestells Waffen versteckt. Mehrere Fahrzeuge wurden auf diese Weise beladen und von Mitgliedern der Gruppe nach Jordanien gefahren. Abu Dawud ließ seinen Bart wachsen und gab sich für einen Saudi auf Urlaubsreise aus. In Begleitung seiner »Ehefrau« passierte er unbehelligt die Grenze. In Wirklichkeit war sie die Frau eines Kommandomitglieds und hatte sich freiwillig für diese Aufgabe zur Verfügung gestellt. In Amman nahm er sofort Kontakt zu einem sogenannten »Schläfer« der Fatah auf, einem gewissen Mustafa Jabr – Pech nur für Abu Dawud, daß der jordanische Geheimdienst Jabr »umgedreht« hatte.

»In dem Moment, wo ich ihn sah«, berichtete Abu Dawud später in Tunis, »konnte ich in seinen Augen lesen, daß er mich verraten würde. Ich packte ihn am Kragen und flüsterte: ›Paß gut auf, Mustafa, solltest du auf die Idee kommen, mich zu verpfeifen, bist du ein toter Mann!‹«

Da Abu Dawud spürte, daß Gefahr im Verzug war, entschied er, binnen vierundzwanzig Stunden loszuschlagen. Aber Mustafa mußte die Jordanier schon vorher alarmiert haben, denn Abu Dawud wurde kurz nach ihrem Treffen von der Straße weg verhaftet.

Vier Tage lang wurde Abu Dawud geschlagen und verhört, aber er gab nichts preis. Wie es der Zufall wollte, verhafteten die Jordanier am vierten Tag einen jungen Mann in einem leeren Auto, den sie im Verdacht hatten, Haschisch zu schmuggeln. Er gehörte zu Abu Dawuds Kommando, und in seinem Auto waren noch Waffen versteckt. Die Jordanier beschlossen, den Mann zu Abu Dawud zu führen, um festzustellen, ob er ihn kannte. Abu Dawud lag auf dem Boden. Er war ohnmächtig vor Schmerz zusammengebrochen.

»Wissen Sie, wer das ist?« fragten sie den jungen Mann. »Aber ja«, antwortete er, »das ist Abu Dawud. Mit ihm bin ich hierher gekommen!«

Sie schleppten Abu Dawud zurück ins Verhörzimmer, fest entschlossen, ihn zum Sprechen zu bringen. Wieder wurde er geschlagen, täglich sechs bis sieben Stunden, und das einen ganzen Monat lang. Unterdessen gelang es den Jordaniern dank dem Geständnis des jungen Mannes, alle Mitglieder des Kommandos festzunehmen. Sie hatten in verschiedenen Hotels auf das Signal zum Losschlagen gewartet. Nun mußten sie sich in einer Reihe aufstellen, und Abu Dawud wurde hereingeschleppt. Sein Gesicht war geschwollen, und seine Arme und Beine waren so zerschunden, daß er sie kaum bewegen konnte. Er muß bis zur Unkenntlichkeit entstellt gewesen sein.

Nur ein Mann wußte, wo die Waffen in den Autos versteckt waren. Nach zwei Wochen Folter gab er das Versteck preis. Damit war das Spiel aus. Abu Dawud und alle seine Männer wurden zum Tode verurteilt. Zweimal wurde er in die rote Anstaltskleidung der Todeskandidaten gesteckt und abgeführt, aber jedesmal wurde die Hinrichtung in letzter Minute verschoben.

Abu Dawud sagte den Jordaniern nie, daß er von Mustafa Jabrs Verrat wußte, und gab vor, ihn überhaupt nicht zu kennen. Um Mustafa eine Falle zu stellen, teilte ihm Abu Ijad aus Ägypten mit, daß er eine spektakuläre Operation in Jordanien plane, um Abu Dawud freizupressen. Die Jordanier konnten der Versuchung nicht widerstehen. Neugierig darauf, was Abu Ijad im Schilde führte, schickten sie Mustafa Jabr zu einem Treffen mit Abu Ijad nach Kairo. Dort nahm ihn die Fatah in Empfang und schleuste ihn nach Libyen, wo er inhaftiert wurde. Drei Jahre später, 1976, wurde er auf ein Gesuch seines alten Vaters freigelassen und nach seiner Rückkehr nach Jordanien zum Direktor für kulturelle Angelegenheiten im Informationsministerium ernannt. Dieses Amt dürfte er auch heute noch bekleiden.

Doch zurück zu Abu Dawuds Bericht:

»Dank zahlreicher Appelle kam ich selbst sehr viel früher frei. Die Kuwaiter waren bereit, König Hussein zwölf Millionen Dollar zu zahlen, um meinen Kopf zu retten. Die damalige sowjetische Führungstroika Breschnew, Kossygin und Podgorny schickten den Jordaniern ein in scharfem Ton gehaltenes Telegramm. Im Jahr 1973 wußte der König, daß in wenigen Wochen ein neuer Nahost-Krieg ausbrechen würde, und er hatte nicht die Absicht, Hunderte Palästinenser während eines Konflikts gefangenzuhalten, aus dem er sich heraushalten wollte. Wahrscheinlich bin ich deshalb freigekommen. Am 18. September 1973, wenige Tage vor dem Ausbruch des Oktoberkriegs, wurden wir alle im Rahmen einer Generalamnestie freigelassen. Der König selbst kam in meine Gefängniszelle und teilte mir mit, daß ich frei sei.«

Das war der unmittelbare Hintergrund für Abu Nidals erste Terrortat.

5 Made in Bagdad

Am 5. September 1973, zwei Wochen vor Abu Dawuds Freilassung aus jordanischer Haft, stürmten fünf bewaffnete Palästinenser die saudische Botschaft in Paris. Sie nahmen dreizehn Geiseln und drohten, das Gebäude in die Luft zu sprengen, wenn Abu Dawud nicht freigelassen werde.

Nach langwierigen Verhandlungen fanden sich die Guerillas bereit, mit einer Caravelle der Syrian Airways nach Kuwait zu fliegen. Allerdings nahmen sie einige ihrer Geiseln mit. Weitere Verhandlungen folgten in Kairo, wo die Maschine zum Auftanken zwischenlandete, und auf dem Flughafen Kuwait, wo die Geiselnehmer in eine Boeing der Kuwait Airways umstiegen und die Reise in Richtung Rijad fortsetzten. Sie kreisten über der saudischen Hauptstadt und drohten, die Geiseln aus dem Flugzeug zu werfen, falls ihre Forderung nicht erfüllt werden sollte. Da die saudischen Behörden aber jede Verantwortung für die Politik König Husseins ablehnten, flogen die Geiselnehmer schließlich nach Kuwait zurück. Nach weiteren zähen Verhandlungen unter der Leitung des PLO-Vertreters Ali Jasin ergaben sie sich am 8. September. Damit fand das drei Tage währende Drama ein Ende.

Abu Nidals erster Terroranschlag

Diese Operation war Abu Nidals erster Terrorakt. Er hatte sie von Bagdad aus geplant und geleitet. Meinen Quellen zufolge wurde die Operation von Abu Nidals Mitarbeiter Samir Muhammad al-Abbasi (Deckname Amdschad Ata) beaufsichtigt, jenem Mann, den Jorde im libyschen Militärcamp gesehen hatte. Amdschad Ata war mit einer Nichte Abu Nidals verheiratet und sollte sich zu einem der größten Killer in dessen Organisation entwickeln. Zur Zeit der Niederschrift dieses Buches lebte er in Libyen.

Zweifellos war Abu Nidal sehr daran gelegen, seinen Freund und radikalen Gesinnungsgenossen Abu Dawud freizupressen, denn als dieser kurz darauf in Freiheit kam, bot er ihm einen Posten in seiner damals noch im Aufbau befindlichen Geheimorganisation an. Die ferneren Ziele des Pariser Kommandounternehmens waren freilich komplexer.

Am 5. September, dem Tag des Angriffs auf die saudische Botschaft, hatten sich in Algier sechsundfünfzig Staatsoberhäupter zur vierten Konferenz der blockfreien Staaten versammelt. Die Eröffnung in Anwesenheit des UN-Generalsekretärs Kurt Waldheim oblag dem algerischen Präsidenten Houari Boumedienne. Doch der irakische Präsident Achmed Hasan al-Bakr mißbilligte die Konferenz in Algier, weil er sie dem Gastgeberland Algerien nicht gönnte. Mit der Pariser Operation, die Präsident Boumedienne und König Feisal von Saudi-Arabien gleichermaßen empörte, hatten der Irak und Abu Nidal versucht, das Konferenzgeschehen zu torpedieren. Einer der verhafteten Guerillas gestand später den Kuwaitern, daß er die Order gehabt habe, solange mit den Geiseln hin und her zu fliegen, wie die Konferenz dauerte.

Jassir Arafat, der ebenfalls an dem Treffen in Algier teilnahm, geriet in arge Verlegenheit. In einer Erklärung verurteilte er den Angriff als »Komplott gegen die palästinensische Revolution« und gelobte, die Täter zu bestrafen. Fatah-Insider wußten, daß Abu Nidal der Macher und der Irak der Geldgeber war.

Ein paar Tage darauf flogen Abu Ijad und Mahmud Abbas (Abu Masin), ein weiterer Fatah-Führer, nach Bagdad, um mit dem Abtrünnigen ins Gericht zu gehen. Doch sie mußten erkennen, daß sie es ebenso mit dem Irak zu tun hatten. Wie mir Abu Ijad berichtete, wurde Abu Masin in dem Moment, als er Abu Nidal rüffeln wollte, von einem anwesenden offiziellen Vertreter des Irak barsch unterbrochen: »Warum greifen Sie Abu Nidal an? Schließlich war es unsere Operation! *Wir* haben ihn gebeten, sie für uns zu organisieren.«

»So einfach war das«, sagte Abu Ijad. »Abu Masin wurde so zornig, daß er aufstand und den Raum verließ. Wir folgten ihm.«

Nun hatten Arafat und seine Kollegen keine Zweifel mehr, daß ihr Mann in Bagdad sich ganz ihrer Kontrolle entzogen hatte und im Dienst der Iraker stand.

Diplomatie kontra Ablehnungsfront

Bis dahin war der offenkundige Grund für Abu Nidals Entfremdung von der Fatah der Streit, der nach dem Debakel in Jordanien entbrannt war. Aber dann löste der Oktoberkrieg von 1973 eine noch viel größere Kontroverse aus. In der arabischen Welt gilt der Oktoberkrieg immer noch als ein arabischer Sieg, der die 1967 erlittene Demütigung vergessen machte. Araber erinnern mit Vorliebe an die ersten Erfolge, als Ägypten und Syrien Israel überrumpelten und dessen Befestigungen am Suezkanal und auf den Golanhöhen stürmten, und weniger an die Rückschläge, als Israel im Kriegsgeschehen wieder die Initiative an sich riß. Sie hatten bewiesen, daß auch sie kämpfen konnten, und sie hatten einen, wenn auch begrenzten, Sieg auskosten dürfen. Nun sahen viele Araber die Zeit gekommen, den Konflikt mit Israel zu beenden, der ihre Kräfte nun schon seit über dreißig Jahren gebunden hatte. Allenthalben war der Wunsch nach Frieden spürbar, so auch in Arafats PLO. Die Verzweiflung, die die Ursache für die Gewalttaten des »Schwarzen September« gewesen war, wich nun der Zuversicht. Terrorismus war aus der Mode gekommen. Arafat und seine Stellvertreter suchten den Heißspornen Zügel anzulegen und die PLO auf eine diplomatische Rolle vorzubereiten.

Drei Meilensteine markierten den Weg der PLO vom bewaffneten Kampf zu politischem Handeln.

Erstens: Der Palästinensische Nationalrat (PNC) verabschiedete auf seiner Sitzung im Juni und Juli 1974 in Kairo nach hitziger Debatte ein politisches Zehn-Punkte-Programm, in dem der Grundsatz gebilligt wurde, daß die PLO eine »nationale Autorität auf jedem befreiten Territorium« errichten solle. Mit diesem Beschluß des Exilparlaments signalisierten die Palästinenser erstmals offiziell ihre Bereitschaft, die Maximalforderung nach der Wiedereroberung Israels aufzugeben und sich mit einem »Zwergstaat« im Westjordanland und im Gazastreifen an der Seite Israels zu bescheiden.

Zweitens: Auf der arabischen Gipfelkonferenz am 20. Oktober 1974 in Rabat gelang es Jassir Arafat, den versammelten arabischen Führern und insbesondere dem sich sträubenden König Hussein das Zugeständnis abzuringen, daß die PLO künftig »die alleinige legitime Vertreterin des palästinensischen Volkes« sei. Nicht alle arabischen Regierungschefs waren darüber erbaut, die PLO mit einer solchen Vollmacht auszustatten, doch schlossen sie sich den anderen an, als die Nachricht verbreitet wurde, ein palästinensisches Kommando sei heimlich nach Marokko eingereist und wolle sie alle ermorden. In Wirklichkeit handelte es sich um einen Bluff, den Abu Ijad ausgeheckt hatte, um die versammelten arabischen Staatschefs unter Druck zu setzen, ohne ihnen tatsächlich einen körperlichen Schaden zufügen zu wollen. Im geeigneten Moment gab er der marokkanischen Polizei einen Tip, und die Kommandogruppe wurde verhaftet – nachdem sie ihre Schuldigkeit getan hatte. Der Kernsatz von der »alleinigen legitimen Vertreterin«, auf den Arafat so pochte, sollte dem Anspruch der PLO Nachdruck verleihen, anstelle König Husseins über die Wiedererlangung des Westjordanlandes zu verhandeln.

Drittens: Am 13. Oktober 1974, unmittelbar nach dem Erfolg beim arabischen Gipfel, sprach Arafat vor der Vollversammlung der Vereinten Nationen in New York und erhielt stehende Ovationen. In seiner Rede wiederholte er seine Bereitschaft, über eine politische Lösung des Konflikts mit Israel zu verhandeln.

In Arafats damaligem Denken lassen sich mehrere Elemente erkennen. Nach dem Oktoberkrieg glaubte er, daß die Vereinigten Staaten ernsthaft eine ausgewogene Friedenslösung für die Region wünschten und daß Henry Kissinger eine solche Lösung herbeiführen könnte. Wie bereits erwähnt, hatte er schon vor dem Krieg nicht weniger als vier Botschaften an Kissinger gesandt und um einen Dialog gebeten. Nach Arafats Einschätzung bestand angesichts der Überlegenheit der Israelis und der Zerstrittenheit der besiegten Araber keinerlei Aussicht, durch einen Guerillakrieg das Ziel eines eigenen Staates zu erreichen. Gewiß, den Vietnamesen und Kubanern hatte der bewaffnete Kampf schließlich den Sieg gebracht, doch ihre Siege mußten neben einer langen Reihe bitterer Niederlagen anderer revolutionärer Bewegungen gesehen werden: der Kurden in der Türkei, im Iran und Irak, der Polisario in der Westsahara und weiterer revolutionärer Gruppen in Thailand,

Malaysia, auf den Philippinen, in Burma, El Salvador und Peru. Und niemand hätte damals für möglich gehalten, daß die Eritreische Volksbefreiungsfront in Äthiopien nach einem der längsten Guerillakriege schließlich doch noch obsiegen würde. Es sei schwer, gab Arafat 1974 seinen engsten Mitarbeitern zu bedenken, gegen die enorme Verteidigungskraft eines Staates einen Sieg zu erringen. Für die Palästinenser sei der Zeitpunkt gekommen, eine politische Lösung anzustreben.

Nicht-Palästinenser können sich nur schwer vorstellen, wie wenig Verständnis dieser Pragmatismus bei den einfachen Mitgliedern der Bewegung fand. Ein Geist der Ablehnung aus romantischen und unverantwortlichen Motiven, die Weigerung, Kompromisse zu schließen, und der Wille, auch dann noch weiterzukämpfen, wenn keine Aussicht auf Sieg besteht, haben in der Palästinenserbewegung eine lange Tradition, wie David Gilmour in seinem Buch *Dispossessed: the Palestinian ordeal from 1917 to 1980* (1980) dargelegt hat. Von der Richtigkeit ihrer Sache überzeugt, lehnten die Palästinenser 1917, 1922, 1936–39 und 1948 Kompromisse ab – und mit noch tieferer Überzeugung, als sie 1965 den bewaffneten Kampf aufnahmen. Wie konnte man von einem Volk erwarten, daß es freiwillig auf den größeren Teil seines Landes verzichtete? Gilmour zitiert einen Ausspruch des irischen Nationalistenführers Eamon de Valera: »Der rechtmäßige Besitzer eines Landes wird niemals einer Teilung zustimmen.« Was auch immer Arafat empfehlen und der Palästinensische Nationalrat beschließen mochte, eine Verhandlungslösung mit Israel beleidigte die meisten Palästinenser. Sie hielten an dem Glauben fest, daß Palästina nur durch Gewalt zu befreien sei, und befürchteten, daß politische Konzessionen auf einen Ausverkauf hinausliefen. Noch waren sie nicht bereit, den unbefriedigenden Kompromiß eines Zwergstaates hinzunehmen.

Der PFLP-Vorsitzende Georges Habasch, einer der glühendsten Verfechter des bewaffneten Kampfes, brach damals mit der PLO und setzte sich an die Spitze einer »Front der Ablehnung aller kapitulationistischer Lösungen«, die unter dem Namen Ablehnungsfront bekannt wurde. Auf einer Konferenz in Bagdad im Oktober 1974 gegründet und von Algerien, dem Irak und Südjemen unterstützt, widersetzte sie sich jedweden Verhandlungen. Die Ablehnungsfront bot ein Dach für all jene palästinensischen Gruppierungen, die diese radikalen Ansichten teilten: die PFLP selbst, das von ihr abgespaltene, von Syrien gestützte PFLP-Generalkommando unter Führung Achmed Dschibrils und die vom Irak unterhaltene Arabische Befreiungsfront. Unterdessen arbeitete Wadi Haddad, der Anführer des militärischen Flügels der PFLP, unbeirrt an weiteren Terroroperationen, obwohl seine Organisation mittlerweile von einem halben Dutzend Geheimdiensten infiltriert war, so daß die meisten Pläne fehlschlugen. Er starb schließlich an den Folgen einer mysteriösen Krankheit, die er sich in Bagdad zugezogen hatte. Manche behaupten, eine andere arabische Regierung habe ihm Gift verabreichen lassen, um den Anschein zu erwecken, daß der Irak der Schuldige sei. Abu Ijad war vor allem über Wadi Haddads Flugzeugentführungen erbost. »Welcher Verrückte«, wetterte er verzweifelt, »würde die Sache der Palästinenser in ein Flugzeug stecken wollen? Wenn die Maschine gesprengt wird, könnte auch die palästinensische Sache dabei draufgehen!«

Abu Nidal war vielleicht derjenige Palästinenser, der sich am heftigsten gegen einen Kompromiß mit Israel sträubte, aber er trat der Ablehnungsfront nie offiziell bei. Ein solcher Schritt wäre für einen überzeugten Untergrundkämpfer wie ihn wohl zu verbindlich gewesen. Auf jeden Fall arbeitete er nun am Aufbau seiner eigenen Geheimorganisation, wobei er den nicht zu unterschätzenden Vorteil besaß, daß er zum bevorzugten Protegé des Irak aufgerückt war.

Die irakischen Führer der Baath-Partei setzten sich von Anfang an als die entschiedensten Vertreter der Ablehnungsfront in Szene. Da der Irak weit vom eigentlichen Schauplatz des arabisch-israelischen Konflikts entfernt lag, keine israelischen Vergeltungsschläge zu fürchten brauchte und sich auch nicht mit dem palästinensischen Flüchtlingsproblem abgeben mußte, konnte er sich diese eindrucksvolle Geste erlauben. Doch auch persönliche Faktoren spielten eine Rolle. Der irakische Präsident Achmed Hasan al-Bakr, ein schlichter, nationalistisch gesinnter Soldat, der gern behauptete, daß es sein innigster Wunsch sei, im Kampf um Palästina zu sterben, hegte eine grenzenlose Verachtung für Jassir Arafat. Die Antipathie beruhte auf Gegenseitigkeit und ging auf einen Vorfall im Frühjahr 1969 zurück, als Arafat (der damals lediglich offizieller Sprecher der Fatah, aber noch nicht Vorsitzender des Exekutivkomitees war) zusammen mit Abu Dawud Bagdad besuchte. Ihr unachtsamer Fahrer fuhr auf einen Lastwagen auf. Dabei brach sich Arafat eine Hand und zog sich Rippenprellungen zu, während Abu Dawud durch Glassplitter im Gesicht und an den Augen erheblich verletzt wurde. Man brachte sie zur Behandlung in ein Militärkrankenhaus in Bagdad, wo Bakr sie besuchte und sich nach ihrem Befinden erkundigte. Nach den üblichen Höflichkeitsfloskeln kam es im Krankenzimmer zu einem Streit über die freundschaftlichen – in Bakrs Augen zu freundschaftlichen – Beziehungen, die die Fatah zu dem alten irakischen Regime unterhalten hatte, das Bakrs Baath-Partei ein Jahr zuvor gestürzt hatte. Es fielen heftige Worte, die das Verhältnis zwischen den beiden auf Dauer abkühlten und beträchtliche politische Konsequenzen haben sollten.

Anfang 1974, als die Fatah im Gefolge des Oktoberkriegs den Schritt vom bewaffneten Kampf zur Diplomatie erwog, lud die irakische Spitze Arafat erneut nach Bagdad ein. Für Männer wie Bakr und seinen mächtigen Vize Saddam Hussein war die Sache der Palästinenser untrennbar mit dem historischen Auftrag ihrer Partei verbunden. Folglich wollten sie keine unabhängige PLO dulden, die sich ihrer Kontrolle entzog, eine Haltung, die in ähnlicher Form übrigens auch der syrische Präsident Hafis el-Assad einnahm. Bakr und Saddam Hussein drängten Arafat, er solle seine Truppen in den Irak verlegen und alle politischen Kompromisse ablehnen. Als Gegenleistung versprachen sie ihm die volle Unterstützung des Irak! Doch Arafat lehnte ihr Angebot ab und reiste statt dessen nach Kairo, um auf der Juni-Sitzung des Palästinensischen Nationalrats für sein »gemäßigtes« Zehn-Punkte-Programm zu werben. Darüber geriet die irakische Spitze in Rage und startete eine Propagandakampagne gegen Arafat.

Abu Nidal profitierte als erster von dieser neuen Entwicklung. Obgleich er der Vertreter der Fatah am Platz war, galt er als notorischer Gegner Arafats. Mit einem guten Gespür für die Situation beabsichtigten die Iraker, ihm eine sichere geographische Basis in ihrem Land zu geben und ihn gegen den Mann zu benutzen, den sie nun als Verräter ansahen. Wäre es zwischen dem Irak und Arafat nicht zum Streit gekommen, hätte sich Abu Nidal womöglich gar nicht von der Fatah getrennt, sondern eine oppositionelle Strömung innerhalb der Fatah angeführt und die Entscheidung über den künftigen Kurs dem Kräfteverhältnis unter den Palästinensern überlassen.

Ein weiterer Faktor war die eingefleischte Rivalität zwischen Irak und Syrien, die auf die große Spaltung der Baath-Partei im Jahr 1966 zurückging und sich über die Jahre zu einer regelrechten Feindschaft zwischen den beiden baathistischen Staaten ausgewachsen hatte. Aus irakischer Sicht lag Arafats Fatah, die sich 1972 im Libanon gerade gegenüber der syrischen Grenze niedergelassen hatte, nunmehr im Einflußbereich Syriens. Außerdem besaß Syrien in Al-Saika (»Der Blitzstrahl«) eine selbstgeschaffene Palästinenserorganisation, die ganz unter seiner Kontrolle stand. Daher sah der Irak die Notwendigkeit, ein Gegengewicht in Form einer Palästinensergruppe mit Sitz in Bagdad zu schaffen.

Welche Alternativen hatte der Irak? Eine mögliche Kandidatin war die PFLP unter Georges Habasch und seinem schießwütigen Mitstreiter Wadi Haddad, doch beide Männer waren ausgesprochen eigensinnig und schwierig im Zaum zu halten. Ebenfalls in Frage kamen der erfahrene Offizier Achmed Dschibril und sein militärisch erfolgreiches PFLP-Generalkommando. Da aber Dschibril seine Karriere in der syrischen Armee begonnen hatte, stand er natürlich Damaskus näher. Blieb noch Abu Nidal: ehrgeizig, tatkräftig, herrschsüchtig, ein *Provokateur* erster Güte – und obendrein in vieler Hinsicht bereits in irakischen Diensten. Er schien der richtige Mann am richtigen Ort zu sein, um Arafats verfehlte Politik zu bekämpfen. Zudem ließ er die Iraker wissen, daß viele Kader in der Fatah seine Ansichten teilten: so bekannte Männer wie Abu Dawud und Nadschi Allusch, ja sogar sein früherer Mentor Abu Ijad. Und schließlich hatte er als Mitglied des Revolutionären Rats bereits einige Stufen in der Hierarchie der Fatah erklommen.

Arafat und das Fatah-Zentralkomitee waren empört über den Treuebruch ihres Manns in Bagdad. Schon seit 1971 hatte es Versuche gegeben, ihn von seinem Posten zu entfernen, aber jedesmal hatte sie Abu Ijad abgeblockt in der Hoffnung, daß Abu Nidal noch irgendwie zu retten sei. Nun aber konnte die Entscheidung nicht länger aufgeschoben werden. Im Frühsommer 1974 wurde beschlossen, Abu Masin in Begleitung von Abu Ijad und Abu Dawud nach Bagdad zu schicken und Abu Nidal mitzuteilen, daß er abgesetzt sei.

Abu Ijad berichtete mir später, daß er noch in letzter Sekunde versucht habe, Abu Nidal zu retten. Vor der Unterredung hatten er und Abu Dawud heimlich mit Abu Nidal gesprochen und ihn bedrängt, er möge Abu Masin bitten, ihn nicht aus der Organisation auszustoßen. Sie berieten ihn, wie er sich verteidigen solle. Als das Treffen dann stattfand, hielt ihm Abu Masin die Standpauke seines Lebens. Doch in seiner Erwiderung überzog Abu Nidal seine Rolle. Er war so abstoßend kriecherisch, daß Abu Ijad peinlich berührt den Raum verließ. Abu Masin ahnte, daß Abu Ijad wieder einmal Winkelzüge gemacht hatte, um Abu Nidal vor einem Ausschluß zu bewahren.

»Abu Masin und ich waren eng befreundet«, gestand Abu Ijad, »aber es war wohl das zehnte Mal, daß ich mich gegen einen Beschluß des Zentralkomitees auf Abu Nidals Seite stellte. Abu Masin war sehr zornig und zeigte an jenem Abend die ersten Symptome einer Herzschwäche, die ihm später zu schaffen machen sollte.«

Nun aber konnte Abu Ijad die Lawine nicht länger aufhalten. Am 26. Juli 1974 meldete die palästinensische Nachrichtenagentur WAFA, daß Sabri al-Banna, »bekannt unter seinem Decknamen Abu Nidal«, seines Postens als Fatah-Vertreter in Bagdad enthoben worden sei.

Der Mordversuch an Abu Masin

Noch vor der offiziellen Bekanntgabe sann Abu Nidal auf Rache für seine Demütigung und schmiedete ein Mordkomplott gegen Abu Masin. Die Affäre war gleichermaßen kompliziert wie umstritten, beschleunigte aber den endgültigen Bruch.

Im Juni 1974 fing der Geheimdienst der Fatah einen aus Bagdad kommenden Brief ab, den ein gewisser Mustafa Murad (Deckname Abu Nizar) – ein treuer Gefolgsmann Abu Nidals, von dem wir noch hören werden – an zwei Männer in Damaskus geschrieben hatte. Darin wies er sie an, die Wegstrecken, die Abu Masin gewöhnlich zurücklegte, für einen Anschlag auf sein Leben auszukundschaften. Auf diese Weise vorgewarnt, ließ die Fatah die bekannten Sympathisanten Abu Nidals unter den Palästinensern in Syrien und im Libanon verhaften; und als Abu Nizar im Juli 1974 in einer Mission nach Damaskus kam, wurde auch er von der Fatah ergriffen und ins Gefängnis nach Hammurijah bei Damaskus gebracht.

Drei Monate später wurde Abu Nizar vor ein Fatah-Gericht gestellt. Er gab zu, ein Gewehr mit einem Schalldämpfer besorgt zu haben, und diese Waffe wurde nun neben Lageplänen, die die Verschwörer von Abu Masins Haus angefertigt hatten, als Beweis vorgelegt. Anfang November verurteilte man Abu Nizar zu achtzehn Monaten Gefängnis, die er in Hammurijah abbüßen mußte. Abu Nidal, der Drahtzieher hinter dem Mordkomplott, wurde *in absentia* zum Tode verurteilt.

Das Todesurteil wurde auf einer Sitzung des Revolutionären Rats der Fatah bestätigt, allerdings gegen den geharnischten Protest Abu Dawuds und Nadschi Alluschs, die damit zeigten, wem ihre Sympathien galten. Abu Masin, das auserkorene Opfer des geplanten Mordanschlags, verließ wutentbrannt die Sitzung. Doch Abu Dawud gab immer noch nicht auf und plädierte dafür, Abu Nidal eine letzte Chance einzuräumen, seinen Standpunkt darzustellen. Man entschied, ihn zu einer Befragung nach Beirut kommen zu lassen, wobei Abu Dawud für seine persönliche Sicherheit garantieren sollte. So abartig waren die Beziehungen zwischen den Genossen und Ex-Genossen, daß selbst zu diesem Zeitpunkt der Bruch noch nicht endgültig war.

Abu Nidal war ein sehr vorsichtiger Mann. Erst nach langem Zögern reiste er schließlich nach Beirut. Abu Dawud holte ihn am Flughafen ab und brachte ihn in eine konspirative Wohnung. Da er eine Falle befürchtete, bestand er während seines gesamten Aufenthalts darauf, daß Abu Dawud nicht von seiner Seite wich. Um Abu Nidal jede Möglichkeit zu geben, seinen Namen reinzuwaschen und in den Schoß der Fatah heimzukehren, gab ihm Abu Ijad eine Liste mit den Fragen, die man ihm stellen würde – und schrieb auch gleich die Antworten dazu, die man von ihm erwartete. Aber dieses Finassieren verfing nicht mehr. Abu Nidal war nicht länger bereit, sich zu demütigen. Die Iraker im Rücken, fühlte er sich nun stark genug, zurückzuschlagen. Erbost kehrte er nach Bagdad zurück. Beide Seiten hatten den Punkt erreicht, an dem ein Kompromiß nicht mehr möglich war.

Es kann durchaus sein, daß Abu Nidal, wie einige gutinformierte Palästinenser andeuten, nie die Absicht hatte, Abu Masin zu ermorden, sondern daß er ihn nur erschrecken wollte. Ebenso ist es möglich, daß das von der Fatah verhängte Todesurteil eher für die Öffentlichkeit gedacht war und keinen echten Versuch darstellte, ihn der gerechten Strafe zuzuführen. Auf jeden Fall wurde nichts unternommen, um es zu vollstrecken. Hätte die Fatah wirklich die Absicht gehabt, ihn zu töten, so hätte sie jemanden mit diesem Auftrag nach Bagdad schicken können.

Die psychische Wirkung dieses Urteils auf Abu Nidal war allerdings beträchtlich. Er sah sich aus der Fatah hinausgedrängt und hielt sich daher nur noch stärker an den Irak. Wie es ein Bekannter ausdrückte: »Für Abu Nidal ist das eigene *Ich* das ein und alles. Wenn er sich persönlich bedroht fühlt, sieht er rot.«

Der offizielle Bruch

Als Reaktion auf das Todesurteil beschimpfte Abu Nidal nun Arafat als Abtrünnigen und verurteilte seine Bereitschaft zu einer friedlichen Lösung der Palästinenserfrage als Verrat an den ursprünglichen Idealen der Fatah. Als Beleg für seine Anschuldigungen veröffentlichte er die Beschlüsse, die Arafat auf dem Dritten Fatah-Kongreß durchgesetzt hatte. Er war so empört über diese Beschlüsse, daß er zuerst daran gedacht hatte, seine neue Bewegung »Fatah: Der Vierte Kongreß« zu nennen, um zu bekunden, daß er alles ablehnte, was der Dritte Kongreß gebilligt hatte. Als der Bruch dann im Oktober endgültig vollzogen war, entschied er sich nach reiflicher Überlegung für den Namen »Fatah: Der Revolutionäre Rat«. Schließlich war er ein Mitglied des Revolutionären Rats der Fatah, und die meisten Mitglieder waren seine Freunde und hatten ebenso beinharte Ansichten wie er. Mochte Arafat auch die Spitze der Pyramide beherrschen, die Basis stand auf seiner Seite. Er hielt sich nicht etwa für den Vertreter einer Splittergruppe, sondern glaubte für die Mehrheit in der palästinensischen Bewegung zu sprechen. Und in der typischen Manier des Sektierers bezeichnete er Arafats Fatah höhnisch als »Fatah: Das Exekutivkomitee«. Er war der legitime Vertreter der Fatah, Arafat stand für den Verrat an ihr!

Viele Mitglieder der Fatah in der arabischen Welt empfanden Sympathie für Abu Nidals Standpunkt und hielten ihn für einen mutigen und prinzipienfesten Politiker, der sich gegen einen Ausverkauf stemmte. Er war kein Außenseiter, vielmehr blieb ein Teil seines Lebens mit der Fatah verknüpft, und das erleichterte die

Zusammenarbeit mit ihm. Immerhin war er der Mann der Fatah in Bagdad. Die mörderische Seite seines Charakters war noch nicht zu Tage getreten.

Seine stärkste Trumpfkarte war der Irak, der ihn nun nach Kräften förderte und ihm das gesamte Vermögen der Fatah im Irak übergab. Dazu gehörten ein Ausbildungslager in Ramadi westlich von Bagdad; ein Landgut, auf dem Nahrungsmittel für die Kämpfer erzeugt wurden; Pässe, für staatenlose Palästinenser ein noch wichtigerer Handelsartikel als Nahrungsmittel; Auslandsstipendien; ein Rundfunksender; eine Zeitung; schließlich ein Lager mit chinesischen Waffen im Wert von fünfzehn Millionen Dollar, die Abu Dawud für seine Miliz in Jordanien bestellt hatte, die dann aber im Irak hängengeblieben waren, als im September 1970 die Krise in Jordanien ausbrach. Abu Nidal verkaufte einen Teil davon und legte damit den Grundstein zu seinem Reichtum. Und auch die regelmäßige Finanzhilfe, die der Irak der Fatah gewährt hatte, floß nun an ihn: monatlich fünfzigtausend irakische Dinar, nach damaligem Kurs rund hundertfünfzigtausend Dollar. Zusätzlich gaben ihm die Iraker als Startkapital eine Pauschalsumme in Höhe von drei bis fünf Millionen Dollar. Damit verfügte er über wirklichen Reichtum und wirkliche Macht. In kürzester Zeit wurde Abu Nidal im Irak zu »Mister Palästina« und beherrschte die ganze dortige Palästinensergemeinde. Jeder Palästinenser, der ein Anliegen an den irakischen Staat hatte, mußte sich an ihn wenden.

Sein wichtigster Gönner im Land war Präsident Achmed Hasan al-Bakr höchstpersönlich. Ihm verdankte Abu Nidal seine ganze Macht. Beide fürchteten die »Gefahren des Friedensprozesses« und verachteten Arafat. Abu Nidal verstand es, Bakr davon zu überzeugen, daß er, Abu Nidal, wegen seiner Haltung Gefahr laufe, von der Fatah ermordet zu werden. Daher genoß er von Anfang an nicht nur die Sympathie der irakischen Spitze, sondern auch den Schutz des irakischen Geheimdiensts, mit dessen Chef Sadun Schakir er sich anfreundete.

Der Mord an Achmed Abd al-Ghafur

Dann geschah etwas, das bei Abu Nidal tiefe Spuren hinterließ und ihn auf den Pfad der Gewalt drängte, oder ihm doch zumindest als Vorwand diente, diesen Weg einzuschlagen. Einer seiner besten Freunde, und sein Vorbild, wurde von der Fatah in Beirut ermordet.

Achmed Abd al-Ghafur (Deckname Abu Mahmud), ein glühender Nationalist und aufsteigender Fatah-Kader, war eines der ersten und zweifellos auch wichtigsten Mitglieder der geheimen Gruppe, die Abu Nidal in den Jahren 1972 und 1973 innerhalb der Fatah gebildet hatte. In den sechziger Jahren hatte er für eine Ölfirma in Libyen gearbeitet, dabei gutes Geld verdient und Managementerfahrungen erworben. Außerdem wurde er mit den jungen libyschen Offizieren bekannt, die im September 1969 unter der Führung von Oberst Muammar al-Gaddafi den betagten König Idris stürzten. Ein Jahr später berief ihn die Fatah nach Jordanien. Man brauchte seine Hilfe bei der Verwaltung der prekären Finanzen der Organisation. Er machte seine Sache gut und steuerte, wenn nötig, auch aus der eigenen Tasche etwas bei.

Doch wie viele andere erschütterte ihn das Gemetzel an den Palästinensern im Jahr 1970. Ein dramatischer Wandel ging in ihm vor. Dieser vordem so nüchterne Mann schloß sich dem »Schwarzen September« an und wurde einer seiner blutrünstigsten Aktivisten. Nach eigenem Bekunden war er entschlossen, die Fatah von ihren »Ketzern« zu säubern und alle Anhänger Israels mit seiner Rache zu verfolgen. Zu Abu Ijads großer Besorgnis hing Achmed Abd al-Ghafur einer gefährlichen Terrorlehre an: Unterstützung für die Sache der Palästinenser sei nur dadurch zu gewinnen, daß man Attentäter beauftrage, nach Europa und in die Vereinigten Staaten zu gehen und dort wahllos Menschen zu erschießen. Vor Gericht sollten die Attentäter erklären, durch ihre Taten wollten sie die Aufmerksamkeit der Weltöffentlichkeit auf ein unterdrücktes und verfolgtes Volk lenken.

Im Jahr 1972 löste sich Achmed Abd al-Ghafur vom »Schwarzen September«, zog in den Libanon und baute dort, immer noch mit Abu Nidal verbunden, eine eigene Kampfgruppe mit Männern auf, die er der Fatah abspenstig machen konnte. Da er in den Flüchtlingslagern sehr beliebt war, hatte er bald ein großes Kontingent an Gefolgsleuten. Er verärgerte die Fatah, weil er gerade zu einer Zeit Terroranschläge organisierte, als die Fatah den Terror hinter sich lassen wollte. Eine seiner berüchtigtsten Operationen war der Anschlag vom 17. Dezember 1973 auf dem Flughafen Fiumicino in Rom. Eine Boeing 707 der Pan Am stand kurz vor ihrem Abflug nach Beirut und Teheran, als fünf *Fedajin* Brandbomben ins Innere der Maschine schleuderten und neunundzwanzig Menschen töteten, darunter Angestellte der ARAMCO und vier hohe marokkanische Regierungsbeamte, die auf dem Weg in den Iran waren.

Noch alarmierter reagierte die Fatah, als sie von Plänen Achmed Abd al-Ghafurs und Abu Nidals erfuhr, künftig noch enger zusammenzuarbeiten und zu diesem Zweck ihre beiden Organisationen zu vereinigen. Ein Zusammenschluß des irakischen Günstlings Abu Nidal und des libyschen Günstlings Abd al-Ghafurs – zweier unberechenbarer und gewalttätiger Männer im Sold zweier extremistischer Regime – stellte eine unerträgliche Bedrohung für den politischen Kurs dar, den Arafat eingeschlagen hatte. Abd al-Ghafur mußte gestoppt werden, und Arafats Militärchef Chalil al-Wasir (Abu Dschihad) gab den Befehl zu seiner Ermordung. Vielleicht hielt es die Fatah auch für nötig, einer rivalisierenden Organisation die Flügel zu stutzen, die im Libanon, einem besonders sensiblen Operationsfeld, zu einem bedeutenden Machtfaktor herangewachsen war. Achmed Abd al-Ghafur wurde Ende 1974 im Beiruter Stadtteil Aschrafija von einem gewissen Asmi al-Sughaijir erschossen, einem Palästinenser mit dunkler Vergangenheit, der zuerst für die Israelis und dann für die Guerillas gearbeitet hatte und 1982 bei der israelischen Invasion im Südlibanon getötet wurde.

Aber Abd al-Ghafurs Ideen lebten auch nach seinem Tod weiter. Einer seiner Anhänger, ein Palästinenser namens Abu Mustafa Kaddura, übernahm die Gruppe. Von Libyen und Abu Nidal unterstützt, organisierte er die Kaperung einer VC-10 der British Airways in Dubai, als die Maschine am 22. November 1974 auf ihrem Flug von London nach Brunei dort landete. Die vier Attentäter, die sich selbst »Kommando des Märtyrers Achmed Abd al-Ghafur« nannten, zwangen die Besatzung, nach Tunis zu fliegen, wo sie eine Geisel, einen deutschen Arzt, erschossen und auf die Rollbahn hinauswarfen. Ihre wichtigste Forderung war die

Freilassung ihrer fünf in Ägypten einsitzenden Kameraden, die den Anschlag auf die Maschine der Pan Am in Fiumicino im Dezember 1973 ausgeführt hatten und auf ihren Prozeß vor einem Gericht der PLO warteten.

Der ägyptische Präsident Sadat bat Abu Ijad um Hilfe bei den Verhandlungen mit den Attentätern und ließ ihn im Flugzeug nach Tunis bringen. Als Abu Ijad vom Tower aus mit den Attentätern Kontakt aufnahm, so erzählte er mir, waren sie aggressiv und beleidigend, doch allmählich gelang es ihm, einen nach dem anderen zu beschwichtigen, auch ihren Anführer, der sich »Tony« nannte. Sie wiederholten ihre Drohung, das Flugzeug in die Luft zu sprengen, doch er überredete sie dazu, einige Passagiere freizulassen. »Laßt die Passagiere frei«, sagte er, »dann könnt ihr mit der Maschine machen, was ihr wollt.«

Unterdessen willigte Präsident Sadat ein, die fünf in Ägypten inhaftierten Terroristen freizulassen. Sie wurden nach Tunis gebracht und bestiegen das Flugzeug der Entführer. Kaum waren die Passagiere wieder frei und die Attentäter mit ihren Kameraden und der Besatzung allein an Bord, überredete sie Abu Ijad zur Aufgabe und bot ihnen als Gegenleistung die freie Ausreise in ein Land ihrer Wahl an. Sie entschieden sich für Libyen. Abu Ijad brachte den tunesischen Präsidenten Bourguiba dazu, dem Handel zuzustimmen, und kontaktierte den damaligen Chef des libyschen Geheimdienstes Abd al-Munim al-Huni, der ebenfalls einverstanden war. Sie verabredeten, daß die Attentäter bei ihrer Ankunft in Tripolis der dortigen PLO-Vertretung übergeben werden sollten.

Als Abu Ijad tags darauf in Tripolis eintraf, mußte er feststellen, daß den Flugzeugentführern entgegen der Vereinbarung die Weiterreise nach Benghasi gestattet worden war. Und damit nicht genug: Man hatte ihnen sogar erlaubt, aus Protest gegen die Behandlung der Affäre durch Tunesien das dortige tunesische Konsulat zu besetzen. Gaddafi machte ein paar Punkte für sich – und gegen Tunesien. Abu Ijad hielt die ganze Angelegenheit für einen Skandal.

»Ich brachte die Sache gegenüber Gaddafi noch einmal aufs Tapet«, erzählte er mir. »Warum hatte er sich nicht an unsere Verabredung gehalten, die Attentäter der PLO zu übergeben? Schließlich hatte ich durch die friedliche Beilegung der Krise seinen Ruf gerettet. Wäre sie blutig ausgegangen, wäre seine Verbindung zu den Tätern ans Licht gekommen! Er schützte Unkenntnis der ganzen Angelegenheit vor, fragte mich aber, wer auf libyscher Seite für den Schnitzer verantwortlich sei. Seine Geheimdienstleute Saijid Kadaf al-Damm und Abdallah Hijasi, antwortete ich. Er zitierte sie zu sich, rüffelte sie unter ständigem Gekicher wie Schuljungen und wies sie an, mir die Luftpiraten am folgenden Tag zu übergeben. Sie lachten, nickten nur und gingen. Auf dem Weg nach draußen fragte ich al-Huni nach dem seltsamen Gebaren Gaddafis. Verhielt er sich immer so? War er nicht Manns genug, sich bei solchen Männern Respekt zu verschaffen? Al-Huni sagte mir im Vertrauen: ›Lassen Sie sich nicht täuschen. Glauben Sie mir, er ist ein Wolf im Schafpelz.‹ Diese Charakterisierung Gaddafis habe ich nie vergessen.«

Der Vorfall veranschaulicht, in welch peinliche Lage die Fatah und arabische Regierungen gerieten, welchem Druck sie ausgesetzt waren und zu welchen hektischen Manövern sie greifen mußten, wenn sie solche Terrorkommandos in den Griff bekommen wollten. Die Operationen selbst hatten zum damaligen Zeitpunkt nur noch sehr wenig mit dem Kampf für die palästinensische Sache zu tun, dafür um so mehr mit den Streitigkeiten zwischen arabischen Staaten und unter den Palästinensern selbst.

Wie Abu Ijad mir gegenüber eingestand, hatte die Fatah einen schrecklichen Fehler begangen, als sie Achmed Abd al-Ghafur umbringen ließ. Waren die Beziehungen unter den Palästinensern bis dahin weitgehend friedlich gewesen, so hielt nun die Gewalt Einzug. Der Tod Abd al-Ghafurs enthemmte ein mörderisches Potential in Abu Nidals Charakter und lieferte ihm einen Vorwand für seine späteren Morde an Palästinensern.

Warum entledigte sich die Fatah nicht auch Abu Nidals? Die Antwort kann nur lauten, daß er auch noch in diesem späten Stadium von Abu Ijad gedeckt wurde, wie dieser mir gegenüber selbst zugab:

»Ich sah damals zwei Möglichkeiten, mit ihm zu verfahren: Entweder man ließ ihn liquidieren, wie viele es vorhatten, oder man versuchte, ihn für sich zu gewinnen. Trotz allem hoffte ich immer noch auf die zweite Lösung.« Die Fatah hätte Abu Nidal töten können, als er 1974 in den Libanon kam, aber sie habe es nicht getan, weil er damals nur für Reformen eingetreten sei. »Hätten wir jeden töten sollen, der Reformen in der PLO forderte, hätten wir Tausende hinmetzeln müssen«, sagte er lachend. »Wir haben immer behauptet, eine demokratische Bewegung zu sein, und unser damaliges Vorgehen war der Beweis dafür.«

Abu Ijad merkte, daß Abu Nidals Kritik an der PLO durchaus berechtigt war. In gewisser Weise teilte er sie sogar. »Ich wollte, daß er unsere Bewegung attackierte und damit wie ein Korrektiv gegen Tendenzen wirkte, die ich mißbilligte.«

Diese Einschätzung sollte er noch bitter bereuen, und letztendlich mußte er sie mit seinem Leben bezahlen.

Die Anfänge des Militärkomitees

Abu Nidal brachte die ersten Jahre an der Spitze seiner eigenen Organisation im Irak damit zu, sich sorgfältig auf internationale Aufgaben vorzubereiten. Er baute ein streng geheimes Militärkomitee auf und stattete es für »Auslandsarbeit« aus. Von Anfang an hatte er eher solche Operationen im Auge als gezielte Angriffe auf israelisches Territorium, die bisher als Ausdruck des palästinensischen Kampfwillens gegolten hatten. Ob der Grund darin lag, daß er schon damals Verbindungen zum Mossad hatte, muß Spekulation bleiben. Wir werden auf dieses Thema in einem späteren Kapitel zurückkommen, wenn wir seine Beziehungen zu arabischen Geldgebern geklärt haben. Damals führte Abu Nidal als Begründung an, daß der Irak weit von Israel entfernt sei und sein Feind Jassir Arafat ihm niemals freie Hand für Operationen im Frontgebiet lassen würde. Einer seiner frühesten Mitkämpfer mit dem Decknamen »Basil« (später sollte er Kommandant von Abu Nidals Truppen im Libanon werden), den ich in Tunis interviewte, erinnerte sich an einen Ausspruch Abu Nidals aus dem Jahr 1973: »Das Schlachtfeld an den Grenzen des Feindes ist mir verschlossen.« Eine fadenscheinige Begründung, denn in Wirklichkeit hatte er Männer in Jordanien und im Libanon, die wie Angehörige anderer Guerillagruppen Schläge gegen Ziele in Israel hätten führen können, wäre ihnen nur der entsprechende Befehl erteilt worden. Aber das zählte offensichtlich nicht zu Abu Nidals vorrangigen Zielen.

Statt dessen konzentrierte er seine Aktivitäten darauf, Waffen in europäische Länder zu verschieben und dort zu verstecken. In den Jahren 1973 bis 1975 waren die Sicherheitsvorkehrungen auf Flughäfen und an den Grenzen noch nicht so streng, so daß der Waffenschmuggel verhältnismäßig einfach war. Für die geheimen Transporte benutzte Abu Nidal Kuriertaschen des diplomatischen Dienstes, getarnte Hohlräume in Autos und Schiffscontainer, die in irakischen Häfen verladen wurden. In manchen Fällen wurden die Waffen auch bei Extremistengruppen im Land selbst gekauft und anschließend auf einem Gelände versteckt, das in absehbarer Zeit weder landwirtschaftlich genutzt noch für die Bebauung erschlossen werden sollte, vorzugsweise in Wäldern. Entweder wurden nur kleine Waffenverstecke angelegt, die gerade den Bedarf von ein oder zwei Männern deckten, oder aber sogenannte »strategische« Depots, auf die mehrmals zurückgegriffen werden konnte und die dann getarnt oder versiegelt für künftige Einsätze bereitstanden. Die größeren Depots wurden von einem »Residenten« gehütet, der gewöhnlich mit einer einheimischen Frau verheiratet war oder eine andere Tarnexistenz führte. Auf den Schutz der Residenten wurde viel Sorgfalt verwandt und alles vermieden, was auf eine Verbindung zu Abu Nidals Organisation hätte hindeuten können.

In der Aufbauphase befanden sich die wichtigsten Waffenlager in der Türkei, auf Zypern, in Griechenland, Italien und Frankreich. Einige existieren noch heute und könnten Abu Nidal in den Stand versetzen, Operationen in Europa durchzuführen. Will man »Basil« und anderen Quellen Glauben schenken, so hat Abu Nidal sein terroristisches Handwerk vom »Schwarzen September« gelernt, aber auch von iranischen Revolutionären, die damals auf den Sturz des Schahs hinarbeiteten und teilweise zusammen mit Palästinensern im Irak ausgebildet worden waren.

In diesem Stadium war Abu Nidals Militärkomitee ausschließlich ein Instrument des Irak. Zumindest schien es so. Abu Nidal führte die Befehle der Iraker aus, und die Iraker stellten ihm zur Belohnung Geldmittel, Fluggesellschaften, Botschaften und Diplomatenkoffer zur Verfügung. Seine Feinde waren die Feinde des Irak, seine Operationen wurden vom Irak diktiert, und die verschiedenen Zweige seiner Organisation – das Militärkomitee und andere Organe, die sich mit Finanzen, Auslandsbeziehungen und interner Organisation befaßten – schienen nicht mehr zu sein als verlängerte Arme des irakischen Geheimdienstes.

Doch die Eitelkeit hätte es Abu Nidal nicht erlaubt, nur der Agent eines anderen zu sein. Nach seinem Verständnis war er keineswegs von den Irakern »angestellt« worden, sondern eine Partnerschaft mit ihnen eingegangen, die auf der persönlichen Freundschaft mit ihren politischen Führern beruhte. Sie stellten die logistischen Voraussetzungen, er bezahlte mit »Dienstleistungen«. Wie er einmal einem Verbündeten anvertraute: »Ich nehme, um zu geben.« Ein Grundsatz, der im Lauf der Jahre auch seine Beziehungen zu anderen Geldgebern bestimmte.

Das Attentat auf die saudische Botschaft in Paris im September 1973 war Abu Nidals erste bekannte Operation, und sie erfolgte eindeutig im Auftrag des Irak. Im Dezember des gleichen Jahres, als seine Organisation immer noch in den Kinderschuhen steckte, schickte er zwei tunesische Mitglieder nach Genf. Sie sollten die dort stattfindende Friedenskonferenz torpedieren, die auf Betreiben Henry Kissingers nach dem Oktoberkrieg anberaumt worden war. Laut Plan sollten sie den Konferenzsaal stürmen oder wahllos Delegierte niederschießen, um damit ihre Ablehnung jedweder friedlicher Lösung zum Ausdruck zu bringen, der sich sowohl Abu Nidal als auch die Iraker vehement widersetzten. Aber die Männer bekamen gar keine Gelegenheit zum Handeln. Die Konferenz begann am 21. Dezember 1973 im Palais des Nations, doch kaum waren die feierlichen Eröffnungsreden gesprochen, vertagte sie sich noch am gleichen Nachmittag. Henry Kissinger benutzte sie lediglich als Feigenblatt, um seinem heimlichen Ziel, ein bilaterales Abkommen zwischen Ägypten und Israel zu erzielen, den Schein der Legitimität zu verleihen. Sie wurde nie zu einem Forum für umfassende, multilaterale Verhandlungen über die Anwendung der Resolution 242 des UN-Sicherheitsrates, wie viele gehofft hatten. Abu Nidal mußte die Operation deshalb abblasen und seine Männer zurückbeordern.

Krieg mit Syrien

Bis 1976 war der Aufbau von Abu Nidals Organisation so weit gediehen, daß nun auch ehrgeizigere Unternehmungen in Angriff genommen werden konnten. Der libanesische Bürgerkrieg war entbrannt, in dem die muslimische Bevölkerung und ihre palästinensischen Verbündeten gemeinsam gegen die einst beherrschende Schicht der maronitischen Christen kämpften. Der palästinensische Guerillakommandant Abu Dawud fand sich bald mitten im Getümmel. Obwohl er noch der Fatah angehörte, arbeitete er im geheimen mit Abu Nidal zusammen. Anfang 1976 brachte er rund fünfzig von Abu Nidals Männern in die Hafenstadt Sidon im Südlibanon und führte sie zusammen mit anderen palästinensischen Truppen in den Kampf um das Beiruter Geschäftsviertel.

Im Frühjahr 1976 wendete sich das Kriegsglück zugunsten der Palästinenser und radikalen Muslime. Sie belagerten die maronitischen Christen in deren Bergland. Aus Furcht, die Israelis könnten im Libanon intervenieren, um die Maroniten zu retten, sandte der syrische Präsident Assad im Juni 1976 seine Armee auf den Kriegsschauplatz und zwang die Palästinenser, ihre Offensive abzubrechen. Aber die arabische Öffentlichkeit nahm nicht unwidersprochen hin, daß ein nationalistisches arabisches Regime wie das syrische seine Gewehre gegen die Palästinenser richtete. Aus der gesamten arabischen Welt hagelte es Proteste. Sadat brach die diplomatischen Beziehungen ab, während der Iraker Saddam Hussein Truppen an die syrische Grenze schickte und Assad als Verrückten beschimpfte, der aus purem Ehrgeiz ein Blutbad angerichtet habe. (Kurz vor dem Einmarsch der syrischen Truppen hatte Abu Dawud Abu Nidals Männer evakuieren lassen. Er wußte, daß die Syrer ihnen kein Pardon gegeben hätten.)

Auf Drängen der Iraker organisierte Abu Nidal unter dem Decknamen »Schwarzer Juni« eine Terrorkampagne gegen Syrien – im Juni waren die syrischen Truppen in den Libanon einmarschiert. Im Juli 1976 verübte er Bombenanschläge auf die Büros der syrischen Fluggesellschaft in Kuwait und Rom, und zwei Monate später, am 26. September, stürmten vier seiner Männer in das Hotel Semiramis mitten in Damaskus und nahmen neunzig Geiseln. Das Kommando war mit irakischen Pässen eingereist und hatte seine Waffen über die Türkei aus Europa nach Syrien eingeschmuggelt. Syrische Sicherheitskräfte stürmten das Hotel. Dabei kamen ein Geiselnehmer und vier Geiseln ums Leben, vierunddreißig Menschen wurden verletzt. Am darauffolgenden Tag wurden die übrigen drei Täter öffentlich gehängt.

Im Oktober griffen Abu Nidals Männer die syrischen Botschaften in Islamabad und Rom an, im Dezember die syrische Botschaft in Ankara und die syrische Gesandtschaft in Istanbul. Bei mehreren dieser Überfälle wurde die in Polen hergestellte Maschinenpistole WZ-63 verwendet, eine Waffe, die wegen ihres zusammenklappbaren Kolbens und großen Magazins von Terroristen sehr geschätzt wurde. Bomben, die in Damaskus in öffentlichen Abfalleimern deponiert wurden, verbreiteten Angst und Schrecken und brachten den Opfern böse Verletzungen bei. Einer von Abu Nidals Männern, Ali Saidan, der an beiden Kommandounternehmen in Rom im Juli und Oktober teilgenommen hatte, fiel der italienischen Polizei in die Hände und verbrachte fünf Jahre in einem italienischen Gefängnis. Heute gehört er zu Abu Nidals Revolutionärem Rat und gilt als einer seiner gefährlichsten Killer.

Kaum ein Jahr später, am 25. Oktober 1977, entging der damalige syrische Außenminister Abd al-Halim Chaddam auf dem Flughafen von Abu Dhabi nur knapp dem Tod, als ein Attentäter das Feuer auf ihn eröffnete. Die Kugel verfehlte ihn, tötete aber den neben ihm stehenden Außenminister der Vereinigten Arabischen Emirate Said al-Ghubasch. Der Mann, der dieses Attentat wie auch den Anschlag auf das Hotel Semiramis geplant hatte, war Fuad al-Suffarini (Deckname Umar Hamdi), langjähriger Chef von Abu Nidals Büro in Bagdad und Mitglied des Militärkomitees. (Ein früherer Mordanschlag auf Chaddam im Dezember 1976 in Syrien, den viele Abu Nidal zuschrieben, ging in Wirklichkeit auf das Konto der Muslimbruderschaft, die damals mit ihrer Kampagne zum Sturz Assads begann.)

Mit diesen gegen Syrien gerichteten Operationen entwuchs der Terrorist Abu Nidal den Kinderschuhen und erwies sich den Irakern als nützlich. Aber eine eigene Handschrift hatte er noch nicht entwickelt. Bis dahin war er mit dem Aufbau seiner Organisation und der Beschaffung von Geld und Waffen beschäftigt gewesen. Er behauptete, er wolle einen Krieg gegen den »Zionismus« und »Imperialismus« führen, tatsächlich aber waren seine Ziele ausschließlich Araber gewesen – und bald sollten es Palästinenser sein.

Als er bereits tief in die Schattenwelt der Gewalt eingetaucht war, erzählte er einem Freund, wie verheerend sich dieses Leben im Dienst des Terrors auf ihn selbst und seine Familie auswirkte:

»Als wir in den siebziger Jahren im Irak wohnten, meldete ich meinen Sohn Nidal unter falschem Namen in einer Bagdader

Schule an. Einmal benahm er sich im Unterricht daneben, daraufhin wünschte der Rektor seinen Vater zu sprechen. Er sagte, der Junge dürfe nicht eher wieder am Unterricht teilnehmen, bis sein Vater sich zu einem Gespräch eingefunden habe.

Nidal wagte nicht, mit mir darüber zu sprechen. Er wußte, daß ich nicht in der Öffentlichkeit erscheinen durfte. Also bat er den Vater eines Freundes, mich zu vertreten. Aber es klappte nicht. Der Rektor bestand darauf, *mich* zu sehen. Eines Tages kam Nidal zu mir und sagte, er wolle nie wieder zur Schule gehen! Ich erfuhr bald den Grund, rief den Rektor an und bat ihn, mich zu besuchen. Ich mußte ihm sagen, wer ich war, und eingestehen, daß ich meinen Sohn unter einem falschen Namen angemeldet hatte. Ich hatte meinem eigenen Sohn Schande und Verdruß bereitet.«

6 Die Geldgeber

In den siebzehn langen Jahren zwischen 1974 und 1991 fand Abu Nidal zunächst im Irak, dann in Syrien und schließlich in Libyen ein Zuhause, logistische Unterstützung und das kostbarste Geschenk von allen: Sicherheit. Der Irak unterstützte Abu Nidal über acht Jahre lang von 1974 bis 1983, Syrien sechs Jahre lang von 1981 bis 1987, und Libyen unterstützt ihn (trotz aller gegenteiligen Beteuerungen Oberst Gaddafis) bis zum heutigen Tag.

Anfang der achtziger Jahre kam es zu einer merkwürdigen Übergangsphase, als Abu Nidals Organisation, die gefährlichste der gesamten Region, ihre Operationsbasis nach und nach von Bagdad nach Damaskus verlegte und sich so der Kontrolle beider Gönner entzog. Die Situation war um so ungewöhnlicher, als der Irak und Syrien, sieht man einmal von wenigen Monaten in den Jahren 1978 und 1979 ab, Todfeinde waren, die sich eifrig gegenseitig beschimpften und sabotierten und beide für sich beanspruchten, die Wiege der Baath-Partei und des arabischen Nationalismus zu sein.

Aber Abu Nidal hat nun einmal ein besonderes Talent dafür, sich in die enge Nische zwischen zwei rivalisierenden Parteien zu zwängen. Und die Konflikte im Nahen Osten sind für ihn der ideale Nährboden, nicht nur die zwischen Israel und den Palästinensern, sondern auch die zwischen den arabischen Staaten und der Fatah, zwischen dem Irak und Syrien, zwischen Libyen und Ägypten, zwischen der arabischen Welt und dem Westen. Er war für die konservativen Golfstaaten ebenso eine Bedrohung wie für die europäischen Regierungen auf beiden Seiten des Eisernen Vorhangs, die seinen Erpressungen häufig nachgaben, um sich vor seinen Terrorakten zu schützen. Dies war die schattenhafte, streitsüchtige Welt, in der er zu Hause war, die Schwachstelle der

Politik. Da er allgegenwärtig und gewalttätig war, gab es unzählige Versuche, in seine Organisation einzudringen oder auch nur Kontakt zu ihm aufzunehmen, und das wiederum erlaubte ihm, so viel Geld, Vergünstigungen und Zugeständnisse wie möglich für sich herauszuholen. Er erwies seinen Geldgebern wertvolle Dienste, war aber niemals nur ihr Handlanger.

Es ist hinlänglich bekannt, daß der Nahe Osten ein ständiger Konfliktherd ist. Araber und Israelis haben sich fast in jedem Jahrzehnt einmal bekriegt. Iran und Irak haben acht Jahre lang einen erbarmungslosen Krieg gegeneinander geführt. Der Bürgerkrieg im Libanon dauerte fast eine Generation, der Krieg im Sudan noch länger. Wir leben immer noch im Schatten des Golfkrieges, der sowohl Kuwait als auch den Irak verwüstete. Aber daneben, und unter der Oberfläche, tobt ein anderer Krieg, ein Krieg, den keine regulären Armeen, sondern Geheimdienste, Terroristen und irreguläre Truppen führen. Und in diesen Krieg ist ausnahmslos jeder Nahost-Staat verwickelt, und zwar in einem Maße, daß die Politik dieser Region sich ebenso mit dieser Form des Krieges zu beschäftigen hat wie mit seiner offeneren Variante – ein Umstand, den sich Abu Nidal zunutze gemacht hat. Er ist zu einer Art bösem Geist geworden, der sich in den Widersprüchen der Region einnistet.

Abrechnung im Irak

Die ersten Erfolge verzeichnete Abu Nidal unter dem strengen Regime der Baath-Partei im Irak. Die Baathisten kamen im Februar 1963 in Bagdad an die Macht, als sie, mit diskreter amerikanischer Hilfe, Mitglieder der Kommunistischen Partei des Landes niedermetzelten, der damals stärksten in der gesamten Region. Marion und Peter Sluglett deuten in ihrem Buch *Iraq Since 1958* (1987) an, daß die CIA der Baath-Partei möglicherweise sogar Listen ihrer kommunistischen Gegner zuspielte. »Fest steht«, schreiben sie, »daß einige Führer der Baath-Partei Kontakte zu amerikanischen Geheimdiensten hatten.« Nach der brutalen und rücksichtslosen Liquidierung ihrer Gegner brach unter den Baathisten ein Streit aus. Eine Gruppe nationalistischer Armeeoffiziere nutzte die Situation und stürzte sie im November 1963.

Daraufhin ging die Partei für fünf Jahre, von 1963 bis 1968, zurück in den Untergrund. In dieser Zeit wurde sie von einem skrupellosen jungen Mann gesäubert und neu organisiert. Sein Name war Saddam Hussein, damals noch keine dreißig Jahre alt. Im Juli 1968 putschte Achmed Hasan al-Bakr, General und Mitglied der Partei, die Baathisten wieder an die Macht. Bakr, ein weithin bekannter Offizier, hatte 1958 am Sturz der Monarchie mitgewirkt. Er hatte zwar auch Anhänger im irakischen Offizierskorps, doch sein eigentlicher Rückhalt war Saddams ziviler Flügel der Baath-Partei.

Über ein Jahrzehnt lang, von 1968 bis 1979, herrschten der Soldat Bakr und der Parteifunktionär Saddam über den Irak: Sie unterdrückten jede Opposition, schleusten Anhänger in die Armee ein, kontrollierten sie mit politischen Kommissaren und festigten die Herrschaft der Baath-Partei mit Hilfe des grausamen und allgegenwärtigen, von Saddam selbst geschaffenen Sicherheitsapparates bis in den letzten Winkel des Landes hinein. Schon zu einem sehr frühen Zeitpunkt war Saddam der »starke Mann« des Regimes. Er trug den Titel des Stellvertretenden Vorsitzenden des Revolutionären Kommandorates und hatte Macht über alles und jeden.

Abu Nidal lebte seit 1970 im Irak und konnte so mit eigenen Augen den Machtzuwachs der Baath-Partei und des irakischen Staates verfolgen, der mit den steigenden Staatseinnahmen nach der Nationalisierung der Iraq Petroleum Company von 1972 und der Ölpreisexplosion ein Jahr später finanziert wurde. Abu Nidal verdankte seine Unterstützung in erster Linie Präsident Bakr und nicht so sehr Saddam Hussein. Er unterhielt gute Beziehungen zum irakischen Außenminister Tarik Asis und zu Saddams Cousin Sadun Schakir, dem damaligen Chef des Geheimdienstes. Schakir, in der neuen, blutigen Tradition des Irak groß geworden, hatte sicher einen unheilvollen Einfluß auf Abu Nidal. Saddam hingegen behandelte Abu Nidal mit einer gewissen Herablassung – vielleicht weil er ahnte, daß Abu Nidal ein Schlitzohr war wie er selbst. Abu Nidal war extrem empfindlich und vergaß Saddams Kränkungen nie. Jedenfalls kamen die beiden nicht sonderlich gut miteinander aus.

Die zweite Hälfte der siebziger Jahre war Abu Nidals beste Zeit im Irak. In jenen Jahren war der Irak der Scharfmacher und Unruhestifter in der arabischen Welt: Er baute in der gesamten Region geheime Baathisten-Zellen auf und förderte umstürzlerische Aktivitäten, machte sich in Moskau Liebkind und vertrat in Fragen, die den arabischen Sozialismus, die arabische Einheit und den arabisch-israelischen Konflikt betrafen, äußerst extreme Standpunkte, ganz offensichtlich in dem Versuch, dem Rivalen Syrien die Führung im radikalen arabischen Lager zu entreißen. Nach dem Jom-Kippur-Krieg im Oktober 1973 geißelte Bagdad die Vermittlungsversuche Arafats als Verrat und verurteilte Syriens Truppenentflechtungsabkommen mit Israel von 1974 ebenso wie zwei Jahre später Assads Intervention im Libanon. Abu Nidal wurde dazu ermutigt, seine Terroristen gegen Syrien und die PLO zu hetzen.

Doch 1978–79 fiel Abu Nidal infolge eines politischen Klimawechsels im Irak plötzlich in Ungnade. Unmittelbarer Anlaß war die Unterzeichnung des Camp-David-Abkommens im September 1978, das unter Vermittlung Jimmy Carters zwischen Begin und Sadat ausgehandelt worden war. Saddam Hussein, der bislang noch keine Gelegenheit gehabt hatte, sich außerhalb des Irak zu profilieren, nutzte Sadats »Verrat«, um sich in der arabischen Politik einen Namen zu machen. Für November berief er ein Gipfeltreffen nach Bagdad ein, auf dem über eine gemeinsame arabische Haltung gegenüber Ägypten beraten werden sollte. Er söhnte sich mit Saudi-Arabien, den Golfstaaten und Syrien aus und suchte sich das neue Image eines arabischen Staatsmanns von internationalem Format zu geben. Allerdings stand diesem Vorhaben ein beträchtliches Hindernis im Weg: seine Unterstützung des Terrorismus. Seit langem schon drängte ihn Washington, sich von diesem Makel zu befreien. Kurzum: Abu Nidals Killertruppe brachte Saddam in arge Verlegenheit, und selbst im Umgang mit den Palästinensern war es jetzt ratsamer, mit Arafats Mehrheit zu verhandeln.

Am Rande des Bagdader Gipfels rief er Arafat und Abu Ijad zu sich in sein Büro und erläuterte ihnen seine neue Politik. Abu Ijad gab mir später folgende Zusammenfassung dieses Gesprächs:

> »Wo liegen unsere Differenzen?« fragte Saddam. »Seid ihr immer noch böse, weil wir uns 1970 herausgehalten haben, anstatt euch in Jordanien zu helfen?« (Eine Anspielung auf die

Untätigkeit der irakischen Truppen, als die Guerillas von König Husseins Armee abgeschlachtet wurden.) »Wir haben für diese unglückliche Episode bereits Selbstkritik geübt und betrachten sie als vergessen und vorbei«, erklärte er großmütig. »Oder seid ihr verärgert, weil wir Abu Nidal unterstützen? Ich versichere euch hiermit, daß wir keine weiteren gegen euch gerichteten Operationen von Bagdad aus tolerieren werden. Wir werden nicht länger die Verantwortung für seine Aktionen übernehmen – und das haben wir ihm auch gesagt. Aber«, fügte er mit einem furchterregenden Lächeln hinzu, »erwartet nicht, daß ich ihn an euch ausliefere.«

Als Saddam den kränklichen Bakr verdrängte und 1979 die Präsidentschaft übernahm, wußte Abu Nidal, daß die Tage seiner Organisation im Irak gezählt waren. Da er nicht zur Geisel eines Landes werden wollte, streckte er heimlich seine Fühler nach Syrien und Libyen aus. Aber gerade als er mit seiner Vertreibung aus Bagdad rechnete, brach im September 1980 der iranisch-irakische Krieg aus. Der Krieg bescherte ihm noch einmal eine Gnadenfrist. Zwar war der Irak nun mehr denn je auf internationale Unterstützung angewiesen, besonders aus dem Westen und den reichen Golfstaaten, und hätte deshalb Abu Nidal eigentlich auf dem schnellsten Wege loswerden müssen. Doch für ein Regime, das sich im Krieg befand, war Abu Nidal ein wertvoller Mann. Die Irakis brauchten Waffen und Geheimdiensterkenntnisse, sie brauchten einen verlängerten Arm im Ausland, und Abu Nidal war bereit, sich nützlich zu machen. Er erbot sich, im Ausland lebende Mitglieder der irakischen Opposition zu liquidieren und als geheimer Verbindungsmann zu Syrien zu fungieren. Im Innern hielt er ein Auge auf mögliche subversive Elemente. Und er spielte den Mittelsmann bei Waffengeschäften, bei denen er sich persönlich zu bereichern hoffte.

Einer von Abu Nidals wichtigsten Stellvertretern war damals Abd al-Rahman Isa (der Abtrünnige, den ich in Algier hatte interviewen wollen und dessen auf Tonband aufgezeichnetes Verhör mir Abu Ijad zur Verfügung gestellt hatte). Aus diesen Bändern geht hervor, daß Abu Nidal 1980 oder 1981 den Irakern versprochen hatte, seine guten Verbindungen in Polen zu nutzen und von dort T-72-Panzer zu beschaffen. »Für Saddam Hussein war das ein unschätzbarer Dienst«, erklärte Isa Abu Ijad. »Er hat unseren Rausschmiß aus Bagdad um zwei bis drei Jahre hinausgezögert.« Die Iraker leisteten eine Anzahlung von einer Million Dollar, und Abu Nidal deponierte sie auf einem Privatkonto in der Schweiz. Doch mit einem Male besannen sich die Iraker anders. Sie wollten nun keine Panzer mehr, sondern Artillerie. Damit konnte Abu Nidal nicht dienen, er unterließ es aber, so Isa, die bereits geleistete Anzahlung zurückzuzahlen. Dies war ein weiterer Grund für die endgültige Abreise aus Bagdad.

Verwicklung im Libanon

Ende der siebziger und Anfang der achtziger Jahre, also zur gleichen Zeit, als Abu Nidal um seinen Verbleib im Irak kämpfte, braute sich in seiner Organisation – und in seinem Privatleben – eine Krise zusammen. Er sollte aus ihr noch härter, noch verschwiegener und noch gewalttätiger hervorgehen. Auslöser war die »Operation Litani«, Israels Invasion im Libanon im März 1978.

Israel erklärte, die Invasion im Libanon sei die Antwort auf einen palästinensischen Angriff im selben Monat: Eine kleine Guerillagruppe war mit zwei Schlauchbooten an Israels Mittelmeerküste gelandet und hatte zwei Busse mit Zivilisten gekidnappt. Bei der anschließenden Schießerei waren neun Guerillas und siebenunddreißig Israelis getötet worden. Doch der massive Militäreinsatz der Israelis stand in keinem Verhältnis zu dem Zwischenfall, der ihn auslöste. Israelische Truppen besetzten den südlichen Teil des Libanon bis zum Fluß Litani. Von Panik ergriffen, floh die Bevölkerung nach Norden in Richtung Beirut. Rund zweitausend Libanesen und Palästinenser kamen ums Leben, schätzungsweise zweihunderttausend Menschen wurden obdachlos.

Präsident Jimmy Carter, verärgert über das unverhältnismäßig gewaltsame Vorgehen der Israelis, forderte Menachem Begin auf, seine Truppen aus dem Libanon zurückzuziehen, und unterstützte die Resolution 425 des Sicherheitsrates, die sich für einen Waffenstillstand zwischen Israel und der PLO und den Einsatz einer UN-Sicherheitstruppe, genannt UNIFIL, aussprach. Die Israelis verließen drei Monate später den Libanon, aber erst nachdem sie im Land eine eigene Pufferzone geschaffen und den libanesischen Christen Major Saad Haddad als Bevollmächtigten eingesetzt hatten.

Die Frage, ob man den Waffenstillstand mit Israel akzeptieren sollte, spaltete das Oberkommando der Fatah. Arafat stimmte ihm nach einer Unterredung mit dem UN-Generalsekretär Kurt Waldheim zu. Doch militantere Mitglieder der Bewegung, unter ihnen auch Abu Ijad, waren fest entschlossen, die einmarschierende israelische Armee aufzureiben. Abu Dawud, der stets bereit war, Unruhe zu stiften, bekam den Auftrag, eine kleine Truppe zusammenzustellen und die israelischen Stellungen am Südufer des Litani zu überfallen. Zur Aufstockung dieser Truppe mit weiteren Männern kontaktierte Abu Dawud auch Abu Nidal, der ihm daraufhin aus Bagdad ein Kontingent von ungefähr hundertfünfzig Mann samt Reisedokumenten, Flugtickets und Geld schickte. Abu Dawud versorgte die Neuankömmlinge mit Uniformen und Waffen aus seinen Beiruter Beständen und schickte sie in den Süden. Dieser Vorfall illustriert Abu Dawuds ideologische Zwiespältigkeit: Er war ein bekannter Milizkommandeur der Fatah und gleichzeitig bewegte er sich am Rand von Abu Nidals Untergrund.

Als Arafat hörte, was geschehen war, witterte er eine großangelegte Verschwörung. Nicht allein, daß wegen des Waffenstillstands seine Autorität auf dem Spiel stand. Darüber hinaus sah er sich plötzlich einer Infiltration der Fatah durch Abu Nidals Männer gegenüber – zumindest glaubte er es. Er befahl seinem Militärchef Abu Dschihad, die »Eindringlinge« festzunehmen. In diesem entscheidenden Moment erlitt Abu Dawud eine Lebensmittelvergiftung und mußte ins Krankenhaus eingeliefert werden. In seiner Abwesenheit entwaffnete und internierte die Fatah Abu Nidals Männer. Das war keine ganz leichte Aufgabe. In mehreren Lagern kam es zu Scharmützeln, auf beiden Seiten gab es Tote. Arafat-Getreue äußerten sogar den Verdacht, daß Abu Ijad selbst mit Abu Dawud konspiriert hatte, und richteten beinahe ihre Waffen gegen seine Männer in Beirut. Nur knapp wurde ein Blutbad zwischen den Palästinensern verhindert.

Nach einer langen und stürmischen Auseinandersetzung bereinigten Arafat und Abu Ijad ihre Differenzen, und Abu Ijad selbst verhörte die verhafteten Männer, einen nach dem anderen. Einige gewann er für die Fatah, aber viele wanderten ins Gefängnis. Als

Abu Nidal in Bagdad davon erfuhr, raste er vor Wut. Er hatte Abu Dawud hundertfünfzig seiner besten Kämpfer geliehen und machte ihn nun für das Unrecht verantwortlich, das ihnen angetan wurde. Er erklärte, seine »Märtyrer« seien dafür bestraft worden, daß sie sich Arafats Weg der Kapitulation vor Israel widersetzt hätten, und schwor Rache.

Mißtrauisch wie immer, witterte er ein Komplott. Warum hatte Abu Dawud ihn darum gebeten, Männer in den Libanon zu schikken? War das Ganze eine Falle? Betrog Abu Dawud ihn mit Abu Ijad? Um ihn auf die Probe zu stellen, unterbreitete er ihm einen wahrhaft byzantinischen Plan. Er wollte Abu Dawud für ein paar Wochen einen seiner Männer als Leibwächter ausleihen – so lange, daß sich Abu Ijad, der ein häufiger Gast im Hause Dawuds war, an seine Anwesenheit gewöhnen konnte. Dann, eines Tages, sollte dieser Mann auf ein vorher vereinbartes Signal hin Abu Ijad töten, und Abu Dawud wiederum sollte den Mörder niederschießen und so den einzigen Zeugen für die Konspiration aus dem Weg räumen. (Wie oben bereits erwähnt kam Ijad durch einen ähnlich verzwickten Plan im Januar 1991 tatsächlich ums Leben).

Abu Dawud lehnte diesen Plan verärgert ab und erklärte ihn für feige und unmoralisch. Doch Abu Nidal nahm diese Weigerung, mit ihm zusammenzuarbeiten, als Bestätigung dafür, daß Abu Dawud seine Männer bewußt in eine Falle gelockt habe. (Möglicherweise liegt hier auch das Motiv für Abu Nidals Mordversuch an Abu Dawud im Jahr 1981 in Warschau. Wir werden auf diesen Vorfall noch zu sprechen kommen.) Und als Abu Ijad von der vorgeschlagenen Konspiration gegen ihn erfuhr, war das für ihn ein hinreichender Grund, nun seinerseits an Abu Dawuds Loyalität zu zweifeln. So kompliziert können die Beziehungen innerhalb des palästinensischen Widerstands sein!

Wie ich erfuhr, hetzten Abu Nidal und Abu Ijad daraufhin Mordkommandos gegeneinander. Im April 1980 wurde in Belgrad eine Bombe auf ein Auto geworfen, in dem Abu Ijad vermutet wurde. Der Versuch schlug fehl. Daraufhin schickte Abu Nidal drei Männer nach Beirut, die Abu Ijad umbringen sollten. Zwei verschanzten sich, mit Gewehren bewaffnet, auf einem Dach gegenüber seines Büros, der dritte wartete unten auf der Straße und sollte das Signal zum Feuern geben. Dieser dritte Mann, ein junger Bursche namens Nabil, wurde auf seinem Posten entdeckt – aus einem Frisörgeschäft in der Nähe; der Frisör stand in Abu Ijads Diensten. Als Abu Ijads Leibwächter ihn verhafteten, fanden sie eine Pistole bei ihm. Sie brachten ihn zu Abu Ijad, der seine Männer hinausschickte und sich unter vier Augen mit Nabil unterhielt.

»Du willst mich tatsächlich töten?« fragte er.

»Ja«, antwortete der junge Mann.

»Warum?«

»Weil du ein Verräter bist! Du bist einer der Führer, die uns verraten haben.« Nabil spulte die üblichen Phrasen ab, die Abu Nidal seinen Männern eingebleut hatte.

Abu Ijad legte seine geladene Pistole vor Nabil auf den Tisch. »Wenn du überzeugt bist, daß ich sterben sollte, dann erschieße mich.«

Nabil stieß die Pistole weg und brach zusammen. Er war ein verwirrter junger Mann, dessen Selbstsicherheit in sich zusammenfiel, als er seinem Opfer gegenübersaß. Nach einer Weile gab er auch seine Komplizen preis. Von ihnen erfuhr Abu Ijad die Adressen von Abu Nidals konspirativen Häusern in Beirut und die Namen ihrer Vorgesetzten. Die PLO beschlagnahmte die Gebäude und verhaftete die Mitglieder der Organisation. So fiel zu Abu Nidals Ärger Eigentum im Wert von über einer Million Dollar in die Hände der PLO.

Fest entschlossen, den gefährlichen Abu Nidal ein für allemal auszuschalten, schickte Abu Ijad ein fünfundzwanzig Mann starkes Mordkommando nach Bagdad. Maschinengewehre, Handgranaten und drahtlose Kommunikationsmittel wurden eingeschmuggelt. Nachdem die Gruppe Abu Nidal mehrere Wochen lang beschattet hatte, beschloß sie, Nidals Auto auf einer Brücke über den Tigris, die er fast täglich befuhr, in einen Hinterhalt zu locken. Wenige Tage vor dem geplanten Attentat fielen dem irakischen Geheimdienst jedoch fünf Mitglieder des Kommandos auf, die sich in verdächtiger Weise an der Brücke zu schaffen machten. Die Iraker verfolgten sie zu ihren Quartieren und nahmen sie fest. Die übrigen Mitglieder des Mordkommandos trennten sich, die Operation wurde abgeblasen. Die fünf Festgenommenen wurden zum Tode verurteilt, doch das Urteil wurde nie vollstreckt. Einige Jahre später gelang es Abu Ijad, sie frei zu bekommen. »Zwei von ihnen sind heute meine Leibwächter«, erklärte er mir mit einem Lächeln. »Vielleicht haben Sie sie beim Hereinkommen bemerkt.«

Die ehemals freundschaftlichen Beziehungen zwischen Abu Ijad und Abu Nidal waren in tiefen Haß umgeschlagen. In einer Kolumne seiner Zeitschrift nannte Abu Nidal seinen Widersacher Abu Ijad noch Jahre später stets nur den »Sohn der Jüdin«.

Nadschi Alluschs Putsch

Auf dem Höhepunkt seiner mörderischen Fehde mit Abu Ijad erlitt Abu Nidal einen Herzinfarkt und mußte auf schnellstem Weg zur Operation nach Schweden gebracht werden. Die Iraker bezahlten großzügig sämtliche Rechnungen. Noch heute knöpft Abu Nidal gern sein Hemd auf und zeigt seine Narben, wenn er das Mitgefühl seiner Gesprächspartner wecken will.

Während Abu Nidal sich erholte, übergab er Nadschi Allusch die Führung seiner Organisation. Allusch war ein schüchterner, dicklicher, ständig Süßigkeiten naschender Intellektueller christlicher Herkunft. Er lebte normalerweise in Beirut, war der Organisation ungefähr achtzehn Monaten zuvor beigetreten und führte den hochtrabenden, aber nichtssagenden Titel eines »Generalsekretärs«. Allusch war ein radikales Mitglied der Fatah und Vorsitzender des Allgemeinen Palästinensischen Schriftstellerverbands. In arabischen Kreisen war er als linker Theoretiker und Publizist bekannt, der den Palästinensern predigte, sie sollten sich den revolutionären Kampf in Kuba und Vietnam zum Vorbild nehmen. Da er wie sein Freund Abu Dawud Kompromisse verabscheute und begeistert für den bewaffneten Kampf eintrat, hatte ihm Abu Nidals Kritik an Arafat gefallen.

Alluschs eigentliche Ziele lagen jedoch im Libanon. Er träumte davon, dort eine Druckerei, eine Zeitschrift und in ferner Zukunft sogar eine politische Bewegung zu gründen. Er trat Abu Nidals Organisation bei, weil er sich von ihm die nötige Unterstützung erhoffte. Auch Abu Nidal wollte im Libanon präsent sein und erwartete von Allusch, daß er ihm die nötige Tarnung verschaffte. Vielleicht gefiel ihm auch der Gedanke, einen Haus-Ideologen in den eigenen Reihen zu haben. Wie viele Autodidakten hatte auch er einen übertriebenen Respekt vor Intellektuellen. So wurde Allusch zur Gallionsfigur der Organisation. Doch de facto verfügte er über keinerlei Macht – er hatte weder Zugang zu den Konten noch zu den Waffen der Organisation, geschweige denn zu dem ultrageheimen Militärkomitee, das für Operationen im Ausland zuständig war. All das blieb fest in Abu Nidals Hand.

Nach Abu Nidals Erkrankung zog Allusch von Beirut nach Bagdad um, in Erwartung, daß ihm Abu Nidal das Kommando übertragen würde. Aber dies verschärfte nur die Widersprüche zwischen ihm und dem Rest der Organisation. Vom Krankenbett aus erließ Abu Nidal weiterhin stapelweise Anweisungen und Instruktionen. Unter anderem schaßte er ohne Vorwarnung zwei seiner treuesten Anhänger, die wichtige Stützen seiner Bewegung waren: den Chemiker Imad Malhas (Deckname Umar Fahmi) und den Buchhalter Salah Isa (Deckname Faraj). Nidal verdächtigte sie des Verrats und bestand nicht nur auf ihrem Ausschluß aus der Organisation, sondern auch auf ihrer Ausweisung aus dem Irak.

Allusch war allem Anschein nach empört über diese Anordnungen. Abu Nidals diktatorisches Gehabe, das ihm keinerlei Handlungsspielraum ließ, mißfiel ihm. Trotz seines Titels hatte er nie das Gefühl, ein gewichtiges Wort mitzureden. Er war entsetzt über die Praktiken der Organisation, die Verhaftungen, Verhöre und Folterungen, über die er nun mehr erfuhr. Vor allem aber hielt er es für falsch, Palästinenser zu töten, nur weil sie politisch anderer Meinung waren. Sein seit längerem angestauter Groll entlud sich nun explosionsartig. Er beschloß, Abu Nidal zu stürzen.

Doch Allusch war weder gerissen noch selbstbewußt und vergab seine Chance. Anstatt Abu Nidal abzusetzen und in einem kühnen Handstreich die Organisation zu übernehmen, was in Abwesenheit des Chefs gute Erfolgsaussichten gehabt hätte, beschloß er, sich ganz von ihm zu trennen. Zusammen mit einer Handvoll von Spitzenleuten gründete er eine völlig neue Organisation, die sogenannte »Arabische Volksbewegung«, die binnen ein oder zwei Jahren zur Bedeutungslosigkeit herabsinken sollte. Die Reste der Organisation überließ er Abu Nidal. Die meisten Mitglieder auf den unteren Stufen der Hierarchie bekamen von den Turbulenzen an der Spitze kaum etwas mit: Für sie war Allusch eine unnahbare Figur, Abu Nidal jedoch der Führer, von dem sie ihre täglichen Anweisungen bekamen. Ihm hielten sie die Treue. Einige gebildete Kader, darunter auch Mitglieder, die in Europa studierten, liefen zu Allusch über, aber Abu Nidal übte Rache, sobald sich eine Gelegenheit bot. Sein Vertreter in Spanien, Nabil Aranki, wurde am 1. März 1982 ermordet, weil er sich auf Alluschs Seite geschlagen hatte.

Anfangs versuchte ein interner Vermittlungsausschuß, den Konflikt beizulegen, aber Abu Nidal war unversöhnlich. Er richtete massive Angriffe gegen Allusch und bezichtigte ihn, er habe Waffen gestohlen, vierhunderttausend Dollar veruntreut und spioniere für den Vatikan. Letzteres wurde zur fixen Idee: Überall in der Region und vor allem in der palästinensischen Bewegung sah Abu Nidal eine gefährliche papistische Konspiration am Werke.

Vor der Krise des Jahres 1979 operierte Abu Nidal noch nicht ausschließlich im dunkeln. Er war nicht nur der Chef einer Geheimorganisation, sondern auch so etwas wie ein Diplomat und Politiker, der in seinem Hause Besucher empfing und persönlich mit ihnen verhandelte. Erst nach dem Herzanfall und Alluschs Abspaltung zog er sich zurück. Als ihm die Ärzte rieten, jeden Abend ein Glas Whisky zu trinken, verdoppelte er das Quantum einmal, zweimal, bis er dem Alkohol verfallen war, was sein Mißtrauen und seine Rachsucht zweifellos noch verstärkte. Er verschloß seine Tür und verdoppelte die Sicherheitsvorkehrungen. Es wurde immer schwieriger, in seine Organisation einzudringen und seine Operationen zu überwachen – wie die Fatah und andere Gegner, darunter auch die westlichen Geheimdienste, zu ihrem Leidwesen feststellen mußten. Aufgrund dieser Umwälzungen blieb er 1979 relativ untätig.

Abu Nidal war schockiert über Nadschi Alluschs Abspaltung, erholte sich aber schon bald. Schließlich hatte er immer noch die Kontrolle über die Konten und Waffen. Sein Militärkomitee war absolut wasserdicht, seine Geheimnisse sicher. Zwar hatte er einige Radikale der alten Garde verloren, doch nutzte er die Gelegenheit, sie durch Männer zu ersetzen, die er völlig in der Hand hatte: junge Burschen, die wenig politische Erfahrung hatten und die er zu Mördern und Fanatikern formte. Irgendwie gelang es ihm, den Aufruhr, den Allusch ausgelöst hatte, einzudämmen und die Organisation zu stabilisieren.

Umzug nach Damaskus

Nach seiner Herzoperation 1979 vertrug Abu Nidal die brütende Sommerhitze in Bagdad nicht mehr und verbrachte alljährlich mehrere Monate in Polen. Zusammen mit seiner Familie bewohnte er eine riesige Villa rund sechzig Kilometer von Warschau entfernt. Er selbst sprach weder ein Wort Polnisch noch irgendeine andere Fremdsprache, aber seine Kinder besuchten polnische Schulen, und seine Tochter Badia beherrschte die Landessprache bald fließend. Zwischen 1981 und 1984 hielt er sich fast ständig in Polen auf, flog nur hin und wieder zu Stippvisiten in die arabische Welt und kommunizierte ansonsten per Kurier mit seinen Leuten. In dieser Phase suchte er Erholung und hielt sich zurück.

Abu Nidal nannte sich Dr. Said und gab sich als internationaler Geschäftsmann aus, und im ersten Jahr seines Aufenthalts in Polen kannten die dortigen Behörden seine wahre Identität nicht. Seine Deckadresse war eine Firma namens SAS mit Sitz in Warschau, die Zweigniederlassungen in Ost-Berlin und London unterhielt. Über diese Filialen wickelte er seine Geschäfte mit polnischen Staatsbetrieben ab. Bei einem dieser Geschäfte kaufte seine Firma viertausend Maschinenpistolen der Marke Scorpion. Die Polen waren auf ausländische Devisen angewiesen und zogen es offenbar vor, nicht allzu genau nach dem Bestimmungsort der Waffen zu fragen.

Abu Nidals Verbindungen nach Polen gingen auf Kontakte zurück, die er 1974 an der polnischen Botschaft in Bagdad geknüpft hatte. Als sich sein Streit mit der Fatah zuspitzte, vertiefte er mit Hilfe von Bestechungen und Waffengeschäften seine Beziehungen zu Osteuropa. Eine Zeitlang pflegte Faraj (der Buchhalter, den er 1979 entließ) die Beziehungen zu Polen und verteilte an Beamte Geschenke und Provisionen, einige davon in bar und auf monatlicher Basis. Ende der siebziger Jahre deponierte Abu Nidal zehn Millionen Dollar bei einer polnischen Bank und erwarb dadurch viel Ansehen im Land.

Er war 1981 nach Polen gezogen, weil er sich im Irak nicht mehr sicher fühlte. Die irakischen Behörden hatten ihre veränderte Einstellung zu ihm durch eine Reihe unfreundlicher Maßnahmen deutlich gemacht. Zuerst hatten sie ihn davon in Kenntnis gesetzt, daß die Mitglieder seiner Organisation vom 1. Januar 1981 an keine irakischen Pässe mehr ausgestellt bekämen. Dies hatte zur Folge, daß hundertzwanzig seiner Männer, deren Pässe abgelaufen waren, in arge Bedrängnis gerieten. Gleichzeitig begann der irakische Geheimdienst, Gespräche in seinem Bagdader Büro abzuhören. Abu Nidal und seine Kollegen waren gezwungen, ins Ausbildungscamp Ramadi außerhalb der Stadt auszuweichen, wenn sie der lästigen Überwachung entgehen wollten. All das war sehr verdrießlich.

Wahrscheinlich veranlaßte diese Entwicklung Abu Nidal dazu, seinen engen Vertrauten Abd al-Rahman Isa mit der Order nach Syrien zu schicken, die Möglichkeiten eines Umzugs der Organisation nach Damaskus auszuloten. Zwischen Januar und Mai 1981 reiste Isa an der Spitze einer kleinen Delegation fünfmal nach Damaskus und führte geheime Gespräche mit General Ali Duba, dem Leiter des Militärischen Geheimdienstes, General Muhammad al-Chuly, dem Chef des Geheimdienstes der Luftwaffe und Außenminister Abd al-Halim Chaddam. Die Syrer verlangten detaillierte Aufklärung über Abu Nidals antisyrische Operationen, so auch über den Mordanschlag auf Chaddam. Sechs seiner Männer saßen in syrischen Gefängnissen, weil sie verdächtigt wurden, in den siebziger Jahren an Sabotageakten in Damaskus beteiligt gewesen zu sein. Abd al-Rahman Isa wiederum hielt den Syrern ihre gegen die Palästinenser gerichtete Intervention im Libanon und ihre Untätigkeit bei einem Überfall maronitischer Milizen auf das Palästinenserlager Tal al-Zatar vor. Aber schließlich einigte man sich darauf, die Zukunft über die guten Absichten beider Seiten entscheiden zu lassen. Im Moment ging es beiden um kurzfristigere Interessen.

Abu Nidal brauchte einen neuen Gönner und hoffte, zu Syrien ein ebenso freundschaftliches Verhältnis aufbauen zu können wie einst zum Irak. In seinem Auftrag suchte Isa in Damaskus um die Erlaubnis nach, ein Büro zu eröffnen. Syrien wiederum verfolgte bei der Zusammenarbeit mit Abu Nidal vor allem zwei Ziele: Zum einen sah es in ihm einen potentiellen Verbündeten in dem erbarmungslosen Krieg gegen die Muslimbruderschaft, der von militantem islamischem Terror auf der einen und Gegenterror der Baathisten auf der anderen Seite gekennzeichnet war und Assads Regime ernsthaft bedrohte. Im Jahr 1977 hatten Terroristen der Muslimbruderschaft in Syrien mit einer rücksichtslosen Kampagne von Bombenattentaten, Mordanschlägen und Aufständen begonnen, die erst 1982 ein Ende finden sollte, als es dem Regime gelang, die Bruderschaft in ihrem Hauptstützpunkt in der mittelsyrischen Stadt Hama vernichtend zu schlagen. Bei der blutigen Schlacht kamen auch Tausende unschuldiger Zivilisten ums Leben.

Anfang 1981, als Abd al-Rahman Isa in Syrien seinen Vorstoß unternahm, hatte der erbitterte Kampf des Regimes gegen den innerislamischen Feind seinen Höhepunkt erreicht. Die Beziehungen des Landes zu den Nachbarn Jordanien und Irak waren auf einem Tiefpunkt angelangt, da bekannt war, daß beide Länder die Bruderschaft mit Waffen, Geld und Ausbildung unterstützten und ihnen Unterschlupf gewährten. Abu Nidal erbot sich, nicht nur wichtige Erkenntnisse über die Aktivitäten der Bruderschaft in Amman und Bagdad zu liefern, sondern auch gegen ihre Führung vorzugehen, die teilweise von Europa aus operierte. Abu Nidal hatte in Bagdad eine Menge über die Muslimbrüder erfahren und in seinem Stützpunkt in Hit, dreihundert Kilometer nördlich von Bagdad, einige sogar ausgebildet. Und nun war er bereit, sein Wissen in den Handel mit Syrien einzubringen.

Zum zweiten sah die syrische Führung in Abu Nidal ein nützliches Instrument, mit dessen Hilfe sie König Hussein von Jordanien und Jassir Arafat von Geheimverhandlungen mit Israel abzubringen hoffte. Assad lag seit Jahren mit den beiden wegen dieser Frage im Streit. Er fürchtete eine Isolation Syriens und die Untergrabung seiner Sicherheit, falls Jordanien und die PLO mit Israel einen Separatfrieden aushandelten. Assad war fest davon überzeugt, daß nur ein umfassender Friede mit Israel sinnvoll sei, ein Friede, der Israel zum Rückzug aus allen 1967 eroberten arabischen Gebieten zwang. Zudem sah er nur eine Chance, Israel an den Verhandlungstisch zu zwingen: Die Palästinenser, Jordanien und der Libanon mußten sich hinter Syrien stellen und einen gemeinsamen Block gegen Israel bilden. Mit der Anwerbung eines berüchtigten Killers wie Abu Nidal hoffte Assad soviel Druck auf den PLO-Führer und den jordanischen Monarchen auszuüben, daß sie die syrische Vorherrschaft endlich akzeptierten.

Aber die Syrer gingen bei ihren Geschäften mit Abu Nidal viel vorsichtiger zu Werke als die Iraker. Achmed Hasan al-Bakr hatte ihn seinerzeit bedingungslos willkommen geheißen, ihm beim Aufbau seiner Organisation geholfen und Zugang zu irakischen Einrichtungen verschafft. Assad hingegen weigerte sich, ihn zu treffen und bestand darauf, daß ihre Beziehungen auf die geheimdienstliche Ebene beschränkt blieben und einer regelmäßigen Prüfung unterzogen wurden. Vorläufig erhielt Abu Nidals Organisation keine Erlaubnis, sich offen politisch zu betätigen und ein Ausbildungslager zu errichten. Entgegen der sonstigen Gepflogenheiten sollte Muhammad al-Chulys Luftwaffengeheimdienst die Verbindung zu Abu Nidal aufrechterhalten, und nicht Ali Dubas Militärischer Geheimdienst, der für alle anderen Palästinensergruppen zuständig war. Assad blieb unbeeindruckt von Abu Nidals anbiedernden Briefen, in denen er den syrischen Staatschef darauf hinwies, daß seine Mutter Alawitin gewesen sei, ein Mitglied jener Sekte, der auch Assad angehörte, und daß sie deshalb nicht nur Verbündete, sondern Verwandte seien.

Bei seinem vierten Besuch in Damaskus legte Abd al-Rahman Isa den Syrern ein eineinhalbseitiges, von Abu Nidal unterzeichnetes Arbeitspapier vor, das die wichtigsten Punkte der anvisierten Übereinkunft enthielt. Die Syrer versprachen eine Antwort. Einen Monat später, bei Isas fünftem Besuch im Frühjahr 1981, wurden er und seine Delegation in General Chulys Büro gebeten. Der Empfang war herzlich, wie Isa später Abu Nidal berichtete. »Unsere Führung hat entschieden, daß Syrien euer Land sein soll, also heiße ich euch herzlich willkommen!« erklärte Chuly. »Ihr könnt kommen, wie und wann ihr wollt. Ich schlage jedoch vor, daß eure Anwesenheit fürs erste geheim bleibt. Wollen wir hoffen, daß unsere Beziehungen sich stetig verbessern!«

In diesem freundschaftlichen Klima reiste Abu Nidal am 11. Juni 1981 erstmals persönlich nach Syrien. Zu seiner großen Genugtuung wurde er von General Chuly an der irakisch-syrischen Grenze begrüßt und nach Damaskus eskortiert. Der Besuch dauerte fünf Tage. Von nun an stand Abu Nidal offiziell unter syrischem Schutz. Isa erhielt den Auftrag, in Damaskus nach geeigneten Räumlichkeiten zu suchen, und bat Abu Nidal um Geld für den Kauf eines fünfstöckigen Gebäudes im Bezirk Schalan. Isa bezog mit Frau und Kindern ein kleines Zimmer im obersten Stockwerk und teilte sich den Rest des Gebäudes mit den Mitgliedern der Organisation, bis General Chuly nach einigen Monaten eine Wohnung für ihn fand.

Isa bekam schon bald die Erlaubnis, eine Funkverbindung zum Hauptquartier in Bagdad herzustellen, und die Syrer halfen ihm außerdem dabei, den Funkverkehr der Fatah abzuhören. Die Mitglieder der Organisation durften zum Zwecke der Selbstverteidigung leichte Waffen tragen. Weitere Gebäude und Fahrzeuge wurden angekauft, und mehr Kader zogen nach. Es gab viel zu tun: Sie mußten interne Verwaltungsarbeiten erledigen, Kontakte zu arabischen und ausländischen Botschaften knüpfen, die Palästinenserlager benachrichtigen, Verbindungen zu den Mitgliedern der Organisation im Libanon und in Jordanien herstellen und selbstverständlich die nachrichtendienstliche Arbeit aufnehmen. In Dara an der syrisch-jordanischen Grenze wurde ein Zweigbüro eröffnet, von dem aus Agenten und Waffen nach Jordanien geschmuggelt werden sollten. Eine Gruppe junger neuer Rekruten zwischen fünfzehn und siebzehn Jahren wurde zur Ausbildung in den Irak geschickt. Im November 1981 gründete die Organisation in Damaskus eine Immobilienfirma für den heimlichen Erwerb geeigneter Wohnungen und Büros, und im Dezember kaufte sie zwei schwere Laster und einen Kühlwagen, die auf der Strecke Bagdad-Damaskus bzw. Amman-Damaskus verkehren sollten. Diese Investitionen konnten nötigenfalls auch anderweitig genutzt werden. Ende 1981 hatte Abu Nidal ungefähr hundertzwanzig Mitarbeiter in Syrien und im Libanon.

Hinauswurf aus dem Irak

Obwohl den Irakern Abu Nidals Annäherung an Syrien mißfiel, schleppte sich die Zusammenarbeit mit ihm noch bis 1983 hin. Der Tropfen, der das Faß schließlich zum Überlaufen brachte, waren die mörderischen Operationen, mit denen Abu Nidal die Vereinigten Arabischen Emirate und Jordanien einschüchterte und erpreßte. Die Emirate waren einer der Zahlmeister der Iraker im Krieg gegen den Iran, und der jordanische Hafen Akaba war die Versorgungsbrücke zur Außenwelt geworden. Der Irak geriet unter großen Druck, ein für allemal mit Abu Nidal zu brechen.

Am 4. November 1983 wurden Abu Nidal (der sich, von Polen kommend, zu einem Kurzbesuch im Irak aufhielt) und zwei seiner Spitzenfunktionäre kurzfristig zu einem Treffen mit dem irakischen Außenminister Tarik Asis gebeten. Asis sagte in ungewöhnlich barschem und schroffem Ton: »Unsere Führung hat sich über eure Präsenz in unserem Lande Gedanken gemacht. Präsident Saddam ist zu dem Schluß gekommen, daß ihr zu einer gefährlichen Belastung für uns geworden seid. Ihr habt euch nicht an unsere Abmachungen gehalten. In einer Zeit, in der wir eine patriotische Schlacht schlagen, habt ihr unsere Verbündeten angegriffen. Eure Organisation hat eine Woche Zeit, von hier zu verschwinden.« Dann wandte er sich an Abu Nidal und zeigte rüde mit dem Finger auf ihn: »Und was Sie betrifft, Sie reisen aus dem Irak ab, sobald Sie dieses Büro verlassen haben.«

Abu Nidal war über diesen beleidigenden Hinauswurf außer sich vor Wut. Von Natur aus zu fanatischen Vorurteilen neigend, steigerte er sich in einen wilden Haß auf den gebürtigen Christen Tarik Asis hinein und beschuldigte ihn hinfort regelmäßig in seinen Veröffentlichungen, im Bündnis mit dem Papst auf die Vernichtung der Araber hinzuarbeiten. In Wahrheit hatte Abu Nidal den Hinauswurf seit Monaten erwartet und war absichtlich immer wieder für längere Zeit im Ausland geblieben, weil er nicht in Bagdad weilen wollte, wenn es soweit war. Aber die Iraker waren schlau genug gewesen, seine Rückkehr abzuwarten, um ihm die Kündigung persönlich zu präsentieren. Ein Grund hierfür mag neben der Genugtuung über seine Demütigung auch die Furcht gewesen sein, er könnte seine Männer aus dem Ausland dazu anstiften, vor ihrer Abreise einen Zusammenstoß zu provozieren. Die Iraker wußten, daß er durchaus imstande war, seine Männer zu opfern, solange er selbst in Sicherheit war.

In dem Bezirk um das Ausbildungslager Ramadi hatte sich Abu Nidals Organisation in der Bevölkerung viele Freunde geschaffen, da sie für eine bessere Wasser- und Stromversorgung gesorgt hatten. An Feiertagen nahmen bis zu zwölftausend Menschen an den Festivitäten im Lager teil. Daher die Angst des Regimes, Abu Nidals Organisation könnte im Falle einer Konfrontation einige von ihnen rekrutieren und bewaffnen. Solange der Krieg mit dem Iran tobte, konnte selbst ein kleiner Aufruhr im Innern dem Regime großen Schaden zufügen.

Die Organisation war bald zur Abreise bereit. Die Möbel aus den verschiedenen Häusern und Büros wurden verkauft. Die Hälfte der Waffen aus dem Ausbildungscamp wurde mit Lastwagen nach Syrien gekarrt, den Rest erhielt der Irak als Spende für seinen Krieg gegen den Iran. Mit Erlaubnis der Iraker durfte Abu Nidal weiterhin ein kleines Büro unterhalten, das von zwei niederen Kadern geleitet wurde. Sie sollten sich um im Irak inhaftierte Mitglieder der Organisation und die Familien von Männern kümmern, die im Dienst der Organisation ihr Leben gelassen hatten.

Bei seinem Hinauswurf hatte Abu Nidal die Stirn, zu behaupten, die Iraker schuldeten ihm fünfzig Millionen Dollar Entschädigung für das von ihm zurückgelassene Eigentum, obwohl er alles mit irakischem Geld gekauft hatte. Von 1983 bis 1987 beschimpfte er Bagdad in unzähligen Kommuniqués wegen des Geldes, das sie ihm »schuldeten«. Wahr ist, daß er erheblich zur Erschließung der Gegend um Hit im Norden des Landes beigetragen hat, wo ihm die Iraker ein großes Areal überlassen hatten. »Es war«, wie einer seiner Männer bemerkte, »so ziemlich die modernste Ecke im ganzen Irak.« Unglücklicherweise fanden die Iraker bei ihrer Rückkehr nicht nur Verbesserungen vor, sondern auch sechsundzwanzig unter Bäumen verscharrte Leichen, die grausigen Überreste von Mitgliedern, die Abu Nidal ermordet hatte.

Konsolidierung in Syrien

Nach der Vertreibung aus dem Irak setzte Abu Nidal seine ganzen Hoffnungen auf Syrien. Viele Mitglieder seiner Organisation strömten ins Land, einige mit Genehmigung des Geheimdienstes der Luftwaffe, die meisten allerdings kamen *incognito* und gaben sich als ganz normale Araber aus, die in Syrien ein Zuhause suchten. Mitglieder, die es während der Spannungen mit dem Irak nach Osteuropa verschlagen hatte, kehrten nun mit ihren Familien zurück und zogen nach Damaskus. Nach den Richtlinien der syrischen Einwanderungspolitik durfte sich jede Person, die im Besitz eines arabischen Passes war, im Lande niederlassen.

Anfänglich, so wollten es die Syrer, sollte die Organisation nur eine begrenzte Zahl von Gebäuden erwerben können, aber derartige Beschränkungen wurden schon bald umgangen. Abu Nidals Trick bestand darin, Wohnungen als Privatunterkünfte zu erwerben und dann in Büroräume umzuwandeln. Dies alles geschah im geheimen. Kein Schild wurde aufgehängt, keine Wachen wurden an der Tür postiert. Häufig kaufte er Häuser und Wohnungen, die er auf den Namen der Ehefrauen von Mitgliedern eintragen ließ. Auf diese Art und Weise kamen schließlich rund vierzig Büros, etwa hundert Apartments und eine Reihe abseits gelegener Höfe zusammen. Abu Nidal selbst bevorzugte Besitzungen auf dem Land, möglicherweise deshalb, weil er von einem Orangenpflanzer aus Jaffa abstammte.

Der Hauptsitz der Organisation im Schalan-Distrikt von Damaskus wurde um ein Gefängnis, eine Fälscherwerkstatt für Pässe und andere Dokumente und die Büros der Geheimdienstabteilung erweitert. In Hohlräumen in der Wand oder im Boden wurden Waffen versteckt, und eine Fernsehüberwachungsanlage erlaubte die permanente Beobachtung der umliegenden Straßen. Für die Herstellung von Flugblättern und Zeitschriften wurde zusätzlich eine Druckerpresse gekauft. Ein Reisebüro, das insgeheim der Organisation gehörte, buchte die Flüge der Mitglieder und stellte Flugtickets aus, eine Immobilienfirma kümmerte sich um Abu Nidals wachsenden Bedarf an Immobilien, und eine Nachrichtenagentur namens Dar Sabra diente als Aushängeschild für die nachrichtendienstliche Arbeit. Aber zu diesem Zeitpunkt erlaubten die Syrer weder die Errichtung eines Ausbildungslagers, noch stellten sie Waffen oder militärische Ausrüstung zur Verfügung. (Im Unterschied dazu wurden andere Palästinensergruppen, vorzugsweise Achmed Dschibrils PFLP-Generalkommando, großzügiger behandelt. Dschibril trug ein beträchtliches militärisches Arsenal zusammen.) Auch stellten die Syrer Abu Nidal keine finanziellen Mittel zur Verfügung. Es war viel eher umgekehrt: Abu Nidal ließ syrische Offiziere und Beamte, die wichtige Posten bekleideten, mit Autos oder Luxuswaffen beschenken oder in den besten Hotels fürstlich bewirten. Während seiner Abwesenheit in Polen leitete Abd al-Rashman Isa, der Geheimdienstchef, den Ausbau der Organisation in Syrien.

Wie wir gesehen haben, wollte der syrische Staatschef Assad Abu Nidal vor allem an zwei Fronten einsetzen: im Innern gegen die Muslimbruderschaft, und nach außen gegen König Hussein und Jassir Arafat, deren Initiativen an der sogenannten »Friedensfront« ihn beunruhigten. Doch im Frühjahr 1982 war die Muslimbruderschaft bereits besiegt, so daß Abu Nidals Dienste in dieser Sache nicht mehr vonnöten waren. Hauptgegner war nun König Hussein von Jordanien.

Mit syrischer Unterstützung führte Abu Nidal nun zwei Jahre lang, von Oktober 1983 bis Sommer 1985, einen Terrorkrieg gegen Jordanien. Dies sollte der einzige nennenswerte Dienst bleiben, den er den Syrern erwies.

Der syrisch-jordanische Krieg

Es gibt mehrere Ursachen für den Konflikt zwischen Präsident Assad und König Hussein, aber zwei verdienen besondere Beachtung. Assad war verärgert darüber, daß Jordanien Terroristen der Muslimbruderschaft von 1977 bis 1982 in ihrem Krieg gegen Damaskus mit Geld und Ausbildung unterstützt und ihnen einen sicheren Zufluchtsort gewährt hatte. Nun setzte Syrien dieselbe terroristische Waffe gegen Amman ein. Hauptstreitpunkt zwischen den beiden Ländern zum damaligen Zeitpunkt war jedoch die Frage, welche Strategie gegenüber Israel einzuschlagen war und, noch wichtiger, wie die 1967 von Israel eroberten arabischen Gebiete zurückgewonnen werden konnten. König Hussein war der Ansicht, daß er durch Verhandlungen mit Israel zumindest einen Teil der Gebiete zurückgewinnen könne. Außerdem wollte er bei diesen Verhandlungen nicht nur sein Land, sondern auch die Palästinenser vertreten. Assad hingegen meinte, daß nur eine geschlossene arabische Front, also unter Einschluß Syriens, eine Chance hatte, Israel zum Einlenken zu bewegen. Bei einem Alleingang Husseins würde Jordanien geschluckt werden, und das hätte eine empfindliche Schwächung des gesamten arabischen Lagers zur Folge.

Dieses spezielle Argument hatte eine lange Geschichte. Den Jom-Kippur-Krieg von 1973 hatten Assad und Sadat in der Hoffnung geführt, den Zugriff der Israelis auf die besetzten Gebiete etwas zu lockern und sie an den Verhandlungstisch zu zwingen. Aber Israel hatte die Oberhand behalten und Ägypten so entscheidend geschlagen, daß vielmehr Sadat gezwungen war, einen Separatfrieden zu schließen, einen Frieden, mit dem er Syrien und seine Nachbarn – den Libanon, Jordanien und die Palästinenser – der israelischen Übermacht auslieferte. Seitdem konzentrierte sich Syrien vor allem auf ein Ziel: Es wollte verhindern, daß Israel die kleineren Partner aus der antiisraelischen Front herauslöste und sie unter seinen Einflußbereich brachte. Assad fürchtete, daß Syrien isoliert und neutralisiert werden könnte, wenn es Israel gelang, mit Jordanien einen Separatfrieden zu schließen.

Seit Jahren stand Hussein unter anhaltendem Druck der Israelis, das Palästinenserproblem in direkten Verhandlungen zu »lösen«. Israel hätte Hussein gern die Aufgabe übertragen, die Palästinenser in den besetzten Gebieten in Schach zu halten, während es selbst die oberste Gewalt und die Kontrolle über Land, Wasser und Sicherheit behielt. Hussein drängte im Gegenzug auf eine jordanisch-palästinensische Föderation, die, wie er glaubte, den Israelis die von ihnen gewünschte Sicherheit bieten und gleichzeitig ein notwendiges Ventil für die rastlosen Bestrebungen der Palästinenser bieten würde.

Im Jahr 1983 bemühte sich Hussein um die Zustimmung Arafats, über diese beiden Punkte mit Israel zu verhandeln. Um sich Arafat gewogen zu machen, ließ der König Palästinenser aus seinen Gefängnissen frei, traf sich des öfteren mit dem PLO-Chef, warb in London und Washington für seinen Plan und nahm die diplomatischen Beziehungen zu Ägypten wieder auf, die er bei Abschluß des Camp-David-Abkommens abgebrochen hatte. Aber für Assad waren Separatverhandlungen des Königs mit Israel eine tödliche Bedrohung. Sollten sie zu einem israelisch-jordanischen Vertrag führen, so würde sich das regionale Machtgleichgewicht zugunsten Israels verschieben und Jordanien in Israels Einflußsphäre geraten.

In dieser Situation ließ Abu Nidal seine Killer auf Jordanien los. Die Syrer hielten sich geflissentlich im Hintergrund, weil sie nicht mit Terrorismus in Verbindung gebracht werden wollten. Sie ließen sich weder auf gemeinsame Planungen mit Abu Nidal ein, noch gaben sie ihm ausdrückliche Direktiven, welche Ziele er attackieren sollte. Sie machten lediglich Andeutungen und überließen ihm den Rest. Es war *seine* Aufgabe, herauszufinden, wen sie im Moment am meisten haßten. Aus diesem Grund führte Abu Nidal seine Operationen unter verschiedenen Decknamen durch. Anschließend wartete er die Reaktion der Syrer ab. War sie positiv, bekannte er sich zu der Operation, war sie negativ, konnte er immer noch jede Verantwortung für den Anschlag leugnen.

Die Ergebnisse seiner Bemühungen zeigten sich bald in einer

Serie von Anschlägen, bei denen er auf sein weitgespanntes Netz aus Waffenverstecken, »Sleepern«, Residenten und Killern zurückgriff. Im Oktober 1983 wurde der jordanische Botschafter in Delhi ermordet, sein Kollege in Rom angeschossen. Im November wurde ein jordanischer Beamter in Athen Opfer eines Anschlags und ein weiterer lebensgefährlich verletzt; drei Sprengkörper wurden in Amman noch rechtzeitig gefunden und entschärft. Im Dezember wurde ein jordanischer Konsulatsbeamter in Madrid getötet, ein weiterer verwundet. Im März 1984 explodierte vor dem Hotel Intercontinental in Amman eine Bombe, und im November desselben Jahres entging der jordanische Geschäftsträger in Athen nur knapp einem Attentat, weil das Gewehr des Angreifers eine Ladehemmung hatte. Im Dezember wurde der jordanische Botschaftsrat in Bukarest erschossen. Im April 1985 folgten Anschläge auf die jordanische Botschaft in Rom und auf ein jordanisches Flugzeug auf dem Athener Flughafen. Im Juli wurde das Madrider Büro der jordanischen Fluggesellschaft Alia mit Maschinengewehrfeuer belegt, und in Ankara wurde der erste Botschaftsrat der jordanischen Botschaft erschossen.

Diese letzte Operation war für Abu Nidal besonders folgenschwer. Türken und Jordanier kooperierten, trugen ihre nachrichtendienstlichen Erkenntnisse zusammen und zerschlugen mit vereinten Kräften Abu Nidals Organisation in beiden Ländern. Sechzehn Palästinenser, die meisten Angehörige seiner Organisation, wurden aus der Türkei ausgewiesen.

Syrien wiederum wurde zur Zielscheibe von Vergeltungsaktionen, hinter denen mit ziemlicher Wahrscheinlichkeit der jordanische Geheimdienst steckte. Im Dezember 1984 wurde ein syrischer Attaché in Athen angegriffen, konnte den Attentäter aber in die Flucht schlagen. Im April 1985 detonierte im römischen Büro der Syrian Arab Airlines eine Bombe, drei Angestellte wurden verletzt; in Genf wurde ein Mordanschlag auf einen syrischen Diplomaten verübt. Im Mai wurde sein Kollege in Rabat erschossen, während im Juni eine Bombe vor der syrischen Botschaft in London noch rechtzeitig entdeckt wurde. Im Juli detonierten in Damaskus vor dem Büro der Syrian Arab News Agency und dem Innenministerium Autobomben und forderten Dutzende von Todesopfern. Selbstverständlich gaben weder Hussein noch Assad zu, daß sie einen terroristischen Krieg gegeneinander führten, da ihre Differenzen aber nur zu bekannt waren, wußte jeder Bescheid.

Mitte 1985 hielt Hussein die Zeit reif für einen Waffenstillstand. Zu Assads Genugtuung gab er öffentlich zu, daß er die Muslimbruderschaft unterstützt hatte, und erklärte seinen Verzicht auf direkte Verhandlungen mit Israel über ein Teil- oder Separatabkommen. Im Dezember 1985 stattete er Assad einen Besuch ab, den ersten seit 1979. In Anbetracht dieser brüderlichen Aussöhnung verboten die Syrer Abu Nidal jeden weiteren Angriff auf jordanische Ziele. Jordanien war von jetzt an tabu.

Wie zuvor schon der Irak, warnte jetzt auch Syrien Abu Nidal vor Operationen gegen Saudi-Arabien. Damaskus konnte es sich nicht leisten, einen seiner wichtigsten Wohltäter zu brüskieren. Solange die Organisation ihr Hauptquartier in Syrien hatte, unterblieben daher Angriffe auf saudische Ziele.

Aber wie Abd al-Rahman Isa in seinem mitgeschnittenen Verhör Abu Ijad gegenüber enthüllte, brachten die Syrer Abu Nidal dazu, die Saudis hereinzulegen. Isa berichtete: »Bei einer Gelegenheit baten die Syrer die Organisation, eine größere Menge Waffen und Sprengstoff nach Saudi-Arabien zu schmuggeln, sie an einem geeigneten Ort zu vergraben und dann den Syrern die Karten zu überlassen. Kaum waren die Waffen an Ort und Stelle, informierten die Syrer, angeblich in großer Sorge um die Sicherheit der Saudis, Rijad, daß ihr Geheimdienst einem Komplott radikaler Elemente auf die Spur gekommen sei, die Sabotageakte auf das Königreich planten. Zum Beweis übergaben sie den Saudis die Karten mit dem eingezeichneten Waffenversteck. Und siehe da, die Saudis fanden tatsächlich ein Waffenlager, gruben es aus und belohnten die Syrer großzügig für den Tip.

Die Reichen schröpfen

Auch im Dienste der Syrer arbeitete Abu Nidal auf eigene Faust, um seine Kassen aufzufüllen. Syrien war kein reicher Gönner, von dem er Millionen von Dollars erwarten durfte. Aus Sicht der Syrer war es Belohnung genug, daß sie ihm ein Zuhause gegeben hatten. Daher verlegte sich Abu Nidal darauf, durch Gewalt oder die bloße Androhung von Gewalt von den Ölscheichtümern am Golf

Geld zu erpressen. Mit diesen Erpressungen verfolgte er nicht im geringsten palästinensische Interessen. Der glühende Patriot war zum Straßenräuber geworden.

Scheich Said Bin Sultan, seit 1966 Herrscher von Abu Dhabi und erster Präsident der Vereinigten Arabischen Emirate (der 1971 gegründete Staatenbund auf der Arabischen Halbinsel) war bekannt dafür, daß er alle möglichen Gruppen mit großzügigen Spenden unterstützte, so auch die Palästinenser. Abu Nidal jedoch ärgerte sich ständig darüber, daß er bislang von der Großzügigkeit des Scheichs nicht profitiert hatte. Das war kein Versehen Saids, denn einer von Abu Nidals Killern hatte im Oktober 1977 den Außenminister der Vereinigten Emirate, Saif al-Ghubasch, im Flughafen von Abu Dhabi getötet. Die Kugel hatte eigentlich dem syrischen Außenminister Abd al-Halim Chaddam gegolten, der neben Ghubasch gestanden hatte, doch das konnte Scheich Saids Empörung kaum dämpfen. Abu Nidal unternahm zwar mehrere Versuche, den Scheich zu einem Handel zu zwingen, aber ohne Erfolg. Scheich Said ließ sich nicht einschüchtern.

Abu Nidal ging plump zu Werke. Er sprach persönlich Drohungen auf Band und schickte sie den Herrschern am Golf. Zuerst waren die Botschaften noch recht zahm. Ein Beispiel: »Wir sind eine revolutionäre Bewegung und kämpfen gegen Zionismus und Imperialismus. Wir wissen, daß Sie die Verräter der PLO finanziell unterstützen. Wir verlangen, daß Sie auch uns Geld geben oder zumindest einen Anteil von ihrem Geld. Wenn Sie dieser Aufforderung nicht binnen sechs Monaten nachkommen, werden wir Sie als unsere Feinde betrachten und dementsprechend behandeln.« Blieb eine Antwort aus, wurde der Ton schon bald schärfer und die Botschaft deutlicher. »Ich werde Sie töten. Ich werde Ihre Kinder und Prinzen entführen. Ich werde Sie in die Luft sprengen.«

Scheich Said gab immer noch nicht nach, und Abu Nidal griff zu Terrormaßnahmen. Am 23. September 1983 verunglückte eine Boeing 737 der Gulf Air auf dem Flug von Karatschi nach Dubai in einer Gebirgsregion fünfzig Kilometer vom Flughafen von Abu Dhabi entfernt. Alle hundertelf Passagiere und die Besatzungsmitglieder kamen ums Leben. Wenige Tage später meldete sich in einer Pariser Nachrichtenagentur ein Anrufer und bekannte sich im Namen der sogenannten »Arabischen Revolutionären Brigaden« zu dem Anschlag. Ein Aussteiger bestätigte mir, daß Abu Nidals

Organisation eine Bombe an Bord des Flugzeugs geschmuggelt hatte und daß die »Brigaden« eine Erfindung Abu Nidals für diese Aktion waren.

Am 8. Februar 1984 wurde der Botschafter der Vereinigten Arabischen Emirate in Paris, Chalifa Ahmad Abd al-Asis, von allen Seiten als guter Mensch und Patriot beschrieben, vor seiner Wohnung in der Nähe des Eiffelturms von einem Einzeltäter erschossen. Erneut bekannten sich die fiktiven »Arabischen Revolutionären Brigaden« zu dem Anschlag. Am 25. Oktober 1984 schlugen sie abermals zu, als der stellvertretende Geschäftsträger der Vereinigten Arabischen Emirate in Rom, Muhammad al-Suwaidi, am Steuer seines Wagens unter Beschuß geriet. Er selbst wurde schwer verwundet, seine auf dem Beifahrersitz sitzende iranische Freundin getötet.

Das veranlaßte die Emirate zum Nachgeben. Abu Ijad, dessen Aufgabe es war, sich um solche Dinge zu kümmern, erzählte mir später, daß Scheich Said sich unter dem großen Druck dieser kriminellen Anschläge bereit erklärte, Abu Nidal rund siebzehn Millionen Dollar in drei Raten zu zehn, fünf und zwei Millionen zu zahlen.

Abu Nidal betrachtete Kuwait als eine seiner wichtigsten »Stützpunkte«. In Kuwait lebte nicht nur eine große palästinensische Bevölkerungsgruppe, überdies hatte er in den achtziger Jahren große Summen auf kuwaitische Banken transferieren lassen, weil er fürchtete, die westlichen Regierungen könnten ihm seine Guthaben in Europa sperren. Um seine Interessen in Kuwait zu schützen, griff Abu Nidal zu seinen bewährten Methoden und übte physischen Druck auf die kuwaitischen Behörden aus. Im Mai 1982 wurden zwei seiner Mitglieder festgenommen und zu langen Haftstrafen verurteilt, weil sie große Mengen von Sprengstoff aus dem Irak ins Land gebracht hatten. Am 4. Juni wurde der erste Botschaftsrat der kuwaitischen Botschaft in Neu-Delhi ermordet; am 16. September wurde sein Kollege an der Madrider Botschaft Opfer eines Anschlags, und am selben Tag scheiterte ein Mordversuch am kuwaitischen Generalkonsul in Karatschi.

Um sich weitere Unannehmlichkeiten dieser Art zu ersparen, führte Kuwait Geheimgespräche mit Abu Nidal und sagte ihm die Zahlung eines monatlichen »Gehalts« zu. Außerdem erlaubten sie ihm, einen geheimen Vertreter nach Kuwait zu schicken, der seine

Geldeinlagen verwalten und nachrichtendienstliche Aufgaben übernehmen sollte. Meinen Informationen zufolge war der letzte, der diesen Posten Ende der achtziger Jahre innehatte, ein gewisser Nabil Uthman (Deckname Hamsa Ibrahim).

Immer wenn die Kuwaiter versuchten, eine härtere Gangart einzuschlagen und Mitglieder der Organisation zu verhaften oder auszuweisen, erinnerte sie Abu Nidal daran, wozu er imstande war. Am 23. April 1985 entging Ahmad al-Jarallah, der Herausgeber der beiden kuwaitischen Tageszeitungen *Al-Siyassa* und *Arab Times* nur knapp dem Tod, als ein Schütze vor seinem Büro das Feuer auf ihn eröffnete. Erneut bekannten sich die geheimnisvollen »Arabischen Revolutionären Brigaden« zu dem Anschlag. Nicht ganz drei Monate später, am 11. Juli, sprengten dieselben Brigaden in Kuwait zwei Strandcafés in die Luft, die fast ausschließlich von kuwaitischen Familien und kaum von Palästinensern besucht wurden. Neun Menschen kamen ums Leben, weitere neunundachtzig wurden verletzt. Dies war ein weiteres Beispiel, wie Terror als Druckmittel eingesetzt wurde. Und es war sicherlich nicht dazu angetan, die Beziehungen zwischen Kuwait und den Palästinensern zu verbessern.

Rebellion innerhalb der Fatah

Anfang 1982 bekam Abu Nidals Geheimdienstchef Abd al-Rahman Isa in Damaskus Unterstützung durch einen weiteren leitenden Kader, der sich im militärischen Bereich der Organisation hervorgetan hatte. Sein Name war Mustafa Murad (Deckname Abu Nizar), ein großer, kahlköpfiger Mann mit einem runden Gesicht, heller Haut und höflichen Umgangsformen. Er sollte schon bald zu Abu Nidals Stellvertreter befördert werden. Er hatte Order von Abu Nidal, Männer aus Syrien in den Libanon zu schleusen und dort einen unabhängigen Stützpunkt aufzubauen.

Zuerst ging er mit größter Vorsicht zu Werke und schleuste nur wenige Männer in den Libanon ein. Der Libanon war eine Hochburg der Fatah. Wurde einer von Abu Nidals Männern dort entdeckt, so mußte er um sein Leben fürchten. Aus diesem Grund wurde die Infiltration zunächst unter dem Deckmantel einer kleinen libanesischen Splittergruppe durchgeführt, zu der Abu Nidal freundschaftliche Beziehungen unterhielt. Sie nannte sich die »Partei der Sozialistischen Aktion« und war ein bewaffneter marxistischer Ableger der PFLP, eine der vielen Kampfgruppen, die der ideologische Supermarkt Libanon hervorgebracht hatte. (Ihr Anführer Haschim Ali Muhsin starb 1988 in einem bulgarischen Krankenhaus.) Die Gruppe erklärte sich bereit, Abu Nidals Männer unter ihrem Namen operieren zu lassen, und stellte ihnen ihr Lager in der Beka-Ebene zur Verfügung.

Israels zweite Invasion im Juni 1982 erschütterte den Libanon weit stärker als der begrenzte Einfall von 1978. Die Herrschaft der Fatah im Land wurde gebrochen. Ihre Soldaten wurden ausgewiesen oder versprengt. Im Jahr 1983 bevölkerten Tausende entwurzelter Männer die Beka-Ebene oder die Flüchtlingslager im Norden. Überall im Land begruben palästinensische Familien ihre Toten und mühten sich, die von den Israelis zerstörten Barackenstädte wieder aufzubauen. Die israelische Invasion stellte auch für Syrien eine große Bedrohung dar und strapazierte seine Mittel und Aufmerksamkeit bis aufs Äußerste. Syrien brauchte dringend Verbündete, um den israelischen Vormarsch aufzuhalten, und war daher nicht sehr wählerisch. Das war Abu Nidals Gelegenheit. Seine Männer konnten jetzt offener und in größerer Zahl von Syrien aus in den Libanon einsickern und dort unter ihrem eigenen Namen Lager errichten. Die Organisation streifte den geheimnisvollen Kokon ab, in den sie sich im Irak eingehüllt hatte, und machte sich bekannt.

Dann geschah etwas, das Abu Nidal sehr gelegen kam: Eine Gruppe von Fatah-Offizieren, die im Libanon und Syrien stationiert waren, meuterten im Frühjahr 1983 gegen Arafat. Drei Oberste der Fatah – Abu Musa, Abu Salih und Abu Chalid al-Amli – waren empört über Arafats Entscheidung vom September 1982, Beirut zu evakuieren, statt den Kampf gegen Israel fortzusetzen. Außerdem grollten sie dem PLO-Chef, weil er eine Reihe feiger Offiziere in Schutz nahm, die im Kampf versagt hatten. Einer dieser Offiziere war Oberst Ismail, der Befehlshaber der Fatah-Truppen im Südlibanon: Beim Einmarsch der Israelis war er einfach in seinen Wagen gestiegen und hatte sich in die Beka-Ebene abgesetzt, ohne seine Männer auch nur zu informieren. Anstatt ihn vors Kriegsgericht zu stellen, hatte Arafat ihn befördert.

Neben diesen speziellen Fragen ging es um den alten Streit, der die Fatah schon seit 1974 spaltete: »bewaffneter Kampf« oder Diplomatie. Die Aufständischen mißtrauten Arafat, weil er mit »Friedensplänen« liebäugelte und mit König Hussein über eine gemeinsame Verhandlungstaktik beriet. Sie verlangten, daß Arafat die feigen Offiziere entließ und die Macht in einer »kollektiven Führung« mit ihnen teilte und daß er ferner die im Ausland versprengten palästinensischen Kämpfer wieder in den Libanon einschleuste, sich bedingungslos für den bewaffneten Kampf aussprach und dem politischen Kompromiß abschwor.

Als die Rebellen im Mai und Juni 1983 die Waffenlager der Fatah in der östlichen Beka-Ebene angriffen und Nachschubwege aus Syrien unter ihre Kontrolle brachten, suchte Arafat seine Anhänger um sich zu scharen. Aber Syriens Präsident Assad stellte sich voll hinter die Rebellen, da er Arafat nicht besonders schätzte und den Plänen mißtraute, die dieser zusammen mit König Hussein ausheckte. Arafat sprach von üblen Machenschaften und beschuldigte Syrien der einseitigen Parteinahme, woraufhin er am 24. Juni 1983 kurzerhand aus Syrien ausgewiesen wurde. Diese Maßnahme machte den Bruch zwischen Assad und Arafat deutlich und unterstrich nachdrücklich, daß Assad nicht gewillt war, die Lösung des Palästinenserproblems einer unabhängigen PLO zu überlassen.

Abu Nidal hatte in der Zwischenzeit in der Beka-Ebene eine so beachtliche Truppe zusammengezogen, daß er an der Seite der Fatah-Rebellen gegen die Getreuen Arafats kämpfen konnte. Er beorderte weitere Guerillas aus Syrien ins Land und beteiligte sich an den dramatischen Kämpfen im Dezember 1983 in Tripolis, als PLO-Chef Arafat sich unter heftigem Beschuß von seiten der Fatah-Rebellen und ihrer Verbündeten aus dem Libanon zurückziehen mußte. Als Belohnung für seine Hilfe bei der Vertreibung Arafats erlaubten die dankbaren Syrer Abu Nidal nun, die Präsenz seiner Organisation in Syrien offiziell bekanntzugeben und in der Beka-Ebene und im Nordlibanon zu operieren.

In Damaskus genoß die Organisation hohes Ansehen. Syrien stellte ihr alle möglichen Einrichtungen zur Verfügung, doch der Geheimdienst der Luftwaffe blieb der wichtigste Kanal. Innerhalb der Organisation galt der Kontakt zu diesem Geheimdienst als die »zentrale Verbindung« und wurde mit besonderer Sorgfalt gepflegt. Abu Nidal übertrug diese Aufgabe einem seiner Neffen, Abd al-Karim al-Banna (Deckname Husam Mustafa), einem Absolventen der Bagdader Hochschule für Jura und Politik.

Schon bald durften die Mitglieder von Abu Nidals Organisation auf dem Flughafen von Damaskus auf ein bloßes Telex des Luftwaffengeheimdienstes hin starten oder landen. Dies war ein besonderes Privileg, denn alle anderen Palästinensergruppen benötigten die Erlaubnis einer Abteilung des Militärischen Geheimdienstes namens *al-dabita al-fida'iyya,* die für ihre strenge Handhabung von Guerillaangelegenheiten bekannt war. Der Luftwaffengeheimdienst überließ der Organisation für Fahrten zwischen Syrien und dem Libanon ein Dutzend Dienstfahrzeuge mit behördlichen Kennzeichen, was es Abu Nidals Männern ermöglichte, die Grenzen ohne weitere Formalitäten zu überqueren. Sie brauchten nichts weiter als ihre Decknamen zu nennen. Angehörige anderer Palästinensergruppen mußten echte Ausweispapiere mit Paßbildern vorlegen.

Derart laxe Kontrollen luden zum Mißbrauch ein – und Abu Nidal wartete damit nicht lange. Die Fahrzeuge, die der Geheimdienst der Luftwaffe zur Verfügung gestellt hatte, erwiesen sich als gefährliches Schlupfloch. Die Organisation benutzte sie dazu, gegen den Willen und ohne Wissen der Syrer Dutzende von Personen, die sie in Damaskus verhaftet oder gekidnappt hatte, über die Grenze in den Libanon zu schaffen. Für gewöhnlich erklärte man den Opfern, sie würden in ein Ausbildungscamp geschickt, um sie dann in der Beka-Ebene zu ermorden. Stellten die Angehörigen oder die Syrer Fragen, teilte ihnen die Organisation mit, sie führten im Ausland einen Auftrag durch. Weigerten sich die Opfer, ohne viel Aufsehen mitzukommen, wurden sie mit Drogen vollgepumpt und dann im Kofferraum eines Wagens in den Libanon verfrachtet. Gelegentlich tötete die Organisation ihre Opfer in Syrien selbst und verscharrte sie auf einer ihrer Farmen. Autos, die aus dem Libanon zurückkehrten, wurden dazu benutzt, Waffen nach Syrien zu schmuggeln. Die Syrer fanden bei ihren Stichproben an der Grenze nie etwas.

Mitglieder der Organisation, die für Operationen im Ausland vorgesehen waren, wurden in einem Auto des Luftwaffengeheimdienstes in ein Ausbildungslager im Libanon gefahren, anschließend wieder zurückgebracht und vom Flughafen in Damaskus aus auf ihre Mission geschickt. Wurden sie im Ausland verhaftet, bewies der syrische Stempel in ihrem Paß, daß sie in Damaskus gestartet waren. Gestanden sie bei Verhören, daß sie in der Beka-Ebene ausgebildet worden waren, so ließ das vermuten, daß sie für Syrien arbeiteten. In jedem Fall gab man Syrien die Schuld. Abu Nidal saugte sich wie ein Blutegel an seinem Gastland fest: Zuerst bot er ihm großzügig seine Dienste an und machte sich scheinbar unentbehrlich, dann verwickelte er es in seine Gewalttaten, um es erpreßbar zu machen. Nach dem Motto: »Verratet mich, und ich plaudere alles aus!«

Abu Nidal profitierte von der Meuterei in der Fatah, und er profitierte von ihrem Scheitern. Fast unmittelbar nach dem Coup gerieten die aufrührerischen Offiziere in Streit. Monate zuvor, im Jahr 1982, hatte Abu Nidal sich in Prag heimlich mit Oberst Abu Chalid al-Amli getroffen, ihm eine halbe Million Dollar gegeben und mit ihm Pläne zum Sturz Arafats geschmiedet. Sie hatten vereinbart, ein gemeinsames Kommando zu bilden, in dem Abu Nidal selbst eine herausragende Rolle spielen sollte. Aber Oberst Abu Musa wußte nichts von diesen Absprachen und wollte überdies nicht mit einer »Bande von Terroristen« in Verbindung gebracht werden. Abu Salih, selbst ein Kandidat für die Führungsposition, hatte die ewigen Querelen satt, ging nach Beirut und zog sich ein für allemal aus der Politik zurück.

Während die Obersten untereinander stritten, war ihr gemeinsamer Gegner Arafat noch längst nicht am Ende. Zwar hatten ihn die Israelis aus Beirut, die Syrer aus Damaskus und die Rebellen aus dem Nordlibanon vertrieben, doch hatte er sich seine Manövrierfähigkeit bewahrt, indem er seine Kontakte zu Ägypten und Jordanien verstärkte. In den besetzten Gebieten war er nach wie vor *die* Symbolfigur des palästinensischen Nationalismus. Je mehr der Eindruck entstand, die Rebellion sei ein syrisches Komplott gegen den PLO-Chef, desto weniger Unterstützung fand sie in der Bevölkerung. Es kam, wie es kommen mußte: Die Rebellion gegen Arafat endete in erbitterten Wortgefechten. Geldmangel, schlechte Organisation und Führungsschwäche waren die Ursachen dafür, daß sie nie zu einem Sammelbecken für Palästinenser wurde.

Das war für Abu Nidal die Gelegenheit, in das entstandene Vakuum zu stoßen. Er hatte Waffen, er hatte Geld – er konnte sogar in Dollars zahlen –, und er konnte die Einrichtungen des Geheimdienstes der syrischen Luftwaffe nutzen, was ihm große

Bewegungfreiheit verschaffte. Männer, die sich 1982 und 1983 von Arafat losgesagt und mit den Fatah-Rebellen gekämpft hatten, wechselten erneut die Seite und schlossen sich Abu Nidals Gruppe an, unter ihnen auch mehrere hundert von Abu Salihs besten Soldaten.

Die meisten dieser Veränderungen kamen mehr oder weniger spontan zustande, unter dem Druck der Ereignisse, während Abu Nidal selbst in Polen weilte. Er registrierte sie ohne große Begeisterung. Sein Instinkt sagte ihm, daß es besser war, weiter im Untergrund zu operieren. Überdies hegten etliche Männer, die in dieser Zeit zu ihm stießen, wenig Sympathie für seine Terrormethoden oder seine Verbindungen zu arabischen Geheimdiensten. Nun, da sie in Schußweite der israelischen Grenze waren, sahen sie keine Veranlassung für Terrorakte in Europa und anderswo.

Um die Entwicklung im Auge zu behalten, flog Abu Nidal 1984 mehrmals von Polen nach Syrien – ohne Wissen der Syrer. Er reiste einfach unter falschem Namen mit einem libyschen Paß. Aufgrund der guten Beziehungen zwischen Syrien und Libyen zu jener Zeit konnten Inhaber libyscher Pässe unbehelligt nach Syrien einreisen. Die Syrer stellten keine Fragen. Vielleicht war es ihnen auch einfach nur lieber, wenn sie von nichts wußten.

7 Der Freund des Obersten

An einem kalten, strahlend schönen Februartag im Jahr 1984 trafen sich in einem Hotel der bulgarischen Hauptstadt Sofia zwei Araber zu einer vertraulichen Unterredung beim Essen. Einer der beiden war Palästinenser, ein kleiner, runder und dunkelhäutiger Mann, der beim Gehen leicht hinkte – die Folge von Schlägen, die ihm 1970 in jordanischen Gefängnissen zugefügt worden waren. Sein Name war Abd al-Rahman Isa, Abu Nidals langjähriger Geheimdienstchef. Der andere war ein großer, eleganter und scharfsinniger Libyer: Ibrahim al-Bischari, Gaddafis langjähriger Chef des Auslandsgeheimdienstes (und bei der Niederschrift dieses Buches sein Außenminister). Die beiden kamen zusammen, um ein Treffen ihrer Chefs zu arrangieren.

Abu Nidal und Gaddafi waren einander noch nie begegnet, aber über die Jahre hinweg hatte jeder mit großem Interesse den Werdegang des anderen verfolgt. Es war nur eine Frage der Zeit, wann diese beiden Außenseiter der arabischen Politik, die nur nach ihren eigenen Regeln lebten, zueinander fanden. Sie hatten vieles gemein: ein neurotisches Mißtrauen gegenüber der Außenwelt, einen Minderwertigkeitskomplex, aber auch den Glauben, daß ihnen ein großes Schicksal vorbestimmt sei. Gaddafi, der Herrscher über ein Dutzend Wüstenstämme an der Mittelmeerküste, lebte in der festen Überzeugung, daß er dazu bestimmt sei, der arabischen Geschichte seinen Stempel aufzudrücken. In einem Interview Ende der siebziger Jahre hörte ich ihn ohne den leisesten Anflug von Ironie in der Stimme sagen, daß das Gesellschaftsmodell, das er in seinem *Grünen Buch* (einer Sammlung exzentrischer Grundsätze) entworfen habe, der ganzen Menschheit zum Vorbild dienen sollte. Auf der anderen Seite Abu Nidal, ein Berufsumstürzler, der es sich zur Aufgabe gemacht hatte, die etablierte Ordnung in Frage zu stellen, und in sich den geborenen Führer der Weltrevolution sah. Hinter der Fassade ihres für gewöhnlich ruhigen und reservierten Äußeren waren beide Männer extrem aggressiv und jederzeit zum Zuschlagen bereit.

Zwei Seelen treffen sich

Im Mai 1984 reiste Abu Nidal in Begleitung seines getreuen Isa von Warschau aus zu seinem ersten Treffen mit Gaddafi in die libysche Hauptstadt Tripolis. Das Treffen fand in einem bunten Araberzelt statt, das unpassend zwischen den Mannschafts- und Wachräumen der Kaserne Bab-al-Azizijja aufgeschlagen worden war und dem libyschen Revolutionsführer als Büro und Empfangsraum diente. Nach allem, was man hört, kamen die beiden prächtig miteinander aus und unterhielten sich mehrere Stunden. Es war ein Treffen verwandter Seelen.

Gaddafis Paranoia, sein Gefühl, permanent belagert zu werden, war zu jener Zeit besonders stark ausgeprägt. Einige Wochen zuvor hatte einer seiner Sicherheitsbeamten vom ersten Stock des Libyschen Volksbüros am St. James Square in London das Feuer auf eine Menschenmenge eröffnet, die gegen Gaddafi demonstrierte, und dabei die junge Polizistin Yvonne Fletcher getötet. Großbritannien brach daraufhin die diplomatischen Beziehungen zu Libyen ab und wies nach einer neuntägigen Belagerung des Volksbüros dessen gesamtes Personal aus. Als mehrere westliche Regierungschefs ein gemeinsames Vorgehen gegen den von Libyen unterstützten Terrorismus forderten, erwiderte Gaddafi trotzig, er werde allen Ländern »Schaden zufügen«, die sich gegen ihn verbündeten. »Jedes Land«, so seine Drohung, »hat empfindliche Bereiche, über die wir es unter Druck setzen können.«

In Sicherheitsfragen dachte Gaddafi recht beschränkt: Seine Gedanken kreisten ständig um die kleinen Gruppen libyscher Exilanten, denen Abtrünnige seiner Bewegung Freier Offiziere, ehemalige Diplomaten, Studenten, die vom Auslandsstudium nicht zurückgekehrt waren, und andere angehörten. Die meisten von ihnen hatten in den Vereinigten Staaten, England, Ägypten, Marokko und im Sudan Zuflucht gefunden. Dort und anderswo hatten sie Oppositionsbewegungen aller Schattierungen vom demokratischen bis zum islamischen Lager gebildet, die jedoch bislang ohne nennenswerten politischen Einfluß geblieben waren und Namen trugen wie Nationale Front zur Rettung Libyens, Libysche Konstitutionelle Union, Libysche Demokratische Nationale Sammlung, Islamische Vereinigung etc. Von Zeit zu Zeit schickte Gaddafi Mordkommandos los, um sie zu verunsichern und einzuschüchtern, und zwischen 1980 und 1984 gelang es ihm, nicht weniger als fünfzehn Exilanten ermorden zu lassen. Seine Hauptsorge war, daß die eine oder andere Gruppe mit Hilfe einer ausländischen Regierung eines Tages einen Staatsstreich gegen ihn unternehmen könnte.

Die internationale Empörung über den Mord an Yvonne Fletcher ermutigte eine dieser Oppositionsgruppen, die Nationale Front zur Rettung Libyens, einen Putschversuch gegen Gaddafi zu wagen – ein Unternehmen, das zufälligerweise in die Zeit fiel, als Abu Nidal gerade in Tripolis beim libyschen Revolutionsführer weilte. Dem Chef des militärischen Flügels der Nationalen Front, einem ehemaligen libyschen Offizier namens Achmed al-Hawwas, war es nämlich gelungen, eine Gruppe bewaffneter Männer nach Libyen einzuschleusen und sie in einem Gebäude einzuquartieren, das dem Tor der Kaserne Bab-al-Azizijja genau gegenüberlag. Hawwas selbst hatte freilich nicht so viel Glück. Er reiste mit einem sudanesischen Paß in Tunesien ein, um anschließend zu seinen Männern in Tripolis zu stoßen, doch der libysche Geheimdienst bekam von der Sache Wind, fing ihn ab und tötete ihn an der tunesisch-libyschen Grenze. Seine bewaffnete Zelle in Tripolis wurde entdeckt, von der libyschen Armee angegriffen und überwältigt.

Abu Nidal hatte am Tag zuvor viele Stunden mit Gaddafi verbracht und wartete gerade in einer nahegelegenen Gästevilla darauf, sich von Libyens Geheimdienstchefs zu verabschieden, als die ersten Schüsse fielen. Abd al-Rahman Isa, der bei ihm war, erzählte mir, daß Abu Nidal angesichts der Schießerei völlig die Nerven verloren habe. »Bringt mich weg von hier!« soll er geschrien haben. Er beruhigte sich erst einen Tag später, als es ihm gelang, Libyen mit dem Flugzeug zu verlassen. Dieser Meisterterrorist, der seine Männer kaltblütig in den Tod schickte und soeben Gaddafi seine Dienste angeboten hatte, hatte selbst panische Angst vor jeglicher Gewalt.

Der Putschversuch der Nationalen Front, auch wenn er gescheitert war, überzeugte Gaddafi vollends, daß er jemanden brauchte, der sich um die äußeren Feinde seiner Revolution – die »streunenden Hunde«, wie er sie nannte – und um die »Imperialisten« kümmerte, die ihnen Schutz und Unterstützung gewährten. Abu Nidal war dafür genau der Richtige. Der Oberst war beeindruckt von Abu Nidals Ruf als Mann, der keine Skrupel kannte und eine weltweit operierende Organisation befehligte – und Abu Nidal war nie bescheiden, wenn es galt, seine Fähigkeiten hinauszuposaunen.

Viele arabische Staaten haben versucht, Palästinenser für ihre Geheimdienste zu gewinnen. Palästinenser leben über die ganze Welt verstreut, sind fähig und gebildet, finden aber nur schwer ein Auskommen und sind daher oft nur zu bereit, sich anwerben zu lassen. Aus der Sicht Gaddafis war ein Palästinenser, den er in Europa oder in den Vereinigten Staaten auf einen libyschen Oppositionellen ansetzte, nicht so verdächtig wie ein Libyer. Die libyschen Agenten hatten bei der Verfolgung von Exilanten häufig versagt und in den Hauptstädten des Auslands seinen Namen beschmutzt. Was er jetzt brauchte, war ein Experte auf diesem Gebiet.

Früher, als er noch mit Arafat auf gutem Fuße stand, hatte er versucht, die Fatah für diese Dreckarbeit einzuspannen. Doch die Fatah hatte dankend abgelehnt. Die PLO-Führer wollten sich ihre Weste nicht noch schmutziger machen, indem sie Gaddafi »Todesschwadronen« zur Verfügung stellten. Das hätte ihnen gerade noch gefehlt. Gaddafi trat auch an Georges Habaschs PFLP und Achmed Dschibrils PFLP-Generalkommando heran, doch auch sie waren klug genug, sein Angebot abzulehnen. Abu Nidal freilich hatte keine derartigen Hemmungen. Gegen Schutz und Vergünstigungen war er zu allem bereit, was von ihm verlangt wurde. Im Auftrag der irakischen Regierung war er gegen Kommunisten, gemäßigte Palästinenser und gegen Syrien vorgegangen, für Syrien hatte er König Hussein bekämpft, und jetzt war er bereit, für Gaddafi libysche Oppositionelle zu hetzen und spektakuläre Operationen gegen amerikanische, britische und ägyptische Ziele durchzuführen.

Gaddafi meinte Abu Nidal zu brauchen und war begeistert über die Aussicht, ihn in seine Dienste zu nehmen. Abu Nidal wiederum brauchte Gaddafi aus zwei Gründen. Zum einen hatte die Beziehung zu Syrien seine Erwartungen nicht erfüllt, zum anderen kostete ihn die Expansion in den Libanon eine Menge Geld – die tausendfünfhundert Mann starke Volksarmee wollte bezahlt werden und drohte das Budget der Organisation zu sprengen. Er rechnete sich aus, daß er mit einem Umzug nach Libyen auf einen Schlag beide Probleme lösen konnte. Aus diesem Grund umwarb er Gaddafi in den Jahren 1984 und 1985, schmeichelte ihm, behandelte ihn mit gespielter Hochachtung und überreichte ihm Geschenke wie Schwerter mit kostbaren Einlegearbeiten, deren Schneiden er mit übertriebenen Huldigungen für den »arabischen Helden« hatte versehen lassen.

Der Krieg der Lager

Die Veränderungen, die sich im Libanon mit Abu Nidals Organisation vollzogen, waren einer der Hauptgründe für sein Interesse an Libyen. Um die neu rekrutierten Mitglieder, die nach der gescheiterten Fatah-Rebellion in die Organisation geströmt waren, zu verköstigen, mit Unterkünften und Kleidung zu versehen, hatte seine Organisation eigens eine »Abteilung Volksarmee« gegründet, die überall im Libanon Zweigstellen unterhielt. In dem Maße, wie sich die israelischen Truppen unter dem Druck des libanesischen Widerstands in Richtung Grenze zurückzogen, stießen Abu Nidals Männer in südlicher Richtung bis Sidon vor. Bei ihrem Vormarsch bekamen sie immer mehr Zulauf. Die fest zusammengeschweißte und im dunkeln operierende Terrorgruppe von einst war plötzlich ans Licht der Öffentlichkeit getreten und hatte sich wieder mit den Hauptströmungen des palästinensischen Widerstands vereinigt. Während Abu Nidals Aufenthalt in Polen hatte die Organisation ein Eigenleben entwickelt und einen anderen Charakter angenommen. Dies stellte ihn vor eine Reihe wichtiger Fragen: Welche Art von Bewegung wollte er anführen? Welche Art von Führer wollte er sein?

Den Hauptanstoß zur Umgestaltung der Organisation lieferte der sogenannte »Krieg der Lager«, ein erbarmungsloser Kampf zwischen Palästinensern und Schiiten, der von 1985 bis 1987 tobte, viele Tausend Tote und Verwundete forderte und unzählige Menschen ihrer Heimat beraubte. Die Schiiten im Südlibanon und in der Beka-Ebene waren seit jeher die sozial schwächste Gruppe in der libanesischen Gesellschaft und Opfer von Ausbeutung und Vernachlässigung. Sie hatten noch mehr zu leiden, als massenhaft palästinensische Guerillas in den Libanon strömten und massive Vergeltungsaktionen der Israelis auf sich zogen – und damit auch auf die unglücklichen Schiiten, die mit ihnen zusammenlebten. Aus Angst vor den israelischen Bombardements verließen sie zu Zehntausenden ihre Dörfer und flüchteten nach Norden in die Barackenstädte rund um Beirut.

Diese ungute Situation führte zu einer Mobilisierung der Schiiten unter ihrem charismatischen Führer Imam Musa al-Sadr, einem Geistlichen iranisch-libanesischer Herkunft, der im Jahr 1974 seine Bewegung der Enterbten und ein Jahr später eine Selbstschutztruppe namens Amal »(Hoffnung«) ins Leben rief. Als Leidensgenossen waren Palästinenser und Schiiten eigentlich natürliche Verbündete, doch ihr Verhältnis war nicht frei von Spannungen. Die Schiiten machten die Palästinenser für ihr Unglück verantwortlich. Als die Israelis 1982 in den Libanon einmarschierten, begrüßten sie viele Schiiten als Befreier von den Palästinensern, und ihre Frauen warfen sogar Reis als Willkommensgruß für die einmarschierenden Soldaten.

Aber die Israelis blieben länger als erwünscht. Und als sie den Maroniten die Herrschaft im Libanon übertragen wollten, gingen die Schiiten zu offener Opposition über. Sie ersuchten Syrien und den Iran um Hilfe und setzten den Israelis so zu, daß diese schließlich in Richtung Grenze zurückwichen. Beseelt von schiitischem Märtyrergeist, unternahmen sie Selbstmordkommandos, die viele Israelis das Leben kosteten. Und als die Israelis sich in ihre selbstgeschaffene »Sicherheitszone« im südlichen Libanon zurückgezogen hatten, rückten die Schiiten nach und füllten so das entstandene Vakuum. Sie waren entschlossen, ihre Dörfer wieder in Besitz zu nehmen und alle Neuankömmlinge zu vertreiben – auch die Palästinenser. Sie konnten die Rückkehr bewaffneter Palästinenser nicht mehr dulden, denn sonst, so fürchteten sie, würde alles wieder von vorne beginnen: Die Israelis würden Vergeltungsschläge verüben, und Schiiten wären wieder die Leidtragenden.

Als Arafat Mitte der achtziger Jahre wieder damit begann, Männer in den Libanon einzuschleusen und die Flüchtlingslager zu bewaffnen – aus seiner Sicht eine durchaus gerechtfertigte

Schutzmaßnahme –, belagerten Amal-Milizen die Lager und versuchten sie zu unterwerfen. Die Palästinenser leisteten erbitterten Widerstand. Sie trugen den Kampf sogar ins feindliche Lager, indem sie die von Schiiten bewohnten Vororte Beiruts mit Granaten beschossen. Im Mai und Juni 1985 entbrannten heftige Gefechte. Der »Krieg der Lager« hatte begonnen. Für Schiiten wie Palästinenser war es ein Kampf auf Leben und Tod. Es wurde kein Pardon gegeben, und jedes neue Aufflammen der Kämpfe wurde von brutalen Massakern begleitet. Viele wehrlose Zivilisten fielen diesem schrecklichen Krieg zum Opfer.

In den folgenden zwei Jahren flauten die Kämpfe nur ab, um dann wieder von neuem loszubrechen, weil das zugrundeliegende Problem nicht gelöst war: Die Schiiten wollten Herr im eigenen Haus sein. Sie konnten keine selbständig operierende palästinensische Armee dulden. Ähnliches galt auch für Syrien: Ein Wiedererstarken der Palästinenser konnte die syrische Position im Libanon untergraben oder das Land einer Bedrohung durch Israel aussetzen. Da der Libanon für Syriens Sicherheitsinteressen von existentieller Bedeutung war, belieferte Assad die Amal-Milizen mit Waffen und Panzern, mit denen sie die Palästinenserlager kontrollieren sollten. Aber auch Arafat mußte seine Zivilisten schützen. Er wollte unbedingt beweisen, daß die PLO immer noch ein nicht zu vernachlässigender Machtfaktor war und daß es Israel nicht gelungen war, sie zu zerschlagen.

Abu Nidals Organisation stand im Libanon vor einem Dilemma. Sollte sie sich auf die Seite ihres Gönners Syrien schlagen und gegen die Palästinenser kämpfen? Oder sollte sie die Palästinenserlager verteidigen, die von den von Syrien unterstützten Schiiten belagert wurden?

Doch genaugenommen hatten die Ereignisse der Organisation bereits diktiert, welche Position sie zu beziehen hatte. Die Anziehungskraft, die sie seit dem Fatah-Aufstand von 1983 ausübte und die ihr Hunderte von palästinensischen Kämpfern und Dutzende von politischen Kadern in die Arme getrieben hatte, ließen ihr keine Wahl. Sie konnte nicht länger untätig zusehen, wie die Amal-Milizen die Flüchtlingslager verwüsteten. Sie mußte ihnen zu Hilfe kommen. Der »Krieg der Lager« war in der Tat der ausschlaggebende Grund, der die Organisation aus ihrem Schneckenhaus lockte und dazu bewegte, an der Seite von Arafats Männern zu kämpfen. Die Jahre des Hasses und des Blutvergießens, die sie getrennt hatten, waren vorbei. Es bedarf eigentlich keiner besonderen Erwähnung, daß diese unerwartete Allianz spontan zustandekam: Die einfachen Kämpfer schmiedeten sie in der Hitze des Gefechts, ohne auf grünes Licht von Abu Nidal zu warten. Die Organisation hatte eine Eigendynamik entwickelt.

Diese dramatischen Entwicklungen waren vor allem einem Mann zu verdanken: Atif Abu Bakr, der 1985 aus der Fatah ausschied und zu Abu Nidal stieß (und den ich später, nach seinem Bruch mit Abu Nidal, mehrere Wochen lang in Tunis interviewte). Wie bereits erwähnt, hatte er die PLO von 1974 bis 1984 in Osteuropa als »Botschafter« vertreten und sich einen Namen als eloquenter politischer Ideologe und Dichter gemacht. Abu Bakr hatte schon immer radikale Ansichten vertreten und deshalb Arafats zunehmende Tendenz zu einer Politik der Konzessionen und Kompromisse mit wachsender Besorgnis beobachtet. Der Bruch kam für ihn im November 1984, als Arafat in Amman eine Sitzung des Palästinensischen Nationalrats einberief, auf der er deutlich signalisierte, daß er mit König Husseins Vorstellungen über ein Abkommen mit Israel konform ging. Einige Monate später, im Februar 1985, unterzeichneten Arafat und Hussein eine Vereinbarung, die den König anscheinend bevollmächtigte, im Namen der Palästinenser mit Israel zu verhandeln. Die Radikalen waren empört über diesen vermeintlichen Ausverkauf palästinensischer Interessen. Abu Bakr ging nach Syrien, trat aus der PLO aus und schloß sich, wie viele andere damals, Abu Nidal an.

Mit Atif Abu Bakr hatte Abu Nidals Organisation einen dicken Fisch an Land gezogen. Seit Nadschi Allusch hatte sie keinen Intellektuellen von nennenswertem Profil mehr aufzuweisen. Innerhalb sehr kurzer Zeit wurde er ins Politische Büro, das höchste Gremium der Organisation, gewählt und zum Leiter der politischen Abteilung und offiziellen Sprecher ernannt.

Tatsächlich aber wurde er zum Sprachrohr des neuen Geistes, der Mitte der achtziger Jahre in die Organisation einzog, während Abu Nidal zwischen Warschau und Tripolis pendelte und mit anderen Dingen beschäftigt war. In Abu Nidals Abwesenheit kam es zu einer Aussöhnung zwischen Kameraden, die sich seit dem großen Bruch in der Fatah 974 bitter bekämpft hatten. Die Querelen der Vergangenheit wurden beiseite geschoben, und Männer, die wie Atif Abu Bakr kürzlich erst aus der Fatah ausgeschieden waren, konnten alte Abtrünnige wie Abu Nizar umarmen. Waren sie nicht trotz allem Söhne der Fatah? Hatten sie nicht alle gemeinsame Wurzeln? Atif Abu Bakr und Abu Nizar machten die Organisation für palästinensische Kader und Kämpfer attraktiv, die angesichts der vielen Abspaltungen und Meutereien die politische Orientierung verloren hatten. Sie schworen diese Männer darauf ein, die Flüchtlingslager gegen die Angriffe der Amal-Milizen zu verteidigen, und schufen so ein Klima der Erneuerung und des wahren nationalen Kampfes.

Ein neues gemeinsames Kommando wurde eingerichtet. Man wollte einen Schlußstrich unter die Vergangenheit ziehen und dem Blutvergießen unter Palästinensern ein Ende bereiten, auf »Auslandsoperationen« künftig verzichten und Brücken schlagen zur Fatah, der gemeinsamen Mutterorganisation. Diese Männer liebten Arafat nicht, aber es war völlig unwichtig, wer im Moment die Führung innehatte. Wichtig war allein der Aufbau einer geeinten Widerstandsbewegung. Die Propaganda gegen die Fatah, einst Hauptthema in den Veröffentlichungen der Organisation, wurde eingestellt, die alte vorwurfsvolle Sprache abgelegt. In Abu Nidals Zeitschrift wurde die vormals als hoffnungslos verräterisch abgestempelte PLO plötzlich als »palästinensisches Haus« beschrieben, in dem alle willkommen seien, die dem gemeinsamen Feind entgegentreten wollten. Derartige Gedanken verbreitete Atif Abu Bakr leidenschaftlich in einer Zeitschrift, die immer noch Abu Nidals Namen trug.

Ein ähnlicher Wandel vollzog sich auch im militärischen Bereich. Die Volksarmee verfügte über so viele neue Rekruten, daß sie fünf Regionalkommandos bilden konnte, die den gesamten Libanon abdeckten. Immer noch (wenn inzwischen auch sehr widerwillig) von Abu Nidal finanziert, wurde sie zu einer sehr sichtbaren Einrichtung, die sich eine eigene Infrastruktur schuf und ihre Kämpfer mit Lebensmitteln, Uniformen und Waffen versorgte, ihnen aber auch medizinische Versorgung und politische Erziehung bot. Statt mit Bomben oder Gewehren bewaffnete Killer hatte die Organisation nun Männer in ihren Reihen, die in der Lage waren, Panzer zu steuern oder Raketen abzufeuern, ehemalige Offiziere der Fatah, die über langjährige Erfahrung und umfangreiche militärische Kenntnisse verfügten. Die Volksarmee wurde nach der Fatah die zweitgrößte palästinensische Kampfgruppe im Libanon. Schätzungen zufolge verschlang sie im Jahr 1986 monatlich eineinhalb Millionen Dollar. Aus einem kleinen, verschworenen und im geheimen operierenden Haufen, den Abu Nidal per Fernbedienung dirigieren konnte, entwickelte sie sich zu einer Massenbewegung mit eigenen starken Führern und Kadern. Innerhalb von Abu Nidals Organisation entstand eine neue Machtbasis.

Die Reformer ließen sich von ihrer Begeisterung mitreißen und glaubten, Abu Nidal würde es begrüßen, eine bekannte und mächtige Gruppe anzuführen, die es aufgrund der »nationalen Rolle«, die sie spielte, bei den Palästinensern zu neuem Ansehen gebracht hatte. Aber sie hatten den Charakter dieses Mannes vergessen und noch nicht begriffen, was er mit Libyen bezweckte. Sie sollten schon bald eines Besseren belehrt werden. Wie wir zu gegebener Zeit sehen werden, benutzte Abu Nidal den Umzug nach Libyen, um sie auszuschalten.

Abu Nidal empfand die Veränderungen, die im Libanon vor sich gegangen waren, als ernste persönliche Bedrohung und sann darauf, sie rückgängig zu machen und der Organisation wieder ihr altes fanatisches Gepräge zu geben. Aus seiner Sicht lag der Schlüssel zur Lösung seiner vielfältigen Probleme in Libyen. Er hatte Polen mittlerweile endgültig verlassen und pendelte zwischen Tripolis und Damaskus hin und her, fühlte sich aber nur in Tripolis wirklich wohl, willkommen und geschätzt. Er unternahm die Reisen nach und von Syrien mit libyscher Hilfe und Zustimmung; Libyen stellte das Flugzeug, das Geld und die Pässe. Und erstaunlicherweise reiste er gewöhnlich ohne Wissen der syrischen Behörden. Der Mann, der ihn auf den Reisen begleitete, hieß Muftah al-Farazani. Er war libyscher Geheimdienstoffizier und Leiter des Volksbüros in Damaskus und hatte einen direkten Draht zu den libyschen Geheimdienstchefs Ibrahim al-Bischari und Abdallah al-Sanussi (letzterer war mit Gaddafis Schwägerin verheiratet und deshalb ein besonders mächtiger Mann).

Was Abu Nidal seit jeher suchte, war eine sichere Basis in einem arabischen Land, verbunden mit dem Schutz eines arabischen Geheimdienstes, der ihm bei der Realisierung seiner komplizierten Pläne half. Waren diese Voraussetzungen nicht gegeben, kehrte er dem Nahen Osten lieber ganz den Rücken und lebte als Einsiedler im Ausland wie etwa 1981, als er sich zwischen seinem Hinauswurf aus dem Irak und dem Umzug seiner Organisation nach Syrien in Polen aufgehalten hatte.

Enttäuschung über Syrien

Ein wichtiger Grund, warum Abu Nidal als Terrorist so lange überlebt hat, ist die außerordentliche Umsicht, mit der er für seine persönliche Sicherheit sorgt. Wachsamkeit in Verbindung mit einem krankhaften Mißtrauen allem und jedem gegenüber ist ihm zur zweiten Natur geworden. Ständig unterwegs, kann er sich dazu beglückwünschen, daß er noch nie gefaßt wurde. Er ist ein Meister der Verkleidung, achtet auf ein unauffälliges Äußeres und reist mit einem Stapel arabischer Pässe, die teils gefälscht, teils echt sind. Dabei zieht er gewöhnliche Pässe Diplomatenpässen vor, weil sie weniger Aufmerksamkeit erregen. Er beschäftigt Leibwächter, die ihm treu ergeben sind und die er seit Jahren kennt. Während Teile seiner Organisation offen operieren und mehr oder weniger sichtbar sind – im Libanon bedient er sich sogar eines offiziellen Sprechers –, bleibt er selbst stets im Hintergrund, und sein genauer Aufenthaltsort ist jeweils nur einer Handvoll seiner Mitarbeiter bekannt. Es entspricht seinem leidenschaftlichen Hang zur Geheimniskrämerei, daß er in seiner langen Karriere nur fünf Interviews gegeben hat: das erste 1974, das zweite 1978 und die restlichen 1985, was einem eitlen Mann wie ihm, und das ist er ohne Frage, ein gewisses Maß an Selbstverleugnung abverlangt. (Kleinere Eitelkeiten kann freilich auch er nicht verleugnen: Obwohl er nur eine rudimentäre Schulbildung genossen hat, ließ er sich gern mit »Doktor« anreden – anfangs mit Dr. Said und später mit Dr. Muhammad.)

Anfang der achtziger Jahre hatten ihn die Syrer aufgenommen und beschützt. Aber sie enttäuschten ihn. Selbst als seine Organisation in Syrien Fuß gefaßt hatte, fühlte er sich dort nie so sicher wie zuvor im Irak. Er hatte keine Erlaubnis, in Damaskus mit führenden Politikern zusammenzutreffen, geschweige denn sich mit ihnen anzufreunden. Auch hatte er keine Kontakte knüpfen können, die an die engen Beziehungen heranreichten, die er in Bagdad zu Präsident Bakr und Außenminister Tarik Asis unterhalten hatte.

Wiederholt ersuchte er um eine offizielle Einladung nach Damaskus, aber die Syrer wichen ständig aus. Obwohl er den syrischen Führern mit seinen Terrorakten gegen Jordanien einen Dienst erwies, lehnten sie es ab, ihn persönlich zu empfangen. Es gab keine enge, offiziell anerkannte Beziehung; es gab keinen gemeinsamen Besprechungsraum; er hatte keinen Zugang zu syrischen Botschaften und Diplomatenkoffern. Seinen Aktivitäten waren enge Grenzen gesetzt. Die Kontakte seiner Organisation blieben auf General Muhammad al-Chulys Luftwaffengeheimdienst beschränkt, den anrüchigeren und gewalttätigeren Teil des syrischen Geheimdienstapparates. Wenn Abu Nidal vorschlug, seine Operationen gegen den Irak mit dem Auslandsgeheimdienst unter dem damaligen Chef General Adnan al-Hamadani abzustimmen, winkten die Syrer ab.

Ein Umstand enttäuschte und erboste Abu Nidal besonders: Die Syrer sprachen ihm jede *politische* Legitimität ab. Ohne Zweifel darauf bedacht, sich zumindest nach außen hin vom Terrorismus zu distanzieren, wollten sie die Beziehung zu ihm so gestalten, daß sie jederzeit abgestritten werden konnte. Syriens erfahrener Außenminister Mustafa Tlas ging einmal sogar so weit zu behaupten, daß Abu Nidal ein CIA-Agent sei, und Präsident Assad konnte ausländischen Gästen mit bestem Gewissen versichern, daß er Abu Nidal noch nie *gesehen* habe. Das alles war nicht dazu angetan, Abu Nidal in Sicherheit zu wiegen. Im Gegenteil, er fühlte sich unsicher und lebte in der Angst, die Syrer könnten ihn eines Tages an die Amerikaner verraten, um ihr Verhältnis zum Westen zu verbessern. Bei seinen gelegentlichen heimlichen Besuchen in Damaskus wurde ihm klar, daß die Syrer es vorzogen, seine Anwesenheit nicht zur Kenntnis zu nehmen.

Abu Nidal hielt sich die meiste Zeit auf seinem Landsitz in Polen auf und verstand daher nicht immer, was sich in seiner Organisation abspielte. Sein Geheimpolizistenhirn brütete stets über die Möglichkeit eines Komplotts gegen ihn nach, und so bestand er darauf, über die kleinsten und noch so trivial erscheinenden Einzelheiten auf dem laufenden gehalten zu werden.

Einmal pro Woche reiste ein Sonderkurier von Damaskus nach Polen und brachte ihm die Post. Er sah sie durch und beantwortete sie. Seine Kollegen – Abu Nizar, Abd al-Rahman Isa, Dr. Ghassan al-Ali und all die anderen – bewältigten die täglich anfallenden Arbeiten in der immer komplexer werdenden Maschinerie. Man mußte Männer ausbilden, instruieren und auf ihre Missionen schicken, die Arbeit der Niederlassungen im Ausland überwachen, Buch führen über die Ein- und Ausgaben, die Archive auf den neuesten Stand bringen und schließlich die ständig wachsenden Milizen im Libanon versorgen. So wundert es nicht, daß die Briefe, die Abu Nidal nach Damaskus zurückschickte, unter der dortigen Führung Verdruß und Unzufriedenheit hervorriefen. Er bombardierte seine gestreßten Kollegen mit schikanösen Memoranden. Warum, so fragte er einmal, gab Kamerad Soundso soviel Geld für Äpfel aus? Die Führung in Damaskus sah der Rückkehr des Boten aus Polen Woche für Woche mit Bangen entgegen und fragte sich, welche lästigen Forderungen ihres Chefs er diesmal wohl brachte.

Von Zeit zu Zeit, wenn sich die Ereignisse überschlugen, rief Abu Nidal seine führenden Mitarbeiter zu einer Konferenz in sein Haus bei Warschau und ließ sich berichten. Seine Schimpftiraden wurden auf Band aufgenommen und mußten später, so lautete sein Befehl, den in Damaskus zurückgebliebenen Kadern vorgespielt werden. Abu Nidal verfolgte stets die gleiche Taktik: Er gab sich schlecht gelaunt und kritisch, spielte seine Männer gegeneinander aus, machte sich ihre Differenzen zunutze, plauderte aus, was X über Y gesagt hatte, und stiftete Unruhe. Die Männer kehrten jedesmal gereizt und angespannt an ihre Arbeit in Damaskus zurück.

Anfang 1985 war Abu Nidal über das Anwachsen seiner Organisation so besorgt, daß er beschloß, in den Nahen Osten zurückzukehren. Er brachte seine Frau und seine Kinder nach Damaskus und mietete sich im Erdgeschoß des Hauses ein, in dem auch Abu Nizar, sein ranghöchster militärischer Mitarbeiter, wohnte. Aus Angst, erkannt zu werden, wagte er es nicht, allzu lange an ein und demselben Ort zu wohnen, und so zog er schon nach wenigen Monaten in die Kleinstadt Zabadani, ungefähr vierzig Autominuten von Damaskus entfernt. Dort kaufte er sich zwei nebeneinanderliegende Häuser, die, geschützt vor den Blicken der Öffentlichkeit, von einem riesigen Grundstück umgeben waren. Als zusätzlichen Schutz stellte er ein halbes Dutzend alawitischer Bauern ein, angeblich Verwandte seiner Mutter, die das Land bestellten und das Anwesen pflegten. Seine Frau Hijam verabscheute das Leben in dieser Abgeschiedenheit, zumal ihr Mann viel unterwegs war und ständig zwischen Polen und Libyen pendelte.

Ende 1985 kam es zu einer Gewalttat, die dramatische Auswirkungen auf das Verhältnis der beiden Eheleute haben sollte. Hijam und ihr in Jordanien lebender Bruder Hussein al-Bitar besaßen in Amman ein stattliches Haus mit Garten, dessen Wert auf eine Million Dollar geschätzt wurde. Obwohl die beiden Geschwister als Eigentümer eingetragen waren, behauptete Abu Nidal, das Haus gehöre ihm. Möglicherweise hat er tatsächlich Geld zum Kauf des Hauses beigesteuert. Jedenfalls entbrannte darüber ein heftiger Familienstreit. Als Abu Nidal die Auseinandersetzung leid war, beschloß er, die Angelegenheit ein für allemal zu regeln – und zwar durch die Ermordung seines Schwagers.

Da die Streitigkeiten zwischen Jordanien und Syrien inzwischen beigelegt waren, hielt er es für ratsam, die Operation nicht von Damaskus, sondern von Kuwait aus durchzuführen. Ergo reisten drei Killer, ausgestattet mit jordanischen Pässen, von Kuwait nach Jordanien. Am 24. November 1985 ermordeten sie Hussein al-Bitar und seinen fünfjährigen Sohn Muhammad. In einem für ihn bezeichnenden Kommuniqué behauptete Abu Nidal unverfroren, Bitar sei getötet worden, weil er für den jordanischen Geheimdienst gearbeitet und Jassir Arafat unterstützt habe.

Diese Morde führten zu einer traumatischen Entfremdung zwischen Abu Nidal und seiner Frau. Sie verlangte die Scheidung, doch aus Angst vor einem Skandal verweigerte er seine Zustimmung. Sie wohnten weiter unter einem Dach, führten aber ein getrenntes Leben. Innerhalb der Organisation meinten die einen, sie bleibe der Kinder wegen bei ihm, andere behaupteten, sie tue es nur deshalb, weil ein beträchtlicher Teil des Geldes der Organisation auf ihren Namen bei Banken deponiert sei. Jedenfalls unternahm sie nun viele Reisen, auf die sie ihre drei Kinder mitnahm, und flog häufig nach Österreich und in die Schweiz, einfach nur um wegzukommen.

Der Umzug nach Libyen

Etwa um dieselbe Zeit hielt Abu Nidal einen triumphalen Einzug in Libyen. Er kannte Gaddafi seit 1985, aber ihre Beziehungen waren durchaus nicht immer ungetrübt gewesen. Wie sein Verhältnis zu anderen arabischen Regierungen war auch sein Verhältnis zu Libyen stets davon abhängig gewesen, welche Beziehungen das Land momentan zur Fatah unterhielt. Wenn Gaddafi und Arafat gerade gut miteinander auskamen, wurde Abu Nidal nicht empfangen, hatten die beiden aber Streit, war er ein willkommener Gast am Hof des libyschen Revolutionsführers.

Zehn Jahre zuvor, 1975, hatte Abu Nidal einige jüngere Kader, hauptsächlich Studenten und Lehrer, getarnt nach Tripolis und Bengasi geschickt, wo sie für die Organisation die Propagandatrommel rühren und seine Schriften verkaufen sollten. Als 1977 zwischen Libyen und Ägypten ein Krieg auszubrechen drohte, unterstützten diese Leute Libyen, und einige meldeten sich sogar freiwillig an die Front, ein Loyalitätsbeweis, der die Libyer dazu bewog, der Organisation die Eröffnung eines Büros in der Umar-al-Muchtar-Straße in Tripolis zu erlauben.

Noch wichtiger war wahrscheinlich, daß Gaddafi damals mit der Fatah, insbesondere mit Abu Ijad, im Streit lag. Die beiden hatten sich als Gäste bei Präsident Boumedienne in Algier in die Haare gekriegt. Gaddafi wollte, daß die Fatah sein *Grünes Buch* zu ihrer ideologischen Bibel machte. Aber Abu Ijad konnte über diesen Vorschlag nur lachen, wie er mir später erzählte. »Das ist doch gar kein Buch«, sagte er zu Gaddafi, »und wer immer es für dich geschrieben hat, er hat dir damit einen schlechten Dienst erwiesen.« Gaddafi war so wütend, daß er 1977 und 1978 seine materielle Unterstützung der PLO einstellte, die sich damals auf zwölf Millionen Dollar in bar und weitere fünfzig Millionen Dollar in Proviant und Ausrüstung belief. Ein weiterer, möglicherweise noch entscheidenderer Grund für die Abkühlung ihrer Beziehungen war die Weigerung der Fatah, der Bitte Gaddafis nachzukommen, den prominenten libanesischen Oppositionsführer Abd al-Munim al-Huni zu kidnappen und zu töten. Al-Huni, ehemals Angehöriger der »Freien Offiziere« und früherer Chef des libanesischen Geheimdienstes, hatte sich mit Gaddafi überworfen und war nach Ägypten geflohen. Deshalb forderte der Oberst seinen Kopf.

Zwischen 1977 und 1978 waren Abu Nidals Leute in Tripolis also eine Zeitlang gut angeschrieben. Aber dieser Zustand währte nicht lange. Als Abu Nidal 1978 damit begann, gemäßigte PLO-Angehörige umzubringen – Said Hammami wurde im Januar in London und Ali Jasin im Juni in Kuwait ermordet –, übte die Fatah Rache: Im Juli griff sie das Büro der Organisation in Tripolis an und tötete zwei von Abu Nidals Männern (es hieß, der libysche Innenminister Chwaldi al-Humaidi, dessen Sympathien der Fatah galten, habe seine Finger mit im Spiel gehabt). Die Libyer schlossen das Büro der Organisation und wiesen das Personal aus. Die Zellen der Organisation wurden zerschlagen. Um die Dinge wieder einigermaßen ins Lot zu bringen, stattete Abu Nidal dem libyschen Premierminister Abd al-Salam Jallud am 30. Dezember 1979 in Tripolis einen Blitzbesuch ab, wurde jedoch nicht von Gaddafi persönlich empfangen. Trotz seiner Reibereien mit Abu Ijad hatte Gaddafi kein Interesse daran, Arafat vor den Kopf zu stoßen oder sich für eine Organisation des Irak stark zu machen, denn Abu Nidal galt damals als Handlanger des Irak.

Abu Nidal mußte bis 1982 warten, ehe er eine neue Chance bekam, sich in Libyen einen Namen zu machen. Und wieder verdankte er sie einer Verschlechterung der Beziehungen zwischen Libyen und der Fatah. Während der Belagerung Beiruts durch die Israelis, als die Palästinenser im Bombenhagel ausharrten, schickte Gaddafi Arafat ein Telegramm, das inzwischen Berühmtheit erlangt hat. Darin forderte er Arafat auf, lieber Selbstmord zu begehen, als den Israelis zu weichen. Arafat antwortete, seine Kämpfer seien gern zu diesem höchsten aller Opfer bereit, sofern Gaddafi sich ihnen anschließe. Säuerlich fügte er hinzu, daß seine Lage jetzt nicht so verzweifelt wäre, wenn Gaddafi die versprochenen Waffen geliefert hätte. Gaddafi fühlte sich brüskiert, und sein Verhältnis zu Arafat kühlte merklich ab. Als es dann 1983 zur Rebellion innerhalb der Fatah kam und eine in Syrien beheimatete »Nationale Rettungsfront« palästinensischer Arafat-Gegner auf dem Plan erschien, gewährte ihr Gaddafi nur zu bereitwillig seine Unterstützung. Die Bedingungen für Abu Nidals Rückkehr nach Libyen waren nun günstig.

Vor diesem Hintergrund traf er 1985 im Land ein. Aber diesmal nahm alles den gewünschten Verlauf. Abu Nidal ernannte als erstes Hamdan Abu Asba (Deckname Azmi Hussein), einen Kader der Geheimdienstabteilung, zu seinem persönlichen Verbindungsmann zum libyschen Sicherheitsdienst. Asbas Nachfolger in Tripolis wurde Ali al-Farra (Deckname Dr. Karmal), einer von Abu Nidals treuesten Weggefährten. Sein Verbleiben im Lande signalisierte, daß Abu Nidal Libyen zu seinem Hauptstützpunkt gemacht hatte. Weitere Kader anderer Abteilungen strömten ins Land. Libyen stellte Abu Nidal Flugzeuge und Botschaften, Pässe, Diplomatentaschen und Kommunikationswege zur Verfügung. Und als das Verhältnis enger und herzlicher wurde, überließ ihm Gaddafi Villen und Wohnungen in Tripolis, dazu Häuser außerhalb der Hauptstadt und zwei Farmen – alles umsonst. Fast alle diese Immobilien waren enteignetes Eigentum oppositioneller Libyer, die ins Ausland geflohen waren.

Die Libyer waren mit Flugtickets, Reisespesen und anderen Gastgeschenken äußerst großzügig und brachten durchreisende Mitglieder der Organisation in Hotels oder Privatvillen unter. Ein Jahr später, 1986, stellte der libysche Geheimdienst der Organisation internationale Telefonleitungen zur Verfügung. Das war damals ein besonders kostbares Geschenk, da nach dem amerikanischen Angriff auf Libyen im April 1986 alle Direktverbindungen gekappt worden waren und sämtliche Auslandsgespräche über die Vermittlung laufen mußten. Die Libyer stellten nicht nur die Telefonleitungen, sie bezahlten auch die Rechnungen.

Von größerer Bedeutung war jedoch, daß die Libyer der Organisation ab 1985 dabei halfen, Waffen nach Libyen zu bringen und dort zu lagern sowie Waffen aus Libyen herauszuschaffen und in Europa, Afrika und Asien Waffenverstecke anzulegen. In einigen Fällen bekamen Mitglieder der Organisation die Waffen erst übergeben, als sie bereits an Bord ihrer Maschine auf dem Flughafen von Tripolis waren. In anderen Fällen wurden Waffen mit libyschem Diplomatengepäck ins Ausland geschickt und in der jeweiligen libyschen Botschaft den Mitgliedern der Organisation ausgehändigt. Abu Nidal operierte jetzt nicht mehr unabhängig. Die Häuser und Wohnungen, in denen er und die Mitglieder seiner Organisation lebten, die Büroräume, in denen sie arbeiteten, die Einrichtungen, die er für seine Art Arbeit benötigte, all das stellte der libysche Geheimdienst. Er kooperierte so eng mit dem libyschen Geheimdienst, daß sie nicht mehr auseinanderzuhalten waren.

Eine Lieblingsidee Gaddafis war das »Nationalkommando der Revolutionären Arabischen Kräfte«, das er damals ins Leben rief, um sich die Führungsrolle in der radikalen Bewegung überall in der Region zu sichern. Über dieses Organ mußten die Führer anderer Palästinensergruppen, wie etwa Achhmed Dschibril oder

Abu Musa, mit der libyschen Regierung verhandeln. Im Gegensatz dazu hatte Abu Nidals Organisation als einzige direkten Kontakt zum libyschen Geheimdienst.

Abu Nidal erkannte bald, daß Libyen nur über höchst unzureichende Mittel für die Beschaffung nachrichtendienstlicher Erkenntnisse verfügte. Die Agentennetze waren praktisch nutzlos, da sie mit schlecht ausgebildeten Dilettanten besetzt waren. Die Offiziere waren faul und überließen die Arbeit gern anderen. Einer meiner Informanten drückte es so aus: »Wenn man zu den Libyern sagte: Ich beschaffe dir Informationen über den Tschad, dann stellten sie sofort alle Nachforschungen ein und warteten darauf, bis man ihnen die Akte auf einem Silbertablett servierte.« Also übernahm Abu Nidals Organisation zusätzlich zu der Überwachung, Schikanierung und Ermordung libyscher Oppositioneller im Ausland auch nachrichtendienstliche Aufgaben für Libyen. Er selbst widmete sich dieser Aufgabe mit solchem Eifer, daß er schon nach kurzer Zeit den libyschen Nachrichtendienst praktisch unter seine Kontrolle gebracht hatte.

Für Abu Nidal waren die Jahre 1985 bis 1987 eine Zeit fruchtbarer Zweigleisigkeit, in der er ständig zwischen Syrien und Libyen pendelte. Aber es war keine Frage, wem er den Vorzug gab. Gaddafi hatte ihn ins Herz des libyschen Systems eingeladen, und Abu Nidal fühlte sich dort wohl. Die Libyer erlaubten ihm, unter den Palästinensern im Land Anhänger für seine Organisation zu werben und eine energische öffentliche Kampagne durchzuführen. Kurz gesagt, sie erlaubten ihm, *politisch* tätig zu sein.

Gaddafi und Abu Nidal waren jetzt Partner. Nach Auskunft von Insidern, die den häufigen Treffen der beiden in jener Zeit beiwohnten, kamen sie prächtig miteinander aus und amüsierten sich damit, über ihre Gegner herzuziehen, bevor sie Pläne schmiedeten, wie sie sie am besten aus dem Weg räumen konnten.

8 Die Ermordung der Gemäßigten

»Ben Gurion sagte einmal, daß jeder, der an das zionistische Problem unter einem moralischen Aspekt herangehe, kein Zionist sei.«

Mosche Dayan

»Die PLO? Ein Haufen Verräter mit ein paar Patrioten darunter.«

Abu Nidal

Als ich mir Abu Nidals Werdegang im Irak und seinen Umzug nach Syrien und anschließend nach Libyen nochmals vor Augen führte, kam mir sein Fall zunächst typisch vor: Der Führer einer palästinensischen Splittergruppe, der auf der Suche nach einem sicheren Unterschlupf zuerst zum Söldner und dann, auf der Suche nach finanzieller Unabhängigkeit, zum Gangster geworden war. Ich ging nochmals das Material durch, das ich gesammelt hatte. Die irakische Regierung hatte ihn »aufgebaut«, als sie die Führungsrolle im radikalen arabischen Lager anstrebte, ihn aber während des Krieges mit dem Iran wieder fallenlassen. Die Syrer hatten ihn ins Land geholt, um mit seiner Hilfe einen Terrorkrieg gegen Jordanien zu führen, ihn dann aber an Libyen verloren, das ihn gegen seine »streunenden Hunde« und andere Feinde im Ausland hetzte. Alle drei arabischen »Gönner« waren gegen eine unabhängige PLO und hatten Abu Nidal auch dazu benutzt, Arafat in Schach zu halten.

Abu Nidal selbst gab sich als der entschiedenste Gegner einer friedlichen Übereinkunft mit Israel aus, wie sie der »Kapitulationist« Arafat seit 1974 anstrebte. Aber es war offenkundig, daß er gleichzeitig Chef einer Erpresserbande war und in dieser Eigenschaft wenig für die Sache der Palästinenser tat. Im Gegenteil: Die meisten seiner Operationen schienen den Palästinensern zu schaden. Der Mann war mir ein Rätsel. Ich verstand seine Motive nicht.

Ich wollte weitere Erkundigungen einziehen und verließ Tunis und sein politisches Treibhausklima von Aussteigern und Guerillakämpfern, um Informanten in Europa und im Nahen Osten zu befragen. Ich interviewte Geheimdienstbeamte und Polizisten, Journalisten und Politiker, mit einem Wort Leute, die aus dem einen oder anderen Grund ein berufliches Interesse am israelisch-palästinensischen Krieg hatten, weil einige Schlachten dieses Krieges in ihrem Land ausgefochten wurden oder immer noch werden. Wie dachten sie über Abu Nidal und seine Organisation?

Ich erhielt zwei völlig unterschiedliche Erklärungen. Die gängige Ansicht entsprach der von Abu Nidal selbst verbreiteten Version, wonach er in der seit zwanzig Jahren geführten internen Debatte, ob eine Kompromißlösung mit Israel für die Palästinenser denkbar oder sogar wünschenswert sei, lediglich eine extreme Position vertrete. Aber einige meiner Gesprächspartner äußerten eine Meinung, die aufsehenerregender war – und sich eher mit Abu Ijads Vermutungen deckte. Sie hielten Abu Nidal für ein Werkzeug der Israelis, sei es, weil der Mossad seine Organisation unterwandert habe (wie in den letzten fünfundzwanzig Jahren jede Palästinenserorganisation), sei es, weil er Abu Nidal selbst angeworben habe. Die Verfechter dieser Theorie argumentierten gewöhnlich wie folgt: Theoretisch seien Israel und Abu Nidal zwar erbitterte Gegner, praktisch aber seien ihre gegen die PLO gerichteten Ziele und Operationen einander so ähnlich, daß sich der Verdacht einer Zusammenarbeit auf operativer Ebene aufdränge.

So gesehen war Abu Nidal weniger das Produkt innerpalästinensischer Streitigkeiten als vielmehr das Produkt des langwierigen Krieges der Israelis gegen die Palästinenser. Abu Nidal mochte seinen arabischen Gönnern noch so viel schmutzige Arbeit abgenommen haben, und es war in der Tat eine Menge, daneben hatte er auch viele andere Terrorakte verübt, von denen allein Israel zu »profitieren« schien.

Es gab zwar nur wenig handfeste Beweise für diese Vermutung, aber es wurde viel darüber getuschelt. Ein leitender jordanischer Geheimdienstoffizier, der mittlerweile als Rentner in Amman lebt, sagte zu mir: »Überall, wo man in Abu Nidals Organisation herumkratzt, kommt der Mossad zum Vorschein.« Dieser Mann war darauf spezialisiert gewesen, die Zusammenarbeit mit dem israelischen Geheimdienst zu koordinieren und Agenten in die verschiedenen Palästinenserorganisationen einzuschleusen. Es ist eine wenig bekannte Tatsache, daß Israel und Jordanien seit Ende der sechziger Jahre kooperiert haben, um die Bedrohung, die ihrer Meinung nach von den palästinensischen Guerillas für sie ausging, einzudämmen.

Die ernste Krise der Jahre 1970 bis 1971, als König Hussein den Palästinenseraufstand niederschlug, führte zu einer enormen Intensivierung der israelisch-jordanischen Zusammenarbeit auf geheimdienstlichem Gebiet. Nach Angaben meines jordanischen Informanten brachten die Guerillas König Husseins Thron ins Wanken, riefen syrische Panzer zu Hilfe und ermordeten Husseins Premierminister Wasfi al-Tal. Vor diesem Hintergrund war es nicht überraschend, daß Hussein sich während der Krise an die Israelis wandte, um ein Gegengewicht zu Syrien zu schaffen, und hinterher seinen Geheimdienstkrieg gegen die Fedajin mit ihnen abstimmte.

Die meisten Palästinenser sahen sich einer doppelten Überwachung durch Israel und Jordanien ausgesetzt, deren exzellente Geheimdienste versuchten, die Militanz der Palästinenser einzudämmen und die diversen Palästinenserorganisationen jenseits ihrer Grenzen zu infiltrieren. Die Entstehung der Terrorgruppe »Schwarzer September« Anfang der siebziger Jahre zwang Israel und Jordanien sowie die anderen betroffenen Staaten, verstärkt Agenten in palästinensische Organisationen und Ausbildungslager einzuschleusen, die feindliche Operationen überwachen und, wenn möglich, verhindern sollten.

Die Andeutungen des jordanischen Geheimdienstoffiziers über eine mögliche Verbindung zwischen dem Mossad und Abu Nidal wurde von einigen anderen Informanten bestätigt. Ein deutscher Geheimdienstbeamter, der mit der Terrorismusbekämpfung betraut ist und den ich im April 1990 in London interviewte, erklärte mir: »Israel *muß* Männer wie Abu Nidal kontrollieren. Es *muß* ihn neutralisieren. Wenn es ihn benutzen kann, um so besser. Jeder andere Geheimdienst würde dasselbe tun, wenn er könnte.« Aber auch dies war selbstverständlich nur eine Meinung, die auf allgemeinen Beobachtungen fußte. Dann erklärte mir ein französischer Kenner der internationalen Terrorismusszene und erfahrener Nahost-Experte im Verlauf eines langen Interviews: »Auch wenn Abu Nidal selbst kein israelischer Agent ist, so sind es doch mindestens zwei oder drei seiner Spitzenleute. Anders sind einige seiner Operationen nicht zu erklären. Aber«, so fügte er hinzu, »die Spuren sind gut verwischt, und Beweise werden nur schwer zu finden sein.«

In solchen Kreisen war es anscheinend ein offenes Geheimnis, daß es zwischen Abu Nidal und dem Mossad gewisse Überlappungen, ein Stück gemeinsamen Bodens gab. Manche vermuteten, daß Abu Nidals Organisation auf unterer Ebene vom israelischen Geheimdienst infiltriert sei, andere wieder meinten, daß die Führung, vielleicht sogar Abu Nidal selbst oder Mitglieder seiner weitläufigen Familie, vom Mossad angeworben worden seien.

Ein ehemaliger CIA-Beamter, der in mehreren arabischen Ländern als Stationschef tätig gewesen war und eine unvoreingenommene und berufsmäßige Einstellung zum arabisch-israelischen Konflikt an den Tag legte, sprach eine deutlichere Sprache. »Es ist genauso leicht, den Mann an der Spitze anzuwerben wie jemanden weiter unten in der Hierarchie«, sagte er. »Sehr wahrscheinlich hat der Mossad Abu Nidal Ende der sechziger Jahre angeworben, als er sich mächtig ins Zeug legte und die neu gegründeten palästinensischen Guerillagruppen unterwanderte. Ich schätze, daß die Anwerbung 1969 im Sudan erfolgte, als er dort die Fatah vertrat. Und als sie ihn aufgebaut, bezahlt und instruiert hatten, gab es für ihn kein Zurück mehr. Ein Ausstieg hätte seinen Tod bedeutet. Die Engländer können es nicht gewesen sein, ebensowenig die Franzosen oder die Amerikaner. Nur Israel hatte die Professionalität und die Motivation, ihn über zwanzig Jahre zu unterstützen und zu lenken.«

Diese Argumente aus dem Mund eines Geheimdienstprofis klangen plausibel, aber sie waren immer noch kein stichhaltiger Beweis. Aussagen von Palästinensern tat ich von vornherein als voreingenommen ab. Einer, der viel Zeit gehabt hatte, die Methoden der Israelis zu studieren, war Abu Ali Schahin, ein altgedienter Guerillakämpfer. Er war 1967 von den Israelis im Westjordanland verhaftet worden, weil er eine geheime Zelle gegründet hatte, und verbrachte die folgenden siebzehn Jahre in israelischen Gefängnissen – davon die ersten dreizehn Jahre und zehn Monate in Einzelhaft, wie er mir erzählte.

Als ich ihn im August 1990 in Tunis interviewte, saß mir ein kleiner, kräftiger, etwa sechzigjähriger Mann gegenüber. Er trug einen dicken Schnurrbart, eine runde Brille und hatte geduldige unergründliche Augen. Er war von einem tiefen Haß gegen Israel erfüllt, aber, wie mir schien, durchaus zu einem objektiven Urteil fähig. Nach Aufhebung seiner Einzelhaft hatte er mit anderen Gefangenen über ihre Erfahrungen sprechen können. »Israel«, so sagte er mir, »unternimmt große Anstrengungen, Häftlinge im Gefängnis mit Hilfe unterschiedlichster Druckmittel und Anreize ›umzudrehen‹. Außerdem rekrutiert Israel palästinensische Studenten, die Israel verlassen und an arabischen Universitäten studieren. Die meisten bekommen den Auftrag, in palästinensische Organisationen einzudringen und dann Bericht zu erstatten. Israel hat ein permanentes Interesse daran, Palästinensergruppen zu infiltrieren, darunter auch Abu Nidals Gruppe.«

Der Zwang zur Infiltration

Das Prinzip der Infiltration ist allgemein üblich. Es ist eine Binsenwahrheit geheimdienstlicher Tätigkeit, daß eine wirksame Bekämpfung von Terrorismus und Aufruhr nur durch Spionageaktivitäten innerhalb des feindlichen Lagers möglich ist. Die palästinensische Guerillabewegung ist seit ihrem Übergang zum »bewaffneten Kampf« Mitte der sechziger Jahre zu gefährlich geworden, als daß man sie unbeobachtet lassen könnte. Alle Hauptakteure in der Region und eine Menge von außerhalb haben es für notwendig erachtet, ihre Aktivitäten zu überwachen und zu kontrollieren – mit anderen Worten, sie zu infiltrieren.

Einige Guerillagruppen werden nahezu offen infiltriert. So gibt es in der Fatah eine irakische Fraktion, eine ägyptische Fraktion, eine syrische Fraktion – und wenn es auch keine israelische Fraktion gibt, so doch eine Vielzahl israelischer Agenten. Abu Nidals geschlossene und geheime Organisation, die mißtrauisch über ihre Geheimnisse wacht, ist schwerer zu infiltrieren, aber aus naheliegenden Gründen versuchen es der Irak, Syrien, Jordanien, Ägypten, die Fatah und Israel immer wieder, und fraglos ist es ihnen auch häufig gelungen. In sämtlichen Palästinenserorganisationen wimmelt es von Infiltrationsagenten aus nahezu allen arabischen Staaten.

Die arabischen Staaten haben aus drei Gründen ein Interesse an der Überwachung der Palästinenser. Erstens aus Sicherheitsgründen. Da Israel Angriffe von palästinensischer Seite gewöhnlich mit Gewaltaktionen gegen jene arabischen Staaten beantwortet, die Palästinensern Zuflucht gewähren, müssen sich diese Staaten über die Aktivitäten ihrer Schützlinge auf dem laufenden halten, wenn sie sich vor Vergeltungsmaßnahmen schützen wollen. Zum zweiten geht es um das Prestige. Das Martyrium der Palästinenser spielt momentan im arabischen Bewußtsein eine so große Rolle, daß jeder arabische Herrscher sich gern als Fürsprecher der Palästinenser profiliert. Der dritte Grund hat etwas mit den innerarabischen Fehden zu tun. Die Palästinenser werden von arabischen Regierungen so oft gegeneinander benutzt, daß die meisten arabischen Staaten irgendwann einmal versucht haben, die PLO unter ihre Kontrolle zu bekommen. Als Staaten wie Syrien oder der Irak damit keinen Erfolg hatten, gründeten sie ihre eigenen Palästinenserfraktionen, um sie gegen ihre Rivalen oder gegen die PLO selbst einzusetzen.

Freilich beschäftigt sich kein Staat der Region so intensiv mit den Palästinensern wie Israel. Ein ehemaliger Mitarbeiter des israelischen Geheimdiensts erklärte mir, daß Israel im vergangenen Vierteljahrhundert Palästinenserorganisationen jeder politischen Couleur infiltriert habe. Alles andere, so der Israeli, hätte eine selbstzerstörerische Vernachlässigung seiner nationalen Verantwortung bedeutet.

Zu diesem Zweck bedienten sich Israelis hauptsächlich der großen palästinensischen Bevölkerung, die nach dem Sechs-Tage-Krieg von 1967 unter ihre Herrschaft kam und deren Schicksal von ihnen abhing. Schin Bet, der israelische Sicherheitsdienst, und Mossad, der Geheimdienst, haben in großer Zahl palästinensische Agenten »gekauft« oder zur Mitarbeit gezwungen und dazu benutzt, den Widerstand in den besetzten Gebieten zu brechen und Guerillatruppen außerhalb dieser Gebiete zu infiltrieren. Zeev Schiff, ein angesehener israelischer Kriegsberichterstatter, schrieb am 21. August 1989 in der israelischen Tageszeitung *Haaretz,* daß die Zahl der Informanten oder Kollaborateure in den besetzten Gebieten auf ungefähr fünftausend geschätzt werde – das sind die Leute, die während der Intifada von ihren palästinensischen Landsleuten oft auf brutalste Weise umgebracht wurden.

Bereits 1967 wurde eine israelische Rekrutierungswelle aufgrund ihrer Erfolge unter den Palästinensern »Operation Sintflut« getauft. »Die Israelis bauen auf Quantität«, erklärte mir mein jordanischer Geheimdienstinformant. »Sie versuchen, fast jeden palästinensischen Studenten anzuwerben, der in ein arabisches Land reist. Auf diese Weise können sie gar nicht verlieren. Wenn der Student zur Mitarbeit bereit ist, haben sie einen Informanten gewonnen. Wenn er sich weigert, lassen sie ihn nicht wieder in die besetzten Gebiete einreisen und sind damit einen weiteren Palästinenser los.« Diese jungen Palästinenser geraten unter enormen Druck. Wenn sie nicht kooperieren, sehen sie ihre Familien womöglich nie wieder. Oft sind sie der alleinige Ernährer der Familie und haben schlicht keine andere Wahl, als nach Hause zurückzukehren. Und deshalb schicken sie dann auch Berichte an die Postfachadressen, die ihnen der Mossad genannt hat.

Dank der Informationen solcher Agenten war Israel Ende der sechziger Jahre in der Lage, den palästinensischen Guerillakrieg gegen Israel im Keim zu ersticken und das Palästinenserproblem in den Griff zu bekommen.

Der Tod eines Agentenführers

Im Frühjahr 1991 gelang es mir nach schwierigen Verhandlungen, in Zypern einen ausgeschiedenen Geheimdienstoffizier der Fatah zu interviewen. Er war ein hagerer Mann mit langer Nase und traurigen Augen und behauptete, er habe 1973 in Madrid einen Agentenführer des Mossad namens Baruch Cohen in den Tod gelockt. Cohen hatte ein europaweit operierendes Netz aus palästinensischen Studenten aufgebaut, mit deren Hilfe er die Guerillabewegungen infiltrierte.

Der Fatah-Offizier erklärte zuerst, wie er für Cohen den Köder gelegt hatte. Im Jahr 1972, als er mit Unterstützung seines in Kuwait lebenden Bruders in Spanien studierte, erhielt er von der Fatah die Anweisung, seinen Eltern in den besetzten Gebieten einen

Brief zu schreiben, in dem er ihnen mitteilte, daß er sein Studium abbrechen müsse, da er nicht genug Geld habe. Die Fatah wußte, daß der Mossad die Post zensierte und ihn aufgrund seiner finanziellen Probleme als potentiellen Kandidaten für eine Agententätigkeit einstufen würde. Und tatsächlich erhielt der Palästinenser wenig später, im Oktober 1972, einen Telefonanruf von einem Mann, der sich Sami Haddad nannte und arabisch mit Jerusalemer Akzent sprach. Haddad erklärte, er sei ein Freund seines Bruders in Kuwait. Die beiden verabredeten sich im Plaza-Hotel in Madrid.

»Er war ein kleiner, freundlicher Mann«, berichtete mir der ehemalige Fatah-Offizier. »Am Anfang war er ganz lustig, erzählte und machte Witze. Dann kam er darauf zu sprechen, wie schwierig es für meinen Bruder sei, mich zu unterstützen, und erwähnte den Brief, in dem ich meinen Eltern meine Sorgen geschildert hatte. Ich tat so, als glaubte ich tatsächlich, daß er ein Freund der Familie sei. Dann wurde er plötzlich ernst und eröffnete mir, daß er für den Mossad arbeite. Er forderte mich auf, für ihn zu arbeiten.«

Obwohl der Palästinenser genau diesen Ablauf der Dinge hatte herbeiführen sollen, ließ er sich von seinen Gefühlen übermannen. Er hatte das Westjordanland vor 1967 verlassen und noch nie Kontakt zu Israelis gehabt. Er sprang auf und erklärte das Gespräch für beendet.

»Setz dich!« schrie Sami Haddad wütend. »Ich habe einen Brief von deinem Vater.«

»Sie lügen! Mein Vater kann nicht schreiben.«

Er erkannte die Handschrift seines jüngeren Bruders, der die sechste Klasse besuchte und für den Vater die Briefe schrieb.

»Deine Familie ist in unserer Gewalt«, erklärte Haddad. »Ihr Leben liegt in deiner Hand. Wenn du willst, daß sie am Leben bleiben, dann tust du besser, was ich dir sage.«

Der Palästinenser tat so, als sei er völlig eingeschüchtert, und willigte ein, Haddad die von ihm gewünschten Informationen zu beschaffen. Es ging dabei vorwiegend um Informationen über die Aktivitäten palästinensischer Studenten und Studentengruppen in Spanien und über das PLO-Büro in Madrid. Drei Monate lang erstattete er ihm regelmäßig Bericht.

Bei einem ihrer Geheimtreffen erklärte Sami Haddad dem Palästinenser, er sei nach Tel Aviv zurückbeordert worden, um »Die

Rote Front« auszuspionieren, einen Spionagering linksgerichteter Juden und arabischer Nationalisten, die angeblich im Dienst Syriens standen. Aber Fatah-Agenten in Madrid, die Haddad beschatteten, stellten fest, daß er nicht nach Tel Aviv reiste, sondern nach Brüssel; die dortige israelische Botschaft war seine Operationsbasis. Außerdem fanden sie heraus, daß er in Wirklichkeit Oberst Baruch Cohen hieß und an der Ermordung zweier PLO-Vertreter in Europa beteiligt gewesen war. Der eine, Wail Zuaitar, war im Oktober 1972 in Rom, und der andere, Mahmud al-Hamschari, im Dezember in Paris ermordet worden. Wie mir mein Informant erklärte, beschloß die Fatah daraufhin, Baruch Cohen bei seiner Rückkehr nach Madrid zu töten.

Der Palästinenser und Cohen trafen sich Mitte Januar wieder. Cohen befahl ihm, in den Libanon zu reisen, um eine von Beirut aus operierende Zelle des »Schwarzen September« zu infiltrieren. Sie verabredeten sich für den 26. Januar im Café La Palmera in der José-Antonio-Straße. Aber diesmal kam der Palästinenser in Begleitung eines bewaffneten Komplizen, der an einem Zeitungsstand in der Nähe des Eingangs wartete. Als Cohen das Café verließ, wurde er aus nächster Nähe erschossen. Die beiden Palästinenser entkamen.

Aber derartige Erfolge der PLO waren selten. Abu Ijad berichtete mir, die PLO habe im Lauf der Jahre sechs Agenten des Mossad getötet, aber im gleichen Zeitraum weit mehr eigene Männer verloren. Es sei eben ein ungleicher Kampf, so Ijad.

Von Infiltration zu Manipulation

Wie der Fall Baruch Cohen zeigt, war die Infiltration palästinensischer Organisationen durch Israel an der Tagesordnung. Aber das war längst nicht alles. Die meisten der von mir befragten Geheimdienstinformanten stimmten darin überein, daß man Infiltrationsagenten nicht nur dazu benutzte, den Feind zu neutralisieren oder zu zerstören, sondern darüber hinaus versuchte, ihn so zu *manipulieren,* daß er tat, was man wollte, ohne es zu merken. Ging man geschickt zu Werke, wurde die gegnerische Organisation zum verlängerten Arm der eigenen. Für Leute aus dem Bereich der Gegenspionage ist das der Stoff, aus dem die Träume sind.

Nach Meinung meiner Gesprächspartner aus Geheimdienstkreisen mußte Israel in einem extremistischen Palästinenser wie Abu Nidal zwangsläufig einen Mann sehen, der provozierbar und manipulierbar war, da er innerhalb der palästinensischen Bewegung erheblichen Schaden anrichtete. Seine radikale Haltung machte ihn zu einem potentiellen Instrument gegen Arafat und die PLO. Wenn er dazu angestachelt werden konnte, Anhänger Arafats umzubringen, um so besser.

Der Franzose Gérard Chaliand, ein Experte in Sachen irregulärer Kriegführung, erklärt in seinem Buch *Terrorismes et Guérillas* (1985), wie ein Staat die inneren Widersprüche einer Guerilla- oder Befreiungsbewegung ausnutzen kann, indem er Splittergruppen manipuliert, und seien sie auch noch so klein. Als Beispiel führt er die portugiesische Geheimpolizei PIDE an, die die Ermordung von Amilcar Cabral, dem Führer der antiportugiesischen Bewegung in Guinea-Bissau und Kap Verde, einfädelte, indem sie Mitglieder von Cabrals eigener Partei, der PAIGC, manipulierte. Den schwarzen Bewohnern Guinea-Bissaus wurde die Unabhängigkeit versprochen, wenn sie sich die in Kap Verde lebenden Mischlinge, zu denen auch Cabral gehörte, vom Hals schafften. Es gibt zahlreiche Beispiele dafür, wie Geheimdienste in vielen Teilen der Welt mit fragwürdigen Methoden Aufrührer bekämpft haben.

Aber die Tatsache, daß andere Befreiungsbewegungen manipuliert wurden, beweist noch lange nicht, daß dies auch im Fall Abu Nidal geschah. Gleichwohl hatte ich einen Anhaltspunkt. Ich beschloß, mir die zahlreichen Morde an gemäßigten Palästinensern noch einmal genauer anzusehen, inbesondere die Anschläge auf die fünf bekannten palästinensischen ›Tauben‹ Hammami, Jasin, Kalak, Chudr und Sartawi, die zwischen 1978 und 1983 in London, Kuwait, Paris, Brüssel und Portugal ermordet worden waren, angeblich von Abu Nidal. Ich fragte mich, ob es irgendwelche Beweise für eine israelische Beteiligung an diesen Morden gab.

Es gab zwar genügend Beweise für eine israelische Infiltration palästinensischer Organisationen, doch Manipulation war eine andere Sache, wie mir der pensionierte israelische General des militärischen Geheimdienstes erklärt hatte.

Die Bombe und die Kugel

In den vergangenen fünfzig Jahren wurden viele Palästinenser getötet, sowohl von den Israelis als auch von ihren eigenen arabischen Brüdern. Palästinenser starben im israelisch-palästinensischen Krieg von 1947–48, der zur Gründung des Staates Israel führte; dann im Sechs-Tage-Krieg von 1967, in dem Israel das restliche Palästina eroberte; sie starben 1970–71 bei der Kraftprobe mit König Hussein von Jordanien und bei der »Befriedung« des Gaza-Streifens durch General Ariel Scharon; bei den Kämpfen gegen die Maroniten im Libanon und gegen Syrien 1975–76; bei den israelischen Invasionen im Libanon 1978 und 1982 wie auch beim Fatah-Aufstand von 1983; im »Krieg der Lager« zwischen Palästinensern und Schiiten 1986–87. Und auch Israels Unterdrückung der Intifada seit 1987 und seine wiederholte, bis zum heutigen Tag anhaltende Bombardierung palästinensischer Siedlungen und Stellungen kostete viele Palästinenser das Leben, nicht zu vergessen die Verfolgungen, denen Palästinenser in Kuwait und anderswo wegen ihrer Unterstützung Saddam Husseins im Golfkrieg von 1991 ausgesetzt sind.

Zusätzlich zu diesen auf dem »Schlachtfeld« Gefallenen hat auch der Widerstand viele Tote zu beklagen. Wie aus der Liste im zweiten Kapitel hervorgeht, wurden viele der klügsten Köpfe von Israel oder von Abu Nidal kaltblütig erschossen oder in die Luft gesprengt, wobei häufig unklar war, wer die Fäden in der Hand hielt. Jassir Arafat ist bislang einer Ermordung entgangen, wenn auch oft nur mit knapper Not. So vor allem während der Belagerung Beiruts durch Israel 1982 und dann 1985, als die Israelis sein Hauptquartier in Tunis bombardierten. Viele seiner Mitarbeiter hatten weniger Glück. Ihre Ermordung hat die PLO geschwächt.

Ich begann also, den politischen Hintergrund dieser Morde zu untersuchen. Abu Nidals Bruch mit der Fatah, der folgenschwerste ihrer Geschichte, geschah im Oktober 1974, in einem Augenblick, der für das Schicksal der Widerstandsbewegung von ganz entscheidender Bedeutung war. Jassir Arafat hatte die Führer der arabischen Staaten dazu gebracht, die PLO als »alleinige legitime Vertreterin« des palästinensischen Volkes anzuerkennen; er hatte die Aktivisten des »Schwarzen September« gezähmt und dem von der PLO ausgehenden Terrorismus ein Ende gesetzt; er hatte vor der Vollversammlung der Vereinten Nationen eine Rede gehalten und seiner Organisation den Beobachterstatus gesichert. Arafats Bemühungen, seine Anhängerschaft davon zu überzeugen, den bewaffneten Kampf zugunsten politischen Handelns aufzugeben, waren ein deutliches Signal, daß auch er an einer friedlichen Lösung des Konflikts mit Israel interessiert war.

Wie wir bereits erwähnt haben, sahen sowohl die Israelis wie auch radikale Palästinenser in diesem Programm eine tödliche Bedrohung, und Arafat geriet in den folgenden Jahre zwischen zwei Fronten.

Die israelische Rechte vertrat den Standpunkt, daß jede Konzession an den palästinensischen Nationalismus die Legitimität des zionistischen Unternehmens untergrabe und die Integrität des »Landes Israel« bedrohe. Für besonders gefährlich erachteten es Vertreter dieser Linie, daß Arafat in der Weltöffentlichkeit ein neues Bewußtsein für das Palästinenserproblem geschaffen hatte. In den Augen der Welt handelte es sich nicht mehr nur um einen arabisch-israelischen Grenzkonflikt, der allenfalls ein paar heimatlose Flüchtlinge betraf, sondern um den Kampf einer Befreiungsbewegung um nationale Selbstbestimmung. Je mehr Sympathien Arafat für die PLO errang, und je mehr er sich international profilierte, desto mehr sahen sich Israel und seine Freunde genötigt, ihn zu stoppen.

Schon unter Premierminister Jizchak Rabin von der Arbeiterpartei war Israels Haltung gegenüber den Palästinensern negativ genug: Rabin hatte keinerlei Interesse daran, PLO-Gemäßigte zu unterstützen, und widersetzte sich der Errichtung eines Palästinenserstaates. Doch mit dem Amtsantritt Menachem Begins im Mai 1977 schlug Israel einen gewalttätigen und unversöhnlichen Kurs ein. Jede Übereinkunft mit den Palästinensern wurde strikt abgelehnt. So sehr sich Arafat auch bemühte, seine Organisation in eine gemäßigte Richtung zu steuern, so entschlossen blieb Begin, ihm jede politische Anerkennung zu verweigern und keinen Zentimeter Land abzutreten. Für Begin und seinen Nachfolger Jizchak Schamir waren die gemäßigten Palästinenser die eigentlichen Feinde, denn durch die Beeinflussung der öffentlichen Meinung im In- und Ausland zugunsten eines Friedensabkommens konnten sie Israel unter Umständen dazu zwingen, Verhandlungen aufzunehmen, an deren Ende territoriale Zugeständnisse stehen würden.

Die Israelis machten kein Hehl daraus, daß sie Verhandlungen mit der PLO rundweg ablehnten, wie mehrere amerikanische Regierungen bei ihren Vermittlungsbemühungen im Nahen Osten feststellen mußten. Jizchak Schamirs einflußreicher politischer Berater Jossi Ben-Aharon gab 1986 eine freimütige Erklärung zu Israels Politik gegenüber der PLO ab:

> Im israelischen Lager besteht keinerlei Anlaß für Uneinigkeit zwischen Likud und Arbeiterpartei. Man arbeitet zusammen und stimmt grundsätzlich darin überein, daß eine Beteiligung der PLO an Gesprächen oder etwas anderem nicht in Frage kommt ... Niemand, der mit der PLO in Verbindung steht, kann die Sache der Palästinenser vertreten. Wenn es überhaupt eine Hoffnung auf Vereinbarungen gibt, die dieses Problem lösen, dann muß die Vorbedingung hierfür die völlige Zerschlagung der PLO in dieser Region sein. Politisch, psychologisch, sozial, wirtschaftlich, ideologisch. Sie darf nicht mehr den geringsten Einfluß haben ...

Israels Strategie zielte darauf ab, die PLO mit allen Mitteln zu zerschlagen. Dazu gehörte unter anderem, daß es speziell geschulte Kommandoeinheiten auf Palästinenserführer ansetzte und 1982 im Libanon einen regelrechten Krieg entfesselte, um Arafats Organisation zu liquidieren. Es war daher durchaus denkbar, daß Israel, so es denn die Möglichkeit dazu hatte, Abu Nidal dazu benutzte, Männer aus Arafats Lager zu ermorden. Eine Allianz der Gegner einer friedlichen Übereinkunft war nicht ausgeschlossen.

Genauso wie Israel in der PLO eine Bedrohung sah, die es auszuschalten galt, sah auch Abu Nidal in Arafat einen Verräter, weil er die »Abtretung« von achtzig Prozent des palästinensischen Territoriums an Israel in Erwägung zog, eine Lösung, die den meisten Palästinensern eine Rückkehr in ihre ursprüngliche Heimat ein für allemal verwehrt hätte. Vor 1974 war Abu Nidal der Mann, um den sich alle Arafat-Kritiker aus dem linken Lager der Fatah scharten. Nach 1974 wurde er zu einer tödlichen Gefahr: Er spaltete die Palästinenserbewegung, setzte sie in den Augen der Welt mit dem Terrorismus gleich und brachte dann die Gemäßigten durch Mord zum Schweigen.

Vor seinen Anhängern rechtfertigte er sich damit, daß er Arafat und seine Kollegen in der Fatah als den »inneren Feind« brandmarkte – einen Feind, der für die palästinensische Revolution weit gefährlicher sei als der äußere zionistische Feind. An der Spitze der Fatah, so wetterte er, säßen Verräter, die die Revolution zu hintertreiben suchten, indem sie auf eine »friedliche Lösung« mit Israel hinarbeiteten. Eine solche »Kapitulation« gelte es unter allen Umständen zu verhindern. Der verräterische »innere Feind« müsse vernichtet werden.

Inwieweit agierten Israel und Abu Nidal in ihren Aktionen gegen die PLO unabhängig voneinander und inwieweit arbeiteten sie zusammen? Dies, so entgegneten mir meine Informanten aus Geheimdienstkreisen, sei das Rätsel, das jeder Geheimdienst gerne lösen würde.

Ich überlegte mir, daß es fast für alle Morde an gemäßigten Palästinensern eine alternative Erklärung gab. Wenn beispielsweise Abu Ijads Mutmaßungen richtig waren, so könnte Abu Nidal den gemäßigten Dr. Isam Sartawi 1983 in Portugal deshalb ermordet haben, weil Israel ein Interesse daran hatte, einen gemäßigten und prominenten Palästinenser zu beseitigen, der auf westliche Politiker einen tiefen Eindruck gemacht hatte. Genauso gut konnte ihn Abu Nidal aber auch getötet haben, weil er Sartawi für einen Verräter hielt, der mit dem Feind Israel paktierte.

Man könnte jedoch argumentieren, daß die erfolgreiche Manipulation einer scheinbar feindlichen Organisation für gewöhnlich *nur unter dem Deckmantel einer alternativen Erklärung möglich ist.* Hätte Abu Nidal das Opfer Sartawi in seiner Zeitschrift nicht als Verräter an der palästinensischen Revolution beschimpft und verleumdet, so hätte er den Mord, vorausgesetzt er war tatsächlich von außen manipuliert, nicht als angemessene Antwort auf Verrat rechtfertigen können.

Überdies machten es Abu Nidals Gewaltakte Israel leichter, *alle* Palästinenser als Terroristen und Mörder abzustempeln und die PLO als Verbrecherbande hinzustellen, die für friedliche Verhandlungen nicht in Betracht kam. Dies paßte nur zu gut zu der israelischen Position, daß die PLO nie von ihrem terroristischen Stigma befreit oder als Partner in einem Friedensprozeß akzeptiert werden dürfe. »Wie wollen Sie mit einem Mann verhandeln, der Sie umbringen will?« lautete eine Standardfrage der Israelis.

Die Mordkampagne

Am 4. Januar 1978 wurde Arafats gemäßigter »Botschafter« in London, Said Hammami, durch einen Kopfschuß getötet. Der Täter spuckte Hammami an, bevor er abdrückte und davonrannte. Wenige Wochen zuvor, im November 1977, hatte der ägyptische Präsident Sadat Israel einen Besuch abgestattet. Diese kühne Initiative, im Westen als Durchbruch gefeiert, wurde von vielen Arabern als Verrat verurteilt. Auch Arafat übte Kritik an Sadat, aber so zögernd, daß die arabischen Hardliner argwöhnten, er wolle selbst nach Israel reisen. Alle Welt wußte, daß er Hammami, seinen Mann in London, dazu ermutigt hatte, Friedensfühler zur israelischen Linken auszustrecken. Für Abu Nidal und seine irakischen Hintermänner waren derartige Kontakte gleichbedeutend mit Verrat, und Hammami verdiente den Tod.

Hammami war auf palästinensischer Seite einer der eloquentesten Verfechter einer friedlichen Koexistenz von Palästinensern und Israelis. Seit 1975 war er mehrmals mit Israelis zusammengetroffen, die für eine friedliche Lösung eintraten. Einer seiner Gesprächspartner war der Verleger und Schriftsteller Uri Avnery, der in seinem Buch *Mein Freund der Feind* (1988) eine packende Schilderung dieser heimlichen, aber fruchtlosen Begegnungen liefert.

Der Mord an Hammami war der Auftakt zu einer Reihe von Terroranschlägen, denen in den folgenden fünf Jahren die besonnensten und überzeugendsten Sprecher der Palästinenser im Westen zum Opfer fielen. Ganz offensichtlich hatte es jemand darauf abgesehen, Arafats diplomatische Bemühungen zu hintertreiben und ihm zu einem Zeitpunkt, da er bereit war, über Frieden zu sprechen, den Wind aus den Segeln zu nehmen. Die Folge war, daß die Gemäßigten innerhalb der palästinensischen Bewegung aus Angst verstummten. Nur wenige hatten noch den Mut, die Kontakte zur israelischen Linken aufrechtzuerhalten. Die überfallartigen Angriffe auf gemäßigte Palästinenser hatten gezeigt, wie gefährdet die ›Tauben‹ in der PLO waren und daß die Polizei in den europäischen Staaten es nicht gerade als vordringliche Aufgabe ansah, sie zu beschützen.

Trotzdem fand die englische Polizei heraus, daß ein gewisser Kajid Hussein (manchmal auch unter dem Namen Asad Kajid bekannt) Hammami ermordet hatte. Kajid war gebürtiger Tunesier, Mitglied von Abu Nidals Organisation und in London als Student immatrikuliert.

Am 13. Februar 1978, wenig mehr als einen Monat nach dem Mord, fand in London eine Gedenkfeier für Said Hammami statt. Einer der Redner war Claude Bourdet, führendes Mitglied der französischen Résistance im Zweiten Weltkrieg, Gründer der Untergrundzeitschrift *Combat* und ein Mann, der sich mit Geheimdienstoperationen auskannte. Er schloß seine Rede mit folgenden Worten:

> Könnte es nicht sein, daß die Leute, die hinter Saids Tod steckten – nicht die Leute, die den Abzug bedienten und den Mörder schützten, nicht einmal diejenigen, die ihm die Befehle gaben –, nein, sondern diejenigen, die möglicherweise durch subtile Tricks und Täuschung weniger begabte Hirne vergifteten, eine Situation herbeiführten, die die Organisatoren dieses Mordes glauben machte, daß sie der arabischen, der palästinensischen Sache einen Dienst erwiesen ...
> Einen Mord kann man auf die unterschiedlichste Art provozieren. Ohne ihn selbst zu *verüben,* ohne ihn *anzuordnen.*
> Es wäre nicht das erste Mal in der Geschichte, daß extreme Radikale von ausländischen Agenten manipuliert werden – auf eine Art und Weise, die sie selbst nicht verstehen.

Bourdets Andeutung, Hammamis Killer könnten von ausländischen Agenten manipuliert gewesen sein, ist selbstverständlich eine reine Vermutung, aber mit den »ausländischen Agenten« meinte er zweifelsohne die Israelis. Auch dieser erfahrene Franzose dachte also in dieselbe Richtung wie Abu Ijad.

Arabische wie israelische Gegner einer friedlichen Lösung hatten ein Interesse am Tod Hammamis. Abu Nidal und die Führer des Irak haßten ihn für seine versöhnlerische Sprache. Ich erfuhr, daß in den Monaten vor seinem Tod Abu Nidals Organisation von ihm verlangt hatte, eine Pressekonferenz anzusetzen und Arafat öffentlich eine Absage zu erteilen. Hammami hatte sich geweigert. Aber auch den israelischen ›Falken‹ war er ein Dorn im Auge, weil er eine Zwei-Staaten-Lösung anvisierte und Einfluß auf die öffentliche Meinung in Großbritannien hatte. Es war klar, daß

Abu Nidals Mann den Mord an Hammami mit irakischer Billigung begangen hatte. Aber hatte Israel durch Manipulation das Mordkomplott beschleunigt? Soweit ich erkennen konnte, gab es hierfür keinerlei Beweise. Das Rätsel blieb ungelöst.

Am 18. Februar 1978, wenige Tage nach der Gedenkfeier für Hammami, schlug Abu Nidal erneut zu. Zwei seiner Männer stürmten die Lobby des Hilton-Hotels in Nikosia und erschossen Jusuf al-Sibai, den Herausgeber der ägyptischen Zeitschrift *al-Ahram* und Vertrauten Präsident Sadats, den er nach Jerusalem begleitet hatte. Mit dem Attentat wollte man Sadat bestrafen und ihm einen Vorgeschmack davon geben, was ihn erwartete.

Abtrünnige aus Abu Nidals Organisation erzählten mir in Tunis, daß Sami Muhammad Chudr (Deckname Suhair al-Rabba) – einer von Abu Nidals gefährlichsten Männern im Ausland, von dem noch die Rede sein wird – die Operation in enger Zusammenarbeit mit dem irakischen Geheimdienst geleitet habe. Das klang plausibel, denn bei der allgemeinen Ächtung Ägyptens wegen seiner Kontakte zu Israel übernahm der Irak damals die Vorreiterrolle.

Nachdem die Attentäter Sibai niedergestreckt hatten, nahmen sie Hotelgäste als Geiseln und verlangten für ihre Flucht ein Flugzeug der zypriotischen Fluggesellschaft. Ihre Forderung wurde erfüllt, aber das Flugzeug erhielt nirgends in der Region Landeerlaubnis und mußte nach Larnaka zurückkehren. In der Zwischenzeit hatte Sadat ein Kommando ägyptischer Soldaten nach Nikosia geschickt mit dem Auftrag, die Schützen zu überwältigen und die Geiseln zu befreien. Die Zyprioten lehnten eine solche ausländische Einmischung ab. Als die Ägypter landeten, wurden sie von der zypriotischen Nationalgarde in ein stundenlanges Gefecht verwickelt, bei dem fünfzehn Ägypter ums Leben kamen. Während Zypern und Ägypten sich gegenseitig noch heftigste Vorwürfe machten, ließen die Attentäter ihre Geiseln frei und gaben auf. Dies schien mir ein gutes Beispiel für Abu Nidals zerstörerische Fähigkeiten.

Die Morde an Jasin und Kalak

Drei Monate später fielen drei prominente PLO-»Botschafter« Anschlägen zum Opfer. Am 15. Juni 1978 wurde Ali Jasin, Fatah-Vertreter in Kuwait und ein angesehener Gemäßigter, in seinem

Haus erschossen. Am 3. August 1978 erlag Iss al-Din Kalak, PLO-Vertreter in Frankreich, in Paris den Folgen eines Attentats. Er war ein kultivierter, freundlicher Mann, der sich ganz der palästinensischen Sache verschrieben hatte und auf die französische Öffentlichkeit beträchtlichen Eindruck gemacht hatte. Zwei Tage später, am 5. August, wurde das PLO-Büro in Islamabad beschossen. Vier Menschen starben, aber Jusif Abu Hantasch, der PLO-Vertreter, kam mit dem Leben davon.

Die PLO machte sofort Abu Nidal und den Irak für diese Morde verantwortlich. Besonders der Mord an Jasin löste Empörung aus. »Ich trachtete Abu Nidal nie nach dem Leben. Das änderte sich an dem Tag, als er Ali Jasin umbringen ließ«, erklärte mir Abu Ijad. (Er fügte hinzu, daß er mehrere Attentate auf Abu Nidal eingefädelt habe – einmal, bei einem seiner offiziellen Besuche in Bagdad, habe er sogar selbst die Waffen ins Land geschmuggelt. Aber der irakische Geheimdienst habe Abu Nidal ebenso streng bewacht wie Präsident Bakr oder Saddam Hussein.)

Jasin hatte viele Freunde gehabt – einst war er sogar mit Abu Nidal befreundet gewesen, hatte ihn in Bagdad mit Autos versorgt und ihm Elektrogeräte aus Kuwait geschenkt. Die palästinensische Bewegung reagierte auf seine Ermordung mit Abscheu und Unverständnis.

Um Jasin zu rächen, ging die Fatah zum Krieg über und beschoß am 17. Juli 1978 die irakische Botschaft in Beirut mit Raketen. Zwei Tage später stürmte sie Abu Nidals Büro in der libyschen Hauptstadt Tripolis und tötete zwei seiner Männer. Am 24. Juli deponierte die Fatah eine Bombe vor der irakischen Botschaft in Brüssel. Am 28. Juli entging der irakische Botschafter in London nur knapp einem Attentat, und drei Tage später versuchte Said Hammamis Bruder Ahmad, die irakische Botschaft in Paris zu stürmen, woraufhin Botschaftsangehörige das Feuer eröffneten und einen französischen Polizisten töteten.

Am Tag nach diesem Vorfall, am 3. August 1978, wurde Iss al-Din Kalak in Paris ermordet (zusammen mit Adnan Hammad, dem Bruder von Nimr Hammad und PLO-Vertreter in Rom, der zufällig auf Besuch bei Kalak war). Kalaks Büro lag über einem Café. Auf dem Weg dorthin winkte er einem Studenten zu, der im Café saß. Es war sein Mörder. Als Kalak bemerkte, daß er hinter ihm die Treppe heraufstieg, versuchte er sich zu verbarrikadieren und rückte einen Schrank vor die Tür. Aber der Mörder brach die Tür auf und schob den Schrank beiseite. Wie im Fall Hammami berichteten Zeugen später, der Attentäter habe Kalak als Verräter beschimpft, bevor er ihn erschoß und davonrannte.

Kalaks Mörder war derselbe Tunesier, der in London Hammami umgebracht hatte: Kadschid Hussein. Nach der Londoner Bluttat war er nach Paris gezogen und hatte sich an einer Sprachschule eingeschrieben. Wer, so fragte ich mich, war für diesen Mord verantwortlich? Hatte der Irak oder ein Dritter seine Finger im Spiel?

Diese Frage wurde mir, zumindest teilweise, Monate später beantwortet. Anfang November 1978 fand in Bagdad ein arabisches Gipfeltreffen statt, auf dem Ägypten für die Unterzeichnung des Camp-David-Abkommens mit Israel an den Pranger gestellt wurde. Eigens zu diesem Anlaß söhnten sich Syrien und der Irak vorübergehend aus. Vor seiner Abreise nach Bagdad beschloß Syriens Präsident Assad, Arafat und Abu Ijad mitzunehmen, damit sie ihren Frieden mit dem irakischen Präsidenten Bakr und seinem Stellvertreter, Saddam Hussein, machen konnten. Er wollte den Krieg zwischen der PLO und dem Irak beenden, der durch Abu Nidals Morde an den PLO-Gemäßigten ausgelöst worden war.

Bakr gab in seinem Haus einen Empfang für die arabische Delegation und hatte sich dazu überreden lassen, auch Arafat einzuladen, wechselte aber zunächst kein Wort mit ihm. Doch im Verlauf des Abends hielt es Bakr nicht mehr aus. Nach Aussage eines Augenzeugen (Chalid al-Fahum, ein altgedienter palästinensischer Politiker, der mir diese Geschichte erzählte) ging Bakr auf Arafat zu und schrie ihn an: »Also gut! Wir haben Hammami umgebracht! Das gebe ich zu. Aber an den anderen Morden waren wir nicht beteiligt. Damit haben wir nichts zu tun!«

Warum hätte Bakr lügen sollen? Er hätte nichts dabei gewinnen können. Er und sein Stellvertreter Saddam Hussein brachten fast täglich politische Gegner um. Sie waren nicht zimperlich. Bakr sagte wahrscheinlich die Wahrheit, als er jede Verantwortung für die Morde an Jasin und Kalak von sich wies. Abu Ijad erzählte mir, daß auch der irakische Geheimdienstchef Sadun Schakir und Außenminister Tarik Asis entschieden jede irakische Beteiligung an diesen Morden bestritten und daß er dazu tendiere, ihnen zu glauben.

Im Jahr 1987 stritt sich Abu Ijad in Algier eine ganze Nacht lang mit Abu Nidal (auf dieses Treffen, das übrigens der algerische Geheimdienst eingefädelt hatte, werden wir später noch zurückkommen). Dabei gab Abu Nidal zu, Hammami getötet zu haben. Doch auch er bestritt mehrmals, daß er bei der Ermordung von Jasin und Kalak seine Finger im Spiel gehabt habe. Selbst in seiner streng gegliederten Organisation rätselte man über diese Morde, wie mir Aussteiger später erzählten. Die verschiedenen Abteilungen schoben sich in ihrer Verwirrung gegenseitig die Verantwortung zu.

Wenn weder der irakische Geheimdienst noch Abu Nidal diese Morde angeordnet hatte, wer dann? Vielleicht deutete das auf eine Intervention von außen hin. Beide Opfer – Kalak in Paris und Jasin am Golf – hatten den Frieden gepredigt und auf eine Übereinkunft mit Israel gedrängt – eine Übereinkunft, die mit territorialen Zugeständnissen von seiten Israels verbunden sein mußte. Beide waren eloquente Verfechter einer Koexistenz von Israelis und Palästinensern und einer Zwei-Staaten-Lösung, Ideen, die für den Likud unannehmbar waren. Ganz gewiß paßten sie nicht zu Begins permanenter Verunglimpfung der PLO als »der schlimmsten Organisation – abgesehen von den Mörderorganisationen der Nazis –, die in den Annalen der Menschheit je vorgekommen ist«.

Der Mord an Ali Hassan Salameh

Es sei dahingestellt, ob die Israelis bei den Morden an Kalak und Jasin ihre Finger im Spiel gehabt hatten oder nicht, jedenfalls töteten sie schon bald selbst Palästinenser. Wenige Wochen nach dem Bagdader Gipfeltreffen, am 22. Januar 1979, kamen bei der Explosion einer israelischen Autobombe in einer Beiruter Straße der Sicherheitschef der Fatah Ali Hasan Salameh (auch bekannt als Abu Hasan), vier seiner Leibwächter und fünf Passanten ums Leben. Erneut hatte Israel der PLO einen schweren Schlag versetzt.

Gerüchten zufolge hatte sich Israel an Salameh gerächt, weil er fünf Jahre zuvor an Operationen des »Schwarzen September« teilgenommen hatte. Salameh, ein fähiger junger Mann, war Abu Ijads Stellvertreter in der 1967 von der Fatah gegründeten Gegenspionageorganisation *rasd al-markazi* gewesen. Nachdem sich diese während der Jordanien-Krise 1970 von der Mutterorganisation gelöst hatte, übernahm er eine Gruppe der »Jungen Tiger« des »Schwarzen September«. Am 5. August 1972 warf er eine kleine Bombe in ein Öltanklager in Triest – woraufhin eine Reihe von Ölgesellschaften heimlich Kontakt zu ihm aufnahmen und ihm Schutzgelder anboten. Tatsächlich waren gar keine weiteren Aktionen dieser Art geplant, aber Salameh berichtete seinen ehemaligen Kameraden in der Fatah pflichtgemäß von diesen Offerten. Das war einer der Gründe, warum Arafat ihn später wieder in die Fatah zurückholte und ihm die Führung seiner persönlichen Leibwache übertrug, einer Einheit, die unter dem Namen Kampfgruppe 17 bekannt wurde.

Der neue prestigeträchtige Posten in der Fatah und die Hoffnungen auf eine friedliche Übereinkunft nach dem Jom-Kippur-Krieg von 1973 führten bei Salameh zu einer einschneidenden Veränderung. Auf einen schriftlichen Befehl der Fatah hin knüpfte er geheimdienstliche Beziehungen zum CIA-Stationschef in Beirut, mit dem Resultat, daß der ehemalige Terrorist des »Schwarzen September«, der einst amerikanische Ziele hatte angreifen wollen, während des Bürgerkriegs die amerikanische Botschaft in Beirut schützte und 1976 dafür sorgte, daß die amerikanischen Zivilisten sicher außer Landes gebracht werden konnten. Seine Heirat mit der überaus attraktiven Christin Georgina Rizk machte seinen Aufstieg in die konservative feine Gesellschaft komplett. Die libanesische Schönheitskönigin und frühere Miss Universum war Salamehs zweite Frau.

Die Beziehungen zwischen der PLO und den USA wurden noch enger, als Jimmy Carter sich der Forderung Arafats nach einer »Heimstätte« für die Palästinenser anschloß. Salameh besuchte zweimal das CIA-Hauptquartier in Langley, Virginia, und gab seinen Gastgebern eine detaillierte persönliche Einschätzung Arafats. Nie zuvor hatten CIA-Beamte Informationen dieser Art von einem Mann bekommen, der dem PLO-Führer so nahe stand. Salameh erklärte, daß die PLO von Saudi-Arabien, den Golfstaaten und palästinensischen Kapitalisten finanziert werde – und nicht von Moskau. Zudem könne er garantieren, daß ein zukünftiger palästinensischer Staat weder kommunistisch noch terroristisch oder diktatorisch sein werde. Die Palästinenser, so Salameh gegenüber der CIA, seien zur Freundschaft mit den Vereinigten Staaten bereit und hätten nicht das geringste Interesse an der Zerstörung Israels.

Meinen Informanten aus westlichen Geheimdiensten zufolge sah Israel diese Freundschaft zwischen der PLO und den USA nicht gern. Sie erzählten mir, daß die Israelis sofort nach Bekanntwerden von Salamehs Kontakten mit Langley beschlossen hätten, ihn zu töten, und zwar nicht wegen seiner früheren Aktivitäten als Mitglied des »Schwarzen September«, sondern weil er der Verbindungsmann der PLO zur CIA war. (David Ignatius hat in seinem Roman *Die Wurzeln der Hölle* Salamehs Geschichte nachgezeichnet.)

Der Mord an Naim Chudr

Nach einer vorübergehenden Unterbrechung ging das Morden an PLO-Vertretern weiter. Am 1. Juni 1981 wurde Naim Chudr, PLO-Vertreter in Brüssel und wie Hammami, Jasin und Kalak ein namhafter Gemäßigter, ermordet. Er war der einzige Christ unter den Botschaftern der PLO und obendrein noch ein Ex-Priester. Man machte allgemein Abu Nidal für dieses Verbrechen verantwortlich.

Der ehemalige Mossad-Agent Victor Ostrovsky erklärt offen, daß der Mossad Chudr getötet habe. In seinem Buch *Der Mossad* (1991) schreibt er: »Auf seinem Weg zur Arbeit kam ein dunkelhäutiger Mann mit einer gelbbraunen Jacke und einem dünnen Oberlippenbart auf Chader (Chudr) zu, schoß ihm fünfmal ins Herz und einmal in den Kopf, verließ den Gehsteig, stieg in ein vorbeifahrendes ›Taxi‹ und verschwand. Der Mossad hatte zugeschlagen, auch wenn es Arafat damals noch nicht ahnte.«

Chudr wurde zu einer Zeit ermordet, als Israels Premier Menachem Begin ganz mit dem Libanon beschäftigt war. Nachdem er Ägypten durch den Friedensvertrag von 1979 aus der arabischen Front herausgelöst hatte, suchte er nun den Libanon der Einflußsphäre Israels einzuverleiben und damit Syrien zu neutralisieren. Der Mossad hatte im Libanon seit einigen Jahren den christlichen Miliz-Führer Beschir Dschemaijel unterstützt und ihn zu Israels Statthalter in Beirut erkoren. Im Frühjahr 1981 startete Begin im Libanon eine Reihe aggressiver Manöver: Im April wurden zwei syrische Hubschrauber abgeschossen, im Mai und Juni gerieten palästinensische Stellungen unter heftigen Beschuß von der See her und aus der Luft. Begin spekulierte darauf, die Syrer und Palästinenser in einen Krieg zu verwickeln. Er mußte sich jedoch bis Juni 1982 gedulden: Ein Mordanschlag auf den israelischen Botschafter in London lieferte ihm den geeigneten Vorwand zum Krieg gegen den Libanon, von dem er sich die Erfüllung seiner strategischen Pläne erhoffte.

Chudr, der PLO-Mann in Brüssel, war einer von mehreren Palästinenserführern, die begriffen, daß man Begin unter keinen Umständen einen Vorwand zum Einmarsch in den Libanon liefern durfte. Chudr hatte einen Diplomaten der israelischen Botschaft in Brüssel telefonisch um ein Treffen gebeten, um mit ihm darüber zu sprechen, wie die gefährliche Situation im Libanon entschärft werden könne. Aber gerade daran hatte die israelische Regierung, wie wir gesehen haben, keinerlei Interesse, denn was Vertreter einer harten Linie wie Begin am meisten fürchteten – eine Furcht, die auch seine Nachfolger teilten –, war nicht etwa eine *militante*, sondern eine *gemäßigte* PLO. Eine gemäßigte PLO konnte den Druck der internationalen Meinung verstärken und Israel dazu zwingen, Verhandlungen aufzunehmen und territoriale Zugeständnisse zu machen.

Ostrovsky schreibt in seinem Buch, daß Chudr von einem Mossad-Killer ermordet worden sei, und zwar deshalb, weil er versuchte, einen Krieg im Libanon zu verhindern – einen Krieg, den die Palästinenser fürchteten, der Mossad und seine politischen Herren aber wünschten, weil sie die Palästinenser vernichten und ihren eigenen Mann, Dschemaijel, zum Präsidenten machen wollten.

Ostrovsky ist kein gewissenhafter Schriftsteller, eigentlich ist er gar kein Schriftsteller: Sein schlampiges Buch ist von einem Ghostwriter geschrieben worden. Aber bislang hat meines Wissens keine der darin erwähnten Personen bestritten, für den Mossad gearbeitet zu haben, und niemand hat behauptet, daß der ausführliche Bericht über seine Anwerbung und Ausbildung im ersten Teil des Buches nicht den Tatsachen entspreche. Die israelische Regierung versuchte mit allen Mitteln, das Erscheinen dieses Buches zu verhindern, und bemühte zu diesem Zweck sogar ein New Yorker Gericht. Die beiden angesehenen Autoren Ian Black und Benny Morris schreiben in ihrem 1991 erschienenen Buch *Israels Secret Wars*, daß Ostrovskys Buch für die Israelis sehr peinlich sei. »Wenn ein Geheimdienst seine tiefsten Geheimnisse nicht mehr hüten kann ... wozu taugt er dann überhaupt noch?« fragen die beiden. Ostrovskys Behauptung, der Mossad habe Chudr getötet, ist daher nicht so einfach von der Hand zu weisen.

Dennoch versicherten mir Informanten aus Abu Nidals Organisation, daß der Mann, der Chudr im Sommer 1990 in Brüssel niederschoß, kein Israeli, sondern einer von Abu Nidals Männern gewesen sei. Sein Name sei Adnan al-Raschidi (Deckname Hischam Hijah), und die Mordwaffe sei von einem Tunesier namens Muhammad Abu al-Jasim nach Belgien geschmuggelt und al-Raschidi von einem unbekannten Agenten übergeben worden.

Vorausgesetzt, die von mir interviewten Aussteiger hatten die Wahrheit gesagt, so hatte ich hier einen klaren Beweis für die Art von Kooperation zwischen dem Mossad und Abu Nidal, die Abu Ijad mir gegenüber angedeutet hatte. Entweder hatte der Mossad seinen Mann in Abu Nidals Organisation eingeschleust, oder aber es war ihm gelungen, durch Komplizen weiter oben in der Befehlshierarchie Einfluß auf die Auswahl der Opfer Abu Nidals zu nehmen.

Aber nach wie vor gab es zu viele Ungereimtheiten. Meine Beweisführung beruhte zu sehr auf Beweisen vom Hörensagen und war alles andere als wasserdicht. Es war durchaus denkbar, daß Ostrovsky sich nicht richtig erinnert hatte oder daß meine Überläufer mich irreführen wollten. Jedenfalls war ein einzelnes Beispiel für eine Zusammenarbeit zwischen dem Mossad und Abu Nidal noch lange kein Beweis für meine These. Vielleicht war es ja nur ein einziges Mal so weit gekommen.

Der Fall Chudr hatte einen weiteren Haken, der mich stutzig machte. Am 29. August 1981, drei Monate nach Chudrs Tod, stürmten drei von Abu Nidals Killern eine Synagoge in Wien. Sie töteten zwei Juden und verletzten neunzehn weitere. Die Täter wurden festgenommen und von der österreichischen Polizei verhört. Der israelische Schriftsteller Jossi Melman schrieb in seinem Buch *The Master Terrorist: The True Story of Abu Nidal* (1987), daß die österreichische Polizei den belgischen Kollegen, die im Mordfall Chudr ermittelten, das Foto eines der Schützen aus der Synagoge schickten. Augenzeugen, die den Mord an Chudr in Brüssel beobachtet hatten, identifizierten ihn als Chudrs Mörder.

In den beiden Jahren vor der Erstürmung der Wiener Synagoge hatte Abu Nidal mehrere »weiche« jüdische oder israelische Ziele in Europa angegriffen. Die meisten dieser Angriffe schlugen fehl.

So scheiterte beispielsweise am 13. November 1979 ein Attentat auf den israelischen Botschafter in Portugal, Efraim Eldar. Am 20. November 1979 scheiterte der Bombenanschlag auf ein Salzburger Hotel, in dem die jüdische Gemeinde der Stadt eine Ausstellung über Jerusalem organisiert hatte. Am 3. März 1980 entging Max Mazin, ein prominentes Mitglied der Madrider jüdischen Gemeinde, einem Attentat. Der Attentäter tötete irrtümlich den spanischen Anwalt Adolfo Cottello, der zufällig im selben Gebäude lebte oder arbeitete. Wenn an den Gerüchten etwas dran war, daß Israel Abu Nidals Organisation infiltriert hatte, dann konnten diese Fehlschläge bewußt geplant gewesen sein.

Aber am 27. Juli 1980 warfen Abu Nidals Terroristen in Antwerpen Handgranaten in eine Gruppe von Schulkindern des Agudat Israel, der Weltorganisation des orthodoxen Judentums, und töteten einen jüdischen Jugendlichen und verletzten einundzwanzig weitere. Am 1. Mai 1981 wurde Heinz Nittal, ein prominentes Mitglied der Wiener jüdischen Gemeinde, Vorsitzender der österreichisch-israelischen Freundschaftsgesellschaft und Freund Bruno Kreiskys, ermordet.

Wenn Israel wirklich Agenten in Abu Nidals Organisation eingeschleust hatte und Einfluß auf die Auswahl seiner Ziele nahm, warum hatte es dann diese kriminellen Gewalttaten gegen Juden nicht verhindert? Ich konnte mir nicht vorstellen, daß die Israelis die Ermordung von Juden hinnahmen oder geflissentlich darüber hinwegsahen. Man hat sich daran gewöhnt, daß Palästinenser Palästinenser töten und daß Russen Russen töten, aber Juden töten keine Juden. In Bagdad passierte 1950 ein solcher Fall (eine gute Darstellung findet sich in Abbas Schiblaks Buch *The Lure of Zion,* erschienen 1986). Damals beschossen israelische Agenten jüdische Ziele, um die jüdische Bevölkerung des Irak zur Flucht nach Israel zu bewegen. Aber das war ein Einzelfall. Der Angriff auf jüdische Schulkinder in Belgien paßte für mich ganz und gar nicht zu der Theorie, daß Abu Nidal ein israelischer Agent sei. Selbst wenn die Israelis Abu Nidals Organisation infiltriert hatten, sie konnten sie unmöglich völlig im Griff haben. Andererseits war es natürlich möglich, daß Abu Nidal deshalb Juden außerhalb Israels angegriffen hatte, weil er israelische Ziele nicht angreifen konnte oder sich davor scheute, gleichzeitig aber seinen arabischen Anhängern beweisen wollte, daß er trotz allem antisemitisch war und daß die

Israelis ihn nicht aufhalten konnten. Eines war jedoch höchst seltsam: Die Israelis hatten nichts unternommen, um Abu Nidal zu bestrafen. Angriffe auf Juden oder Israelis blieben gewöhnlich nicht ungesühnt. In der Tat war es Israels erklärte Politik, stets Vergeltung zu üben. Das Ganze war wirklich rätselhaft.

Der Mord an Heinz Nittal in Wien schien mir jedoch ein etwas anders gelagerter Fall. Er war ein prominenter liberaler Jude, der kein Hehl aus seinen Sympathien für die PLO gemacht hatte. In den Jahren 1980 und 1981 gab es in der jüdischen Diaspora Anzeichen für eine wachsende Ernüchterung über Begin und seine aggressive Linie. Jüdische Persönlichkeiten von internationalem Rang wie Nahum Goldmann, Philip Klutznick, Pierre Mendes-France und Bruno Kreisky übten offen Kritik an der Politik Israels. Für Männer wie Begin und seinen Verteidigungsminister Scharon war der gebürtige Jude, Friedenspolitiker und österreichische Kanzler Kreisky, der freundschaftliche Beziehungen zur PLO unterhielt, mit Arafat zusammentraf und für einen palästinensischen Staat eintrat, ein Verräter an »Großisrael«. Auch wenn Juden niemals Juden töteten, überlegte ich, so war es doch möglich, daß Israelis einen Juden töteten, wenn sie ihn für einen Verräter hielten, und genau das dachte Begin über Kreisky. Es war also durchaus vorstellbar, daß die Israelis Abu Nidal auf den Kreisky-Freund Heinz Nittal, den Vertreter eines gemäßigten Kurses gegenüber der PLO, angesetzt hatten, als warnendes Beispiel dafür, was ein Jude sich erlauben konnte und was nicht. Obwohl reine Spekulation, erschien mir das nicht unwahrscheinlich.

Der Mord an Isam Sartawi

Nach den Morden an Hammami, Jasin, Kalak und Chudr war Dr. Isam Sartawi der letzte prominente Gemäßigte innerhalb der palästinensischen Bewegung und als solcher das Musterexemplar einer Spezies, die israelische ›Falken‹ gleichermaßen verabscheuten wie arabische Hardliner. Sartawi hatte Abu Nidal wiederholt und öffentlich beschuldigt, ein Agent der Israelis zu sein. In einem Interview mit der berühmten französischen Tageszeitung *Le Monde* vom 22. Januar 1982 sprach er offen aus, was er dachte:

> Abu Nidal ist kein Maximalist, der der Ablehnungsfront zuarbeitet, sondern ein Renegat im Dienste Israels. Die österreichischen Sicherheitsdienste haben zweifelsfrei herausgefunden, daß ein Vertrauter Abu Nidals nicht nur am 1. Mai 1981 den Stadtrat Heinz Nittal umbrachte und im August die Synagoge in Wien überfiel, sondern auch am 1. Juni Naim Chudr, den PLO-Vertreter in Brüssel, ermordete ...
> Wer außer Israel könnte ein Interesse an der Eliminierung unserer Anführer haben? Wer könnte ein Interesse daran haben, den palästinensischen Widerstand durch derart verabscheuungswürdige antisemitische Verbrechen zu diskreditieren?
> Das sind für uns keine offenen Fragen mehr, seit die von uns in Beirut gefangengehaltenen Mitglieder von Abu Nidals Organisation zugegeben haben, daß sie vom Mossad in den besetzten Gebieten angeworben worden sind.

Ein äußerst erregter Sartawi wiederholte diesen Vorwurf bei einem Interview, das ich ein Jahr später, wenige Wochen vor seinem Tod, in Algier mit ihm führte, als er sich anläßlich der Sitzung des Palästinensischen Nationalrats (PNC) im Februar 1983 dort aufhielt. Er behauptete, die Fatah habe einige von Abu Nidals Männern in Beirut festgenommen, die zugegeben hätten, im Westjordanland vom Mossad angeworben worden zu sein. Er war überzeugt, daß Abu Nidal oder der Mossad – oder der Mossad *durch* Abu Nidal – versuchen würden, ihn umzubringen.

Seine Lage wurde dadurch noch prekärer, daß Arafat ihm und seinen gemäßigten Vorstellungen bei der PNC-Sitzung eine Absage erteilte, weil sie selbst ihm zu weit gingen. Außerdem verbot ihm Arafat, vor der Versammlung zu sprechen. Ich erinnere mich noch genau daran, wie ich und Sartawi am Rand der Halle standen, während Faruk Kaddumi, der »Außenminister« der PLO, eine Rede hielt und in schärfster Form alles ablehnte, wofür Sartawi stand. Nachdem Sartawi ihm eine Weile zugehört hatte, wandte er sich kreidebleich an mich: »Sind Sie jetzt genug angewidert?« Dieser einst so beliebte Mann stand nun allein. Niemand sprach mit ihm. Vielleicht wußte er schon damals, daß sein Schicksal besiegelt war – er war allein, ungeschützt, ohne politische Deckung und wurde von Killern aus beiden Lagern verfolgt. Sartawi hatte auf Arafats Anweisung hin Kontakte zu Israelis aufgenommen, die den Frieden wollten, war dabei aber möglicherweise zu weit gegangen.

Am 10. April 1983 stand Sartawi gerade in der Lobby eines Hotels im portugiesischen Albufeira und unterhielt sich mit anderen Delegierten der dort tagenden Sozialistischen Internationale, als ihn eine Kugel in den Kopf traf. Ein paar Stunden später in Damaskus übernahm Abu Nidal triumphierend die Verantwortung für den Mord an dem »kriminellen Verräter Sartawi«.

Ob Israel bei diesem Mord nun seine Hand mit im Spiel gehabt hatte oder nicht: Es gab wie üblich zwei mögliche Erklärungen. Wenige Monate vor seinem Tod hatte Sartawi einen Brief von Abu Nidal erhalten, in dem dieser ihn fragte, wann er sich mit seinen israelischen Kontaktleuten in Wien treffen wolle. Abu Nidal wollte sie bei dieser Gelegenheit umbringen lassen. Sartawi informierte die österreichische Polizei. Die Fatah kooperierte damals mit der Polizei Österreichs und anderer europäischer Staaten, um Terrorakte von Abu Nidals Organisation zu vereiteln. Als zwei Killer Abu Nidals nach Wien flogen, wurden sie verhaftet – und Sartawi half den Österreichern bei ihrer Vernehmung. Abu Nidal schäumte vor Wut.

Sartawi hatte sich erst mit den Jahren zum Gemäßigten entwickelt. Er war mit Abu Nidal jahrelang eng befreundet gewesen und hatte dessen extreme Anschauungen geteilt. Seine Familie war im Jahr 1948 von Akko bei Haifa in den Irak geflohen, wo er sein Medizinstudium aufnahm. Später lebte er in den Vereinigten Staaten und wurde Herzchirurg. Aber nach der arabischen Niederlage im Sechs-Tage-Krieg von 1967 verließ er Amerika, schloß sich den Guerillas in Jordanien an und kämpfte im März 1968 in Karameh.

Im Jahr 1969 brach Sartawi mit der Fatah und gründete unter dem Namen »Aktionskomitee für die Befreiung Palästinas« eine eigene Gruppe, die zuerst vom Irak und dann von Ägypten finanziert wurde, was ihm den Vorwurf einiger Palästinenser eintrug, er habe sich von arabischen Geheimdiensten kaufen lassen. In dieser Phase seines Lebens war er in seiner Sprache und in seinen Aktionen extrem gewalttätig. Im Januar 1970 verübte er auf dem Münchner Flughafen einen Anschlag auf einen mit Passagieren der El Al besetzten Bus.

Anfang der siebziger Jahre vollzog sich jedoch eine Wandlung mit Sartawi, und für den Rest seines Lebens wurde er zum engagierten Verfechter einer arabisch-israelischen Koexistenz. Er arbeitete mit israelischen und palästinensischen Friedensaktivisten zusammen und fand bei Leuten wie dem österreichischen Bundeskanzler Bruno Kreisky und dem König von Marokko Anklang. Nach seiner Auffassung konnten die Araber Israel weder mit einer konventionellen Armee noch in einem Guerillakrieg besiegen. Derartige Versuche, so Sartawi, seien von vornherein zum Scheitern verurteilt. Nur ein Dialog und eine Zusammenarbeit mit Kräften innerhalb Israels könnten dem Nahen Osten Frieden bringen und dem palästinensischen Volk endlich zu einem eigenen Staat verhelfen.

Abu Ijad konfrontierte Abu Nidal bei der bereits angesprochenen Auseinandersetzung 1987 in Algier mit dem Hauptvorwurf der Fatah: Er legte ihm die lange Liste der PLO-Männer vor, die Abu Nidal – oder, wie er glaubte, eine geheime Gruppe innerhalb seiner Organisation – ermordet hatte. Abu Ijad schilderte mir später dieses Gespräch:

»Ich fragte ihn, warum er Isam Sartawi getötet habe, wo er doch ein Leben lang sein Freund gewesen sei. Ich sagte ihm auf den Kopf zu, daß meiner Meinung nach die Israelis bei dieser Operation ihre Finger im Spiel gehabt hätten. Die ganze Sache roch einfach nach Infiltration und Manipulation – die Art, wie die Waffen eingeschmuggelt worden waren, die Flucht der Mörder, die Verhaftung eines jungen Komplizen, der mit einem falschen Paß gereist war und dem die Marokkaner den Mord nicht zur Last legen konnten. Ich sagte: ›Ich weiß, daß die Israelis ihr Spielchen mit dir treiben.‹«

Abu Ijad erklärte Abu Nidal, daß er zum erstenmal argwöhnisch geworden sei, als ihm ein marokkanischer Geheimdienstoffizier eine Liste von Abu Nidals Leuten in Spanien – insgesamt neunzehn Namen – zuspielte und als Quelle den Mossad angab. Abu Ijad überprüfte die Liste persönlich und stellte fest, daß sie stimmte. Siebzehn Männer, überwiegend Studenten, lebten immer noch in Spanien, zwei hatten das Studium beendet und waren nach Hause zurückgekehrt.

»Abu Nidals Antwort erstaunte mich«, sagte mir Abu Ijad. »Er sagte ganz gelassen: ›Ja, du hast recht. Israel hat uns in der Vergangenheit infiltriert. Ich habe es an meinen tunesischen und marokkanischen Mitgliedern gemerkt. Israel hatte sie auf mich angesetzt. Aber hör zu: Ich schicke meine nordafrikanischen Mitglieder – selbstverständlich nur solche, denen ich wirklich traue – nach Frankreich, um Israels nordafrikanische Agenten umzudrehen und für uns anzuwerben. Manchmal liefern sie nützliche Erkenntnisse. Diese Leute haben mir schon die erstaunlichsten Informationen verschafft! Nimm nur den Fall Sartawi. Sie gaben mir alle Detailinformationen, die ich für die Operation brauchte.‹«

Abu Ijad konnte auch jetzt, da er mir von seinem Gespräch mit Abu Nidal erzählte, kaum glauben, was er gehört hatte. »Das muß man sich vorstellen! Israelische Agenten tummelten sich in seiner Organisation. Sie lieferten ihm Informationen. Und er gab es auch noch zu! Ich war verblüfft über seine Offenheit. Er fügte noch hinzu, daß er gerade dabei sei, die israelischen Agenten auszuschalten, einen nach dem anderen. Genau das sagte er.«

Abu Ijad sagte mir, daß er über Abu Nidals Manipulation durch nordafrikanische Agenten Israels nachgedacht habe. Er wisse aus sicherer Quelle, daß Chudr von einem Tunesier aus Abu Nidals Organisation umgebracht worden sei. Ebenso wie Hammami und Kalak.

»Wir haben 1974 dem Terrorismus abgeschworen«, betonte er, »nicht aber die Israelis, obwohl sie der Welt das Gegenteil glauben machten. Sie griffen uns weiter an. Manchmal taten sie es ganz offen, wie etwa bei dem Mord an Abu Dschihad 1988 in Tunis. Aber meistens operierten sie verdeckter. Ich muß zugeben, daß es ihnen gelang, uns zu verwirren. Wir waren uns in mehreren Fällen nicht schlüssig, ob nun Abu Nidal oder der Mossad dahintersteckte.«

Die Mossad-Agenten, auf die Abu Ijad anspielte, waren wahrscheinlich in Marokko ausgebildet worden, wo die CIA gemeinsam mit der marokkanischen Regierung eine ungewöhnliche Agentenschule betreibt, die auf palästinensische Fragen spezialisiert ist. Ich habe aus mehreren Geheimdienstquellen, arabischen wie westlichen, von dieser Schule erfahren. Angeblich hat die CIA, die in Palästinenserangelegenheiten eng mit Israel zusammenarbeitet, den Mossad in dieses Unternehmen mit eingebracht. Die Schüler sind zumeist nordafrikanische Studenten, die in Europa angeworben und dann zur Spionageausbildung nach Marokko geschickt werden. Sie absolvieren Kurse über die verschiedenen Palästinensergruppen und werden mit deren Führungspersönlichkeiten, innerer Struktur, Ideologie und Operationen vertraut gemacht, so daß sie am Ende der Ausbildung in der Lage sind, den geheimen Jargon dieser Organisationen zu imitieren. Alle wichtigen Gruppen – Fatah, PFLP, Demokratische Front, PFLP-Generalkommando, Arabische Befreiungsfront und Abu Nidals Organisation – werden eingehend durchgenommen.

Nach der Ausbildung kehren die Absolventen nach Europa zurück, suchen Cafés auf, in denen Araber verkehren, und unterhalten sich mit ihnen in der Sprache, die sie gelernt haben. Man hofft, daß sie auf diese Weise irgendwann einmal von den Gruppen angeworben werden, deren Jargon sie beherrschen, damit sie für die Marokkaner, die CIA oder den Mossad tätig werden können. Einige Absolventen dieser Schule liefern Informationen, andere planen Terrorakte, und wieder andere werden sogar dazu ausgebildet, sich in den Gruppierungen, die sie infiltrieren, als Ideologen hervorzutun. Einige werden auch Killer.

Abu Dawud entgeht dem Tod

Ich erfuhr von einem weiteren Fall. Einem Mordversuch. Allerdings war das Opfer diesmal kein Gemäßigter. Dennoch schien er mir für meine Nachforschungen von Belang.

Am 27. Juli 1981, einen Monat vor dem Überfall auf die Wiener Synagoge, entging der prominente Fatah-Kommandant Abu Dawud in Warschau nur knapp einem Anschlag. Ich unterhielt mich 1990 in Tunis mit ihm.

Er war seit ihrer Zeit in Saudi-Arabien mit Abu Nidal befreundet gewesen, hatte aber wegen der Ermordung Jasins und der anderen PLO-Vertreter mit ihm gebrochen. Im Juli 1981 war er im Auftrag der Fatah nach Warschau gereist, um Gespräche mit polnischen Stellen zu führen. Am Freitag, dem 27. Juli, stieg er im Hotel Victoria ab. Da es an diesem Tag zu spät für Gespräche war, ging er in die hoteleigene Sauna und begab sich anschließend in das Café im ersten Stock. Es war ein ruhiges Café, obwohl es von Prostituierten frequentiert wurde.

»Gleich beim Hereinkommen fiel mir auf, daß das Café voller Araber war. Wie ich später erfuhr, hielten sich ungefähr dreißig irakische Geheimdienstoffiziere zu einem offiziellen Besuch in der Stadt auf. Anstatt mich wie sonst an einen Tisch in der Ecke zu setzen, nahm ich den erstbesten freien Tisch und setzte mich. Ich wollte nicht, daß sie meinten, ich sei auf eines der Mädchen aus. Ich hatte gerade einen Kaffee und eine Flasche Mineralwasser bestellt, als zwei Männer zur Tür hereinstürmten. Der eine zeigte auf mich, daraufhin rannte der andere auf mich zu und eröffnete aus knapp zwei Metern Entfernung das Feuer auf mich. Die erste Kugel fuhr mir durch die Hand, die zweite zerschlug mir den Kiefer (ich durfte während der Genesung fünf Monate lang den Mund nicht aufmachen). Die dritte und vierte Kugel fügten mir nur Fleischwunden zu. Die irakischen Geheimdienstoffiziere in dem Café taten so, als hätten sie nichts gesehen, und kamen mir nicht zu Hilfe.«

Abu Dawud verfolgte den Schützen bis zum Hoteleingang. Doch er entkam. Blutüberströmt brach er auf einem Sofa in der Lobby zusammen und mußte nahezu zwei Stunden warten, bis ihn eine polnische Ambulanz ins Krankenhaus brachte, wo er erneut lange warten mußte, bevor er ärztlich versorgt wurde. Tags darauf verlegten ihn die Polen in eine Klinik, die dem Innenministerium gehörte. Dort blieb er zehn Tage. Anschließend wurde er zur Erholung nach Ostdeutschland geschickt. Später erfuhr er, daß die Polen den Attentäter gefaßt hatten, ihn jedoch schon am folgenden Tag wieder auf freien Fuß setzten, nachdem sie von Abu Nidals polnischer Firma Zibado eine Summe von zweihunderttausend Dollar erhalten hatten.

Abu Dawud fuhr fort: »Der Mann, der in dem Café auf mich gedeutet hatte, war einer von Abu Nidals Männern. Ich habe ihn erkannt. Aber wer war der Schütze? Ich wollte es unbedingt herausfinden. Ich konnte mir nicht vorstellen, daß er ein Palästinenser aus Abu Nidals Reihen war, denn von denen kannte ich die meisten. Ich hatte ja viele von ihnen in diversen Milizen selbst ausgebildet. Und was war das Motiv? Warum sollte ich getötet werden? Ich sah keinen Grund. Im Unterschied zu Hammami konnte Abu Nidal mir nicht vorwerfen, ich hätte mit den Israelis verhandelt. Warum also ich?«

Ungefähr elf Monate später hielt sich Abu Dawud im Irak auf und stieg im Hotel Bagdad ab. Abu Nidal hatte von seiner Ankunft erfahren und nahm an, er sei gekommen, um ihn zu töten.

Deshalb schickte er ihm einen seiner Handlanger, Dr. Ghassan al-Ali, um ihn auszuspionieren. Abu Dawud ließ sich nicht anmerken, daß er Abu Nidal im Verdacht hatte, an dem Mordanschlag beteiligt gewesen zu sein. Er erkundigte sich nach seiner Gesundheit und sagte, er würde ihn gern treffen.

»Abu Nidal ist ein gerissener Hund!« fuhr Abu Dawud fort. »Um mich auf die Probe zu stellen, ließ er meinen Attentäter in der Hotellobby Platz nehmen. Er wollte sehen, wie ich reagieren würde. Da war er also, in Lebensgröße, ein kleiner, dunkler Mann mit Locken. Er las Zeitung und trug denselben Anzug wie damals, als er auf mich geschossen hatte. Ein paar palästinensische Freunde besuchten mich in dem Hotel, und ich horchte sie diskret über die Identität des Mannes in der Lobby aus. Ich erfuhr, daß er Tunesier war und sich als Geschäftsmann ausgab, in Wirklichkeit aber für Abu Nidal arbeitete. Der Mann saß da und beäugte mich vorsichtig hinter der Zeitung hervor. Ich beschloß, ihn mir zu schnappen. Ich ging auf ihn zu, aber er sah mich kommen und rannte davon. Ich jagte ihm hinterher, aber auch diesmal entwischte er mir, wie zuvor schon in Warschau. Als Abu Nidal hörte, was passiert war, verließ er Bagdad und zog sich auf seine Farm im Norden zurück. Er kam erst wieder, als ich außer Landes war. Ich habe nicht den geringsten Zweifel, daß er mit der Sache zu tun hatte. Niemand außer ihm hätte einen Mann in das Warschauer Hotel schicken können, um mich zu identifizieren, und niemand außer ihm konnte die Polen bestechen, damit sie den Täter laufen ließen.«

Abu Dawud erkundigte sich überall nach dem Tunesier, der versucht hatte, ihn zu töten. Folgendes will er dabei erfahren haben: Der Mann wurde in Paris vom Mossad angeworben, zur Ausbildung nach Israel geschickt und besuchte dann die Geheimdienstschule der CIA in Marokko, wo man ihm Abu Nidals Ideologie und Jargon beibrachte. Anschließend wurde er nach Paris zurückgeschickt und von Abu Nidals Leuten angeworben.

Abu Dawud war der Meinung, daß die Israelis Abu Nidal diesen Tunesier in den Pelz gesetzt hatten. Was ihn jedoch am meisten interessierte, war die Frage, wer ihn als Mordopfer ausgesucht und diesem speziellen Agenten befohlen hatte, das Urteil zu vollstrecken. Er zweifelte nicht daran, daß der Mossad jemanden in Abu Nidals Organisation eingeschleust hatte, vielleicht sogar in die Führungsspitze. Ich fragte ihn, wer es sein könnte. Er sagte, er habe keine Ahnung. Doch ich selbst hatte aufgrund meiner Recherchen zu der Zeit einen oder zwei Hauptverdächtige auf meiner Liste, und Dr. Ghassan al-Ali stand fast ganz oben.

Interessant sei, fügte Abu Dawud hinzu, daß Abu Nidal nicht einmal seinen engsten Mitarbeitern mitgeteilt habe, daß er den Mordanschlag angeordnet habe. Später erfuhr Abu Dawud, daß nur zwei Menschen in das Geheimnis eingeweiht waren: der Mann, der ihn als Opfer ausgesucht hatte – wahrscheinlich Dr. Ghassan al-Ali, von dem noch die Rede sein wird –, und der tunesische Schütze. Der junge Mann, der in dem Warschauer Hotel auf ihn gezeigt hatte, war erst in letzter Minute ins Spiel gebracht worden. Er hatte als Kurier für Abu Nidal gearbeitet und kannte Abu Dawud gut.

»Mein tunesischer Angreifer lebt heute in Frankreich«, erzählte mir Abu Dawud. »Ich und der französische Geheimdienst wissen das. Er ist vor kurzem bei Abu Nidal ausgestiegen.«

Ich hatte zwar immer noch nicht genügend Beweise für meine Theorie zusammen, doch allmählich begriff ich, daß eine terroristische Bande wie die Abu Nidals nicht dann am gefährlichsten war, wenn sie auf eigene Faust arbeitete, sondern dann, wenn sie, wie Claudet Bourdet es ausgedrückt haben könnte, systematisch von klügeren Köpfen für deren infame Pläne benutzt wurde.

9 Die Organisation

Der Mord an den Gemäßigten weckte in mir den Verdacht, daß an Abu Ijads Behauptungen doch etwas dran sein könnte. Jedenfalls begriff ich jetzt, woher seine fixe Idee stammte. Die Beweise waren zwar noch unvollständig, aber es hatte den Anschein, als hätten mehrere nordafrikanische Agenten Israels freien Zugang zu Abu Nidals Organisation. Sie tauchten immer wieder bei Mordkommandos auf. Aber wer gab diesen Agenten die Befehle? Nach Abu Dawuds Angaben, die ich nicht anzweifle, hatte der Mossad einen oder sogar mehrere Männer an der Spitze der Organisation sitzen. Deshalb lenkte ich meine Nachforschungen in eine andere Richtung. Bei Interviews mit Mitarbeitern arabischer und westlicher Geheimdienste, mit Abu Nidal selbst und mit Überläufern in Tunis versuchte ich, mir ein Bild von Abu Nidals Organisation zu machen, um festzustellen, wer überhaupt in der Lage war, den Nordafrikanern, die Abu Ijad zufolge Chudr, Hammami und Kalak ermordet hatten, Anweisungen zu geben, und wer Abu Dawud töten wollte. Wie ich feststellte, war das keine leichte Aufgabe.

Einen wichtigen Anhaltspunkt gab es. Abu Ijad erzählte mir, der französische Geheimdienst habe ihn um Informationen über einen gewissen Sulaiman Samrin (Deckname Dr. Ghassan al-Ali) gebeten, einen wichtigen Mann in Abu Nidals Organisation, den die Franzosen für einen Agenten des Mossad hielten. Wer war Dr. Ghassan, und welche Aufgabe hatte er? Wie paßte er in Abu Nidals wohldurchdachtes Konzept? Und wie funktionierte der ganze Laden? Meine Nachforschungen zogen sich über mehrere Monate hin.

Einige agieren in vorderster Front, andere hinter den Kulissen; einige sind zugänglich, andere unnahbar. Manche herrschen durch ihre persönliche Ausstrahlung, andere durch Angst. Manche verdanken ihre Macht dem Volk oder einer Partei, andere den Streitkräften.

Abu Nidal regiert mit Verachtung – er tyrannisiert, schikaniert und demütigt seine Mitarbeiter. Er schreibt ihnen nicht nur vor, wo sie zu leben und was sie zu tun haben, sondern auch, welche Zigarettenmarke sie rauchen, wieviel Fleisch sie essen, mit welchem Spielzeug ihre Kinder spielen, welche Waren sie in Duty-free-Shops kaufen – sicher keine *Schokolade* – und welche Kleider ihre Frauen tragen dürfen.

Abu Nidal verachtet vor allem die Ehefrauen seiner Mitarbeiter. Um Geld zu sparen, wollte er sogar einmal für die Frauen aller Mitglieder Unterwäsche en gros einkaufen. Eine Sicherheitsbeamtin der Nachrichtenabteilung nahm bei den Frauen für Büstenhalter und Höschen Maß, und erst nach heftigen Protesten der Frauen wurde der Plan fallengelassen.

Als Abu Nidal Anfang der siebziger Jahre in Bagdad anfing, war sein wichtigstes Instrument ein geheimes »Militärkomitee«, das seine Terroraktionen plante und lenkte. Im Laufe der Zeit gruppierten sich um diesen geheimen Kern verschiedene administrative Organe. Aber erst nach Abu Nidals Rückkehr aus Polen in den Nahen Osten im Jahr 1984–85 nahm die Organisation endlich Gestalt an. Abu Nidals Vorbild war Jassir Arafats Fatah, aber er profitierte auch von seinen Kenntnissen über den israelischen Mossad und die französische Terrorgruppe *Action Directe*. Nach seinem Hinauswurf aus Syrien im Jahr 1987 mußte er weitere organisatorische Veränderungen vornehmen, um der Aufteilung zwischen Libyen und dem Libanon Rechnung zu tragen.

Heute besteht die Organisation aus einer Anzahl von Abteilungen und Komitees, über die die tägliche Arbeit abgewickelt wird. Als Überwachungsorgane fungieren drei zentrale Institutionen – ein kleines Politisches Büro; ein etwas größeres Zentralkomitee, bestehend aus zwanzig Leuten; und ein noch größerer Revolutionärer Rat. Von diesen dreien ist das Politische Büro, das aus kaum einer Handvoll Männern besteht und von Abu Nidal in Tripolis geleitet wird, das oberste Entscheidungsgremium.

Hierarchisch stehen Abteilungen und Komitees auf derselben Stufe. Der einzige Unterschied besteht darin, daß die Abteilungen größer sind und mehr als ein Komitee umfassen. Abteilungen und

Komitees werden normalerweise von einem Mitglied des Politischen Büros oder des Zentralkomitees geleitet.

Mit Hilfe von Überläufern und anderer Quellen gelang es mir, Abu Nidals wichtigste Mitarbeiter zu identifizieren und einen Einblick in die Arbeitsweise der Organisation zu gewinnen. Ihre wichtigsten Unterabteilungen sind das Sekretariat, die Nachrichtenabteilung, die Organisationsabteilung, das Mitgliederkomitee, die politische Abteilung, die Finanzabteilung, das Komitee für revolutionäre Gerechtigkeit, die Komitees für Technik und Wissenschaft und die Volksarmee.

Das Sekretariat

Abu Nidal kontrolliert seine Organisation mit Hilfe des Sekretariats, einer Kommando- und Kontrollabteilung, die er persönlich leitet und die ihn über alles bis ins kleinste Detail auf dem laufenden hält. Das Sekretariat ist auch für das Archiv der Organisation zuständig, aber in erster Linie dient es als Nachrichtenzentrale: Der gesamte Nachrichtenverkehr zwischen verschiedenen Teilen der Organisation wird hier abgewickelt, und sämtliche Dokumente, die zwischen Libyen und dem Libanon ausgetauscht werden, werden hier durchgeschleust. Fünf Kader arbeiten im Archiv des Sekretariats in der südlibanesischen Hafenstadt Sidon und weitere fünf im libyschen Tripolis. Ihre Aufgabe besteht darin, Informationen zu sammeln, zu übermitteln und zu sichten und Abu Nidal zu informieren.

Bei all diesen Tätigkeiten fällt viel Papier an – die meisten Dokumente werden versiegelt von speziellen Kurieren befördert (Routinemeldungen werden auch per Funk durchgegeben, und eine Menge Material gelangt mit der libyschen Diplomatenpost über Damaskus in den Libanon und wieder zurück nach Libyen).

Der gegenwärtige Leiter des Sekretariats ist kein geringerer als Sulaiman Samrin (Dr. Ghassan al-Ali), der Mann, den die Franzosen, laut Abu Ijad, für einen Agenten des Mossad hielten. Der hochrangige Überläufer Atif Abu Bakr beschrieb ihn mir als »einen der gewalttätigsten und gefährlichsten Kriminellen der ganzen Organisation«. Wenn Dr. Ghassan tatsächlich ein israelischer Agent war, so saß er genau auf dem richtigen Posten, um die

Organisation zu manipulieren. Abgesehen von Abu Nidal wußte er als einziger, was in dem Laden vorging. Im Grunde hielt er die Fäden in der Hand.

Als Erster Sekretär des Zentralkomitees agiert Dr. Ghassan vom Libanon aus. Er ist hager, Kettenraucher, und verfügt über eine ungeheure Ausdauer. Er trinkt viel, hat graues Haar und trägt eine Brille, die ihm ein eulenhaftes Aussehen verleiht. Er behauptet, er sei Experte für Karate, und sieht sich auf Video Karatefilme an. Außerdem hat er marxistische Ökonomie studiert und diskutiert das Weltgeschehen unter diesem Aspekt. Er ist Herausgeber der organisationsinternen Zeitschrift *Al Tarik* (»Der Pfad«) und zugleich ihr wichtigster Mitarbeiter. Er hat großen Einfluß auf Abu Nidal und betrachtet sich als seinen natürlichen Erben. Im Jahr 1990–91 war er die Nummer drei in der Organisation, hinter Abu Nidal und dessen Stellvertreter Isam Maraka (Deckname Salim Ahmad).

Trotz seiner einflußreichen Stellung innerhalb der Organisation ist Dr. Ghassan äußerst unbeliebt, und man begegnet ihm sogar mit Argwohn. Er ist unnahbar, dünkelhaft und beleidigend. Nur vor Abu Nidal kriecht er. Abu Nidal soll einmal ausgerufen haben: »Wie ich höre, Samrin, haben deine Schwestern in Kuwait, diese drei Huren, das und das getan ...«, worauf Dr. Ghassan unterwürfig nickte.

Dr. Ghassan wurde 1946 in dem Dorf Silwan in der West Bank geboren. Er studierte in Großbritannien und machte dort seinen Abschluß in Chemie; später wurde ihm der Titel eines Magister Artium verliehen. Obwohl er sich selbst »Dr.« nennt, besitzt er keinen Doktortitel. Er sprach sehr gut Englisch, heiratete eine Engländerin und hatte Kinder mit ihr, darunter männliche Zwillinge. Doch 1970 ging er nach Beirut, um für die Fatah zu arbeiten. Seine Frau blieb in Großbritannien, und schließlich ließ er sich von ihr scheiden.

(Einer der Zwillinge starb kürzlich. Er verliebte sich in ein Mädchen, das, wie er, an einem Institut im südlibanesischen Sidon Informatik studierte. Aber sie wies ihn zurück. Am 18. April 1990 erschoß er sie und anschließend sich selbst. Abu Nidals Zeitschrift berichtete über seinen Tod; allerdings wurde nur sein Deckname Kamal Hassan genannt, zweifellos um zu verhindern, daß die Leser ihn mit seinem Vater in Verbindung brachten. Die wahre Todesursache wurde verschwiegen. Statt dessen wurde er als Märtyrer bezeichnet, der von Feinden der palästinensischen Revolution ermordet worden sei.)

Anfang der siebziger Jahre befaßte sich Dr. Ghassan im neu gegründeten Wissenschaftskomitee der Fatah mit Waffenentwicklung und Funkverkehr. Als das Komitee 1974 von Beirut nach Bagdad verlegt wurde, weil dort bessere Einrichtungen zur Verfügung standen, ging Dr. Ghassan mit – und bekundete seine Loyalität gegenüber Abu Nidal, als dieser mit der Fatah brach. In den folgenden Jahren stieg er zum Leiter des Wissenschaftskomitees Abu Nidals auf. Als das Komitee Mitte der achtziger Jahre der Geheimdienstabteilung angegliedert wurde, übernahm er die Leitung des Komitees für Sonderaufträge – dem terroristischen Arm der Geheimdienstabteilung.

In dieser Eigenschaft überwachte er die Anschläge auf die Flughafenschalter der El Al in Rom und Wien im Dezember 1985, die Entführung der Pan-Am-Maschine in Karatschi im September 1986 und das Massaker in der Synagoge in Istanbul im selben Monat. Aber wenn er ein Agent des Mossad war, wie konnte er dann so etwas tun? Ich konnte dieses Rätsel nicht erklären. Es war unvorstellbar, daß ein israelischer Agent hinter dem Anschlag auf eine Synagoge steckte. Dennoch zweifelte ich nicht daran, daß Dr. Ghassan damals für die Sonderkommandos verantwortlich war. Das Merkwürdigste war, daß sich die Israelis für diese Angriffe auf israelische und jüdische Ziele weder an ihm noch an der Organisation gerächt hatten – obwohl sie sonst immer rasch und gewaltsam Vergeltung übten. In diesem Bereich mußte ich unbedingt weitere Nachforschungen anstellen.

Damals wurde innerhalb der Organisation für das Komitee für Sonderaufträge eine Liste potentieller Ziele zusammengestellt. Dr. Ghassan und Abu Nidal werteten sie aus und pickten die Ziele heraus, die ihnen am meisten zusagten. Ein Abtrünniger der Organisation berichtete mir:

> Dr. Ghassan bevorzugte offenbar immer die extremsten und verwegensten Unternehmen. Er sprach immer mit der größten Bewunderung von den Roten Khmer, der IRA und der Rote-Armee-Fraktion. Sie hielt er uns als Vorbilder vor Augen. Er verachtete jede Form von Mäßigung.
>
> Was die Palästinenser selbst angeht, so lehnte er die Bemü-

hungen von Männern wie Atif Abu Bakr um eine Aussöhnung mit der Fatah strikt ab. Statt dessen schien er die Gräben zwischen den Palästinensern zu vertiefen. Er kam mir vor wie ein Nihilist, der Freude am Blutvergießen hatte.

Einige Operationen Dr. Ghassans schlugen allerdings fehl oder wurden vorzeitig abgebrochen – und das allein weckte schon den Argwohn einiger seiner Untergebenen. Zum Beispiel wurde Ende 1986 der Versuch unternommen, Waffen nach Großbritannien zu schmuggeln. Das Unternehmen wurde von ihm selbst geleitet. Ein Mitglied seines Komitees für Sonderaufträge, ein gewisser Dr. Ramzi Awad, der in Spanien lebte, schmuggelte in seinem Wagen Waffen nach Großbritannien. Er passierte ohne Schwierigkeiten den Zoll und kam bis nach London, wo er plötzlich auf der Straße angehalten und verhaftet wurde. Offenbar hatte die britische Polizei einen Tip bekommen. Dr. Awad wurde zu fünfundzwanzig Jahren Gefängnis verurteilt.

Aus Quellen innerhalb der Organisation erfuhr ich, daß zu diesem Zeitpunkt kein Anschlag geplant war. Abu Nidal wollte lediglich in Großbritannien Waffen verstecken – für künftige Operationen. Denn sind die Waffen erst einmal an Ort und Stelle, ist es kein großes Problem mehr, einen Paß zu fälschen, einen Mann über die Grenze zu schmuggeln und einen Anschlag vorzubereiten. Die Waffen, die Dr. Awad transportierte, waren möglicherweise sogar für eine andere Organisation bestimmt: Tauschgeschäfte sind im terroristischen Untergrund üblich. Eine Bombe in London gegen ein Maschinengewehr in Madrid. Zehn gefälschte Pässe in Amsterdam gegen die gleiche Menge Handgranaten in Rom. In Erwartung solcher Tauschgeschäfte legte Abu Nidal in verschiedenen Zentren Vorräte an. Wenn einer seiner Geldgeber beispielsweise in Berlin, Paris oder Athen Waffen brauchte, so wollte er in der Lage sein, ihm den Gefallen zu tun.

Nach der Ausweisung der Organisation aus Syrien 1987 mußte das Sekretariat notgedrungen zwischen dem Libanon und Libyen aufgeteilt werden. Während Dr. Ghassan die Leitung im Libanon übernahm, lebte und arbeitete sein Stellvertreter, der Zweite Sekretär, in Libyen. Gegenwärtig bekleidet Muhammad al-Abbasi (Deckname Amdschad Ata) den Posten; Jorde begegnete ihm in dem libyschen Lager – ein hochgewachsener, dunkelhaariger

Mann um die vierzig (1991). Er ist mit Salima al-Banna, einer Nichte Abu Nidals, verheiratet und hat mit ihr einen Sohn und eine Tochter. Als Abu Nidals rechte Hand und Vertrauter ist er in viele seiner kriminellen Geheimnisse eingeweiht. Ata hat die Oberaufsicht über das Archiv und das Ausbildungslager, in dem Jorde viele schreckliche Monate verbrachte.

Amdschad Ata ist auf solche Aufgaben bestens vorbereitet. In den siebziger Jahren gehörte er dem Kader des Militärkomitees in Bagdad an, wo er an der Planung der Geiselnahme in der saudischen Botschaft in Paris und der geheimen Waffenlieferung nach Griechenland beteiligt war – damals einer der wichtigsten Waffenumschlagplätze der Organisation. In den achtziger Jahren leitete er Abu Nidals Privatbüro, ehe ihm nach Abu Nidals Übersiedlung nach Libyen im Jahr 1987 die Aufsicht über das dortige Sekretariat übertragen wurde.

Mittlere Kader des Sekretariats werden ziemlich häufig ausgetauscht, damit sich der Schaden, der durch undichte Stellen oder Indiskretionen entsteht, möglichst in Grenzen hält. Doch auch das konnte nicht verhindern, daß ein paar Leute abtrünnig wurden, mit verheerenden Folgen für die Organisation. Im Dezember 1989 floh Muhammad Chudr Salahat (Deckname Karim Muhammad) – damals Ende zwanzig – mit seiner Frau und seinen beiden Kindern nach Algerien. Der algerische Geheimdienst soll ihm eine Menge Informationen entlockt haben, über eine Verbindung zu den Israelis wurde aber offenbar nichts bekannt.

Salahat war von Abu Nidal dazu ausersehen worden, sich um das streng geheime »Privatarchiv« des Sekretariats zu kümmern. Zu allem Übel war er auch noch ein Neffe von Abu Nidals Frau – ein Mitglied der Familie. Vielleicht hatte er einen Groll wegen eines früheren Vorfalls: Er hatte ein Jahr in einem Gefängnis der Organisation zugebracht, weil er von einer größeren Summe, die Abu Nidal zur sicheren Verwahrung auf Salahats Namen bei einer ausländischen Bank deponiert hatte, hundertfünfundzwanzigtausend Dollar unterschlagen hatte.

Im März 1990 setzte sich ein zweiter wichtiger Mann ab: Arif Salem. Salem gehörte zu den wenigen, die ein komplettes Bild von der Organisation zeichnen konnten. Drei Jahre hatte er den sensiblen Posten des Sekretärs des Ersten Sekretärs innegehabt – er hatte die Post geöffnet, den Inhalt geprüft und entschieden, was er selbst erledigen konnte und was er seinem Chef überlassen mußte. Davor hatte er einen fast ebenso sensiblen Posten im Mitgliederkomitee bekleidet, das, wie der Name schon sagt, die Akten sämtlicher Mitglieder führt. Arif Salem floh nach Jordanien. Vermutlich hatte er schon die ganze Zeit für den jordanischen Geheimdienst gearbeitet. Da keiner der Überläufer etwas von einer Verbindung zu den Israelis verlauten ließ, wußten sie entweder nichts darüber, oder es gab keine.

Die Geheimdienstabteilung

Seit Abu Nidals Bruch mit der Fatah im Jahr 1974 wurden die »Sondereinsätze« von einer geheimen Kernorganisation, dem sogenannten Militärkomitee, geleitet. Dieser Organisation gehörten Männer an, die eine Spezialausbildung absolviert hatten, im geheimen agierten und sich der Gewalt verschrieben hatten. Abu Nidal, ein Fanatiker in Sicherheitsfragen, gab sich große Mühe, die Identität der Komiteemitglieder zu schützen, und stellte strenge Regeln auf, um ihre Kontakte, selbst untereinander, einzuschränken. Sie durften sich nicht gegenseitig in ihren Wohnungen besuchen, und das Komitee als Ganzes war für jeden tabu, der nicht tatsächlich dort arbeitete.

Während der Zeit in Bagdad war das Militärkomitee das Herz der Organisation. Von 1979 bis 1982 wurde es von dem Sprengstoffexperten Nadschi Abu al-Fawaris geleitet, der 1973 bei einem Unfall eine Hand und ein Auge verloren hatte. Autobomben waren seine Spezialität. Er war verantwortlich für den Mordanschlag auf Heinz Nittal, einen Freund des österreichischen Kanzlers Kreisky, im Mai 1981 in Wien. Wie bereits erwähnt, ist es schwierig, aber nicht unmöglich, diese Operation mit der Vorstellung in Einklang zu bringen, Israel habe die Organisation unterwandert.

Als die Organisation 1982–83 ihren Sitz vom Irak nach Syrien verlegte, wurde das Militärkomitee in Komitee für Sonderaufträge umbenannt. Wie bereits erwähnt, wurde das Komitee Mitte der achtziger Jahre von Dr. Ghassan al-Ali geleitet, der in jenen Jahren die meisten Mordanschläge beaufsichtigte. Trotz der Namensänderung blieben die ursprünglichen Kader, die über eine Spezialausbildung und Einsatzerfahrung verfügten, auf ihren Posten.

Im Jahr 1985 wurde eine größere Veränderung vorgenommen. Die Geheimdienstabteilung erhielt vier Unterabteilungen:

- das Komitee für Sonderaufträge, das jetzt in die neue Abteilung integriert wurde;
- das Komitee für Auslandsspionage;
- das Komitee für Spionageabwehr;
- das Libanon-Komitee.

Von Anfang an war die Geheimdienstabteilung die weitaus wichtigste in der ganzen Organisation. Sie hatte, wie das frühere Militärkomitee, die Aufgabe, Geheimagenten ins Ausland zu schleusen, geheime Waffenlager anzulegen, Informationen über potentielle Ziele zu sammeln, Attentate auszuführen und feindliche Nachrichtendienste zu überwachen und zu unterwandern. In den Gastländern war sie für die Bereitstellung von Ausbildern, Waffen und Vorräten in den verschiedenen Ausbildungseinrichtungen der Organisation verantwortlich. Alle sicherheitsrelevanten Informationen anderer Abteilungen oder Komitees wurden direkt an sie weitergeleitet. Sie war das Kontrollzentrum, in dem alle Daten von Belang gespeichert wurden.

Die Geheimdienstabteilung hatte im Ausland dreißig oder vierzig »Residenten«, die für Dutzende von Waffenlagern verantwortlich waren; das größte befand sich vermutlich in der Türkei – von dort aus konnten Waffen auf dem Landweg nach Europa und in die arabische Welt geschafft werden. Die Verteilung der Waffen erfolgte in zwei Hauptphasen: In der ersten, der irakischen Phase, wurden vor allem in Griechenland, der Türkei und Frankreich Waffenverstecke angelegt; und in der zweiten, der syrischen Phase, wurden zusätzlich Depots in Zypern, Italien und Westdeutschland eingerichtet.

Für den Außenstehenden hat es den Anschein, als sei die Abteilung zu gewissen Zeiten außerordentlich aktiv und dann wieder eher untätig gewesen. Ein Insider erzählte mir jedoch, daß die Abteilung stets wachsam gewesen sei, auch wenn keine Operationen vorbereitet oder geplant wurden. Sie mußte fortwährend die Sicherheitsvorkehrungen der Flug- und Seehäfen überprüfen und Visa und Einwanderungsstempel auf den neuesten Stand bringen, um nur zwei Beispiele zu nennen; die Schulung der Mitarbeiter gehörte zur täglichen Routine. »Es wurde immer gearbeitet«, erklärte der Informant. »Es gab keine Ruhepausen. Die Abteilung konnte es sich nicht leisten, auch nur einen Moment untätig zu sein.« Dieser Abteilung schenkte Abu Nidal besondere Aufmerksamkeit. Er war ihr eigentlicher Chef, egal, wen er zu ihrem Leiter bestimmte.

Als die Abteilung 1985 gegründet wurde, war Abd al-Rahman Isa der richtige Mann für den Job. Er gehörte der Organisation am längsten an und war jahrelang Abu Nidals ständiger Begleiter gewesen (das war auch der Grund, weshalb ich ihn nach seinem Ausscheiden unbedingt interviewen wollte; allerdings mußte ich mich dann mit dem auf Band aufgenommenen Verhör begnügen). Seit ihrer ersten Begegnung in Jordanien in den sechziger Jahren war Isa ein enger Vertrauter Abu Nidals gewesen. Abu Nidal hatte ihn als Assistenten und Privatsekretär in den Sudan und anschließend in den Irak mitgenommen und ihm alle persönlichen und familiären Angelegenheiten anvertraut.

Als die Organisation Anfang der achtziger Jahre den Umzug nach Syrien plante, wurde Isa vorausgeschickt, um bis zum Eintreffen Abu Nidals und anderer Mitglieder des Zentralkomitees alles Notwendige zu regeln.

Isa war zwar häßlich, rasierte sich selten und trug schäbige Kleidung, doch er hatte Charme, war schlagfertig und clever. Einmal wurde er am Genfer Flughafen von einem Zöllner angehalten und gefragt, ob er etwas zu verzollen habe. Zufällig hatte er fünf Millionen Dollar in Scheinen bei sich, die er auf Anweisung Abu Nidals auf eines der Nummernkonten der Organisation einzahlen sollte. Ohne zu zögern, gab er den vollen Betrag an. Ehrerbietig beauftragte der Zöllner einen seiner Kollegen, Isa zu der gewünschten Bank zu begleiten.

Aber Isa war ein ruheloser Mensch. Er hatte den Instinkt eines Agenten und betrachtete die Welt nur unter dem Aspekt von Komplotten und geheimen Operationen. Er kam aus dem Dorf Amin bei Jenin im Westjordanland und war, wie viele Palästinenser, die aus ähnlichen Verhältnissen stammten, über das Flüchtlingsdasein verbittert. Er war ein altmodischer Anhänger des bewaffneten Kampfes und fest davon überzeugt, daß Israel nur mit Gewalt dazu gebracht werden konnte, ihm seine Heimat in Palästina zurückzugeben.

Wenn jemand Abu Nidals Vertrauen verdiente, dann Abd al-Rahman Isa: Zwei Jahrzehnte lang waren sie enge Komplizen. Aber Mitte der achtziger Jahre beging Isa einen verhängnisvollen Fehler: Er schloß sich Männern wie Mustafa Murad (Abu Nizar), dem damaligen Stellvertreter Abu Nidals, und Atif Abu Bakr an. Abu Bakr war ein Reformideologe, der, wie bereits erwähnt, angesichts der Ereignisse im Libanon zu der Überzeugung gelangte, die Organisation könne ihr Untergrunddasein aufgeben und zu einem Sammelbecken der Widerstandsbewegung werden. Abu Nidal war strikt gegen eine solche Entwicklung und steuerte ihr insgeheim entgegen, indem er die Evakuierung der Organisation aus Syrien in die Wege leitete. Sein Ziel war, die Organisation wieder in den Griff zu bekommen und in den Untergrund zurückzuführen – ein Unterfangen, bei dem Dr. Ghassan, der gewalttätige Chef des Sekretariats, sein wichtigster Verbündeter war, was mich persönlich nicht sonderlich erstaunte.

Abd al-Rahman Isa sollte für seinen Fehler büßen. Kaum hatte sich Abu Nidal im Sommer 1987 in Libyen niedergelassen, degradierte er Isa, schloß ihn vom Zentrum der Macht aus und demütigte ihn öffentlich. Isa wollte ganz ausscheiden, aber Abu Nidal übertrug ihm einen untergeordneten Posten, auf dem er von Männern herumkommandiert wurde, deren Vorgesetzter er gewesen war und die er selbst beschützt hatte. Abu Nidal gab sogar Anweisung, Isa besonders geringschätzig zu behandeln – auf diese Weise machte er die niederen Chargen glauben, ihre Beförderung hänge davon ab, daß sie ihren ehemaligen Chef verhöhnten.

Obwohl Isa zu den Gründern der Organisation gehörte, fand er sich 1988 allein in einem kleinen Büro wieder. Jeder Kontakt innerhalb der Abteilung war ihm untersagt, und täglich mußte er Abu Nidal über jeden Telefonanruf und jeden Besucher, den er empfing, Bericht erstatten.

Abu Nidal besetzte Isas Posten an der Spitze der Geheimdienstabteilung mit zwei Männern: Mustafa Awad (Deckname Alaa) wurde Leiter des Libanon-Komitees im Libanon, und sein Stellvertreter Ali al Farra (Deckname Dr. Kamal) übernahm in Libyen die Leitung der drei anderen Komitees der Abteilung – der Komitees für Sonderaufträge, Auslandsspionage und Spionageabwehr. Als Leiter der Geheimdienstabteilung war Alaa theoretisch der Ranghöhere, aber da Dr. Kamal in Libyen täglich mit Abu

Nidal zusammenarbeitete, war er der eigentliche Chef des Geheimdienstes. Von da an waren Alaa und Dr. Kamal Abu Nidals grausamste Werkzeuge. Und sie sind es noch heute.

Alaa war ein sinnenfroher, ungestümer, gutaussehender Mann in den Vierzigern (1991). Er trank und nahm vermutlich Drogen, wie Dr. Ghassan und Abu Nidal selbst. Er stammte aus dem Ort Tal im Westjordanland und hatte in Pakistan studiert, ehe er sich in den siebziger Jahren Abu Nidal anschloß. Wie auf viele seiner Kollegen übte Abu Nidal auch auf ihn einen besonderen Einfluß aus. Alaa hatte zu jener Gruppe von Kämpfern gehört, die Abu Nidal im Jahr 1978, während der ersten israelischen Invasion im Libanon, von Bagdad nach Sidon schickte, um Abu Dawud bei den Angriffen gegen die Israelis zu unterstützen. Doch aus Angst vor einer massiven Unterwanderung der Fatah durch Abu Nidal hatte Arafat die Kämpfer aufspüren und internieren lassen.

Um einer Haft zu entgehen, schloß sich Alaa damals der Fatah an und erzählte alles, was er wußte. Er verriet Abu Nidal, und der verurteilte ihn umgehend in Abwesenheit zum Tode.

Als die Israelis 1982 zum zweiten Mal im Libanon einmarschierten und die PLO vertrieben, wechselte Alaa erneut die Fronten und stieß wieder zu Abu Nidal. Einige Mitglieder forderten wegen des vorausgegangenen Treuebruchs seinen Kopf, andere hingegen plädierten dafür, ihm eine zweite Chance zu geben. Abu Nidal nutzte die Situation aus und machte Alaa klar, daß man ihn angesichts seiner Vergangenheit beim geringsten Fehler exekutieren werde.

Von da an war Alaa stets bemüht, allen Launen Abu Nidals nachzukommen. Sein Gehorsam und seine Loyalität waren vorbildlich. Bald zählte er zu den radikalsten Kämpfern der Organisation und watete bis zu den Knöcheln im Blut. Er hatte ein besonderes Talent dafür, Waffen zu verschieben und zu verstecken und Operationen zu planen und durchzuführen.

Alaa wurde rasch befördert – aus welchem Grund auch immer. Im Jahr 1986 berief ihn Abu Nidal sogar ins Politische Büro. Außerdem ließ er ihm in privaten Dingen ungewöhnlich viel Spielraum. Abu Nidal hielt seinen Männern ständig Vorträge über die Notwendigkeit einer strengen Sexualmoral – Ehebruch war innerhalb der Organisation ein Verbrechen, das mit dem Tode bestraft wurde. Doch von Alaa war bekannt, daß er nicht nur mit weiblichen Gefangenen, sondern auch mit vielen Frauen außerhalb der

Organisation und sogar mit Ehefrauen von Kameraden schlief. Abu Nidal ignorierte das einfach.

Da war zum Beispiel die Sache mit Bassam al-Araj, einem alten Kader, der bei einem Anschlag auf das PLO-Büro in Karatschi in den siebziger Jahren fast alle Finger verloren hatte. Kaum hatte er die aus Sidon stammende Libanesin Abir Kubrusli geheiratet, mußte er feststellen, daß Alaa ein Verhältnis mit ihr hatte. Als er dagegen protestierte, wurde er eines Sicherheitsvergehens beschuldigt, im Flüchtlingslager Balawi interniert und schließlich 1987 im Nordlibanon umgebracht. Alaa konnte seine Beziehung zu al-Arajs Frau ungestört fortsetzen.

Einige Dinge in Alaas Laufbahn erschienen mir seltsam. Er war übergelaufen und wurde trotzdem wieder in die Organisation aufgenommen; er schlief mit vielen Frauen und kam dennoch ungestraft davon. Erst später, als er verhinderte, daß eine im Libanon enttarnte Mossad-Zelle ausgehoben wurde, kam mir der Gedanke, daß er möglicherweise zusammen mit Dr. Ghassan an dem Mossad-Geschäft beteiligt war, sofern es ein solches Geschäft überhaupt gab. Ich setzte ihn auf meine Liste mutmaßlicher Infiltrationsagenten. Als Geheimdienstchef der Organisation im Libanon konnte er den Gang der Ereignisse ausgezeichnet zugunsten Israels manipulieren.

Ali al-Farra (oder Dr. Kamal, wie er normalerweise genannt wurde), der Geheimdienstchef in Libyen, hatte sich ebenfalls sexueller Vergehen schuldig gemacht, die Abu Nidal entweder mit Nachsicht behandelte oder als Druckmittel gegen ihn verwendete. Er besaß Fotos von Dr. Kamal in diversen »Stellungen«, die angeblich die französische Polizei in einem Pariser Bordell gemacht hatte. Er hielt sie Dr. Kamal unter die Nase und drohte damit, sie seiner Familie und seinem Dorf zu schicken.

Dr. Kamal war ein hochgewachsener, kahlköpfiger Mann um die Vierzig und Brillenträger. Er stammte aus der Stadt Khan Yunis im Gaza-Streifen. Er hatte sein Ingenieurstudium an der Universität von Alexandria in Ägypten nach zwei Jahren abgebrochen, sich Abu Nidals Militärkomitee im Irak angeschlossen und beim Geheimdienst Karriere gemacht. Nach dem Umzug der Organisation nach Tripolis war er vor allem für die täglichen Kontakte zum libyschen Geheimdienst zuständig. Abu Nidal benutzte ihn jedoch auch als Mittelsmann und schickte ihn als

Abgesandten ins Ausland oder zu Terrororganisationen, mit denen seine Organisation in Verbindung stand. Dr. Kamal war der Kontaktmann zur ASALA, der armenischen Geheimarmee, und zur Neuen Volksarmee auf den Philippinen. Außerdem wickelte er Abu Nidals geheime Geschäfte mit dem französischen Geheimdienst ab.

Dr. Kamal war mit Alia Hammuda verheiratet, der Schwester Atif Hammudas, Abu Nidals wichtigstem Mann in der Finanzabteilung. Eine Zeitlang wohnten Kamal und seine Frau über Abu Nidals Büro und mußten seine ständigen Schikanen ertragen. Zum Beispiel rief Abu Nidal Dr. Kamals Frau zu sich und beschwerte sich wegen des Essensgeruchs; oder er hielt ihr vor, sie sei zu fett; oder er beschimpfte sie, weil sie angeblich einen banalen Gegenstand aus dem Büro entwendet oder mit anderen Frauen über ihn getratscht hatte. Einmal beschuldigte er sie, der CIA seine Telefonnummer gegeben zu haben. Abu Nidal beherrschte die Menschen in seiner Umgebung, indem er sie tyrannisierte.

Auf Versammlungen traktierte Abu Nidal die Anwesenden zuerst eine halbe Stunde lang mit sarkastischen, abfälligen Bemerkungen und setzte sie damit moralisch so unter Druck, daß sie bei der anschließenden Diskussion, bei der es um ernste Angelegenheiten ging, verunsichert waren. »Ihr heiratet schlanke Frauen, aber binnen eines Monats verwandeln sie sich in Elefanten. Das muß an der Schokolade liegen, mit der ihr sie füttert! Wenn *ich* im Flugzeug ein Stück Schokolade bekomme, bringe ich es meinem Sohn mit. Aber ihr nehmt euern Kindern die Schokolade aus dem Mund und eßt sie selbst!« Das war eines seiner Lieblingsthemen, und die Zuhörer ließen dieses alberne Geschwätz demütig über sich ergehen.

Die Organisationsabteilung

Diese Abteilung war zuständig für die Anwerbung neuer Mitglieder, für ihre Ausbildung nach den Regeln und Grundsätzen der Organisation und für ihre Vorbereitung auf eine spezielle Aufgabe. Eigentlich war sie als eine Art Hauptabteilung gedacht, nur war sie ständig im Umbruch begriffen, weil Abu Nidal ihre Führer im Verdacht hatte, für feindliche Mächte zu spionieren. Die Abteilung bestand in der Hauptsache aus drei Komitees: einem Auslandskomitee, einem Komitee für arabische Länder und einem Palästina-Jordanien-Komitee.

Das Auslandskomitee war das wichtigste, weil es sich mit palästinensischen Studenten an ausländischen Colleges und Universitäten befaßte. Diese Studenten bildeten von Anfang an die Basis der Organisation Abu Nidals. In der ersten Phase Mitte der siebziger Jahre wurden Gruppen von Studenten angeworben und nach Jugoslawien, Spanien, Großbritannien, Pakistan und in die Türkei geschickt, zu der Zeit die wichtigsten Zentren für seine Indoktrination. Die Studenten hatten Order, seine Botschaft zu verbreiten, andere anzuwerben, brauchbare Daten zu sammeln, potentielle Ziele auszuspähen – und geheime Waffenlager anzulegen. An militärischen und paramilitärischen Operationen waren sie in der Regel nicht beteiligt. War eine Operation geplant, so wurde ein eigens dafür ausgebildetes Kommando losgeschickt.

Manche Studenten schloßen sich Abu Nidal nur an, weil sie Geld brauchten, andere waren Fanatiker, die sich von seinen politischen Ideen angesprochen fühlten. Die Organisation warb vorzugsweise sehr junge Männer an, die sich noch keine eigene Meinung gebildet hatten. Die meisten stammten aus einem der sechshundert Dörfer, die vor 1948 zu Palästina gehört hatten. Normalerweise wurden sie zuerst angeworben und dann zum Studium ins Ausland geschickt. Ähnlich wie andere Palästinensergruppen wandte sich die Organisation an junge Leute, die nach dem Schulabschluß nicht wußten, was sie machen sollten. »Da hast du ein Stipendium für Polen oder Ostdeutschland!« Der Student hing so lange an der Angel, wie die Organisation zahlen konnte.

Abu Nidal gab Millionen für Studenten aus – von allen Palästinensergruppen zahlte er am besten. Die Fatah förderte ihre Studenten in Osteuropa mit fünfzig Dollar im Monat, Abu Nidal seine mit fünfhundert Dollar. In dieser Hinsicht war er konkurrenzlos. Natürlich vergab er seine Stipendien nur an junge Männer, die er politisch für loyal hielt. Viele hatten das Zeug zum Revolutionär, und viele waren gute Patrioten. Aber anstatt ihren Idealismus für Palästina zu nutzen, verwickelte er sie in kriminelle Handlungen. Sie lernten, die Welt durch das Prisma seiner unversöhnlichen Philosophie zu betrachten, und wurden in ihrer Isolation zu seinem Eigentum.

In Westeuropa war Abu Nidal sogar noch erfolgreicher, weil er es sich leisten konnte, für sämtliche Ausgaben seiner Studenten aufzukommen – Miete, Verpflegung, Fahrtkosten, Taschengeld. Auf diese Weise gewöhnten sie sich an das europäische Großstadtleben und waren immer einsatzbereit, wenn er sie brauchte. In Spanien baute er mit Studenten, die er der Fatah abwarb, eine starke Organisation auf; im Unterschied zur Fatah konnte er sie gut bezahlen. Wie wir noch sehen werden, gehörten zwei seiner Londoner Studenten dem Kommando an, das 1982 den dortigen israelischen Botschafter Schlomo Argov ermorden wollte. Der dritte Attentäter war sein Cousin. Da die Operation kurzfristig geplant wurde, blieb vermutlich keine Zeit mehr, wie sonst üblich ein Kommando von außerhalb nach London zu schicken.

In den achtziger Jahren vollzog sich in mehreren Ländern, in denen Abu Nidal operierte, ein radikaler politischer Klimawandel. Aus Spanien wurde er praktisch vertrieben; Großbritannien griff nach dem Anschlag auf Argov hart durch, so daß Abu Nidal Mühe hatte, die Stellung zu halten; in der Türkei war die Organisation nach dem Attentat auf einen jordanischen Diplomaten in Ankara im Juli 1985 schwer angeschlagen; und in Pakistan wurde sie nach der Flugzeugentführung von Karatschi massiv unterdrückt. Auch in Jugoslawien – einst eine wichtige Basis für Operationen – wurde Ende der achtziger Jahre ihre Präsenz stark eingeschränkt, und mehrere Studenten wurden nach Ungarn geschickt.

Als in Europa die Terrorismusbekämpfung immer effektiver und die Durchführung von Operationen somit immer schwieriger wurde, verlagerte die Organisation den Schwerpunkt ihrer Aktivitäten nach Südostasien, insbesondere nach Thailand und auf die Philippinen, aber auch nach Indien und, in gewisser Weise, auch nach Lateinamerika und in einige afrikanische Staaten. Wie Jordes Werdegang verdeutlichte, hatten solche Operationen nichts mehr mit der palästinensischen Sache zu tun. Mittlerweile leitete Abu Nidal eine Organisation, die sich durch organisierte Erpressung finanzierte.

Wie der Name schon sagt, kümmerte sich das Komitee für arabische Staaten um Mitglieder in jenen arabischen Ländern, in denen die Organisation präsent war, was keineswegs für alle Staaten galt. Nach der Ausweisung aus dem Irak und Syrien war die Organisation in diesen Ländern nur noch in geringem Umfang im

Untergrund präsent. In Algerien war sie gut, in Libyen natürlich stark vertreten. Doch in den meisten anderen Ländern führten ein paar Einzelkämpfer ein regelrechtes Schattendasein.

Das Jordanien-Palästina-Komitee war das schwächste von allen. In den siebziger Jahren hatte die Organisation in Jordanien über eine starke Präsenz verfügt, als sie jedoch in den achtziger Jahren im Auftrag Syriens jordanische Ziele angriff, geriet sie unter massiven Druck: Ihre Führer und wichtigen Kader wurden verhaftet, und viele saßen jahrelang im Gefängnis. Der eigentliche Skandal aber war, daß Abu Nidals Organisation trotz lautstarker Propaganda und übertriebener Forderungen in den besetzten Gebieten praktisch nicht vertreten war: Zwischen 1974 und 1990 gab es dort keinerlei militärische Aktionen. Während der Intifada wurde kein einziger Stein geworfen, geschweige denn ein blutiger Anschlag begangen. Dies war – mehr als alles andere – ein Hinweis auf Abu Nidals eigentliche Prioritäten.

Bis 1986 leitete Fuad al-Suffarini (Deckname Umar Hamdun) die Organisationsabteilung. Als junger Büroangestellter in Abu Dhabi war er zu Abu Nidal gestoßen und hatte sich ganz der Organisation verschrieben. Er leitete Abu Nidals Privatbüro und kannte alle seine Geheimnisse. Er beaufsichtigte das Attentat auf Syriens Außenminister Chaddam in den Vereinigten Arabischen Emiraten; und er verhörte mehrere Leute in den Gefängnissen der Organisation und ließ sie anschließend hinrichten. Das Ergebnis: Suffarani wurde zum Leiter der Organisationsabteilung ernannt, ein Posten, auf dem er dicht ans Zentrum der Macht heranrückte.

Aber im Jahr 1986 war Suffarini den schrecklichen Dingen, die er erlebt hatte, psychisch nicht mehr gewachsen. Er bekam Depressionen und bat um seine Entlassung. Da er Abu Nidals Methoden kannte, muß er um sein Leben gefürchtet haben. Er schloß sich zu Hause ein, und immer, wenn jemand von der Organisation an die Tür klopfte, machte seine Frau nicht auf. Es kam so weit, daß er nur noch mit den Mitgliedern zu tun haben wollte, von denen er keinen Verrat fürchtete. Da seine Loyalität außer Frage stand und offensichtlich war, daß er Erholung brauchte, schickte ihn Abu Nidal als seinen Vertreter nach Griechenland. Von dort setzte sich Suffarini schließlich nach Jordanien ab.

Hätte Abu Nidal Suffarinis Absichten geahnt, hätte er ihn der Spionage für den »Verräterkönig«, wie er König Hussein zu nennen pflegte, bezichtigt und auf der Stelle seine Hinrichtung angeordnet. Zweifellos lag in seiner Organisation einiges im argen, wenn einem Mann von Suffarinis Rang als einziger Ausweg die Flucht nach Jordanien blieb – in ein feindliches Land, gegen das er blutige Anschläge organisiert hatte, von dem er nun aber mehr Gnade erwartete als von Abu Nidal.

Mustafa Murad (Abu Nizar), Abu Nidals Stellvertreter, der mittlerweile in Ungnade gefallen war, übernahm Suffarinis Posten als Leiter der Organisationsabteilung. Für ihn bedeutete der Wechsel zur Organisationsabteilung eine erhebliche Degradierung. Viele Jahre war Abu Nizar die Nummer zwei in der Organisation gewesen. Sein Sturz war das beste Beispiel für die massive Säuberungsaktion, die Abu Nidal 1987 durchführte, um die reformistischen Ideen, die im Libanon ihren Ursprung hatten, auszumerzen und die Organisation in den extremistischen Untergrund zurückzuführen. (Im Jahr 1988 beschloß Abu Nidal, Abu Nizar aus dem Weg zu räumen – ein schlimmer Fehler, wie sich herausstellen sollte: Abu Nizars Tod führte zur endgültigen Spaltung der Organisation und veranlaßte mehrere hochrangige Leute überzulaufen. Einige von ihnen lieferten die Informationen, auf denen dieses Buch teilweise basiert.)

Abu Nizars Werdegang war typisch für den heutigen palästinensischen Widerstand. Er wurde am 15. März 1946 in dem Palästinenserdorf Umm al-Fahm geboren, das die Israelis 1948 besetzten. Seine Familie floh zunächst nach Jenin und anschließend nach Tulkarm im Westjordanland, wo er in einem Flüchtlingslager aufwuchs und zur Schule ging. Er besuchte die Pädagogische Hochschule in Irbid in Jordanien, arbeitete kurze Zeit als Lehrer und schloß sich 1966 mit zwanzig Jahren der Fatah an.

Er war ein mutiger, tüchtiger junger Mann und tat sich schon bald bei Zusammenstößen mit der jordanischen Armee hervor. Bei den Kämpfen im September 1970 geriet er in Gefangenschaft. Er wurde mißhandelt und trug schwere Verletzungen an den Beinen davon, die später eine Operation in der Tschechoslowakei erforderlich machten. Mittlerweile war er mit anderen Kämpfern in den Irak gegangen, wo er sich nach dem Bruch 1974 Abu Nidal anschloß und die Leitung des neu gebildeten Militärkomitees übernahm.

Abu Nizar war an Abu Nidals gescheitertem Mordversuch an

Mahmud Abbas (Abu Masin) von der Fatah im Jahr 1974 in Damaskus beteiligt. Nach diesem Anschlag wurde Abu Nidal von der PLO in Abwesenheit zum Tode verurteilt, und Abu Nizar wanderte für achtzehn Monate in ein Gefängnis der Fatah in Syrien. Nach seiner Freilassung 1976 kehrte er nach Bagdad zurück und übernahm wieder die Leitung des Militärkomitees. Im Jahr 1979, zur Zeit der Nadschi-Allusch-Krise, trug er entscheidend dazu bei, daß Abu Nidal die Organisation wieder unter seine Kontrolle brachte. Dafür wurde er angemessen belohnt. Als die Organisation nach Syrien umzog, ernannte ihn Abu Nidal zu seinem Stellvertreter.

Mitte der achtziger Jahre war Abu Nizar ein bedeutender Mann, der vor Energie strotzte und sich bei der Basis großer Beliebtheit erfreute. Politisch freilich war er ein Einfaltspinsel. Er war unzureichend auf die internen Kämpfe vorbereitet, die 1985–86 entbrannten, als Abu Nidal aus Polen in den Nahen Osten zurückkehrte und darauf hinarbeitete, seinen Einfluß wiederzugewinnen – und seinen Stellvertreter zu beseitigen.

Der Kampf um den Stellvertreterposten entbrannte 1985 in Damaskus, als Abu Nidal noch im Ausland weilte und zwischen Polen und Libyen pendelte. Er spürte – und zwar mit Recht –, daß sich Abu Nizar, der während seiner langen Abwesenheit die Organisation geführt hatte, zu einer einflußreichen Persönlichkeit entwickelt hatte und daß die Zahl seiner Anhänger durch den Zustrom neuer Rekruten im Libanon zunahm. Wie es seine Gewohnheit war, attackierte er Abu Nizar vor dem Zentralkomitee in scharfer Form, während er insgeheim plante, ihn durch Isam Maraka (Deckname Salim Ahmad), einen jungen Mann von Mitte Dreißig, zu ersetzen.

Maraka war in den Augen vieler zwar nur Mittelmaß, aber er hatte zwei Eigenschaften, die ihn bei Abu Nidal beliebt machten: Er war der Ehemann von Umm Nidals Nichte, also ein Mitglied der Familie, und er war Abu Nidal treu ergeben. Maraka, ein blonder, blauäugiger Mann, wurde Anfang der fünfziger Jahre in Chalil im Westjordanland geboren und ging Anfang der siebziger Jahre in den Irak, um an der landwirtschaftlichen Hochschule in Basra zu studieren. Er brach sein Studium jedoch vorzeitig ab und schloß sich der Fatah an. Im Jahr 1974 schlug er sich auf die Seite Abu Nidals und arbeitete im Militärkomitee. Abu Nidal fand ihn sympathisch und verhalf ihm zum Aufstieg. Im Jahr 1986 stellte er seine Wahl ins Zentralkomitee sicher, und schließlich berief er ihn gegen den Widerstand der restlichen Führung ins Politische Büro. Es war das erste Mal, daß ein Mitglied ohne Mehrheitsbeschluß der Führung so weit aufstieg.

Aus Verärgerung über den Widerstand gegen Marakas Berufung stieß Abu Nidal Schmähungen gegen Abu Nizar aus, der sich daraufhin verwirrt und gekränkt für mehrere Monate in sein Haus zurückzog und jede Teilnahme an Sitzungen verweigerte. Er nahm seine Arbeit erst wieder auf, als für den Krieg der Lager mobil gemacht wurde – was in den Augen Abu Nidals noch ein weiterer Grund war, ihn zu beseitigen.

Als die Organisation 1987 aus Syrien verbannt wurde, hatte Abu Nidal die Ernennung Isam Marakas zu seinem Stellvertreter sichergestellt. Maraka sollte zusammen mit Dr. Ghassan, dem Chef des Sekretariats, im Libanon arbeiten, während der entmachtete Abu Nizar in die Organisationsabteilung abgeschoben und nach Libyen versetzt wurde, wo er Abu Nidals unmittelbarer Kontrolle unterstellt war.

Das Mitgliederkomitee

Dieses streng geheime Komitee verwaltet die Akten sämtlicher Mitglieder der Organisation, gleichgültig, wer und wo sie sind. Waren ursprünglich Aktenordner angelegt worden, so läuft mittlerweile alles über Computer. Niemand weiß genau, aus wie vielen Mitgliedern Abu Nidals Organisation besteht und wer sie sind. Nach Angaben der PLO sind es einige Hundert. Im Jahr 1986 schätzte der israelische Geheimdienst die Zahl der Mitglieder auf achthundert bis neunhundert Aktive und einige Hundert Sympathisanten. Westlichen Quellen zufolge sind es mindestens zweitausend Mitglieder, da die Organisation unter den palästinensischen Studenten an den Universitäten in verschiedenen Teilen der Welt noch viele treue Anhänger hat.

Seit 1987 hat das Komitee seinen Sitz in der libanesischen Stadt Sidon und wird von Asis Abd al-Chalik (Deckname Awwad) geleitet, einem 1947 geborenen Palästinenser aus dem Westjordanland, der sich als junger Mann in Bagdad der Organisation anschloß.

Abu Nidal gab sich alle Mühe, das Komitee von der restlichen Organisation hermetisch abzuriegeln. Niemand hatte Zutritt zu den Büros, und weder der Führung noch den gewöhnlichen Kadern waren direkte Kontakte zu den Mitarbeitern erlaubt. Das Komitee dient sowohl als Datenbank als auch als Sicherheitssieb, denn es ist befugt, Kandidaten, die andere Komitees und Abteilungen für eine Mitgliedschaft vorschlagen, zu akzeptieren oder abzulehnen.

In den Personalakten sind alle bekannten Daten über die Mitglieder der Organisation festgehalten: Geburtsdatum, Herkunft, Ausbildung, Angehörige, Familienstand, Kinder, beruflicher Werdegang, politische Einstellung – und natürlich Einzelheiten über mögliche Kontakte zu Nachrichten- oder Sicherheitsdiensten. Bei den Akten befinden sich auch ein Foto des Mitglieds, Fotos von seiner Frau, den Kindern und Verwandten sowie Fotokopien seines Passes. Besonders wichtig ist der ausführliche Lebenslauf, in dem jedes Mitglied und jeder Bewerber sein bisheriges Leben in allen Einzelheiten darlegen muß. Wenn es das Komitee für erforderlich hält, werden zusätzliche Informationen eingeholt. Zum Beispiel könnte es ein Mitglied fragen, ob es einen Mitarbeiter des jordanischen Geheimdienstes, der CIA oder auch nur irgendeinen Reichen kennt. Oder es könnte von einem Bewerber wissen wollen, ob seine Verlobte vor ihrer Bekanntschaft Beziehungen zu anderen Männern unterhalten habe, und wenn ja, zu wem. Die Antworten müssen präzise sein, und die Entscheidung des Komitees ist unwiderruflich.

Noch Monate oder Jahre nach der Aufnahme in die Organisation kann das Mitglied mit weiteren Fragen konfrontiert oder, wie in Jordes Fall, aufgefordert werden, nochmals seinen Lebenslauf zu schreiben. Möglich ist auch, daß weitere Nachforschungen angestellt werden, wenn neues Material auftaucht.

Das Komitee entscheidet außerdem, welche Aufgabe das neue Mitglied innerhalb der Organisation übernehmen soll. Doch in diesem Punkt hat offenbar auch die Führung ein gewichtiges Wort mitzureden. Besticht ein Kader beispielsweise durch seine militärischen Fähigkeiten, kann ein Mitglied der Führung vorschlagen, ihm einen entsprechenden Posten zu übertragen. Liegen seine Stärken im politischen Bereich, wird er mit einer politischen Aufgabe betraut. Hat er ein Talent für nachrichtendienstliche Tätigkeiten oder für die Arbeit im Sicherheitsbereich, schaltet sich Abu Nidal ein.

Die meisten Bewerber werden auf Empfehlung eines Mitglieds in die Organisation aufgenommen. Haben sie aber erst einmal eine Aufgabe zugewiesen bekommen, ist ihnen jeder Kontakt mit dem Kader, der sie als erster für die Mitgliedschaft vorgeschlagen hat, untersagt. Bewirbt sich jemand selbst um die Mitgliedschaft, gerät er sogleich in den Verdacht, ein Spitzel zu sein, und wird einem langwierigen und schwierigen Verhör unterzogen. Die Überprüfung kann sich in die Länge zogen. Erweist sich ein Verdacht als begründet, oder was man dafür hält, wird der Bewerber als Mitglied aufgenommen, in ein »Ausbildungslager« gebracht, eingesperrt, verhört und meistens ermordet. Um für solche Eventualitäten gewappnet zu sein, läßt die Organisation angehende Mitglieder vorsichtshalber ein Formular ausfüllen, wie Jorde es tun mußte, in dem sie ihrer Hinrichtung zustimmen, wenn ihnen Verrat nachgewiesen wird. Als die Organisation ihren Sitz noch in Syrien hatte, wurden verdächtige Bewerber in der Regel in den Libanon gebracht und dort verhört.

Viele Männer werden einfach anderen Palästinenserorganisationen abgeworben – eine Aufgabe, mit der sich die Geheimdienstabteilung befaßt. Genaugenommen wirbt jede Abteilung und jedes Komitee Mitglieder ab oder an – auf der Straße, in Flüchtlingslagern, in Dörfern, bei anderen Organisationen. Und ständig werden Anstrengungen unternommen, Mitglieder in andere Organisationen einzuschleusen.

Die politische Abteilung

Diese Abteilung ist in vielerlei Hinsicht der zugänglichste Teil der Organisation. Sie verwaltet zwei Komitees: das Publikationskomitee und das Komitee für politische Beziehungen. Wie bei einigen anderen Institutionen sind auch ihre Aktivitäten auf den Libanon und Libyen verteilt, wobei der libysche Zweig unter dem Namen »Büro der politischen Abteilung im Ausland« firmiert.

Das Publikationskomitee ist hauptsächlich für die Herausgabe der Wochenzeitung *Filastin al-thawra* (»Palästina, die Revolution«) zuständig – das wichtigste Sprachrohr der Organisation.

(Sie trägt denselben Namen wie die Zeitschrift der PLO – ein weiteres Beispiel für Abu Nidals Wunsch, sich als Konkurrent und Alternative zu Jassir Arafats Bewegung zu präsentieren.)

Die Zeitschrift wurde zunächst in Bagdad herausgegeben. Von Anfang der achtziger Jahre bis Juni 1987 wurde sie in Damaskus gedruckt. Nach der Verbannung aus Syrien wurde die Zentrale in den Libanon verlegt, in das südliche Schuf-Gebirge, das vom Drusenführer Walid Dschumblat kontrolliert wird. Pro Woche werden rund zwölftausend Exemplare verteilt.

Da die Organisation sich abschottet, im geheimen arbeitet und mit Palästinensern und vielen anderen auf Kriegsfuß steht, ist die Zeitschrift ihr Sprachrohr und ihre Plattform. Sie ist Abu Nidals wichtigstes politisches Informations- und Propagandamedium. Mit ihrer Hilfe legt er den weit verstreuten Mitgliedern der Organisation seinen augenblicklichen politischen Kurs dar. Gelegentlich wurde die Zeitschrift auch dazu benutzt, verschlüsselte Instruktionen zu übermitteln. Als die Organisation ihren Sitz noch in Syrien hatte, unternahm man den Versuch, eine englische Ausgabe der Zeitschrift zu veröffentlichen, doch es erschienen nur zwei Nummern.

Das Publikationskomitee gibt auch Poster, Postkarten und anderes Werbematerial heraus und veröffentlicht eine Reihe von Broschüren mit dem Impressum *Manschurat Filastin al-thawra* (»Palästina, die Revolution, Publikationen«); bis dato sind zehn solcher Broschüren erschienen. Ende der achtziger Jahre gab Abu Nidal angeblich rund hundertfünfundsechzigtausend Dollar pro Monat allein für die Aktivitäten dieses Komitees aus.

In Syrien betrieb das Publikationskomitee unter dem Decknamen *Dar Sabra* (Sabra-Verlagshaus) eine Druckerei und einen Nachrichtendienst. Die Redaktion war auf zwei Apartments in Damaskus verteilt, während die Computer, die Setzmaschine und die deutsche Druckerpresse (die das Komitee 1984 für zweiundzwanzig Millionen Syrische Pfund gekauft hatte) in einem Fabrikgebäude außerhalb der Stadt untergebracht waren.

Dar Sabra wurde von dem palästinensischen Journalisten Dr. Achmed Abu Matar geleitet, einem fähigen Mann mit einem Doktortitel in arabischer Literatur, dessen Zugehörigkeit zur Organisation nicht allgemein bekannt war. Matar hatte Erfahrung mit radikaler palästinensischer Politik: In den siebziger Jahren stand er in engem Kontakt zu Wadi Haddads PFLP, ehe er sich 1983 heimlich Abu Nidal anschloß. Er behauptete stets, die Wohnungen und die Druckerei gehörten ihm und der Familie seiner Frau, aber in Wirklichkeit waren sie Eigentum der Organisation. Dr. Abu Matar bezog ein Monatsgehalt von tausenddreihundert Dollar plus Reisespesen und bekam zusätzlich ein Haus und einen Wagen gestellt. Er hatte umfangreiche Kontakte zu Journalisten, Politikern und Geheimdienstleuten, machte viel Aufhebens von seiner Unabhängigkeit und publizierte in der Beiruter Presse sogar kritische Artikel über Abu Nidal. Gleichwohl berichtete er Abu Nidal regelmäßig über Geheimdienst- und Sicherheitsangelegenheiten.

Als die Organisation Syrien verließ, wurde *Dar Sabra* größtenteils aufgelöst. Lediglich der Nachrichtendienst wurde von Dr. Matar privat weitergeführt (obgleich er im Verdacht stand, Kontakte zum syrischen Geheimdienst zu unterhalten). Dr. Abu Matar trat aus der Organisation aus, konnte sich Abu Nidals Aufmerksamkeit aber nie ganz entziehen: Seit 1989 wurden wiederholt Versuche unternommen, ihn in den Libanon zu verschleppen, vermutlich, um ihn dort zu ermorden.

Im Libanon unterhielt die Organisation einen Nachrichtendienst namens *Manara Press,* der von freien Journalisten Material kaufte und es an Nachrichtenagenturen und Zeitungen weiterverkaufte. Rein äußerlich war er ein ganz normales journalistisches Büro, aber zusätzlich lieferte er der Organisation auch politische Informationen, die von seinen Kontaktleuten stammten. In Beirut wurde *Manara Press* mehrere Jahre von einer Libanesin namens Ibtissam Abbud auf vertraglicher Basis geleitet. Sie wußte, daß Abu Nidal den Nachrichtendienst kontrollierte, war aber kein Mitglied seiner Organisation. Im Jahr 1987 hatte sie genug von seinen diktatorischen Methoden. Sie gab den Posten auf und verlangte die ihr zustehende Abfindung. Die Organisation antwortete mit einem Mordversuch. Auf Anordnung Alaas (des Leiters der Geheimdienstabteilung im Libanon) wurde der Wagen, in dem sie und ihr Verlobter saßen, unter Beschuß genommen. Ihr Verlobter wurde getötet, sie selbst schwer verletzt. In den Berichten der libanesischen Presse war von »unbekannten Tätern« die Rede.

Manara Press unterhielt auch ein Büro in Damaskus, das von Salwa al-Banna, einer Nichte Abu Nidals, geleitet wurde. Als relativ unabhängige Journalistin hatte sie sich auf palästinensische Themen spezialisiert und gute Kontakte aufgebaut. Trotz ihrer familiären Beziehung blieb sie von Abu Nidals rüden disziplinarischen Maßnahmen nicht verschont. Als sie es ablehnte, ein Mitglied der Organisation zu heiraten, und versuchte, sich ein eigenes Privatleben aufzubauen – ein Ansinnen, das er in höchstem Maße verwerflich fand –, ließ er sie ein Jahr lang im Irak einsperren. So zur Raison gebracht, willigte sie schließlich in die Heirat mit Ibrahim al-Tamimi (Deckname Tarik Mahmud) ein, einem Mitarbeiter des Publikationskomitees. Im Jahr 1987 konzentrierte sie sich wieder voll auf die Arbeit innerhalb der Organisation und trat der Redaktion von *Filastin al-thawra* bei.

Aber die Redaktion des Magazins war, wie der Rest der Organisation, sehr strengen Kontrollen unterworfen. Abu Nidal stellte ein ganzes Wörterbuch mit Begriffen und Ausdrücken zusammen, an die man sich strikt zu halten hatte. Die PLO wurde ausnahmslos als »die sogenannte PLO« bezeichnet; Israel war das »zionistische Gebilde«, Jordanien das »ostjordanische Regime« und Saudi-Arabien »das Regime der saudischen Sippe« oder die »zionisierte Sippe«. Der politische Inhalt der Artikel erschöpfte sich in höhnischen Beleidigungen.

Die Mitglieder des Komitees zitterten beim Schreiben vor Angst, da sie sich mit jeder Abweichung von der vorgegebenen Norm dem Vorwurf der Sicherheitsverletzung aussetzten. Einen Tag war man Journalist, und am nächsten wurde einem schon der Prozeß gemacht. Mangelndes Verständnis für die politische Linie der Organisation, wie sie von dem führenden »Kopf« und »Architekten« festgelegt wurde, war ein schweres Verbrechen. Da die Redakteure gezwungen waren, nach Abu Nidals Diktat zu schreiben, waren sie eher Geiseln als Journalisten. Manuskripte aus Libyen – ehrfurchtsvoll als »bedeutsames Material« bezeichnet – mußten vollständig und unverändert übernommen werden. Selbst Grammatikfehler blieben stehen.

Für kurze Zeit, zwischen 1985 und 1987, befreite sich die Zeitschrift aus diesen Fesseln und wurde eine echte palästinensische Zeitung, die mit den Blättern anderer Gruppen konkurrieren konnte. Ihr damaliger Herausgeber war Atif Abu Bakr, der Reformideologe, der auf palästinensische Belange einzugehen versuchte: den Krieg der Lager, die Uneinigkeit in den Reihen der

Palästinenser, die Gefahren für das palästinensische Volk usw. Als Abu Nidal ihm einen Artikel schickte, in dem behauptet wurde, Arafat habe AIDS, weigerte sich Abu Bakr, ihn zu veröffentlichen. Er erkundigte sich spöttisch, ob es sich um eine politische Krankheit handle, oder um die echte. Wenn die echte Krankheit gemeint sei, so Bakr, dann sei die Behauptung schlicht falsch, und Verleumdung sei kein probates Mittel, eine Politik in Frage zu stellen, mit der man nicht einverstanden sei. Als Abu Nidal 1987 die Zügel wieder fest in der Hand hatte, fiel das Blatt in den alten Trott zurück. Arafat war wieder »der Feind im Innern«, der Verräter, der das palästinensische Schiff auf die Klippen zusteuerte.

Natürlich wechselte der Ton der Zeitschrift mit dem jeweiligen Standort. Als die Organisation in den siebziger Jahren ihren Sitz im Irak hatte, wurde Syrien als »das verräterische, sektiererische Alawi-Regime« bezeichnet, der Irak hingegen als »Rückgrat der arabischen Revolution«. Doch nach dem Umzug nach Damaskus wurde Syrien als »Garant des strategischen Gleichgewichts« gepriesen. Auf Anordnung Abu Nidals erschien nun in jeder Ausgabe ein Foto Präsident Assads als Bildbeigabe zu schmeichlerischen Artikeln über Syrien. Das Blatt beschimpfte den Irak als »faschistische Diktatur«, rühmte die Erfolge des Iran im Golfkrieg und machte den irakischen Außenminister Tarik Asis zur bevorzugten Zielscheibe für Abu Nidals Gehässigkeiten. Unablässig kritisierte es seine christliche Abstammung und seine »Kreuzfahrermentalität« und warf ihm vor, er sei das Werkzeug »einer vatikanischen Verschwörung gegen die Araber«. Nach dem Umzug nach Libyen verschwanden Assads Bild und die Lobgesänge auf Syrien, und Gaddafi und Libyen wurden gefeiert.

Das zweite Komitee der politischen Abteilung war das Komitee für politische Beziehungen, das sich um sämtliche politischen Kontakte der Organisation zu arabischen und ausländischen Staaten, zu politischen Parteien und zu anderen Palästinensergruppen kümmerte, Kontakte auf geheimdienstlicher Ebene ausgenommen. Freilich pfuschte Abu Nidal dem Komitee gern ins Handwerk, wenn ihn bestimmte Kontakte, wie etwa die zu Frankreich, besonders interessierten. Als Begründung gab er dann an, es handle sich um eine geheimdienstliche Angelegenheit. Andererseits sah er ein, daß es bei manchen Kontakten doch ratsamer war, wenn sich nicht die Schläger aus der Geheimdienstabteilung um sie kümmerten, sondern aufgeschlossene Leute aus dem Komitee, die in der Lage waren, vernünftige politische Diskussionen zu führen.

Atif Abu Bakr war von 1985 bis 1987 Leiter der politischen Abteilung. Sein Nachfolger war Mansur Hamdan, ein freundlicher, kultivierter Mann, der offenbar bereit war, alles zu tun, was Abu Nidal wollte, nur um seine Ruhe zu haben. Als die Organisation Syrien verließ, wurde das Komitee für politische Beziehungen zweigeteilt: ein Teil überwachte im Libanon die Beziehungen zu palästinensischen und libanesischen Splittergruppen, der andere zog mit nach Libyen und erstattete Abu Nidal direkt Bericht. Seit 1987 war Rizk Said Abd al-Madschid (Deckname Walid Chalid) Leiter des Komitees. Die ausländische Presse wurde auf ihn aufmerksam, als er während der Silco-Affäre als Sprecher der Organisation auftrat. Wie wir in einem späteren Kapitel sehen werden, war Silco ein umgebautes französisches Fischerboot, das 1986 von den Libyern irgendwo zwischen Malta und Libyen gekapert wurde. Ein Jahr später, im November 1987, erklärte Abu Nidal, er habe die Operation durchgeführt, um Gaddafi aus der Patsche zu helfen.

Die Finanzabteilung

Die Zentrale dieser Abteilung befand sich immer dort, wo Abu Nidal sich gerade aufhielt – im Irak, in Polen, in Syrien oder in Libyen –, und ihre Leiter waren nichts weiter als Angestellte, die ihm treu ergeben waren. Alle finanziellen Angelegenheiten blieben fest in Abu Nidals Hand. Nidal kontrollierte persönlich die ausländischen Konten, bestimmte den Umfang des Organisationsbudgets, genehmigte die monatlichen Geldtransfers und traf sämtliche Investitionsentscheidungen.

Je intensiver ich mich mit Abu Nidals Organisation beschäftigte, desto klarer wurde mir, daß seine Hauptsorge den vielen Millionen galt, die auf ausländischen Bankkonten lagen – und seiner persönlichen Sicherheit, die wiederum seine politischen Beziehungen zu seinen Gastländern diktierte. Da er sich hauptsächlich mit Geld und dem breiten Spektrum politischer und diplomatischer Fragen beschäftigte, überließ er die Planung und Durchführung von Operationen weitgehend anderen. Männer wie Dr. Ghassan al-Ali und Alaa hatten eine Menge Spielraum.

Die Finanzabteilung war in zwei Sparten unterteilt: eine für Ausgaben und eine für Investitionen. Erstere kümmerte sich um die täglichen Ausgaben der Organisation, letztere verwaltete das Vermögen, behielt die Unternehmen im Auge, die ganz oder teilweise im Besitz der Organisation waren, handelte mit Waffen und anderen Bedarfsgütern und kassierte Maklerprovisionen. Obwohl die Abteilung ihren Sitz gegenwärtig in Libyen hat, wo Abu Nidal sie kontrollieren kann, hat man einen Mann aus der Führungsspitze in den Libanon geschickt, um die Ausgaben in diesem Land zu überwachen.

Der eigentliche Leiter dieser Abteilung ist Abu Nidal. Sein Stellvertreter Atif Hammuda (Deckname Abu Siham) ist ein ideenloser, aber brauchbarer Technokrat, der der Organisation seit ihrer Gründung angehört. Obwohl er jahrelang im Zentralkomitee saß, meldete er sich bei Sitzungen nie zu Wort. Als Hüter der finanziellen Geheimnisse der Organisation darf er zu niemandem private Kontakte unterhalten und lebt deshalb sehr zurückgezogen. Seine Schwester ist mit Ali al-Farra (Dr. Kamal), dem Chef des Geheimdienstes und Abu Nidals rechter Hand, verheiratet.

(Hammudas Vorgänger im Amt des stellvertretenden Leiters der Finanzabteilung, ein gewisser Chalid al-Madi, war alles andere als ein Leisetreter. Er wagte es, gewisse Bedenken hinsichtlich seiner Arbeit zu äußern. Als Strafe dafür, daß er nicht die richtige Sklavenmentalität an den Tag legte, entfernte Abu Nidal ihn von seinem Posten und aus dem Zentralkomitee und degradierte ihn zu einem ganz gewöhnlichen Kader. Doch damit nicht genug: Zusätzlich ließ er – typisch für ihn – die Pensionszahlungen an Chalid al-Madis alte Mutter, die damals bei ihrem Sohn lebte, einstellen und die Klimaanlage aus seinem Haus entfernen, was in Libyen bei hochsommerlichen Temperaturen schon Strafe genug war.)

In den achtziger Jahren waren vor allem zwei Männer für die Auslandsinvestitionen der Gruppe verantwortlich. Der eine war Dirar Abd al-Fattah al-Silwani, ein führendes Mitglied der Finanzabteilung. Er leitete von Büros in Ostberlin aus das organisationseigene Unternehmen Zibado. Dirar setzte sich jedoch nach Westdeutschland ab und reiste von dort aus in die Vereinigten Staaten, wo er der CIA alles über Abu Nidals Investitions- und Handelsgeschäfte verriet.

Der andere wichtige Überseemanager war Samir Najm al-Din (Deckname Abu Nabil). Er saß in Warschau und leitete die SAS Foreign Trade and Investment Company, ein großes Unternehmen mit mehreren Geschäftsstellen und weitverzweigten Interessen, die von Immobiliengeschäften bis hin zum Waffenhandel reichten. (SAS stand für die Anfangsbuchstaben der Vornamen der drei Mitglieder der Finanzabteilung: Samir Najm al-Din, Adnan al-Kaylani und Schakir Farhan (alias Atif Hammuda).)

Samir Najm al-Din war ein Palästinenser aus dem Irak und ein guter Geschäftsmann. In den achtziger Jahren war er bereits Anfang sechzig. Er verhalf der SAS zu geschäftlichem Erfolg, was möglicherweise der Grund für seinen Sturz war. Im Jahr 1987 beorderte Abu Nidal ihn nach Libyen und degradierte ihn. Er verbot jedem, Geschäfte mit ihm zu machen. Um ihn noch mehr zu erniedrigen, ließ er seinen Schwiegersohn, einen gewissen Dr. Sadik, verhaften, für ein Jahr einsperren und im September 1989 ermorden. Anschließend erklärte er, Sadik sei vom Mossad umgebracht worden.

Als Abu Nidal Anfang der siebziger Jahre zum erstenmal daran dachte, sich selbständig zu machen, besaß er nur wenig Kapital. Das änderte sich, als die Iraker ihm das Vermögen der Fatah im Wert von rund vier Millionen Dollar übertrugen. (In dieser Schätzung sind die Waffen im Wert von fünfzehn Millionen Dollar, die ihm ebenfalls übergeben wurden, nicht enthalten.) Als ihn die Fatah zum Tode verurteilte, bekam er von den Irakern weitere fünf Millionen Dollar. Da er gut mit Geld umgehen konnte, gelang es ihm, mit diesen relativ geringen Summen gesunde, ertragreiche Investitionen zu tätigen. Niemand in der Organisation wußte Näheres über die Banken oder die Makler, über die er seine Geschäfte abwickelte. Solche Dinge behielt er für sich.

Mit dem Geld, das er durch Erpressung verdiente, stockte er sein Vermögen auf. Informanten aus der Organisation erzählten mir, er habe die Saudis seit den siebziger Jahren ausgenommen und dabei auf Kontakte zurückgegriffen, die er in seiner Zeit in Saudi-Arabien geknüpft hatte. Mittelsmann war ein Saudi, der in London lebte. Zwischen 1976 und 1988 verdiente Abu Nidal allein mit der Erpressung der Saudis und kleinerer Staaten am Golf schätzungsweise fünfzig Millionen Dollar.

Noch einträglicher war freilich der Waffenhandel. Irakischen Quellen zufolge fungierte Abu Nidal als Strohmann für den Irak, indem er auf dem internationalen Markt Waffen aufkaufte und sie an politische Gruppierungen und Befreiungsbewegungen verschob, die der Irak unterstützen wollte. Da Abu Nidal als Vermittler auftrat, konnten die Iraker jederzeit abstreiten, etwas von dem illegalen Handel gewußt zu haben. »Mit seinen Waffengeschäften in unserem Auftrag verdiente er Millionen«, erklärten mir die Iraker.

Diese Geschäfte Mitte der siebziger Jahre brachten Abu Nidal mit Lieferanten in Polen und Bulgarien und mit Händlern in Syrien, im Libanon und Irak in Verbindung. Ende der siebziger Jahre verdiente er durch den Verkauf polnischer Handfeuerwaffen und leichter Maschinengewehre an Stämme an den Grenzen zu Saudi-Arabien und der Demokratischen Volksrepublik Jemen noch mehr Geld – nebenbei bemerkt ein Verrat an den Saudis, die ihm jahrelang Schutzgelder gezahlt hatten. Er kaufte in Polen für hundertzwanzig Dollar eine Kalaschnikow und verkaufte sie im südlichen Arabien für das Zehnfache. Außerdem erwarb er von bulgarischen Staatsbetrieben billige Nachbildungen westlicher Waffen. An solchen Geschäften verdiente er, aber, was noch wichtiger ist, er benutzte die Ostblockländer als sichere Basis für seine verschiedenen Operationen.

Vor dem Krieg zwischen Iran und Irak besaß Abu Nidal rund hundertzwanzig Millionen Dollar; nach dem Krieg, im Jahr 1988, war diese Summe nach Angaben westlicher Geheimdienstleute auf vierhundert Millionen angewachsen. Wie viele andere Händler machte er mit Waffenverkäufen an beide kriegführende Länder ein Vermögen. Am meisten verdiente er in den achtziger Jahren durch den Verkauf von Waffen aus dem Ostblock.

Der größte Teil des Geldes steckt in Unternehmen oder liegt auf Banken in der Schweiz, in Österreich und Spanien. Das Geld, das er bei der Internationalen Kredit- und Handelsbank (BCCI) in London deponierte, war verloren, als 1991 ans Licht kam, daß die Bank von noch größeren Gaunern geleitet wurde, als er einer war. Ghassan Achmed Kasim, der ehemalige Chef der BCCI-Filiale in der Sloane Street im Londoner Westend, erklärte in der BBC-Sendung Panorama am 29. Juli 1991, Samir Najm al-Din, Abu Nidals Finanzberater, habe 1981 in einer Filiale der BCCI in

London fünfzig Millionen Dollar auf ein Konto eingezahlt; mit dem Geld seien Waffengeschäfte mit britischen Firmen finanziert worden. Kasim berichtete weiter, er habe Abu Nidal bei Einkäufen begleitet, die dieser während seiner drei Aufenthalte in London in den achtziger Jahren getätigt habe. Außerdem behauptete er, daß er 1987 vom britischen Sicherheitsdienst MI 5 angeworben worden sei, um Informationen über Abu Nidals Geldgeschäfte mit der BCCI zu beschaffen.

Ein beträchtlicher Anteil von Abu Nidals Geld bei ausländischen Banken war auf die Namen seiner Frau, seines Sohnes Nidal, seiner Tochter Badia und ihres Mannes sowie anderer Angehöriger deponiert. Allein auf den Namen des noch minderjährigen Sohnes der Schwester seiner Frau soll er zwanzig Millionen Dollar auf ein Konto eingezahlt haben. Einige Konten liefen auch auf die Namen führender Mitglieder der Organisation wie Abu Nizar, Samir Najm al-Din, Dr. Ghassan und anderer, wobei für jedes Konto gewöhnlich zwei Leute zeichnungsberechtigt waren. Im Jahr 1985 riß Abu Nidal jedoch die Kontrolle über diese Gelder wieder an sich. Atif Abu Bakr zufolge erklärte er Abu Nizar: »Dein Gemeinschaftskonto bei der und der Bank in Genf ist entdeckt worden. Wir halten es für das beste, wenn es jetzt auf den Namen von Soundso übertragen wird.« Abu Nizar ging zur Bank und trat seine Zeichnungsberechtigung an die Person ab, die Abu Nidal ihm genannt hatte. In aller Regel war das Atif Hammuda, der stellvertretende Leiter der Finanzabteilung, der wiederum Abu Nidal Vollmacht über sämtliche Gelder einräumte, die auf seinen Namen deponiert waren. Hammuda gehörte zu den mobileren Mitarbeitern der Abteilung. Er kontrollierte die Firmen der Organisation im Ausland, hob bei Schweizer Banken Geld ab oder deponierte es dort und überwachte die verschiedenen Konten. Einem Insider zufolge benahm er sich wie Abu Nidals Schoßhund, und Abu Nidal sagte oft zu ihm: »Du verdammter Hund!«

Das Komitee für revolutionäre Gerechtigkeit

Dieses berüchtigte Komitee ist für die Gefängnisse, die Vernehmungszentren und die Hinrichtungsstätten zuständig. Die Zentrale befindet sich in dem libanesischen Ort Bkasta im südlichen Schuf-Gebirge; Abu Nidal hat das Land von dem Drusenführer Walid Dschumblat gepachtet. Zwei benachbarte Dörfer, Karcha und Alma, dienen Abu Nidal als Waffendepot und Militärbasis. Als Entschädigung für das überlassene Drusengebiet bietet Abu Nidal Dschumblat Waffen, Sachkenntnis, Geld und Sicherheit – ein für beide Seiten zweckmäßiges Arrangement.

Das Komitee wird offiziell von Abdallah Hasan (Deckname Abu Nabil) geleitet, einem annähernd sechzigjährigen ehemaligen Lehrer, der an Vernehmungen oder Folterungen nicht unmittelbar beteiligt ist. Da er aber Hinrichtungsbefehle unterzeichnet, ist er trotzdem in die Verbrechen des Komitees verwickelt.

Hasan war lange Zeit ein führendes Mitglied der Fatah. Als 1983 innerhalb der Fatah eine Meuterei ausbrach, schloß er sich Oberst Abu Musa an. Nach der Niederschlagung der Meuterei schlug er sich 1985 auf die Seite Abu Nidals. Da er nicht ganz vertrauenswürdig war, wurde er 1987 strengen Verhören unterzogen, in deren Verlauf er einen Herzanfall erlitt. Er trug immer noch Handschellen, als man ihn ins Ghassan-Hammud-Hospital nach Sidon brachte, wo er sich wieder erholte. Obwohl er seinen alten Posten im Komitee wiederbekam, ist er einer Art permanenter Erpressung ausgesetzt.

Der eigentliche Chef des Komitees ist Mustafa Ibrahim Sanduka (Deckname Chaldun); er ist mit einer Nichte Abu Nidals verheiratet. Sanduka ist Mitglied des Zentralkomitees und führt bei Versammlungen Protokoll. Daher kennt er so manches Geheimnis Abu Nidals. Im folgenden Kapitel werde ich die Enttarnung eines Mossad-Agenten schildern. Dieser Vorfall vom November 1989 erregte meinen Verdacht: Wenn tatsächlich eine Verbindung zu den Israelis bestand, so konnte Sanduka ebenso daran beteiligt sein wie Dr. Ghassan und Alaa.

Das technische Komitee

Dieses kleine Komitee, das Pässe, Visa, Einwanderungsstempel und diverse Dokumente fälscht, war früher ein unabhängiges Organ, untersteht jedoch seit dem Umzug nach Libyen der Geheimdienstabteilung und hat, wie die wichtigeren Komitees dieser Abteilung, seinen Sitz in Libyen, in Abu Nidals Reichweite.

Der Bedarf an Pässen ist für die Organisation ein ständiges Problem, und Abu Nidal schenkt ihm große Beachtung. Die Pässe sämtlicher Mitglieder befinden sich in seiner Obhut. Während der Zeit in Syrien und im Irak unterhielt die Organisation Kontakte zur armenischen Untergrundarmee ASALA und nutzte die Kenntnisse der Armenier im Druckgewerbe. Zusätzlich erwarb sie gefälschte Pässe aus Italien und Japan. Als nützliche Bezugsquelle für echte Pässe erwies sich der Sudan. Der Grund: Aufgrund der politischen Umwälzungen der letzten Jahre war die Bürokratie für Korruption und Bestechung besonders anfällig.

Ein Mitglied des technischen Komitees ist Ismail Abd al-Latif Jusuf (Deckname Hamdi Abu Jusuf), ein Palästinenser aus Gaza, der sich viele Jahre mit Fälschungen befaßte. In jüngerer Zeit war er für die Computerprogrammierung in den Büros der Organisation in Sidon verantwortlich. Er war früher Abu Nidals Privatsekretär, zählt zu seinen Protegés und kennt viele seiner Geheimnisse. Seine Karriere wird lediglich von einem Aufenthalt in einem türkischen Gefängnis in den siebziger Jahren überschattet; bei seiner Vernehmung soll er den Türken damals alles erzählt haben, was er wußte.

Das Wissenschaftskomitee

Dieses kleine Komitee ist auf die Entwicklung und Herstellung von Waffen und Sprengkörpern spezialisiert. Hierzu gehören Autobomben, Kofferbomben, Schußwaffen, die in Aktentaschen versteckt sind (und feuern, wenn der Griff gedrückt wird), tödliche Zigarren, chemische Gifte, Betäubungsmittel und dergleichen. Ein Team von Spezialisten versucht, mit den Entwicklungen auf diesem Gebiet Schritt zu halten und sie den Erfordernissen der Organisation anzupassen.

Der gegenwärtige Leiter des Komitees ist Mustafa Abu al-Fawaris (Deckname Nadschi). Als die Organisation ihren Sitz noch in Bagdad hatte, leitete er das frühere Militärkomitee. Im Jahr 1973 verlor er bei einem Experiment eine Hand und ein Auge.

Fawaris hat zwar keine wissenschaftliche Ausbildung genossen, doch aufgrund seiner langjährigen Mitgliedschaft in der Organisation verfügt er über eine Menge praktischer Erfahrung. Im Jahr 1968 war er militärischer Ausbilder in einem Lager der Fatah im Irak, und das blieb er auch, als Abu Nidal den Nachlaß der Fatah im Irak »erbte«.

Das Komitee besitzt in dem libanesischen Dorf Wardanijja im südlichen Schuf-Gebirge mehrere Gebäude.

Die Volksarmee

Die Volksarmee, manchmal auch Militärische Abteilung genannt, ist von den anderen Abteilungen und Komitees der Organisation völlig abgetrennt. Sie ist eine reguläre Miliz, die mit denen anderer Palästinensergruppen vergleichbar ist. Sie ist nur im Libanon aktiv und kümmert sich um palästinensische Guerillakämpfer, deren Stützpunkte, Ausbildung, Waffen und Ausrüstung.

Mit den Agenten und geheimen Waffenlagern der Geheimdienstabteilung oder mit Sonderaufträgen, Operationen im Ausland, Attentaten, Entführungen usw. hat sie überhaupt nichts zu tun. Sie sollte auch nicht mit dem ehemaligen Militärkomitee, der späteren Geheimdienstabteilung, verwechselt werden.

Die Volksarmee wurde 1985 gegründet, als die Organisation im Libanon aus dem Untergrund auftauchte und massenweise Mitglieder anwarb. Wie bereits erwähnt, profitierte sie von der Meuterei innerhalb der Fatah im Jahr 1983, als viele Kämpfer von Abu Saleh zu Abu Nidal überliefen. Im Krieg der Lager trat die Volksarmee sichtbar in Erscheinung und trug dadurch zur Öffnung der bis dahin ausschließlich im geheimen operierenden Organisation bei.

Männer wie Atif Abu Bakr begrüßten diese Entwicklung. Ihrer Ansicht nach sollte die Organisation ihre kriminelle Vergangenheit abschütteln und hauptsächlich eine politische Rolle spielen. Laut Abu Bakr bedeutete Nationalismus, im Libanon gegen die israelische Besatzung zu kämpfen, und nicht, in Rom und Wien Unbeteiligte in die Luft zu sprengen oder gemäßigte Palästinenser zu töten. Wie wir bald sehen werden, reagierte Abu Nidal auf derlei Ansichten äußerst heftig.

Der Führer der Volksarmee ist Wasfi Hannun, ein Mitglied des politischen Büros und das einzige Bindeglied zur Organisation als Ganzes. Früher war er ein feinfühliger, gebildeter Mann. Er stammt ursprünglich aus Anabta im Westjordanland und beendete seine Ausbildung in Mosul im Irak. Er trat zunächst der Fatah bei, wechselte aber bereits 1974 zu Abu Nidal. Durch den Umgang mit Abu Nidal wurde er zum Verbrecher. Seine schrecklichste Tat war der Mord an seiner Schwiegermutter und seiner Schwägerin im Jahr 1986; Abu Nidal hatte sie fälschlicherweise bezichtigt, für den jordanischen Geheimdienst zu spionieren.

Die Geschichte verdient es, ausführlicher erzählt zu werden, denn sie zeigt, was mit Männern geschieht, die der Organisation angehören. Sie betrifft nicht nur Wasfi Hannun, sondern auch seinen Schwager, einen Kader namens Mahmud Tamim (Deckname Ali Abdallah), der heute das Büro der politischen Abteilung im Ausland leitet – das heißt, das libysche Büro der politischen Abteilung. Auch Tamim hatte einen traurigen und wechselvollen Werdegang. Mit ihm beginnt die Geschichte.

Vor seiner Versetzung nach Libyen arbeitete Tamim im Libanon. Eines Tages geriet er in den Verdacht, für die Jordanier zu arbeiten, und wurde zusammen mit seiner Frau und seinen Kindern in ein Gefängnis gesteckt, wo man sie zwang, wie Hunde zu bellen. Erst nach über drei Monaten kam die Familie wieder frei. Doch die Kinder bellten immer noch, wenn sie angesprochen wurden. Sie hatten sich mittlerweile daran gewöhnt.

Tamims Frau hatte vier Schwestern, von denen eine mit Wasfi Hannun verheiratet war. Als Tamim und seine Frau verhaftet wurden, reiste seine Schwiegermutter in Begleitung ihrer jüngsten Tochter von Jordanien nach Damaskus, weil sie erfahren wollte, was passiert war. Bei der Ankunft wurden beide festgenommen, in den Libanon verschleppt und hingerichtet, da sie angeblich ebenfalls jordanische Agenten waren. Abu Nidal behauptete sogar, die junge Frau habe den Auftrag gehabt, Hannun zu verführen und für die Jordanier anzuwerben. In seiner perversen Phantasie beschrieb er ihre Verführungskünste und das pinkfarbene

Nachthemd, das sie angeblich getragen hatte. Abu Nidal verurteilte sie zum Tode und bestimmte, daß Hannun das Urteil selbst vollstrecken sollte.

Wasfi Hannun brachte seine Schwiegermutter und seine Schwägerin um, um sein eigenes Leben zu retten. Dieses Erlebnis warf ihn offenbar völlig aus der Bahn. Nach Aussagen von Insidern hat er sich mittlerweile damit abgefunden, daß er bald sterben muß. Er weiß, daß seine Rolle an der Spitze der Volksarmee weitgehend kosmetischer Natur ist.

Meinen Recherchen zufolge waren die eigentlichen Machthaber im Libanon Sulaiman Samrin (Dr. Ghassan al-Ali), der Erste Sekretär des Zentralkomitees und Leiter des Sekretariats, Mustafa Awad (Alaa), der Leiter der Geheimdienstabteilung, und Mustafa Ibrahim Sanduka (Chaldun), der Chef des Komitees für revolutionäre Gerechtigkeit. Bei näherer Betrachtung erhärtete sich mein Verdacht, daß diese Männer das eigentliche Bindeglied zum Mossad waren, wenn es denn eine solche Verbindung gab.

10 Unsichtbare Fäden

Der Verdacht einer möglichen Verbindung zwischen Israel und Abu Nidal stützt sich auf Beweismaterial, das zwar größtenteils auf Indizien und Vermutungen beruht, teilweise aber auch recht stichhaltig ist. In den vorangegangenen Kapiteln sprach ich über die mutmaßliche Beteiligung von israelischen Agenten, vornehmlich Nordafrikanern, an der Ermordung gemäßigter Palästinenser, die allgemein Abu Nidal zugeschrieben wird. Anschließend versuchte ich, die führenden Köpfe innerhalb der Organisation zu identifizieren, die Gelegenheit gehabt hätten, diese Agenten zu steuern oder anderweitig Operationen im Interesse Israels zu manipulieren.

Immun gegen Angriffe

Ein merkwürdiger Aspekt an Abu Nidals Aktivitäten, insbesondere im Libanon, machte mich stutzig und nährte meinen Verdacht. Seit Ende der sechziger Jahre hat Israel wiederholt Stellungen seiner palästinensischen und schiitischen Widersacher im Libanon – seien es nun die Fatah, die PFLP, die DFLP, das PFLP-Generalkommando, die Hisbollah oder andere – bombardiert, mit Granaten beschossen, überfallen und überrollt. Israel hatte im Libanon völlig freie Hand. Die Israelis überwachen nicht nur den Luftraum über dem Libanon, sie sind auch am Boden kaum zu stoppen. Kaum ein Monat vergeht, ohne daß ein israelisches Kommuniqué veröffentlicht wird, in dem von einem Angriff auf »terroristische Stellungen« die Rede ist und das mit dem Satz endet: »Unsere Flugzeuge sind unversehrt zu ihrem Stützpunkt zurückgekehrt.«

Seit den siebziger Jahren hat Israel regelmäßig Bodentruppen zu Strafexpeditionen in den Norden jener »Sicherheitszone« gesandt, die es 1978 im Südlibanon selbst eingerichtet hat. Wie bereits erwähnt, schickte es obendrein Kommandos in viele Länder, um prominente Palästinenser aufzuspüren und zu töten. Die meisten Angriffe werden als Präventivschläge bezeichnet, dazu bestimmt, den Gegner aus dem Gleichgewicht zu bringen. Wenn es den Palästinensern von Zeit zu Zeit tatsächlich gelingt, die israelischen Verteidigungsstellungen zu durchbrechen, folgen immer massive Vergeltungsschläge: Es ist Israels erklärte Politik, daß Angriffe nicht ungestraft bleiben dürfen – und das blieben sie auch nie, mit einer verblüffenden Ausnahme.

Abu Nidal wurde weitgehend in Ruhe gelassen. Trotz der Anschläge auf die Flughafenschalter der El Al in Rom und Wien, trotz der blutigen Überfälle auf Synagogen in Istanbul und mehreren europäischen Städten und trotz anderer Verbrechen an Juden wurde seine Organisation im Libanon und in Libyen nie ernsthaft zur Zielscheibe für Mordkommandos des Mossad oder für Angriffe der israelischen Luftwaffe, die andere palästinensische Stellungen ausgiebig bombardiert hat. Daß Abu Nidal ungestraft Juden umbringen darf, ist eine ungewöhnliche – ja unerhörte – Abweichung von der sonstigen Politik Israels. Ein deutscher Experte für Terrorismusbekämpfung erklärte mir 1990 in London: »Wen die Israelis vernichten wollen, den vernichten sie, selbst wenn sie Killer losschicken müssen. Aber was ist in fünfzehn Jahren mit Abu Nidal passiert? Anscheinend gehört er zu einer geschützten Spezies, die der Mossad am Leben erhalten möchte!«

Die als Kaderschule bekannte Einrichtung Abu Nidals in der Nähe des Dorfes Bkasta, östlich der libanesischen Stadt Sidon, ist in Wirklichkeit ein Militärlager, das allein und ungeschützt in den Bergen liegt. Aus der Luft ist sie ein unverwechselbares Ziel. Nur einmal, im Sommer 1988, wurde die Kaderschule bislang angegriffen. Eine israelische Präzisionsbombe traf ein Zelt und tötete acht weibliche Soldaten, die in der Grundausbildung waren. Dutzende andere Gebäude, in denen Abu Nidals Soldaten und Mitarbeiter untergebracht waren, blieben unversehrt.

Bis zum Bruch mit der Fatah reisten die führenden Leute aus Abu Nidals Organisation ohne Schutz durch den Südlibanon, als hätten sie gewußt, daß ihnen von den Israelis keine Gefahr drohte.

Sie schliefen in unbewachten Häusern und führten, trotz aller Phrasen über eine Bedrohung durch »feindliche Dienste«, ein ganz normales Leben. Diese Selbstgefälligkeit wurde erst nach Gründung der Notstandsführung Atif Abu Bakrs im November 1989 aufgegeben. Jedes Mitglied des politischen Büros Abu Nidals heuerte damals mehrere Leibwächter an und besorgte sich, aus Angst vor Autobomben, einen Wagen, der mit Hilfe einer Fernbedienung gestartet werden konnte. Auf Reisen blieben sie auf »sicheren« Wegen. Vor den Israelis hatten sie keine Angst, obwohl jeder wußte, daß sie im Juni 1982 in London den israelischen Botschafter umgebracht hatten, ganz zu schweigen von den Anschlägen auf die Synagoge in Istanbul und andere jüdische Ziele. Sie hatten Angst vor ihren ehemaligen Kameraden. Erst nachdem die Israelis von Mitgliedern der Notstandsführung, die mit der PLO in Verbindung standen, überrannt worden waren, griffen sie im Frühjahr 1991 einige Stellungen Abu Nidals in und um Sidon an.

Von Abu Nidals Top-Leuten fiel keiner israelischen Vergeltungsmaßnahmen zum Opfer.

Operationen in den besetzten Gebieten

Es gab noch einen anderen Aspekt bei Abu Nidals Aktivitäten, der mich verwirrte. Palästinensische Nationalisten von der sozialistischen Linken bis hin zur islamischen Rechten betrachten die Intifada in den besetzten Gebieten als große patriotische Schlacht, als den einmaligen Versuch, nach Jahren der Passivität die Gebiete zu befreien. Abu Nidal hat in fast allen Teilen der Welt Anschläge verübt – in Bangkok, Australien, Peru. Aber in den besetzten Gebieten hat er nicht einen einzigen Stein geworfen, weder vor noch nach der Intifada. In all den Jahren, in denen ich mit Menschen aus den Gebieten gesprochen habe, hat niemand auch nur von einer einzigen Aktion Abu Nidals gehört – wie unbedeutend sie auch sein mochte. Achtjährige bewerfen israelische Soldaten mit Steinen. Alte Frauen stellen sich den Israelis trotz des Einsatzes von Tränengas in den Weg. Aber Abu Nidal tut nichts. Palästinenser aus den besetzten Gebieten kennen kaum seinen Namen, weil er keine Männer geschickt, keinen Pfennig gespendet und nichts – aber auch gar nichts – getan hat, um sie in ihrem Kampf gegen die israelischen Besatzer zu unterstützen. Als 1988 die Vereinigte Nationale Führung der Aufständischen (UNLU) – die Dachorganisation, die die Intifada leitete – gegründet wurde, wurde sie in Abu Nidals Publikationen als verlängerter Arm der PLO bezeichnet und völlig ignoriert.

Abu Nidals Gleichgültigkeit gegenüber der palästinensischen Sache spiegelt sich in der Struktur seiner Organisation wider. Das Komitee für Sonderaufträge der Geheimdienstabteilung – das für Mordanschläge zuständig ist – beschäftigt jede Menge Kader und verfügt über unbegrenzte Geldmittel. Dem Palästina-Jordanien-Komitee der Organisationsabteilung hingegen stehen fast keine finanziellen Mittel oder Einrichtungen zur Verfügung, und lange Zeit war es nur mit zwei Personen besetzt – mit Samir Darwisch, der bei einer Mission nach Peru verhaftet wurde, und mit Fadil al-Kaisi, der nach einer Herzoperation in London starb. Während der gesamten Intifada stellte Abu Nidal dem Palästina-Jordanien-Komitee keine zusätzlichen Mittel zur Verfügung und führte, im Gegensatz zu anderen Palästinensergruppen, im Südlibanon keinerlei Operationen durch, um die Israelis zu zermürben.

Im Jahr 1988 rief Atif Abu Bakr die Führung zu einer Sondersitzung zusammen, um zu beraten, wie man die Intifada unterstützen könne. Abu Nidal sabotierte die Sitzung, indem er völlig belanglose Fragen erörterte: Wessen Frau wurde beim Friseur gesehen? Wer hatte in der Schweiz in einem vornehmen Restaurant zu Mittag gegessen, anstatt sich mit einem Sandwich zu begnügen? Und wer hatte im Ausbildungscamp ein Kilo einwandfreier Tomaten weggeworfen?

Abu Nidal dachte nicht im Traum daran, die Intifada zu unterstützen, im Gegenteil, er störte sie absichtlich, wie der Fall des mysteriösen Oberstleutnant Mamun Mraisch belegt. Mraisch war im palästinensischen Untergrund allgemein als Mamun al-Saghir bekannt und gehörte zu den fähigsten und engagiertesten Offizieren der Fatah. Er war auf einem geheimen Flottenstützpunkt in Griechenland stationiert, wo er sich, zusammen mit Abu Dschihad, in erster Linie um den Transport von Männern und Waffen in die besetzten Gebiete kümmerte. Der Mossad hatte allen Grund, seinen Tod zu wünschen.

Aber da war noch etwas. Palästinensischen Quellen zufolge hatte Mraisch ausgezeichnete Verbindungen zu den Sowjets. Angeblich hatte er ihnen Informationen und sogar sensibles technisches Gerät geliefert, an das er leicht herankommen konnte. Deshalb war ihm wohl auch die CIA auf den Fersen.

Am 20. August 1983, an einem heißen Sommertag in einem Küstenvorort von Athen, tauchte plötzlich auf der Straße neben Mraischs Wagen ein Motorrad auf. Ein bewaffneter Mann auf dem Sozius feuerte eine MP-Salve auf ihn ab und tötete ihn. Die PLO kam zu dem Schluß, daß entweder der Mossad oder die CIA für das Attentat verantwortlich war.

Aber die Russen ließen die Sache nicht auf sich beruhen. Sie betrachteten Mraisch als ihren Mann und wollten seinen Mörder haben. Sie ermittelten in dem Fall mehrere Monate und kamen zu dem Ergebnis, daß Abu Nidal Mraisch ermordet hatte. Sie legten Atif Abu Bakr, dem damaligen Leiter der politischen Abteilung Abu Nidals, ihr Beweismaterial vor und verlangten eine Erklärung. Sie wollten wissen, ob sich Abu Nidal der Risiken bewußt sei, die er eingehe, wenn er sowjetische Agenten umbringe.

Als ich Atif Abu Bakr nach seiner Trennung von Abu Nidal in Tunis interviewte, erzählte er mir, er habe Abu Nidal mit dem Vorwurf der Sowjets konfrontiert, und zu seinem großen Erstaunen habe Abu Nidal zugegeben, daß er Mraisch umgebracht habe, um sich an der Fatah zu rächen. Er habe allerdings deutlich gemacht, fügte Abu Bakr hinzu, daß über seine Rolle in der Angelegenheit nichts verlauten dürfe. Viele Palästinenser wußten, daß Mraisch ein wichtiges Bindeglied zwischen der PLO und den Menschen im Westjordanland war, und deshalb sollte nicht bekannt werden, daß Abu Nidal ihn ermordet hatte.

Abu Nidals Verhalten kam mir jedoch nicht nur in bezug auf die besetzten Gebiete verdächtig vor. Es ist weithin bekannt, daß der Südlibanon, nördlich der israelischen »Sicherheitszone«, jahrelang die Heimat zahlreicher rivalisierender Parteien und Milizen mit unterschiedlichen Strukturen und Ideologien war – Schiiten, Drusen, Nasseristen, Baathisten, pansyrische und diverse palästinensische Gruppen –, die bei der Verteidigung ihres Reviers oft aneinandergerieten. Angehörige einiger dieser Gruppen erzählten mir, daß Abu Nidals Männer jedesmal, wenn es zu Reibereien zwischen zwei Palästinensergruppen kam, beide Seiten anstachelten, um einen neuen Konflikt zu provozieren. Eine ähnliche Taktik wandte Abu Nidal auch bei den beiden schiitischen Gruppen Amal und Hisbollah an.

Sidon ist die größte Hafenstadt im Südlibanon. Sie wird von dem »Nasseristen«-Führer Mustafa Sad regiert. Die Stadt liegt in der Nähe des von der PLO beherrschten Flüchtlingslagers Ain al-Hilwa, und zwischen beiden herrscht gutes Einvernehmen. Ein Überläufer aus Abu Nidals Organisation erzählte mir jedoch, daß Abu Nidal wiederholt maskierte Männer losgeschickt habe, die sich bei Nacht in das Flüchtlingslager schlichen, Handgranaten warfen und Verwüstungen anrichteten. Gleichzeitig ließ er in Sidon Bomben legen, um so zwischen dem Lager der PLO und Sads Miliz Feindschaft zu stiften. Im Sommer 1990 wurde Abu Nidals Taktik durchschaut, und mehrere Mitglieder seiner Organisation wurden aus Sidon und aus Ain al-Hilwa vertrieben.

Ehemalige Offiziere der Volksarmee Abu Nidals erzählten mir, Abu Nidal habe seine Leute im Libanon persönlich angewiesen, ihm über Stärke, Aufstellung und Operationen anderer Truppen im Libanon, insbesondere der syrischen Armee, Meldung zu machen. Einmal fingen die Syrer einen Kurier ab, der Berichte für Abu Nidal bei sich trug. Weshalb und für wen, so wollten sie wissen, sammelte Abu Nidal Informationen über sie.

Nach Aussagen eines ehemaligen Mitarbeiters des Komitees für Gerechtigkeit wurden Mossad-Agenten, die von der Organisation gefangengenommen wurden, fast umgehend getötet, oft noch am Tag ihrer Verhaftung. Normalerweise will man solchen Gefangenen möglichst viele Informationen entlocken und läßt sie entsprechend lange leben. Wird ein Gefangener umgebracht, ehe er geredet hat, dann meist deshalb, weil man ihn am Reden hindern will. Mein Informant vermutete, daß jemand in das Komitee für Gerechtigkeit eingeschleust worden war, um gefangene Mossad-Agenten zu töten, ehe sie gestanden.

Der Fall Zijad Zaidan und Fathi Harzallah

Im Juli 1989 erfuhr Abu Nidals Volksarmee, seine Miliz im Libanon, daß in dem großen palästinensischen Flüchtlingslager Ain al-Hilwa bei Sidon eine aus zwei Mann bestehende Mossad-Zelle operierte. Einer der beiden Mossad-Agenten, Zijad Zaidan, gab gegenüber dem Sicherheitschef der Volksarmee im Südlibanon (Deckname Sufjan) freiwillig zu, daß er mit den Israelis in Kontakt stand. Er erklärte, er wolle sein Gewissen erleichtern und seine Vergangenheit von jedem Makel reinwaschen. Er sei bereit, für den furchtbaren Schaden, den er der palästinensischen Sache zugefügt habe, mit dem Leben zu bezahlen.

Wie er Sufjan erzählte, war er während des Krieges von 1982 von den Israelis bei Sidon gefangengenommen, dann nach Israel gebracht, eingesperrt, angeworben, ausgebildet und schließlich als Spion in den Libanon zurückgeschickt worden.

Zaidan erklärte, er und sein Kollege Fathi Harzallah – ein Verwandter, der wie er aus der Stadt Tal bei Nablus im Westjordanland stammte – hätten seit 1982 im Südlibanon für den Mossad gearbeitet und Luftaufnahmen israelischer Aufklärungsflugzeuge ausgewertet. Sie bekamen Filme (er hatte damals einen mehrere Meter langen Film bei sich) vom Lager Ain al-Hilwa und anderen Einrichtungen, auf denen einzelne Gebäude rot numeriert waren. Seine Aufgabe bestand darin, die Gebäude zu identifizieren und den Israelis mitzuteilen, wer dort lebte und arbeitete und wann die Bewohner aller Voraussicht nach zu Hause waren.

Zaidan erzählte Sufjan, daß er im Laufe der Jahre den Israelis nicht weniger als siebentausend verschlüsselte Botschaften übermittelt habe und daß er für unzählige israelische Luftangriffe auf den Libanon und für den Tod Hunderter Palästinenser verantwortlich sei. Er habe gut dabei verdient.

Er war zwei- oder dreimal nach Israel zurückgekehrt, um Bericht zu erstatten und weitere Schulungskurse zu besuchen. Über Funk erfuhr er, wo er, meist vor Tagesanbruch, warten sollte, bis ihn ein kleines Boot mit Froschmännern abholte. Wenn es Probleme gab, konnten Zaidan und sein Kollege Harzallah auf einem bestimmten Dach eine weiße Flagge hissen und sich von einem israelischen Hubschrauber oder einem israelischen Patrouillenboot in Sicherheit bringen lassen.

Abu Nidals Kader Sufjan war wegen Zaidans Geständnis ungeheuer aufgeregt. Sein erster Gedanke war, den Agenten »umzudrehen«. Zumindest konnte man Zaidan und Harzallah als Köder benutzen, um ein israelisches Boot oder Flugzeug anzulocken, das dann gekapert oder abgeschossen werden konnte.

Sufjan brachte Zijad Zaidan umgehend zu Wasfi Hannun, dem Chef von Abu Nidals Volksarmee, und Hannun übergab den Fall Mustafa Awad (Deckname Alaa). Alaa leitete die Geheimdienstabteilung in Sidon, Abu Nidals wichtigstes Nachrichtenbüro im Libanon, das in ständigem Kontakt zu Dr. Ghassan al-Ali und Abu Nidal stand. Alaa zeigte wenig Interesse für Zaidans Geschichte, ja anscheinend langweilte sie ihn sogar. Er hielt Sufjans Vorschlag, die beiden Agenten als Köder zu benutzen, für töricht. Das würde nie funktionieren. Er paffte seelenruhig seine Pfeife und vermittelte Sufjan den Eindruck, als sei die Entlarvung eines Mossad-Agenten, der überdies Filme und abgefangene Botschaften bei sich trug, reine Routine und somit unwichtig.

Alaa schlug jedoch vor, Zaidans Partner Fathi Harzallah zu holen und ihn unter Androhung von Gefängnis oder der Todesstrafe zu einem Geständnis zu bewegen.

Als Harzallah mit den Fakten konfrontiert wurde, sagte er, er habe Angst vor israelischen Vergeltungsmaßnahmen gegen seine beiden Frauen und seine Kinder gehabt und deshalb mit dem Mossad nicht Schluß gemacht. Für den Fall, daß er dennoch Schluß machte, wollte er von der Organisation monatlich fünfzehnhundert Dollar, die Summe, die er angeblich vom Mossad bekam. Allem Anschein nach arbeiteten Harzallahs Verwandte und Bekannte im Westjordanland in größerem Umfang mit dem israelischen Geheimdienst zusammen als die seines Kollegen Zaidan. Einige Jahre zuvor hatte Harzallah in den Vereinigten Arabischen Emiraten nach Arbeit gesucht und war vom jordanischen Geheimdienst angeworben worden. Dann, erzählte er, habe ihn ein Mann aus seiner Heimatstadt aufgesucht und ihm vorgeschlagen, nach Hause zurückzukehren. Der Mossad, so der Mann, werde ihn in Anbetracht seiner Erfahrung im Geheimdienstbereich besser bezahlen als die Jordanier. Harzallah willigte ein, wurde rekrutiert und in den Libanon geschickt, wo er dann mit Zaidan zusammengearbeitet hatte.

Obwohl Alaa den Plan mißbilligte, gaben sich Sufjan und Zaidan alle Mühe, Harzallah dazu zu überreden, für sie den Köder zu spielen. Schließlich war er zur Zusammenarbeit bereit.

Ein oder zwei Tage nach dieser Entscheidung beorderte der Mossad Zaidan über Funk nach Israel. Das war erst die dritte Nachricht, die er während seiner siebenjährigen Tätigkeit für den

Mossad erhalten hatte. Sufjan witterte eine günstige Gelegenheit, die Leute, die im Auftrag der Israelis Zaidan abholen sollten, umzubringen oder gefangenzunehmen. Er arbeitete einen Plan aus, legte ihn Alaa vor und erklärte, falls die Organisation nicht über die notwendigen militärischen Mittel verfüge, werde eine andere Palästinensergruppe, wie etwa Dschibrils PFLP-Generalkommando, gerne einspringen.

Einen Tag später, und ohne Sufjan zu informieren, ließ Alaa Fathi Harzallah auf Abu Nidals Befehl hin plötzlich festnehmen und beschuldigte ihn, für den Mossad zu arbeiten. Die örtliche PLO, die wie üblich Abu Nidals Operationen verfolgte, erfuhr von Harzallahs Verhaftung und den Vorwürfen, die gegen ihn erhoben wurden. Umgehend ließ sie Zaidan verhaften, den Mann, der bekanntlich Harzallahs Kollege war – obwohl Zaidan als erster gestanden und seine Bereitschaft zur Zusammenarbeit signalisiert hatte.

Durch die Festnahme ihrer beiden Agenten alarmiert, gaben die Israelis ihre geplante Landung auf. Die Operation war geplatzt. Einen Monat nach Zaidans Geständnis hatten sich alle Hoffnungen zerschlagen, aus der Panne des Mossad Nutzen zu ziehen.

Palästinensische Informanten, die den Fall genau kannten, wiesen auf mehrere verdächtige Besonderheiten hin:

- Alaas Skepsis und scheinbare Gleichgültigkeit;

- ein Jahr nach Fathi Harzallahs Festnahme hatte Abu Nidal immer noch nichts über dessen Prozeß oder Bestrafung verlauten lassen, noch hatte er mit anderen palästinensischen Organisationen Informationen ausgetauscht, die er inzwischen eigentlich gesammelt haben mußte: über die Methoden des Mossad, über etwaige andere Kontakte Harzallahs oder über den Schaden, den die Mossad-Zelle der Sicherheit der Palästinenser zugefügt hatte;

- als Zaidan das erste Mal an Sufjan herantrat, erklärte er, er habe lange gezögert, ehe er sich gestellt habe, und begründete dieses Verhalten mit seinem Mißtrauen gegenüber Abu Nidals Organisation: Ihre Methoden, ihre Tricks und ihr

Kommunikationsnetz ähnelten in beunruhigender Weise denen des Mossad, in denen er und sein Partner geschult worden seien;

- Alaa hatte auf Anweisung Abu Nidals die Operation abgebrochen; dies deutete auf eine Komplizenschaft mit dem israelischen Geheimdienst hin.

Die merkwürdige Handhabung des Falles durch Abu Nidal veranlaßte Sufjan, der Organisation den Rücken zu kehren. Er schloß sich der abgespaltenen »Notstandsführung« an, die Atif Abu Bakr im November 1989 gegründet hatte; wir werden darauf noch zurückkommen. Sufjan wurde der führende Vertreter dieser Splittergruppe im Südlibanon.

Der Fall Mustafa Ibrahim Sanduka

Sanduka leitete das Komitee für revolutionäre Gerechtigkeit, das für Gefängnisse, Verhöre, Folterungen und Hinrichtungen zuständig war. Früher hatte er bei Sitzungen des politischen Büros und des Zentralkomitees Protokoll geführt. Er war mit einer Nichte Abu Nidals verheiratet.

Im Oktober 1989 stellte sich heraus, daß ein gewisser Jusif Zaidan (nicht verwandt mit Zijad Zaidan aus dem vorhergehenden Fall) ebenfalls mit dem Mossad in Verbindung stand.

Jusif Zaidan war Wissenschaftler. Er hatte in Deutschland studiert und war nach seinem Abschluß dem Wissenschaftskomitee der PLO in Beirut beigetreten. Später wurde er nach Bagdad versetzt. Als sich Abu Nidal 1974 von Arafat trennte und den Nachlaß der PLO im Irak übernahm, wechselte Zaidan ebenfalls die Fronten und wurde in Abu Nidals Wissenschaftskomitee aufgenommen – eine Karriere, die bis zu diesem Zeitpunkt der des Chemikers Dr. Ghassan al-Ali, der in Großbritannien studiert hatte und jetzt das Sekretariat leitete, nicht unähnlich war.

Im November 1989 verschwand Jusif Zaidan im Libanon. Abu Nidal nahm sofort an, er sei von der Konkurrenz, der abtrünnigen Notstandsführung, die Atif Abu Bakr im selben Monat gegründet hatte, entführt worden. Ein Mann aus Sandukas Komitee für Gerechtigkeit sollte sich in die Notstandsführung einschleichen und Zaidan aufspüren.

Die Infiltration mißlang, und Sandukas Mann wurde im Juni 1990 verhaftet und verhört – von keinem geringeren als unserem alten Freund Sufjan, dem Überläufer aus Abu Nidals Organisation, der nun die Notstandsführung vertrat. Das Verhör wurde äußerst gewissenhaft durchgeführt, ohne Folter oder übermäßige Gewaltanwendung, und auf Video aufgenommen. Die Notstandsführung wollte das Video im Rahmen ihrer Kampagne gegen Abu Nidal den Volkskomitees in den Palästinenserlagern im Südlibanon zeigen.

Sandukas Mann gab folgendes zu:

a) daß er für den Mossad arbeitete;
b) daß sein Vorgesetzter kein geringerer als Mustafa Ibrahim Sanduka war;
c) daß er Jusif Zaidan ausfindig machen sollte, um ihm zur Flucht zu verhelfen und ihn, wenn möglich, zu töten.

Die Notstandsführung folgerte daraus, daß sie auf eine Mossad-Zelle innerhalb der Organisation Abu Nidals gestoßen war, der nicht nur Zaidan und Sanduka angehörten, sondern auch Sulaiman Samrin, besser bekannt als Dr. Ghassan al-Ali.

Jusif Zaidan und Dr. Ghassan hatten sich im Wissenschaftskomitee der Fatah kennengelernt und waren seit Anfang der siebziger Jahre befreundet. Wie Angehörige des PLO-Geheimdienstes mir versicherten, hatte es hinsichtlich der beiden offenbar Sicherheitsbedenken gegeben. Die PLO befürchtete, daß sie während ihrer Studienzeit vom Mossad kontaktiert worden waren, und versetzte sie von Beirut nach Bagdad, um sie vom Zentrum ihrer Operationen fernzuhalten. Doch als Abu Nidal sie 1974 übernahm, beförderte er sie. Insbesondere Dr. Ghassan gelang der rasche Aufstieg.

Die Notstandsführung vermutete, daß nach Jusif Zaidans Verschwinden und mutmaßlicher Entführung sowohl Dr. Ghassan als auch Mustafa Ibrahim Sanduka Angst vor einer Entlarvung gehabt hatten, falls Zaidan den Mund aufmachte. Deshalb wurde Sandukas Mitarbeiter losgeschickt, um Zaidan zu finden, zu befreien oder zu töten. Laut Atif Abu Bakr hatten die Israelis mit Dr. Ghassan al-Ali und Mustafa Ibrahim Sanduka zwei Agenten in Abu Nidals Organisation, die dank ihrer hohen Positionen ohne weiteres in der Lage gewesen wären, die Massenhinrichtungen von 1987 und 1988 durchzuführen. Wir werden noch darauf zurückkommen.

Die Notstandsführung erklärte in einem Kommuniqué, daß diejenigen, die Mitglieder der Organisation wegen Spionageverdachts folterten und töteten, selbst Spione des Mossad seien.

Die Brüder Uthman

Die Brüder Uthman waren ein effektives Bindeglied zwischen dem Mossad und Abu Nidal. Nabil Uthman war jahrelang Mitglied der Organisationsabteilung Abu Nidals und hatte eine Zeitlang das Palästina-Jordanien-Komitee geleitet. Im Jahr 1990 wurde er Abu Nidals geheimer Vertreter in Kuwait. Nabils Bruder Faruk hatte seit Anfang der siebziger Jahre als Agent des Mossad in den besetzten Gebieten und im Ausland gearbeitet. Geheimdienstquellen der PLO zufolge hat er viele palästinensische Familien an den Mossad verraten.

Faruk Uthmans Aufpasser ist ein Mossad-Offizier, der laut Atif Abu Bakr an der Planung folgender Anschläge beteiligt gewesen sein soll: der Ermordung des wichtigen und einflußreichen Fatah-Mitglieds Madschid Abu Saharars im Jahr 1981 in Rom, des Überfalls auf das Hauptquartier der PLO in Tunesien in Hammam al-Shatt im Jahr 1985 und der Ermordung des Arafat-Stellvertreters Abu Dschihad am 16. April 1988 in Tunis durch ein israelisches Kommando. Bei diesem letzten Unternehmen arbeitete der Mossad-Offizier mit Faruk Uthman zusammen.

Tunesischen Geheimdienstquellen zufolge war Faruk zwischen dem 1. und 17. April 1988 in Tunis und reiste mit einem gefälschten ägyptischen Paß. Am 17. April, am Morgen nach der Ermordung Abu Dschihads, flog er (mit einem jordanischen Paß, den er angeblich normalerweise benutzte) von Tunis nach Malta und von dort weiter nach Libyen. Er besuchte seinen Bruder Nabil, Abu Nidals Mann, und wohnte in einer konspirativen Wohnung Abu Nidals in Tripolis.

Abu Nidal war von seinen Kadern über Faruk Uthman aufgeklärt worden, unternahm aber nichts. Er sagte, er wolle Faruks

Bruder Nabil nicht in Verlegenheit bringen, und gegenüber einem Mitglied seiner Organisation ließ er verlauten, daß es sich eines Tages als nützlich erweisen könne, wenn man einem Mossad-Agenten Gastfreundschaft gewähre.*

Der Fall Muhammad Chair

Muhammad Chair war ein Palästinenser aus Gaza, Jahrgang 1961, und hatte in der Türkei studiert. Abu Nidal vertraute ihm und übertrug ihm 1986, als die Organisation ihren Sitz noch in Syrien hatte, die Leitung des Archivs der politischen Abteilung.

Atif Abu Bakr, damals Leiter dieser Abteilung, mißfiel jedoch Chairs humorlose Art. Außerdem hatte Chair die Angewohnheit, seine Kameraden zu unbedachten Äußerungen zu verleiten, um dann nachher Berichte über sie zu schreiben. Abu Bakr versetzte ihn nach Beirut.

Kurz darauf nahmen Mitglieder der Organisation in Beirut einen Mossad-Agenten fest. Muhammad Chair sollte ihn verhören, doch statt dessen tötete er ihn sofort, so daß er nicht mehr sagen konnte, was er über den Mossad wußte. Chairs Kollegen wurden mißtrauisch. Er wurde verhaftet und seinerseits verhört. Er gab zu, daß er als Student in der Türkei einige Straftaten begangen habe und im Gefängnis gewesen sei. Der Mossad sei auf ihn aufmerksam geworden und habe ihn nach seiner Entlassung angeworben.

Dann überraschte er mit dem Geständnis, daß er den Auftrag erhalten habe, Atif Abu Bakr mit vergiftetem Kaffee umzubringen. Als Abu Bakr davon erfuhr, wurde er neugierig. Warum sollte der Mossad *ihn* umbringen wollen? Er war kein Terrorist. Er war ge-

* Mehr als zwei Jahre nach Abu Dschihads Ermordung berichtete das Londoner Journal *Middle East International* in seiner Ausgabe vom 12. Oktober 1990, daß Muhammad Ali Mahjubi, zum Zeitpunkt des Mordes tunesischer Polizeichef, verhaftet worden sei. Presseberichten zufolge war die Polizeistreife, die sonst ständig vor Abu Dschihads Haus patrouillierte, am Abend des 16. April dort nicht aufgetaucht. Mahjubi hatte angeblich Kontakt zur Inhaberin eines vornehmen Friseursalons, in dem die Ehefrauen hochrangiger Palästinenser Stammkundinnen waren. Die Frau wurde zur selben Zeit und aus demselben Grund wie Mahjubi verhaftet: Sie wurde verdächtigt, für den Mossad zu arbeiten.

gen Terrorismus, und seit 1985 hatte er sich bemüht, die Organisation von kriminellen Aktionen abzubringen und sie statt dessen zu politischer Arbeit zu bewegen. Auf Grund der Erfahrungen im Krieg der Lager hatte er, sehr zum Mißfallen Abu Nidals, innerhalb der Organisation eine politische und militärische Umgestaltung in die Wege geleitet. Weshalb also sollten die Israelis ihn töten wollen?

Als Muhammad Chair in Beirut danach gefragt wurde, antwortete er: »Das ist es ja gerade. Bevor Atif versuchte, die Organisation zu politisieren, war sie eine Bande von Kriminellen. Aus israelischer Sicht war sie jetzt weitaus gefährlicher. Deshalb sollte er sterben.«

Massaker und sinnloser Terror

Abu Nidals Massaker Ende der achtziger Jahre (auf die ich in dem Kapitel »Die große Säuberung« noch näher eingehen werde) gehören zu den größten Rätseln seiner Karriere. Wie konnte eine Organisation, die nur einige Hundert Mitglieder zählte, die Hälfte davon umbringen? Wir wissen, daß Abu Nidal in Libyen die Massenliquidierung anordnete und daß seine treuen Gefolgsleute Dr. Ghassan al-Ali vom Sekretariat und Mustafa Ibrahim Sanduka vom Komitee für Gerechtigkeit seinen Befehl im Libanon ausführten.

Einige Informanten erzählten mir, daß Abu Nidal zu der Zeit, als er den Befehl für die Morde gab, übermäßig viel trank. Angeblich litt er, meist spät in der Nacht, unter akuten Angstzuständen und füchtete sich vor Komplotten – Ängste, die Männer wie Dr. Ghassan möglicherweise bewußt geschürt haben. In Wirklichkeit waren die Spannungen innerhalb der Organisation jedoch nicht so groß, daß er im Interesse seiner eigenen Sicherheit die Leute hätte umbringen müssen. Im Gegenteil, gerade *wegen* dieser furchtbaren Morde meuterte Atif Abu Bakr schließlich gegen ihn und sagte sich, zusammen mit anderen, Ende 1989 von ihm los.

Die häufigste Erklärung für Abu Nidals Mordtaten, die von ehemaligen Mitgliedern der Organisation zu hören ist, habe ich bereits genannt: Er habe die autonome Gruppe, die sich im Libanon formiert hatte, zerschlagen, die vollständige Kontrolle wiedererlangen und in Libyen in den Untergrund gehen wollen.

Von welcher Seite man es auch betrachtet, die Ermordung mehrerer Hundert junger Männer bleibt eine extreme Lösung, die sich mit Abu Nidals damaliger Gemütsverfassung nicht hinreichend erklären läßt. Als ich mit Atif Abu Bakr über die Morde sprach, meinte er, Israel habe Abu Nidal entweder direkt oder durch Dr. Ghassan und andere angewiesen, die fähigsten Mitglieder der Organisation auszuschalten. »Die Männer, die umgebracht wurden, bildeten die Elite der Organisation«, sagte er. »Die besten Offiziere und die tapfersten Kämpfer.« Atif Abu Bakr war erstaunt, als er erfuhr, daß selbst einige der fähigsten Agenten der Geheimdienstabteilung unter den Opfern waren. »Mit dem Massaker an mehr als sechshundert palästinensischen Kämpfern erwies Abu Nidal den Israelis zweifellos den größten Dienst«, meinte er abschließend.

Nach dem Beginn der Intifada im Dezember 1987 führte Abu Nidal eine Reihe von Operationen durch (auf die ich in dem Kapitel »Auswärtige Angelegenheiten« noch näher eingehen werde), die offenbar nur das eine Ziel hatten, den Aufstand zu untergraben und den Interessen der Palästinenser in jenen Ländern zu schaden, die ihnen bislang immer freundlich gesinnt waren. Im Jahr 1988 wurden auf Zypern fünfzehn Menschen durch eine Autobombe verletzt oder getötet, worauf sich die Meinung der Zyprioten schlagartig änderte; durch Bombenanschläge im Sudan wurde die Unterstützung der Palästinenser in einem Land untergraben, das sie lange Zeit leidenschaftlich verteidigt hatte; nach Explosionen in Athen und dem Überfall auf das Kreuzfahrtschiff *City of Poros* schwand die Sympathie der Griechen für die palästinensische Sache; die Ermordung saudischer Diplomaten war nicht dazu angetan, in Riad Freunde zu gewinnen, und die Geiselnahme französischer Kinder an Bord der *Silco* machte die Palästinenser bei den Franzosen nicht gerade beliebter.

Aber ehe ich diese Vorfälle näher untersuche, muß ich noch einen anderen wichtigen Fall anführen, der Abu Ijad in seinem Verdacht gegen Abu Nidal bestärkte. Es geht um die Argov-Affäre, jenes mißglückte Attentat auf den israelischen Botschafter in London, das den Vorwand für den Einmarsch der Israelis im Libanon im Jahr 1982 lieferte.

Die Argov-Affäre

Der politische Zusammenhang war folgender: Zeit seines Lebens wollte Menachem Begin die von Israel im Jahr 1967 eroberten Gebiete, die gemeinhin als Westjordanland bezeichnet werden, die er selbst aber gern »Judäa und Samaria« nannte, dem »Land Israel« einverleiben. Begins Wunsch stand jedoch das Ansinnen der dortigen palästinensischen Bevölkerung entgegen, die keine israelische Herrschaft dulden wollte und sich von Jassir Arafats PLO, die damals im Libanon ihre Lager bezogen hatte, Befreiung erhoffte. Begin glaubte, daß die PLO im Libanon zerschlagen werden mußte, damit das Westjordanland ein Teil von »Groß-Israel« werden konnte.

Mit der Vernichtung der PLO betraute Begin seinen ungestümen Verteidigungsminister General Ariel Scharon, der für seine Kühnheit, Brutalität und Rücksichtslosigkeit bekannt war. Im Jahr 1981 entwarf Scharon einen Plan, der folgende Ziele beinhaltete: die Invasion im Libanon, die Vernichtung der PLO, die Vertreibung des seit 1976 dort stationierten syrischen Expeditionskorps und die Wahl des christlichen Milizführers und israelischen Vasallen Beschir Dschemaijel zum Präsidenten.

War Syrien erst einmal neutralisiert und der Libanon unter israelische Kontrolle gebracht, konnte sich Israel das Westjordanland ohne internen oder externen Protest einverleiben. Das war Begins Wunschtraum und Sharons Plan.

Die Bedingungen für das Unternehmen waren günstig. Israel war ungeheuer stark, während seine arabischen Nachbarn noch schwächer und untereinander noch zerstrittener waren als sonst. Ägypten, das größte arabische Land, hatte mit Israel Frieden geschlossen; Syrien war isoliert und stand mit dem Irak und Jordanien auf schlechtem Fuß. International war Syrien wegen des Massakers von Hama im Februar 1982 diskreditiert, und nach dem fünfjährigen Kampf gegen die muslimischen Fundamentalisten war es einem Kräftemessen nicht gewachsen. Die PLO schließlich, gegen die vor allem sich Begins zwanghafter Palästinenser-Haß richtete, fiel militärisch nicht ins Gewicht: Ihre streitsüchtigen Milizen waren schlecht geführt, unzureichend bewaffnet und von israelischen Agenten unterwandert. Ein weiterer entscheidender Faktor für Israel war die Sympathie, die es beim amerikanischen Präsidenten Ronald Reagan und seinem Außenminister Alexander Haig genoß. Der leicht erregbare Haig, vormals Oberbefehlshaber der Nato, hatte selbst Ambitionen auf das Präsidentenamt und war sich Israels Einfluß auf die amerikanische Politik wohl bewußt.

Aber Israel fehlte ein Vorwand, um seinen schutzlosen Nachbarn im Norden zu überfallen. Haig selbst erklärte Scharon, ohne »eine schwere, international anerkannte Provokation« könne Israel nicht im Libanon einfallen.

Monatelang bemühten sich Begin und Scharon, die Palästinenser zu einer bewaffneten Aktion zu verleiten, die einen großangelegten israelischen Angriff rechtfertigen würde. Zwischen Juli 1981 und Juni 1982 zogen die Israelis fünfmal Truppen an der Grenze zusammen, und fünfmal zogen sie sie wieder ab, weil die Palästinenser den Kampf verweigerten. In diesen elf Monaten feuerten die Palästinenser an der Nordgrenze Israels nicht einen einzigen Schuß ab. Mit den Syrern war es dasselbe. Am 14. Dezember 1981 erklärte Begin – vermutlich um Assad zum Handeln zu zwingen – die 1967 besetzten Golanhöhen zu israelischem Staatsgebiet. Assad wußte, daß Israel eine militärische Aktion von seiner Seite als Vorwand zum Losschlagen benutzen würde. Deshalb reagierte er nicht.

Was sollte Israel tun? Begin und Scharon waren frustriert. Genau zu dem Zeitpunkt, als die Araber tief beunruhigt und die Israelis rasend vor Ungeduld waren, lieferte Abu Nidal – absichtlich, wie Abu Ijad glaubte – den Vorwand, den Israel so dringend brauchte. Am 3. Juni 1982 schoß einer seiner Killer vor dem Hotel Dorchester in London auf Israels Botschafter Schlomo Argov und verletzte ihn schwer. Die britische Polizei nahm den Täter und zwei Komplizen fest: Nawaf Rosan, der im Besitz eines irakischen Passes war, sowie Hussein Said und Marwan al-Banna, die beide jordanische Pässe bei sich trugen. Wie sich herausstellte, war Banna ein entfernter Cousin Abu Nidals.

Natürlich wußte Begin, daß Abu Nidal nichts mit der PLO zu tun hatte und Arafats erbittertster Gegner war. Aber wegen solch einer Lappalie hatte Israel keine Bedenken. »Abu Nidal, Abu Schmidal«, spottete Israels Stabschef Rafael Eitan. »Wir müssen gegen die PLO losschlagen!« Am 4. und 5. Juni bombardierten israelische Flugzeuge Westbeirut, während Artillerie und Schiffe palästinensische Flüchtlingslager unter Beschuß nahmen. Hunderte von Menschen starben. Am 6. Juni überschritten israelische Bodentruppen die Grenze. Begins Libanon-Krieg hatte begonnen. Nach UN-Schätzungen kamen in den ersten sieben Wochen siebzehntausend Libanesen und Palästinenser – meist Zivilisten – ums Leben.

Abu Nidal behauptete von sich, er sei ein palästinensischer Patriot. Aber was sollte es seinen Landsleuten nützen, wenn israelische Bomben und Granaten auf sie niederprasselten? Man könnte behaupten, daß er eine Vernichtung der PLO durch Israel wollte, weil dann der Weg für ihn frei war. Aber diese Theorie hält wohl kaum einer Überprüfung stand. Gewiß, Abu Nidal hatte seine Organisation in der Absicht nach Syrien verlegt, von dort aus Spione in den Libanon zu schleusen, in ein Land, das er wegen seines hohen palästinensischen Bevölkerungsanteils Arafat zu entreißen gedachte. Aber eine israelische Invasion, die Vertreibung zahlloser Palästinenser und ein Libanon unter israelischer oder maronitischer Kontrolle wäre seinen Ambitionen sicherlich nicht dienlich gewesen. Es ist unwahrscheinlich, daß Abu Nidal zu einem derart heiklen Zeitpunkt in der Geschichte Argov ermorden und eine gänzlich vorhersehbare Reaktion Israels provozieren wollte, ohne daß er von außen dazu ermutigt wurde. Für mich war es offensichtlich, daß er den Anschlag entweder für einen seiner Geldgeber durchführte – für den Irak, Syrien oder gar Israel – oder daß er wissentlich oder unwissentlich manipuliert wurde.

Der israelische Autor und Verleger Uri Avnery äußert in seinem Buch *Mein Freund, der Feind* die Ansicht, die Syrer hätten ihn zu der Provokation der Israelis angestiftet: Die Israelis sollten Arafat vernichten, damit die Syrer eine neue PLO unter ihrer Führung aufbauen konnten. Aber seit 1976, vor allem vor dem Krieg von 1981–1982, hatte Syrien alles getan, um Israel keinen Anlaß zum Einmarsch in den Libanon zu geben. Syriens gewaltsames Vorgehen gegen die Palästinenser – wobei der Einsatz von Gewalt umstritten war und weithin verurteilt wurde – zielte darauf ab, sie an einer Provokation Israels zu hindern. Der vorsichtige Assad, der militärisch auf schwachen Füßen stand und Begins Kriegslust fürchtete, wollte einen bewaffneten Konflikt mit Israel unter allen Umständen vermeiden. Die Annahme, Syrien habe den Anschlag auf Argov inszeniert, läßt Syriens Ängste und Taktik zu der Zeit außer acht.

Eine plausiblere Erklärung wäre, daß der Irak hinter dem Anschlag auf Argov steckte. Man könnte argumentieren, daß Saddam Hussein, der in einen Krieg mit dem Iran verstrickt war, nach einer ehrenvollen Ausrede suchte, um eine einseitige Waffenruhe auszurufen. Eine israelische Invasion im Libanon wäre eine solche Ausrede gewesen. Als die Israelis einmarschierten, forderte Saddam tatsächlich umgehend einen Waffenstillstand am Golf. Die Iraner ignorierten jedoch seine Forderung, und der Krieg ging weiter. Auch dieses Argument weist Schwachstellen auf. Im Juni 1982 stand Abu Nidal mit Saddam bereits auf sehr schlechtem Fuß und hätte ihm wohl kaum seine Hilfe angeboten. Vielmehr war er damit beschäftigt, seine Zelte in Bagdad abzubrechen und sich bei den Syrern einzuschmeicheln, die zufällig auch Verbündete des Iran waren. Abu Nidal hatte ein Gespür für die Feinheiten arabischer Politik. Er hätte für Saddam keinen derart brisanten Job erledigt, da er nicht riskieren konnte, seinen künftigen Gönner Assad zu verärgern, indem er im Libanon einen Krieg provozierte und damit die nationale Sicherheit Syriens gefährdete.

Möglich ist auch, daß der Mossad Abu Nidal dazu brachte, den Vorwand für die Invasion zu liefern, den Begin und Scharon so dringend brauchten. Isam Sartawi, der Abu Nidal bei jeder passenden Gelegenheit als israelischen Agenten bezeichnete, war überzeugt, daß Scharon persönlich den Anschlag angeordnet hatte. Die Argumentation weist allerdings eine Schwachstelle auf: Abu Nidal hätte Syrien weder zugunsten Israels noch zugunsten des Irak gefährdet. Und hätte Israel tatsächlich die Ermordung oder Verwundung seines Botschafters in London angeordnet, nur um einen Vorwand für die Invasion im Libanon zu haben? Ein derartiger Zynismus ist nicht einmal den damals regierenden Rechtsaußen zuzutrauen. Einer meiner zuverlässigsten westlichen Informanten hält es allerdings für möglich, daß israelische Infiltrationsagenten die generelle Anweisung erhalten haben, Abu Nidals Organisation zu mobilisieren, um Israel den gewünschten Vorwand zu liefern. Der Anschlag auf Argov könnte demnach auf die Initiative eines Einzelnen zurückgehen, die aus einer solchen generellen Anweisung resultierte.

Gestützt wird diese Theorie durch die Tatsache, daß die Operation ziemlich hastig durchgeführt wurde. Nichts deutete darauf hin, daß sie mit der gleichen Sorgfalt geplant worden war wie andere Operationen Abu Nidals. Zum Beispiel hatte man keinerlei Vorkehrungen für die Flucht der Attentäter getroffen. Und entgegen aller Regeln der Organisation hatte man einen »Schläfer«, Abu Nidals Cousin Marwan al-Banna, der eher ein normaler Student als ein ausgebildeter Terrorist war, zur Mithilfe herangezogen. Jetzt verbüßt er mit seinen Komplizen in Großbritannien eine dreißigjährige Haftstrafe. Wer auch immer die Operation angeordnet haben mag, er hatte es offenbar sehr eilig. Daß Begin zu dieser Notlösung gegriffen haben könnte, ist höchst unwahrscheinlich, doch einem Mann wie Dr. Ghassan al-Ali wäre so etwas durchaus zuzutrauen.

Obwohl die Argov-Affäre weltweit für Schlagzeilen sorgte, war sie damals nicht der einzige Zwischenfall dieser Art. Basil, zu der Zeit einer von Abu Nidals Kommandeuren im Libanon, erzählte mir 1990 bei einem Interview in einem Strandhotel in Tunis, daß ihm am Vorabend des Libanon-Kriegs ein hohes Tier der Organisation den Befehl gegeben habe, an der Grenze Operationen gegen Israel durchzuführen. Basil hielt es damals für glatten Wahnsinn, Israel zu provozieren. Dennoch gehorchte er dem Befehl, obwohl Bodenoperationen gegen Israel nicht üblich waren. Er stellte einen Stoßtrupp zusammen, aber ehe er handeln konnte, kamen die Argov-Affäre und die israelische Invasion dazwischen. Er und seine Männer zogen sich rasch in die Beka-Ebene zurück, wo sie außer Reichweite der Israelis waren, und retteten so ihre Haut.

Der Fall Argov war nicht die einzige Gelegenheit, bei der Abu Nidal, ob absichtlich oder nicht, im Interesse Israels als *agent provocateur* fungierte. Am 28. Juli 1989 landete eine israelische Kommandoeinheit mit Hubschraubern im Südlibanon und entführte Scheich Abd al-Karim Ubaid, ein führendes Mitglied der schiitischen Organisation Hisbollah. Der Vorfall verstärkte die Spannungen in der Region erheblich. Einzelne Gruppen hatten westliche Geiseln in ihrer Gewalt und drohten mit deren Ermordung, falls Ubaid nicht freigelassen werden sollte. Am 31. Juli wurde Oberst Robert Higgins vom US-Marineinfanteriekorps, der im Februar 1988 als Angehöriger der UN-Friedenstruppe im Südlibanon entführt worden war, als Vergeltungsmaßnahme erhängt.

In der Beka-Ebene waren alle in Alarmbereitschaft, weil mit israelischen Militäraktionen gerechnet wurde. In diesem heiklen

Moment gab Abu Nidal den Befehl, binnen achtundvierzig Stunden Operationen gegen Israel durchzuführen. Isam Awdi (Deckname Zakarija Ibrahim), stellvertretender Kommandeur der Volksarmee Abu Nidals, kam extra aus Sidon in die Beka-Ebene, um Basil – damals Abu Nidals militärischer Befehlshaber in der Beka-Ebene – den Befehl zu überbringen.

»Der Auftrag überraschte mich«, erklärte Basil. »Offenbar wollte jemand einen Krieg anfangen. Abu Nidal wollte Israel einen Vorwand zum Losschlagen liefern. Da ich wußte, wie gespannt die Lage war, weigerte ich mich, dem Befehl Folge zu leisten. Damals erfuhr ich, daß sich die Organisation mit derselben Aufforderung auch an andere militärische Gruppen in dem Gebiet, vor allem an die Miliz der Syrischen Sozialistisch-Nationalistischen Partei (eine pansyrische Bewegung, die im Libanon aktiv ist), gewandt hatte und daß auch sie abgelehnt hatten.«

Für einen einzigen Vorfall dieser Art, so überlegte ich, ließe sich vielleicht noch eine plausible Erklärung finden, aber jetzt waren es zwei Gelegenheiten, einmal 1982 und dann 1989, bei denen Abu Nidals Organisation einen Konflikt heraufbeschworen hatte, von dem nur Israel profitieren konnte.

Es ist durchaus möglich, daß Abu Nidal 1982 von den Anweisungen an Basil nichts wußte. Er weilte zu der Zeit in Polen, und seine Organisation war sozusagen auf dem Sprung von Bagdad nach Damaskus. Möglicherweise war sie deshalb anfälliger für Manipulationen, zum Beispiel von seiten Dr. Ghassans, von dem viele Palästinenser glauben, daß er innerhalb der Organisation Abu Nidals die Ziele des Mossad verfolgt.

Als Abu Ijad Abu Nidal 1987 in Algier nach der Argov-Operation fragte, gab dieser ausweichende Antworten. Offenbar wollte er nicht gern daran erinnert werden. Abu Ijad hatte den Eindruck, daß Abu Nidal zu der Zeit nicht ganz Herr der Lage war. Argovs Frau, offenbar keine Anhängerin von Begins Likud-Block, äußerte später in einem Zeitungsartikel ihre Bestürzung darüber, wie Begin sich den Mordanschlag zunutze gemacht hatte.

Jedenfalls hatte die von Haig als notwendig erachtete Provokation stattgefunden, und die Invasion verlief genau nach Scharons Plan. Palästinensische Truppen wurden in die Flucht geschlagen, die Flüchtlingslager überrollt. Es gab viele Tote; die syrische Luftwaffe und Fliegerabwehr in der Beka-Ebene wurden zerstört; israelische Truppen verbanden sich mit Beschir Dschemaijels Milizionären; Beirut wurde bombardiert und belagert. Arafats Kämpfer mußten sich aus dem Libanon zurückziehen und zerstreuten sich in der gesamten arabischen Welt. Beschir Dschemaijel wurde als Israels Statthalter zum Präsidenten gewählt. Auch wenn es nichts darüber aussagt, wer für die Schüsse auf Argov verantwortlich war, so profitierte niemand mehr von der mißlichen Lage des Botschafters als Israel – das heißt, bevor sich die Dinge im Libanon zum Nachteil entwickelten.

Seit seiner Gründung stärkte der Staat Israel mit Geheimdienstmethoden und mit den Mitteln der konventionellen und irregulären Kriegführung den zionistischen Unternehmungsgeist und entmutigte seine Gegner. List, Täuschung, die Infiltration des arabischen Umfelds, die Störung arabischer Militärprogramme, die Ablenkung arabischer Streitkräfte durch Unruhestiftung unter Minderheiten wie den Kurden, die geheimen Bündnisse mit benachbarten nicht-arabischen Ländern wie dem Iran und Äthiopien, massive Vergeltungs- und Präventivschläge wie im Südlibanon, die fortwährende Unterdrückung jedweder Manifestierung des palästinensischen Nationalgefühls – das war die Grundlage der israelischen Politik seit über vierzig Jahren.

Vor diesem Hintergrund war es durchaus denkbar, daß Abu Ijad recht hatte – daß nämlich Abu Nidal, der Erzterrorist, in Machenschaften verstrickt war, die sich eines Tages als einer der größten Geheimdienstcoups Israels entpuppen könnten.

11 Terrorunternehmen

Abu Nidals Ruf als Terrorist gründet sich weitgehend auf die Gewalttaten, die er Mitte der achtziger Jahre beging. Es war schockierend, mit welcher Heimtücke die Terrorakte ausgeführt wurden – der Anschlag auf das Café de Paris in Rom im September 1985, bei dem Granaten auf Touristen geworfen wurden; die Entführung eines ägyptischen Verkehrsflugzeugs im November, die mit einem Massaker in Valetta endete; die Anschläge auf Flughafenschalter der El Al in Rom und Wien im Dezember; die Ermordung von Pan-Am-Passagieren in Karatschi und von Gottesdienstbesuchern in einer Synagoge in Istanbul im September 1986.

Ein Jahr zuvor, als Abu Nidal in Polen weilte und praktisch von der Bildfläche verschwunden war, hatte es noch den Anschein, als wolle er seine Karriere als Terrorist beenden. Im Juni 1984 hatte die *Newsweek* berichtet, er liege im Sterben – eine Übertreibung, die jedoch die Ansicht vieler widerspiegelte. Selbst Insider meinten, Abu Nidal sei am Ende. Er hatte unwiderruflich mit dem Irak gebrochen, und sein Verhältnis zu Syrien hatte sich verschlechtert. Im Libanon lief er Gefahr, die Kontrolle zu verlieren, da neue Kader aus Protest gegen seine Politik wieder eine gemäßigtere Linie einschlagen und dem Terror abschwören wollten. Die neuen Kader setzten ihre Truppen zum Schutz der Palästinenserlager ein und bauten Brücken zur Fatah, die Abu Nidal zehn Jahre lang erbittert bekämpft hatte.

Damals erhielt Abu Nidal mit libyscher Unterstützung neuen Auftrieb und sorgte mit einer Reihe von Greueltaten, die sich mehr gegen westliche als gegen arabische Ziele richteten, international für Aufsehen. Als wollte er Spekulationen über seinen Tod ein Ende setzen, gab er allein 1985 drei prahlerische und herausfordernde Presseinterviews – einem Pariser Nachrichtenblatt namens *France-*

Pays-Arabes, dem deutschen Nachrichtenmagazin *Der Spiegel* und *Al-Kabas,* einer großen kuwaitischen Tageszeitung. In den Interviews wetterte er wie üblich gegen »Imperialismus« und »Zionismus« und drohte in unerhörter Weise mit der Ermordung mehrerer führender Persönlichkeiten, darunter Ronald Reagan, Margaret Thatcher, König Hussein von Jordanien und der Ägypter Mubarak. Er bezeichnete einige der gewalttätigsten Organisationen als seine Verbündeten – die Irisch Republikanische Armee, die baskische Separatistenbewegung ETA, die deutsche Rote-Armee-Fraktion und Frankreichs *Action Directe* – vermutlich ein Fingerzeig, daß er in die Offensive gehen wollte. Zweifellos trugen sein neuer Zufluchtsort Tripolis und die umfangreichen Vergünstigungen und Möglichkeiten, die ihm sein neuer und großzügiger Gönner Gaddafi bot, zu diesem Stimmungsumschwung bei.

Sicher wurden zu der Zeit viele Operationen in Gaddafis Auftrag durchgeführt, aber Abu Nidal hatte, wie mir Überläufer später berichteten, auch dringlichere Ziele vor Augen: Er wollte die Syrer in Verlegenheit bringen, damit sie ihn des Landes verwiesen und seine Flucht nach Libyen plausibel erschien; er wollte den »reformistischen« Trend, der im Libanon zutage getreten war, stoppen; vor allem aber wollte er die Kontrolle über seine Organisation wiedererlangen.

Abu Nidal wußte: Wenn er westliche Ziele angriff, solange er noch in Damaskus war, würde der Westen auf Syrien massiven Druck ausüben, ihn des Landes zu verweisen. Syrien hatte sich den Folgen seiner terroristischen Überfälle auf Jordanien und die Scheichtümer am Golf zwar mit Erfolg entzogen, doch wenn er in Europa Bomben hochgehen ließ, war das etwas anderes. Auf keinen Fall sollte es so aussehen, als laufe er aus Syrien davon. Im Gegenteil, die Syrer sollten ihn aus dem Land jagen. Auf diese Weise konnte er sich als palästinensischer Held in Pose werfen, der dafür bestraft worden war, daß er sich im Krieg der Lager nicht auf die Seite Syriens stellte. Nach der Vertreibung aus Syrien konnte er dann wieder die Kontrolle über eine Bewegung übernehmen, die im Libanon für seinen Geschmack zu groß geworden war – und zu offen. Dies waren einige der Gründe für seine spektakulären Mordanschläge.

Varianten des Terrors

Es gibt kaum einen Staat im Nahen Osten, der nicht irgendwann zum Mittel der Terrors gegriffen hätte. Das Baath-Regime im Irak stützte sich auf Terror, wie Samir al-Chalil in *Republic of Fear* (1989) ausführlich darlegte. Die Armenier verübten Terrorakte gegen die Türken, um ihnen ein Schuldeingeständnis für den Genozid an ihrem Volk abzuringen. Die Schiiten im Libanon übten Terror aus, um den Iran im Krieg gegen den Irak zu unterstützen und die Herrschaftsbestrebungen Israels zu vereiteln. Schiitische Freischärler verübten Anschläge gegen die israelische Armee, sprengten die amerikanische Botschaft in die Luft, metzelten Marines nieder und nahmen westliche Geiseln. Syrien ging 1982 mit Terrormethoden gegen die Einwohner von Hama vor, als diese gegen das Regime protestierten; seine Nachbarn forderte es auf, Israel mit Terror aus dem Libanon zu vertreiben; und es verübte Terrorakte gegen den Nachbarn Jordanien, um ihn von einem Separatabkommen mit Israel abzuhalten.

Doch auch Israel übte Terror aus. Noch vor der Staatsgründung ermordeten zionistische Terroristen den UN-Vermittler Graf Bernadotte, erhängten britische Soldaten und metzelten die Bewohner palästinensischer Dörfer nieder. Wie bereits erwähnt, bombardierten israelische Agenten 1950 jüdische Ziele in Bagdad, um irakische Juden zur Flucht nach Israel zu bewegen. Im Jahr 1954 verübte ein geheimes israelisches Kommando einen Anschlag auf das US-Informationszentrum in Kairo, um den amerikanisch-arabischen Beziehungen zu schaden – die berüchtigte »Lavon-Affäre«, benannt nach dem damaligen israelischen Verteidigungsminister. Von 1967 bis 1972 unterstützten Jizchak Schamir und Geula Cohen, beide vormals Terroristen der Sternbande, die Jüdische Verteidigungsliga von Rabbi Meir Kahane bei Anschlägen, Sabotageakten und Bombenattentaten gegen sowjetische und andere Ziele in den Vereinigten Staaten und Europa, so auch gegen den jüdischen Impresario Sol Hurok, der sowjetische Künstler in Amerika förderte. Wie Robert I. Friedman in seiner Kahane-Biographie *The False Prophet* (1990) schrieb, sollte das amerikanisch-sowjetische Verhältnis derart belastet werden, daß Moskau eher Hunderttausende von Juden freiließ, von denen sich dann viele in Israel ansiedeln mußten, als die Entspannung zu gefährden – eine Strategie, die sich zu gegebener Zeit auszahlen sollte.

Jahrzehntelang bewaffnete Israel die Kurden gegen Bagdad, die Südsudanesen gegen Khartum und die Maroniten im Libanon gegen die Palästinenser, wie Conor Gearty in seinem Buch *Terror* (1991) feststellt. Der Vorwurf des staatlichen Terrorismus schließt auch die lange Liste der Mordanschläge auf Wissenschaftler ein, die an arabischen Rüstungsprogrammen mitwirkten, angefangen mit den Anschlägen auf deutsche Wissenschaftler, die in den sechziger Jahren für Nasser arbeiteten. Das letzte Opfer war Dr. Gerald Bull, der kanadische Erfinder der irakischen »Superwaffe«: Er wurde im März 1990 von israelischen Agenten in Brüssel ermordet (William Lowther beschreibt diesen Fall in seinem Buch *Arms and the Man: Dr. Gerald Bull, Iraq and the Supergun* (1991)).

Und damit nicht genug: Israel hat libanesische Städte und Dörfer bombardiert, mit Granaten beschossen und in die Luft gesprengt, in internationalen Gewässern Schiffe aufgebracht und in internationalem Luftraum Flugzeuge abgefangen, mit Langstreckenwaffen Bagdad und Tunis angegriffen und viele mutmaßliche Gegner entführt, gefoltert und eingesperrt.

Aber während Israels Terror immer nur langfristigen politischen Zielen diente, waren Abu Nidals Gewaltaktionen eher sporadisch und planlos, wenngleich mit mehreren Anschlägen Mitglieder freigepreßt werden sollten, die nach früheren, oftmals gescheiterten Operationen in europäischen Gefängnissen saßen. Und Zweck seiner Angriffe auf europäische Ziele Mitte der achtziger Jahre war, so vermutete ich, Syrien so in Verlegenheit zu bringen, daß es seine Organisation verbannte. Israels Terror war kohärent und professionell und führte weitgehend zum Ziel. Abu Nidals Terror war inkohärent und unzulänglich und schadete unweigerlich den palästinensischen Interessen. Israel wollte die PLO zerschlagen, den libanesischen Widerstand brechen, seine militärische Stärke wahren, potentielle Gefahren für seine Sicherheit ausschalten und seine arabischen Nachbarn destabilisieren. Abu Nidals Terroraktionen waren »Dienstleistungen« für seine verschiedenen arabischen Gastgeber oder Erpressungsversuche ohne strategisches Konzept.

Seine Behauptung, er wolle einen Kompromiß zwischen der PLO und Israel verhindern und ganz Palästina zurückerobern, war unglaubwürdig. Angesichts des militärischen Übergewichts Israels wäre ein solcher Plan gleichbedeutend mit Selbstmord. Abu Nidal ließ den Befreiungskampf der Palästinenser in bloße Gewalt ausarten und lieferte Israel den Vorwand, Verhandlungen mit den Palästinensern abzulehnen und nur die Waffen sprechen zu lassen.

Ein Netz der Gewalt

In diesem Stadium meiner Nachforschungen faßte ich den Entschluß, noch eine Liste zu erstellen und mich diesmal auf Gewaltakte zu konzentrieren. Ich wollte feststellen, ob sich auch hier, wie bei der ersten Liste, ein Schema erkennen ließ. Ich begann mit dem Anschlag auf Argov im Jahr 1982 und beschäftigte mich dann eingehender mit der Zeit zwischen 1984 und 1986, als der Terror im Nahen Osten seinen Höhepunkt erreichte. Operationen Abu Nidals markierte ich mit drei Sternchen, um sie von gewaltsamen Aktionen anderer Gruppen zu unterscheiden.

**** 3. Juni 1982.* Israels Botschafter in Großbritannien, Schlomo Argov, wird in London von einem Killer Abu Nidals angeschossen und schwer verletzt.

6. Juni 1982. Die Israelis rücken mit sechsundsiebzigtausend Mann, tausendzweihundert Panzern und tausendfünfhundert gepanzerten Mannschaftswagen, unterstützt von Luftwaffe und Marine, in den Libanon vor.

9. Juni 1982. Die Israelis zerstören das syrische Luftverteidigungssystem SAM in der Beka-Ebene, das wichtigste Symbol für Syriens Präsenz im Libanon.

13. Juni bis 12. August 1982. Die Israelis bombardieren und beschießen Beirut aus der Luft, vom Land und von der See aus.

1. September 1982. Über zehntausend palästinensische Freischärler müssen aus Beirut abziehen.

1. September 1982. Präsident Reagan legt seinen »Reagan-Plan« für einen Frieden im Nahen Osten vor. Er lehnt eine dauerhafte israelische Kontrolle über die besetzten Gebiete ab, verlangt einen sofortigen Siedlungsstopp und plädiert für eine Selbstverwaltung der Palästinenser »in Verbindung mit Jordanien«. Israels Premier spricht vom »schlimmsten Tag seines Lebens«.

14. September 1982. Der von Israel geförderte libanesische Präsident Beschir Dschemaijel wird, höchstwahrscheinlich mit Unterstützung syrischer Agenten, ermordet. Nachfolger wird sein Bruder Amin.

16. bis 18. September 1982. Um Beschir Dschemaijels Tod zu rächen, töten christliche Milizionäre vor den Augen israelischer Soldaten in den Lagern Sabra und Shatilla über tausend palästinensische Männer, Frauen und Kinder.

11. November 1982. Das Hauptquartier der israelischen Armee in Tyrus wird in die Luft gesprengt. Siebenundsechzig Israelis kommen ums Leben. Der Anschlag ist nur einer von vielen Überfällen des libanesischen Widerstands.

28. Dezember 1982. Unter amerikanischer Schirmherrschaft nehmen Israel und der Libanon Friedensgespräche auf. Ziel ist der Abschluß eines bilateralen Friedensvertrags.

18. April 1983. Ein Selbstmordkommando jagt mit einem sprengstoffbeladenen Lastwagen die US-Botschaft in Beirut in die Luft.

17. Mai 1983. Israel und der Libanon unterzeichnen ein unter Vermittlung der USA zustandegekommenes Abkommen, das Israel eine umfangreiche Kontrolle über seinen Nachbarn im Norden einräumt. Syrien und seine Verbündeten im Libanon lehnen das Abkommen ab.

29. August 1983. Durch die wachsende Zahl israelischer Opfer im Libanon demoralisiert, tritt Menachem Begin von seinem Posten als Premierminister Israels zurück.

3. bis 25. September 1983. Israel zieht seine Truppen aus den Schuf-Bergen ab. Daraufhin vertreiben die von Syrien unterstützten Drusen- und Schiitenverbände die mit Israel verbündeten Maroniten aus dem Gebiet und belagern den Präsidentenpalast. Hunderte von Zivilisten werden getötet und Zehntausende aus ihren Häusern vertrieben.

16. Oktober 1983. Bei einem Zusammenstoß mit Schiiten, die sich im Südlibanon zu den alljährlich stattfindenden Aschura-Feiern versammelt haben, töten israelische Soldaten zahlreiche Zivilisten. Der Zorn der Schiiten richtet sich sowohl gegen die USA, Israels Verbündeten, als auch gegen Israel selbst.

23. Oktober 1983. Bei der Explosion einer Autobombe auf dem Kasernengelände der US-Marineinfanterie in der Nähe des Beiruter Flughafens kommen zweihunderteinundvierzig Menschen ums Leben.

**** Oktober 1983 bis November 1985.* Mit Hilfe Abu Nidals führt Syrien einen Terrorkrieg gegen Jordanien, der König Hussein davon abbringen soll, mit Israel getrennte Verhandlungen zu führen (Näheres siehe Kapitel 6).

November 1983. US-Außenminister George Shultz belebt ein Abkommen zwischen den USA und Israel über strategische Zusammenarbeit wieder (das 1981 erstmals geschlossen, nach der Annexion der Golanhöhen durch Israel aufgehoben, aber 1982 von Alexander Haig wieder in Kraft gesetzt wurde); es räumt Israel umfassende Möglichkeiten ein, Einfluß auf die Nahostpolitik der USA zu nehmen.

Dezember 1983 bis Januar 1984. Amerikanische Kampfflugzeuge und das Schlachtschiff *New Jersey* greifen von Syrien unterstützte Truppen im Libanon an.

4. Dezember 1983. Im Libanon werden acht weitere Marines getötet, und zwei US-Flugzeuge werden von syrischer Artillerie abgeschossen.

26. Januar 1984. In seinem Bericht zur Lage der Nation erklärt Ronald Reagan: »Wir dürfen uns nicht durch staatlich finanzierten Terrorismus von unseren Friedensbemühungen im Libanon abbringen lassen.«

29. Februar 1984. Die Vereinbarung zwischen Israel und dem Libanon vom 17. Mai 1983 wird aufgehoben. Präsident Amin Dschemaijel reist nach Damaskus, um Präsident Assad seine Reverenz zu erweisen.

März 1984. William Buckley, CIA-Stationschef in Beirut, wird entführt und im Juni ermordet. Zwischen 1985 und 1988 bringen militante Schiiten weitere westliche Geiseln in ihre Gewalt.

3. April 1984. Präsident Reagan unterzeichnet eine Direktive, mit der er Präventiv- und Vergeltungsschläge gegen »Terroristen« billigt. Mit Blick auf Syrien, Libyen und den Iran erklärt George Shultz, »staatlich finanzierter Terrorismus« sei »im Grunde eine Form von Krieg«, eine Ansicht, die auch Vizepräsident George Bush und CIA-Direktor William Casey teilen.

17. April 1984. Ein bewaffneter Mann schießt aus dem libyschen Volksbüro in London auf demonstrierende Gaddafigeg-ner und tötet die britische Polizistin Yvonne Fletcher. Daraufhin bricht Großbritannien seine diplomatischen Beziehungen zu Libyen ab.

23. Mai 1984. Die israelische Staatsanwaltschaft erhebt gegen fünfundzwanzig israelische Siedler Anklage wegen Mitgliedschaft in einer jüdischen Terrorbewegung. Darunter sind Männer, die im Juni 1980 palästinensische Bürgermeister im Westjordanland durch Autobomben zu Krüppeln machten.

Im Sommer 1984 schlachtete Israel, das die palästinensischen Kämpfer jahrelang als »Terroristen« bezeichnet und ihnen damit jede Legitimität abgesprochen hatte, dieses Thema weiter aus. Ziel war, die Haltung der Amerikaner zu beeinflussen. Sowohl die Vereinigten Staaten als auch Israel hatten mittlerweile das klägliche Scheitern ihrer Politik im Libanon einsehen müssen. Die Israelis wurden vertrieben, während die USA zusehen mußten, wie ihre

Botschaft in die Luft gesprengt und amerikanische Marines in ihren Kasernen niedergemetzelt wurden. Mit der Aufhebung des israelisch-libanesischen Abkommens, das unter George Shultz' Vermittlung zustande gekommen war, wurde das Scheitern der amerikanischen Diplomatie offenkundig.

Im Mittelpunkt des Interesses stand jetzt der »staatlich finanzierte Terrorismus«, ein neues Schlagwort, das Ronald Reagan und George Shultz geprägt hatten und das auch bei Vizepräsident Bush und CIA-Direktor Casey Anklang fand. Amerikas Politik im arabisch-israelischen Konflikt beschränkte sich fortan weitgehend auf Terrorismusbekämpfung. Es wurden keinerlei Versuche unternommen, in der Enteignung der Palästinenser, der israelischen Invasion im Libanon oder im ausgeprägten Unrechtsempfinden der Schiiten die Wurzeln der Gewalt zu suchen.

Präsident Reagan ließ sich zu der Zeit offenbar stark von den Protokollen einer Konferenz beeinflussen, die das israelische Jonathan-Institut im Juni 1984 in Washington abhielt. Die Protokolle wurden später von Israels UN-Botschafter Benjamin Netanjahu in einem Buch mit dem Titel *Terrorism: How the West Can Win* veröffentlicht. Wie Claire Sterlings Buch *The Terror Network* in Reagans ersten Regierungsjahren, so wurden die Sitzungsprotokolle in seiner zweiten Amtsperiode zum Leitfaden für Amerikas Terrorismusmanie. Das Buch war Teil einer umfangreichen psychologischen Kampagne, die sich gegen die PLO, Syrien und Libyen richtete. Es bestärkte die Amerikaner in dem Glauben, daß Israels Feinde auch Amerikas Feinde seien, daß die mit Israel verfeindeten Araber Terroristen und militärische Aktionen gegen sie folglich legitim und wünschenswert seien.

Am 26. Juni verlangte Israels Verteidigungsminister Mosche Arens auf der Konferenz die Schließung sämtlicher PLO-Büros auf der ganzen Welt, weil »sie nichts weiter sind als logistische Zentren für terroristische Operationen«. Er bezeichnete Syrien als größten Terroristenstaat, dessen »weltweiter Geheimdienstapparat« Palästinenser, Armenier, Japaner und sogar Thais für seine Zwecke benutze.

Ich setzte meine Liste fort (wobei ich Abu Nidals Operationen wieder mit drei Sternchen markierte):

29. Juni 1984 (derselbe Monat, in dem Israel seine Anti-Terror-

Kampagne startete). Die Israelis stoppen eine Fähre, die in internationalen Gewässern von Zypern nach Beirut unterwegs ist, und nehmen neun Passagiere fest.

18. Juli 1984. Die Israelis bringen vor dem Hafen von Tripolis ein libanesisches Handelsschiff auf, dirigieren es nach Haifa und verhören die Besatzung.

*** *24. März 1984.* Zwei Tage vor dem geplanten Staatsbesuch Königin Elisabeths von England in Jordanien explodiert vor dem Hotel Intercontinental in Amman eine Bombe. Abu Nidal übernimmt die Verantwortung.

*** *28. März 1984.* Ken Whitty, ein Kulturberater der britischen Botschaft in Athen, kommt ums Leben, als ein bewaffneter Mann Schüsse auf seinen Wagen abfeuert. In Beirut bekennt sich die Revolutionäre Organisation Sozialistischer Muslime (hinter der sich Abu Nidals Organisation verbirgt) zu dem Anschlag.

*** *27. November 1984.* Percy Norris, Großbritanniens stellvertretender Hochkommissar in Bombay, wird erschossen. In einem Telefonanruf bei einer Londoner Nachrichtenagentur übernimmt abermals die Revolutionäre Organisation Sozialistischer Muslime die Verantwortung.

*** *29. November 1984.* Auf das Büro der Fluggesellschaft British Airways in Beirut wird ein Bombenanschlag verübt. Die Revolutionäre Organisation Sozialistischer Muslime übernimmt die Verantwortung.

Mit der Ermordung britischer Diplomaten in Athen und Bombay und dem Bombenanschlag auf das Büro der British Airways in Beirut – wie auch mit der späteren Entführung eines britischen Journalisten und dem Anschlag auf britische Touristen in einem Athener Hotel – versuchte Abu Nidal auf barbarische Weise, vier seiner Gesinnungsgenossen freizupressen, die in britischen Gefängnissen saßen. Drei von ihnen waren an dem Mordanschlag auf Argov beteiligt gewesen, und der vierte, Rasmi Awad, war wegen Waffenschmuggels verurteilt worden.

12. Februar 1985. In London werden drei Israelis – mutmaßliche Mossad-Agenten – und ein Nigerianer zu Freiheitsstrafen zwischen zehn und vierzehn Jahren verurteilt: Sie hatten im Juli 1984 Umaro Dikko, den ehemaligen Verkehrsminister Nigerias, entführt und unter Drogen gesetzt. Dikko war von den nigerianischen Behörden wegen der Veruntreuung mehrerer Millionen Dollar gesucht worden.

21. Februar 1985. Israelische Armee-Einheiten überfallen elf schiitische Dörfer östlich von Tyrus. Sie töten und verwunden viele Zivilisten und zerstören mit Bulldozern Autos und Gebäude.

8. März 1985. Bei der Explosion einer Autobombe in der Nähe der Wohnung Scheich Muhammad Hussain Fadlallahs, des »geistigen Führers« der Hisbollah, kommen in Beirut achtzig Menschen ums Leben. Fadlallah selbst bleibt unverletzt. Zwei Jahre später berichtet die *Washington Post,* der Anschlag sei das Werk eines von der CIA ausgebildeten Kommandos gewesen, das im Rahmen eines von Reagan autorisierten geheimen Aktionsprogramms operiere. In *Geheimcode Veil,* einem Buch über die CIA, schrieb Bob Woodward, CIA-Direktor Casey habe die Saudis für die Operation um drei Millionen Dollar gebeten.

10. März 1985. Bei einem Anschlag auf einen Konvoi in der Nähe der libanesischen Grenze werden mindestens zwölf israelische Soldaten getötet und vierzehn weitere verletzt. Der Attentäter, in dessen Wagen sich die Bombe befand, kam ebenfalls ums Leben.

21. März 1985. Israelische Armee-Einheiten überfallen neun südlibanesische Dörfer in der Nähe von Nabatija und Sidon. Hunderte von Menschen werden getötet und verletzt, und viele Häuser werden in die Luft gesprengt.

24. März 1985. Die *Washington Post* berichtet, daß in mindestens zwölf Ländern, darunter im Libanon, mit Hilfe der CIA »Anti-Terror«-Kommandos aufgestellt worden seien.

*** *28. März 1985.* Alec Collett, ein britischer Journalist, der für die UN-Hilfsorganisation UNWRA arbeitet, wird von der Revolutionären Organisation Sozialistischer Muslime entführt. Die Organisation fordert die Freilassung ihrer in Großbritannien inhaftierten Mitglieder.

*** *24. Mai 1985.* Die ägyptische Polizei verhaftet einen Agenten Abu Nidals, der vor der US-Botschaft in Kairo einen sprengstoffbeladenen Lastwagen zur Detonation bringen wollte. Angeblich hatte er seine Anweisungen vom Chef des libyschen Geheimdienstes in Rom erhalten.

14. Juni 1985. Ein Verkehrsflugzeug der TWA wird auf dem Flug von Athen nach Rom von militanten Schiiten entführt und über dem Mittelmeer zwischen Algier und Beirut hin und her dirigiert. Ein amerikanischer Marinetaucher an Bord wird ermordet. Die Entführer verlangen die Freilassung von siebenhundertsechsundsechzig meist libanesischen Schiiten aus dem israelischen Straflager Atlit.

*** *1. Juli 1985.* Eine Bombe zerstört das Madrider Büro der Fluggesellschaft British Airways. Zu dem Anschlag bekennt sich die Revolutionäre Organisation Sozialistischer Muslime in Beirut.

*** *7. August 1985.* Bei einem Bombenanschlag auf ein Hotel in dem Urlaubsort Glyfada bei Athen werden dreizehn Menschen verletzt, darunter sechs britische Staatsbürger. Zu dem Anschlag bekennt sich die Revolutionäre Organisation Sozialistischer Muslime, die behauptet, das Hotel habe britischen Gruppen als »Spionagezentrum gegen die Araber und den Islam« gedient.

11. September 1985. Die Israelis bringen in internationalen Gewässern zwischen Zypern und dem Libanon ein Schiff auf und entführen Faisal Abu Scharah, einen leitenden Kommandeur der Kampfgruppe 17, einer Sicherheitseinheit der PLO. Er wird zur Vernehmung nach Israel gebracht und dort inhaftiert.

*** *18. September 1985.* Im Café de Paris in der Via Veneto in Rom werden durch Handgranaten vierzig Menschen verletzt. Zu dem Anschlag bekennt sich die Revolutionäre Organisation Sozialistischer Muslime; sie bezeichnet das Café als »Versteck amerikanisch-britischer Geheimdienste«.

*** *18. September 1985.* Michel Nimri, jordanischer Journalist und bekannter Anhänger des PLO-Chefs Jassir Arafat, wird in Athen von einem Killer Abu Nidals ermordet.

25. September 1985. Als Vergeltung für die Entführung Faisal Abu Scharahs durch die Israelis ermorden Angehörige der PLO-Kampfgruppe 17 auf einer Jacht in Zypern drei israelische Zivilisten. Die Israelis erklären, bei den Opfern habe es sich um Touristen gehandelt; die Palästinenser behaupten, sie seien Agenten des Mossad gewesen und hätten den palästinensischen Schiffsverkehr überwacht.

1. Oktober 1985. Aus Rache für die drei auf Zypern ermordeten Israelis greifen israelische F-16-Jagdbomber das PLO-Hauptquartier in der Nähe von Tunis an; sechsundfünfzig Palästinenser und fünfzehn Tunesier werden getötet und über hundert weitere verletzt. Arafat entgeht nur knapp dem Tod.

9. Oktober 1985. Als Antwort auf den israelischen Angriff in Tunis entführt Abul Abbas' Volksbefreiungsfront, eine extremistische palästinensische Splittergruppe, das italienische Kreuzfahrtschiff *Achille Lauro* und ermordet den Passagier Leon Klinghoffer, einen gelähmten amerikanischen Juden.

7. November 1985. Nach einem Treffen mit Ägyptens Präsident Mubarak veröffentlicht PLO-Führer Jassir Arafat die »Kairoer Erklärung«, worin er jede Form von Terrorismus verurteilt.

9. November 1985. Die Israelis schießen über syrischem Gebiet zwei syrische MiG-23 ab, die sich wieder auf dem Heimflug befinden, nachdem sie sich über dem Libanon einem israelischen Aufklärungsflugzeug genähert hatten.

21. November 1985. Jonathan Jay Pollard, ein Analytiker des Nachrichtendienstes der US-Marine, wird wegen des Verdachts der Spionage für Israel in Washington verhaftet.

*** *23. November 1985.* Eine ägyptische Verkehrsmaschine wird auf dem Flug von Athen nach Kairo von vier bewaffneten Männern Abu Nidals entführt und zur Landung in Malta gezwungen. Sechs Passagiere werden getötet, bevor ägyptische Kommandoeinheiten das Flugzeug am darauffolgenden Tag stürmen. Von den siebenundneunzig Passagieren, die in Athen an Bord gingen, kommen bei dem anschließenden Feuergefecht sechzig ums Leben.

Dezember 1985 bis Februar 1987. Von Großbritanniens Premierministerin Margaret Thatcher ermutigt, versucht Schimon Peres, Jordaniens König Hussein zu bilateralen Friedensgesprächen ohne »Einmischung« Syriens zu bewegen.

*** *27. Dezember 1985.* Bewaffnete Killer Abu Nidals schleudern Handgranaten auf die Schalter der El Al auf den Flughäfen Leonardo da Vinci in Rom und Schwechat bei Wien. Die sieben Männer – vier in Rom und drei in Wien – töten achtzehn Personen und verletzen über hundert weitere. Vier Attentäter werden von den Sicherheitskräften erschossen, die anderen drei werden verletzt und verhaftet.

7. Januar 1986. Präsident Ronald Reagan erklärt, es gebe »unwiderlegbare Beweise« dafür, daß Oberst Gaddafi Abu Nidal unterstützt. Er sagt, die Anschläge von Rom und Wien seien nur »die jüngsten in einer Reihe brutaler Gewaltakte, die mit Gaddafis Hilfe begangen wurden«.
Reagan unterzeichnet eine Durchführungsverordnung, in der es heißt, daß die Maßnahmen der libyschen Regierung »eine Gefahr für die nationale Sicherheit und die Außenpolitik« der Vereinigten Staaten darstellten. Mit der Verordnung enden »praktisch alle wirtschaftlichen Beziehungen« zwischen den USA und Libyen.
Am 8. Januar tritt eine zweite Verordnung in Kraft: Sämtliche Guthaben der libyschen Regierung in den USA und bei Auslandsfilialen amerikanischer Banken werden eingefroren. »Wenn diese Maßnahmen Gaddafis Terrorismus nicht beenden, dann, das verspreche ich, werden weitere Schritte folgen«, erklärt der Präsident.

11. Januar 1986. Brigadegeneral Gideon Machanaimi, ein Berater des israelischen Premierministers Schimon Peres in Fragen der Terrorismusbekämpfung, meint, der beste Weg, den Terrorismus zu bekämpfen, sei die Liquidierung der Terroristenführer. Soweit ihm bekannt sei, halte sich Abu Nidal in Libyen auf. Aber Israel unternimmt nichts gegen ihn.

12. Januar 1986. Italienische Staatsanwälte erlassen gegen Abu Nidal einen internationalen Haftbefehl wegen Massenmordes. Am 12. Februar 1988 wird er wegen des Anschlags auf den Flughafen von Rom *in absentia* zum Tode verurteilt.

12. Januar 1986. PLO-Führer Jassir Arafat verurteilt erneut jede Form des Terrorismus, der sich gegen Unschuldige richtet. Einige arabische Geheimdienste, fügt er hinzu, rekrutierten Palästinenser für Terrorunternehmen.

15. Januar 1986. Oberst Gaddafi bestreitet, daß sich Abu Nidal in Libyen aufhält. Er warnt Präsident Reagan vor einem Überfall auf sein Land und droht damit, Selbstmordkommandos loszuschicken, um Ziele in den Vereinigten Staaten anzugreifen.

4. Februar 1986. In Tripolis führt Gaddafi den Vorsitz bei einer Dringlichkeitssitzung des »Nationalkommandos der Revolutionären Arabischen Kräfte«, das sich verpflichtet, amerikanischen Interessen zu schaden, falls die USA Libyen angreifen sollten.

4. Februar 1986. Bei dem Versuch, Palästinenserführer gefangenzunehmen, fangen israelische Jagdbomber einen libyschen Privatjet ab, der eine syrische Delegation unter Leitung von Abdallah al-Ahmar, dem stellvertretenden Generalsekretär der Baath-Partei, nach Damaskus bringen soll, und zwingen es zur Landung in Israel. Im UN-Sicherheitsrat verhindern die USA durch ihr Veto eine Verurteilung der »Piraterie« Israels.

13. März 1986. Im Zentrum von Damaskus explodiert eine Autobombe. Als mögliche Täter werden israelische Agenten, die CIA, der Irak und die Muslimbruderschaft genannt.

23. März 1986. Eine Spezialeinheit der US-Marine testet in der Großen Syrte vor der libyschen Küste ihre »Navigationsfreiheit« und überschreitet dabei die »Todeslinie«, die Gaddafi weit außerhalb der international anerkannten Zwölf-Meilen-Zone gezogen hat. Als Libyen Raketen auf amerikanische Kampfflugzeuge abfeuert, greifen die USA im Gegenzug libysche Schiffe und Raketenbasen auf dem libyschen Festland an.

2. April 1986. Eine Bombe explodiert an Bord einer TWA-Maschine, die sich auf dem Flug von Rom nach Athen befindet, und reißt ein Loch in den Rumpf. Vier Amerikaner werden durch den Sog aus dem Flugzeug in die Tiefe gezogen. Dem Piloten gelingt die Landung in Athen.

5. April 1986. Bei einer Bombenexplosion in der Westberliner Diskothek La Belle, einem beliebten Treffpunkt von US-Soldaten, werden zwei Menschen, darunter ein amerikanischer Soldat, getötet und etwa zweihundert verletzt, davon über sechzig Amerikaner. Nach Angaben von US-Beamten gibt es »unwiderlegbare Beweise« dafür, daß Libyen hinter dem Anschlag steckt.

15. April 1986. US-Flugzeuge – teils trägergestützte, teils in Großbritannien stationierte – bombardieren Oberst Gaddafis Wohnkomplex in Tripolis und andere libysche Ziele. Während Gaddafi unverletzt bleibt, kommen einige Dutzend libysche Zivilisten, darunter Gaddafis kleine Adoptivtochter, ums Leben.

16. April 1986. Bei Bombenanschlägen auf Lastwagen und Züge in verschiedenen Teilen Syriens werden hundertvierundvierzig Menschen getötet und viele weitere verletzt. Manche Beobachter schreiben die Anschläge einer Gegenterror-Gruppe zu, die Oberst Oliver North vom Nationalen Sicherheitsrat der USA und Amiram Nir, Schimon Peres' Terrorismus-Experte, gegründet haben, um es den vermeintlichen Sponsoren des Terrorismus im Nahen Osten heimzuzahlen.

17. April 1986. Als Antwort auf den amerikanischen Angriff gegen Libyen werden zwei Briten und ein Amerikaner – Leigh Douglas, Philip Padfield und Peter Kilburn –, die zuvor im Libanon gekidnappt worden waren, von ihren Entführern erschossen.

17. April 1986. Auf dem Londoner Flughafen Heathrow entdeckt ein israelischer Sicherheitsbeamter im doppelten Boden einer Reisetasche Semtex-Sprengstoff. Der Jordanier Nizar Hindawi, der vom syrischen Geheimdienst angeworben wurde, gab die Tasche seiner schwangeren irischen Freundin, die sie an Bord der El-Al-Maschine nach Tel Aviv mitnehmen sollte. Hindawi wird verhaftet, nachdem er die syrische Botschaft in die Sache mit hineingezogen hat.

*** *23. April 1986.* Als Vergeltung für Großbritanniens Rolle bei dem amerikanischen Angriff auf Libyen veröffentlicht die Revolutionäre Organisation Sozialistischer Muslime (hinter der sich Abu Nidal verbirgt) im Libanon ein Video, auf dem angeblich die »Hinrichtung« des im März 1985 entführten britischen Journalisten Alec Collett zu sehen ist.

14. Mai 1986. Oberst Gaddafi fordert Zypern auf, die britischen Stützpunkte auf der Insel zu schließen, mit deren Hilfe, so behauptet er, die Amerikaner »ihren schändlichen, barbarischen, heimtückischen und aggressiven Kreuzzug« gegen ihn führten.

17. Mai 1986. In einem Interview mit der *Washington Post* bestreitet Syriens Präsident Assad jede Verbindung Syriens zum Terrorismus. In einer Rede am 28. Mai in Athen fordert er die Schaffung eines »internationalen Forums«, das zwischen Terrorismus und legitimen Akten nationalen Widerstands unterscheiden soll.

*** *3. August 1986.* Bei einem Überfall mit Raketen- und Granatwerfern auf eine britische Militärbasis in Akrotiri auf Zypern werden zwei Engländerinnen und ein Zypriot verletzt. Im Libanon bekennt sich die »Vereinigte Nasseristische Organisation Kairo« (hinter der ebenfalls Abu Nidal steckt) zu dem Anschlag.

*** *5. September 1986.* Bewaffnete Männer bringen auf dem Flughafen von Karatschi einen Jumbo-Jet der Pan Am mit dreihundertachtundfünfzig Passagieren und der Besatzung in ihre Gewalt. Bei der Erstürmung der Maschine durch pakistanische Soldaten werden viele Passagiere getötet. Die Entführer ergeben sich. Am 10. September macht US-Verteidigungsminister Caspar Weinberger Abu Nidals Organisation für die Tat verantwortlich.

*** *6. September 1986.* Zwei Killer Abu Nidals töten bei einem Anschlag auf die Neve-Shalom-Synagoge in Istanbul während des morgendlichen Sabbath-Gottesdienstes einundzwanzig jüdische Gläubige. Obwohl sich Abu Nidal zu dem Anschlag bekennt, üben die Israelis keine Vergeltung.

30. September 1986. Mordechai Vanunu, ein aus Marokko stammender israelischer Atomtechniker, der der Londoner *Sunday Times* geheime Informationen über die israelische Bombenfabrik in Dimona verkauft hat, wird von einer Agentin des Mossad von London nach Rom gelockt, entführt und nach Israel verschleppt. Er wird vor Gericht gestellt und zu achtzehn Jahren Gefängnis verurteilt.

*** *12. Oktober 1986.* Das britische Innenministerium bestätigt, daß sechs mutmaßliche Mitglieder der Organisation Abu Nidals aufgefordert wurden, das Land zu verlassen.

24. Oktober 1986. Nizar Hindawi, der im April versucht hat, ein Verkehrsflugzeug der El Al in die Luft zu sprengen, wird zu fünfundvierzig Jahren Gefängnis verurteilt – die bisher längste Haftstrafe in der britischen Kriminalgeschichte. Eine Stunde nach der Urteilsverkündung bricht Großbritannien seine Beziehungen zu Syrien ab.

3. November 1986. Die Beiruter Zeitung *Al-Schira* berichtet zum erstenmal über das geheime Geschäft »Waffen gegen Geiseln« zwischen den USA und dem Iran. Bei dem nachfolgenden Irangate-Skandal kommt ans Licht, wie Israel die USA in geheime Geschäfte mit dem Iran verwickelt hat, um seine eigenen geheimen Waffenverkäufe an den Iran zu tarnen, die dazu dienten, den Golfkrieg in Gang zu halten, den Irak festzunageln und so die Bildung einer irakisch-syrischen »Ostfront« zu verhindern.

Die erste Schlußfolgerung, die sich aus dieser Liste ziehen läßt: Abu Nidal war Mitte der achtziger Jahre beileibe nicht der einzige oder gar gefährlichste Terrorist, der auf freiem Fuß war. Aber ein Umstand unterschied ihn von den meisten anderen Terroristen, ob sie nun Einzelkämpfer waren oder von Staaten unterstützt wurden: Keiner seiner Anschläge diente der palästinensischen Sache. Er handelte entweder aus Eigennutz oder aus Gewinnsucht und ging dabei so rücksichtslos vor, als wolle er einen feindlichen Gegenschlag geradezu provozieren. Abu Nidal hatte sich weit von seinem anfänglichen Engagement für die palästinensische Sache entfernt. Er war ein käuflicher Killer geworden, ein Nihilist.

Der Versuch, im Mai 1985 vor der amerikanischen Botschaft in Kairo einen sprengstoffbeladenen Lastwagen zur Explosion zu bringen, und die Entführung der ägyptischen Boeing nach Malta im November waren gegen Ägypten gerichtete Operationen, die er im Auftrag Libyens durchführte. Sie müssen im Zusammenhang mit den damaligen Querelen zwischen Kairo und Tripolis gesehen werden: Ägypten hatte Libyen bezichtigt, Saboteure loszuschikken, um ägyptische Staatsbürger und libysche Exilanten zu töten und die ägyptische Regierung zu destabilisieren; im Gegenzug verwies Libyen ägyptische Arbeiter des Landes und verurteilte Ägyptens »Kompromiß-Vertrag« mit Israel.

Überläufer aus Abu Nidals Organisation erzählten mir später, Abu Nidal habe bei der Entführung des ägyptischen Flugzeugs den Libyern lediglich seine Leute zur Verfügung gestellt. Mitglieder des libyschen Volksbüros in Griechenland, die mit Hilfe von Diplomatenpässen die Kontrollen auf dem Athener Flughafen umgingen, übergaben Abu Nidals Männern in der Wartehalle für Transitreisende die Waffen. Anschließend nahmen diese die Waffen mit an Bord und brachten die Maschine während des Fluges in ihre Gewalt.

Ursprünglich sollte die Maschine nach Libyen entführt werden, aber aus Angst vor negativer Publicity entschieden die Libyer in letzter Minute, das Flugzeug nicht landen zu lassen, sondern nach Malta umzudirigieren. Ein aufgebrachter Mubarak ließ an der Grenze zu Libyen Truppen aufmarschieren und schickte Kommandoeinheiten nach Valetta, die das Flugzeug stürmten. Dabei kamen viele Menschen ums Leben.

Um die Aufmerksamkeit von sich abzulenken, übernahm Abu Nidal im Namen der »Organisation ägyptischer Revolutionäre« die Verantwortung. Ziel der Operation sei es gewesen, erklärte er, Mitglieder der Gruppe zu befreien, die in ägyptischen Gefängnissen saßen. In Wirklichkeit hatte diese radikale ägyptische Gruppe, die nach Ansicht von Arabern mit Chalid Abd el-Nasser, dem

Sohn des verstorbenen ägyptischen Präsidenten, in Verbindung stand, nichts mit der Flugzeugentführung zu tun. Aber Abu Nidal wollte von der Unterstützung profitieren, die diese Gruppe für ihre Anschläge auf israelische und amerikanische Beamte in Kairo zwischen 1984 und 1987 erhalten hatte, bei denen zwei Israelis ums Leben gekommen waren. (Im Jahr 1991 sprach ein ägyptisches Gericht Chalid Abd el-Nasser von dem Vorwurf frei, »Ägyptens Revolution« finanziell unterstützt zu haben, verurteilte jedoch den Führer der Organisation, Mahmud Nur al-Din, zu lebenslanger Haft mit Zwangsarbeit.)

Auch der Raketenüberfall auf den britischen Stützpunkt Akrotiri im August 1986 war ein bezahltes Unternehmen im Auftrag Libyens. Kurz zuvor hatte Gaddafi die Zyprioten aufgefordert, die britischen Basen zu schließen. Informanten aus Abu Nidals Organisation erzählten mir, die Waffen seien mit libyschem Diplomatengepäck nach Zypern gebracht worden, und das kleine Boot, mit dem Abu Nidals Leute auf die Insel kamen und wieder verschwanden, sei ebenfalls libyscher Herkunft gewesen. Hani Samur, ein gut geschulter Offizier aus Abu Nidals Organisation, leitete den Angriff. Seine Befehle erhielt er aus dem Libanon, vom damaligen Chef der Geheimdienstabteilung Abd al-Rahman Isa, dessen auf Band aufgezeichnete Erinnerungen mir Abu Ijad zur Verfügung stellte. Einer von Abu Nidals Leuten, Hischam Said, wurde festgenommen. Einmal mehr bekannte sich Abu Nidal im Namen einer nationalistischen ägyptischen Gruppe, der »Vereinigten Nasseristischen Organisation Kairo«, zu dem Anschlag. Ägypten hatte jedoch überhaupt nichts mit der Sache zu tun.

Rom und Wien

Die zu der Zeit spektakulärsten Unternehmen Abu Nidals – die der palästinensischen Sache am meisten schadeten – waren die Anschläge auf die Abfertigungsschalter der El Al auf den Flughäfen in Rom und Wien Ende Dezember 1985. Ihre ziellose Brutalität war typisch für Abu Nidals Operationen.

Österreich und Italien unterhielten von allen europäischen Ländern die engsten Kontakte zur PLO. Mit ihrer Hilfe hatte sich ein zufriedenstellender Dialog zwischen Europäern und Palästinensern entwickelt. Hinter den Kulissen bemühten sich die Regierungschefs beider Länder, diejenigen Palästinenser und Israelis zusammenzubringen, die an einer friedlichen Verständigung interessiert waren. Genau zu diesem Zeitpunkt erfolgten die Anschläge, und die PLO mußte zwangsläufig annehmen, daß Italien und Österreich gezwungen werden sollten, unter dem Druck der öffentlichen Meinung im eigenen Land ihre Beziehungen zur PLO abzubrechen.

Die Attentäter waren junge verbitterte Palästinenser, die aus Flüchtlingslagern stammten und die man so lange bearbeitet hatte, bis sie bereit waren, ihr Leben für eine vermeintlich lohnende Sache wegzuwerfen. Der Attentäter, der den Anschlag in Rom als einziger überlebte, hatte seinen Vater, einen Taxifahrer, bei dem Massaker in den Lagern Sabra und Schatilla verloren. Ein anderer, der bei dem Anschlag ums Leben kam, war ein gewisser Muhammad Nazzal. Wie man mir sagte, besaß er tatsächlich einen gültigen libanesischen Paß und ein Visum für die Vereinigten Staaten, wo er ein neues Leben anfangen wollte. Vor dem Einsatz hatte er die Organisation um die Erlaubnis gebeten, einen militärischen Lehrgang zu besuchen, von dem er sich einigen Nutzen versprach. Bei diesem kurzen Lehrgang in der Beka-Ebene ließ er sich zur Teilnahme an der sinnlosen Operation überreden, die ihn das Leben kostete.

Vollgepumpt mit Amphetaminen hatten die jungen Killer die Anweisung erhalten, Handgranaten auf die Abfertigungsschalter zu werfen und blindlings drauflos zu schießen. Wie ich später erfuhr, hatte man ihnen gesagt, die Leute, die an den Schaltern stünden, seien israelische Piloten in Zivil, die von einem Lehrgang nach Hause zurückkehrten – dieselben Piloten, die ihre Familien im Südlibanon bombardiert hätten. Dasselbe behauptete später Abu Nidal, als seine Mitarbeiter von ihm eine Erklärung für die Operationen verlangten. Die Fatah entsandte eigene Geheimdienstleute nach Italien und Österreich, um seine Behauptung zu überprüfen. Natürlich fanden sie heraus, daß sie nicht stimmte.

Bis zum heutigen Tag weiß niemand in der Palästinenserbewegung, weshalb diese Operationen durchgeführt wurden. Ein ehemaliger enger Mitarbeiter Abu Nidals erzählte mir jedoch, daß ursprünglich nicht nur Anschläge in Rom und Wien geplant waren, sondern auch einer in Frankfurt. Den Anschlag in Frankfurt sollte Achmed Dschibril übernehmen, der Chef des PFLP-Generalkommandos, der zu den fähigsten Offizieren der ganzen Guerillabewegung zählte und viel Erfahrung mit anti-israelischen Operationen hatte. Dschibril wetteiferte damals mit Abu Nidal um Gaddafis Gunst, möglicherweise in der Hoffnung, von Syrien unabhängiger zu werden.

Doch kurz vor dem vereinbarten Datum änderte Abu Nidal plötzlich seine Meinung. Aus Eifersucht auf Dschibril, oder aus Angst, Dschibrils Gruppe könnte infiltriert sein und ihn bloßstellen, beschloß Abu Nidal, auf eigene Faust zu handeln. Dschibril war verärgert darüber, daß Abu Nidal ihre Vereinbarung nicht eingehalten hatte, und kritisierte die Vorgehensweise in Rom und Wien. Da die Waffen in den Transitbereich der Flughäfen geschmuggelt worden seien, so Dschibril, hätte man die Anschläge präziser durchführen und den Israelis mehr Schaden zufügen können.

Als ich im Sommer 1990 mit Abu Ijad in Tunis über diese Operationen sprach, erklärte er mir, er habe nach den Anschlägen in Rom und Wien etwa zwanzig Presseinterviews gegeben und klargestellt, daß die PLO mit diesen Greueltaten nichts zu tun habe. Aber das sei nicht leicht gewesen. »Wenn solche schrecklichen Dinge passieren, halten die Leute normalerweise alle Palästinenser für Kriminelle«, sagte er. Der Schaden für die PLO war enorm.

Laut Abu Ijad konnten die meisten Leute im Westen, und selbst viele Araber, kaum zwischen Abu Nidals Organisation und Arafats Fatah unterscheiden. Wenn Abu Nidal ein Massaker anrichtete, registrierten die Leute nur, daß die Täter Palästinenser waren – und daß die PLO die Unwahrheit sagte, wenn sie behauptete, sie habe dem Terror abgeschworen. »Abu Nidal und all jene, die mit ihm gemeinsame Sache machen, *wollen* ja gerade, daß die Menschen an unserem Wort zweifeln«, meinte Abu Ijad. »Und ich fürchte, es ist ihnen gelungen.«

»Wie können wir die Europäer von der Rechtmäßigkeit unserer Sache überzeugen?« fuhr er fort. »Wie können wir die Araber am Golf überzeugen, daß wir mit dem Mord an Ghubasch (dem Staatsminister der Vereinigten Arabischen Emirate, der im Oktober 1977 von Abu Nidal umgebracht wurde) nichts zu tun hatten? Wie können wir die Familie des in Paris ermordeten Botschafters der Vereinigten Arabischen Emirate davon überzeugen, daß an unseren Händen kein Blut klebt? Ich sah ihre Gesichter, als ich ihnen mein Beileid aussprach. Wie können wir die Kuwaitis davon überzeugen, daß die Bomben, die in ihren Cafés explodierten, nicht von uns geworfen wurden? In ihren Augen sind alle Palästinenser schuldig.«

Nach Aussagen ehemaliger Mitglieder der Organisation Abu Nidals war der libysche Geheimdienst an der Planung der Anschläge beteiligt und lieferte die Waffen, die den Attentätern wie üblich im letzten Moment durch einen Kontaktmann übergeben wurden. Die von den Attentätern benutzten tunesischen Pässe hatte man 1985 tunesischen Arbeitern abgenommen, als diese aus Libyen ausgewiesen wurden. Die libysche Nachrichtenagentur JANA begrüßte die Anschläge als »Heldentaten der Söhne der Märtyrer von Sabra und Schatilla«. Gaddafi selbst war zu clever, um mit Abu Nidal solche Operationen zu erörtern. Meinen Informanten zufolge überließ er das seinen Geheimdienstoffizieren – Männern wie Sajjid Kadhaf al-Damm, Abdallah Hijazi und Salih al-Druki, die auf Mord und Terror spezialisiert waren.

Auf Abu Nidals Seite war Sulaiman Samrin (Deckname Dr. Ghassan al-Ali), der Leiter des Komitees für Sonderaufgaben beim Geheimdienst, der Chefplaner der Operationen in Rom und Wien. Sein Kollege Mustafa Awad (Deckname Alaa) leitete die Operationen vor Ort; er war damals in Wien und beobachtete das Geschehen aus der Distanz. Natürlich standen diese Männer auf meiner Liste möglicher israelischer Infiltrationsagenten ganz oben.

Abu Ijad war überzeugt, daß Abu Nidals Organisation bei den Anschlägen von Rom und Wien von israelischen Agenten manipuliert worden war. Nur Israel habe von solchen Greueltaten profitieren können. Er wußte zwar nicht, ob Abu Nidal selbst vom Mossad angeworben worden war, war aber der Ansicht, daß ihn sein krimineller und verbitterter Charakter für Manipulationen von außen besonders anfällig mache.

Ich konnte nicht glauben, was mir Abu Ijad da erzählte – und ich kann es heute noch nicht. Sollten die Israelis wirklich absichtlich Anschläge auf Schalter der El Al verübt und eigene Landsleute getötet haben? Nein, Israelis brachten keine Juden um, ganz gleich, welchen politischen oder propagandistischen Nutzen eine solche Operation auch haben mochte. Seltsam und unerklärlich war nur, daß die Israelis weder an Libyen noch an Abu Nidal noch an den unmittelbar Beteiligten, Dr. Ghassan und Alaa, Rache übten, obwohl jeder wußte, daß Abu Nidal hinter den Anschlägen von Rom und Wien steckte und daß er sein Hauptquartier nach Libyen verlegt hatte, in ein Land, gegen das ohne weiteres israelische Vergeltungsschläge geführt werden konnten. Wenn Dr. Ghassan und Alaa, wie Abu Ijad vermutete, tatsächlich das Bindeglied zum Mossad waren, war es schwer zu erklären, weshalb sie israelische Ziele angegriffen hatten. Aber sie hatten es getan, und die Israelis hatten – nur in diesem speziellen Fall – nichts unternommen, um sie zu bestrafen. Wer auch immer die Anschläge angeordnet hatte, der beabsichtigte politische Zweck war klar: Die Kontakte, die sich zwischen Italien und Österreich auf der einen und der PLO auf der anderen Seite entwickelten, sollten umgehend abgebrochen werden.

Die PLO hatte am meisten unter dem Terror Abu Nidals zu leiden, sowohl was die Zahl der Getöteten als auch den Prestigeverlust anbelangte, und war infolgedessen besonders daran interessiert, herauszufinden, wer Abu Nidals Organisation unterwandert hatte und manipulierte. Die Anschläge von Rom und Wien hatten im Westen eine starke anti-arabische Stimmung erzeugt und es den Israelis ermöglicht, aus der Terrorismusfrage politisches Kapital zu schlagen. Und sie hatten – zusammen mit dem Bombenanschlag auf die Westberliner Diskothek La Belle, mit dem Abu Nidal nichts zu tun hatte – den Boden bereitet für den amerikanischen Überfall auf Libyen im April 1986.

»Als ich Abu Nidal 1987 traf«, erzählte mir Abu Ijad, »fragte ich ihn nach Rom und Wien, aber er gab mir keine klare Antwort. Er kam ins Schwimmen und widersprach sich ständig. Er konnte die Operationen nicht rechtfertigen. Dann erzählte ich ihm folgende Geschichte: Bei einem Österreichbesuch im Jahr 1988 war ich auf einer Party, die von den Freunden Palästinas gegeben wurde. Mir fiel eine gutaussehende Frau auf, die voll Begeisterung von der palästinensischen Sache sprach. Ein ehemaliger Außenminister Österreichs, der ebenfalls anwesend war, flüsterte mir zu, die Dame sei unter den Passagieren auf dem Wiener Flughafen gewesen. Eine Handgranate sei direkt vor ihren Füßen gelandet, aber nicht explodiert. Trotzdem sei sie eine Freundin der Palästinenser geblieben! ›Sie tun solche Dinge aus Verzweiflung‹, rief sie. ›Ich unterstütze sie jetzt mehr denn je!‹«

Als Abu Ijad die Geschichte zu Ende erzählt hatte, meinte Abu

Nidal nur: »Es hätte nichts ausgemacht, wenn weitere zwanzig getötet worden wären. Das sind doch alles Zionisten!«

Laut Abu Ijad mußten die Amerikaner bei ihrem Angriff auf Libyen, bei dem Gaddafis Wohnkomplex und einige andere sensible Einrichtungen getroffen wurden, einen Informanten im Land gehabt haben. Nur mit seiner Hilfe hätten sie die Ziele ausmachen können. Am 17. April 1986 berichtete die *Washington Post,* der israelische Geheimdienst habe fortwährend die neuesten Meldungen über Gaddafis Aufenthaltsort durchgegeben, die letzte um elf Uhr fünfzehn libyscher Zeit, genau zwei Stunden und fünfundvierzig Minuten vor Beginn des Angriffs. Abu Nidals Organisation, die eng mit dem libyschen Geheimdienst zusammenarbeitete, konnte den Israelis diese Information ganz leicht zugespielt haben.

Nach Abu Ijads Vorstellung, die zugegebenermaßen zwanghafte Züge hatte, gingen Libyen und andere Gönner Abu Nidals ein großes Risiko ein, wenn sie einer so suspekten Organisation gestatteten, ungehindert auf ihrem Territorium zu operieren und ihre Einrichtungen zu benutzen, und ihr obendrein Zugang zu ihren Geheimdiensten verschafften. Die Schlußfolgerung, die er daraus zog, war in Anbetracht seines Hasses auf Abu Nidal nicht ganz uneigennützig: Abu Nidals Organisation gebe Israel ein Mittel in die Hand, nicht nur die palästinensische Bewegung zu unterwandern, sondern die arabische Gesellschaft insgesamt. Seiner Ansicht nach hatte Libyens Beziehung zu Abu Nidal die Sicherheit des Landes untergraben und es einem militärischen Angriff ausgesetzt.

Die Hindawi-Affäre

Am 17. April 1986 entdeckte ein israelischer Sicherheitsbeamter auf dem Londoner Flughafen Heathrow im doppelten Boden einer Reisetasche 1,5 Kilogramm des hochexplosiven Plastiksprengstoffs Semtex, hergestellt in der Tschechoslowakei. Die Irin Ann Murphy wollte die Reisetasche mit an Bord der El-Al-Maschine nach Tel Aviv nehmen. Der Zünder der Bombe war als Taschenrechner getarnt. Ann Murphy, Zimmermädchen in einem Londoner Hotel, hatte die Tasche von ihrem jordanischen Freund Nizar Hindawi bekommen, von dem sie ein Kind erwartete. Sie war im fünften Monat schwanger. Er hatte ihr versprochen, sich später mit ihr in Israel zu treffen, wo sie heiraten wollten. Der zweiunddreißigjährige Hindawi hatte seine Verlobte in einem Taxi zum Flughafen begleitet. Unterwegs hatte er die Bombe scharf gemacht, indem er eine Batterie in den Rechner einlegte. Die Bombe sollte während des Fluges explodieren.

Am 17. April, gegen acht Uhr morgens, verabschiedete sich Hindawi auf dem Flughafen Heathrow von seiner Verlobten und fuhr in die Stadt zurück. Am späten Vormittag stieg er in den Bus einer syrisch-arabischen Fluggesellschaft. Er wollte zum Flughafen fahren und mit der Zwei-Uhr-Maschine nach Damaskus fliegen. Aber noch vor Abfahrt des Busses kam die Meldung, daß in Heathrow eine Bombe entdeckt worden sei. Hindawi stieg schnell aus dem Bus, eilte zur syrischen Botschaft und bat den Botschafter Dr. Lutfallah Haidar um Hilfe.

Bei den Recherchen für meine Assad-Biographie hatte ich diesen Vorfall, in den die Syrer verwickelt waren, näher untersucht. Konnte Assad davon gewußt haben? Da er einen Krieg mit Israel unter allen Umständen vermeiden wollte, konnte ich mir nicht vorstellen, daß er die Sache mit der Bombe in Heathrow gebilligt hatte. Hätte man Syrien die Zerstörung eines israelischen Verkehrsflugzeugs nachweisen können, so hätte sich das Land in großer und unmittelbarer Gefahr befunden.

Was ich damals noch nicht wußte, aber 1990 von einem gut unterrichteten Überläufer in Tunis erfuhr: Abu Nidals technisches Komitee hatte die Kofferbombe konstruiert und an den Geheimdienst der syrischen Luftwaffe in Damaskus weitergeleitet, jene Institution, die Abu Nidal in Syrien unterstützte. Der Luftwaffengeheimdienst schmuggelte die Bombe in syrischem Diplomatengepäck nach London, wo sie Hindawi übergeben wurde. Außer Hindawi waren angeblich nur zwei oder drei Geheimdienstoffiziere der syrischen Luftwaffe, darunter General Muhammad al-Chuly, und zwei oder drei Getreue Abu Nidals eingeweiht.

Es wurde allgemein vermutet, daß Chuly aus Rache gehandelt hatte. Zwei Monate zuvor hatten die Israelis in der Hoffnung, palästinensische Guerillaführer in ihre Gewalt zu bekommen, einen Privatjet, der syrische Beamte zurück nach Damaskus bringen sollte, abgefangen und zur Landung in Israel gezwungen. Nach dieser Interpretation hätte es sich bei dem Zwischenfall in Heathrow lediglich um die stümperhafte Aktion einer unkontrollierten

Abteilung des syrischen Geheimdienstes gehandelt. Doch die Beteiligung Abu Nidals verlieh dem Fall eine andere Dimension.

Hindawi kannte Dr. Haidar, den syrischen Botschafter in London. Dieser hatte Hindawi 1985, ein paar Monate vor dem Zwischenfall in Heathrow, dem syrischen Geheimdienst per Funk als einen in London ansässigen freien Schriftsteller und Gegner des jordanischen Regimes empfohlen, der bei der Kampagne, die Syrien damals gerade gegen Jordanien führte, möglicherweise von Nutzen sein konnte. (Was Haidar nicht wußte: Sein Funkspruch nach Damaskus war vom britischen Geheimdienst abgefangen worden – und höchstwahrscheinlich mehreren Ländern bekannt, auch Israel, das auf dem Gebiet der Terrorismusbekämpfung mit Großbritannien zusammenarbeitete.) Als Hindawi in der syrischen Botschaft auftauchte und um Hilfe bat, hielt ihn der Botschafter für einen syrischen Agenten, der in Schwierigkeiten steckte, und verwies ihn an seine Sicherheitsbeamten. Diese brachten ihn in ihre Unterkünfte und veränderten sein Äußeres, indem sie ihm die Haare schnitten und färbten.

Aber am nächsten Morgen, dem 18. April, floh Hindawi aus der syrischen Botschaft und stellte sich der britischen Polizei. Die Gründe sind unklar. Zuvor hatte er sich noch mit seinem Bruder, einem Angestellten in der Londoner Botschaft des Emirats Katar, in Verbindung gesetzt.

Er wurde tagelang intensiv verhört und immer wieder aus dem Schlaf gerissen. Schließlich gab er zu, sich im Januar 1986 mit General Chuly in Damaskus getroffen zu haben. Einen Monat später habe ihm Oberst Haitham Said, einer von Chulys Offizieren, einen syrischen Militärausweis mit einem falschen Namen ausgehändigt und den Befehl gegeben, in der El-Al-Maschine eine Bombe zu deponieren. Dann sei er probeweise nach London geschickt worden. Nach seiner Rückkehr nach Damaskus habe ihm Said die Kofferbombe gezeigt und erklärt, wie sie scharf gemacht werde. Am 5. April sei er wieder nach London geschickt worden, wo ihm ein Mann, den er für einen Angestellten der syrisch-arabischen Fluggesellschaft gehalten habe, die Bombe und den Zünder übergeben habe.

Auf dieses Geständnis sollte sich bei Hindawis Prozeß vor dem obersten britischen Strafgerichtshof im Oktober 1986 die Anklage stützen. Doch vor Gericht widerrief Hindawi sein Geständnis und erklärte, er sei das Opfer eines vermutlich von israelischen Agenten geschmiedeten Komplotts. Angeblich hatte ihm der britische Kriminalbeamte, der ihn verhaftet und an seiner Vernehmung teilgenommen hatte, mit einer Auslieferung an den Mossad gedroht und behauptet, seine Eltern, die in London lebten, stünden ebenfalls unter Arrest. Hindawi beschuldigte die Polizei, sie habe ihm Aussagen untergeschoben und ihn gezwungen, sie ungelesen zu unterschreiben.

Die britischen Geschworenen ließen sich von Hindawis Worten nicht beeindrucken und sprachen ihn schuldig. Er wurde zu fünfundvierzig Jahren Haft verurteilt – die bislang längste Gefängnisstrafe in der britischen Kriminalgeschichte. Wenige Stunden nach dem Urteilsspruch brach Großbritannien seine Beziehungen zu Syrien ab und forderte seine Verbündeten auf, seinem Beispiel zu folgen.

Doch zu Mrs. Thatchers Verärgerung erklärte der französische Premierminister Jacques Chirac in einem Interview mit der *Washington Times* am 10. November 1986, der deutsche Bundeskanzler Kohl und sein Außenminister Genscher seien wie er der Auffassung, daß »das Hindawi-Komplott eine Provokation war, um Syrien in Verlegenheit zu bringen und die Regierung Assad zu schwächen«. Dahinter steckten »wahrscheinlich Leute, die mit dem israelischen Mossad in Verbindung stehen«.

Die Hindawis waren Palästinenser, die sich in dem Dorf Bakura im Osten Jordaniens niedergelassen hatten und schon lange mit dem Mossad kooperierten. Der Vater hatte in der jordanischen Botschaft in London als Koch gearbeitet, ehe er als israelischer Agent entlarvt wurde. Er wurde in Jordanien unter Anklage gestellt und *in absentia* zum Tode verurteilt. Er entzog sich jedoch der Strafe, indem er in Großbritannien blieb. Im April 1986 deponierte Hindawi die Kofferbombe zehn Tage lang in der Wohnung seines Vaters in einem Londoner Vorort. Hindawi selbst galt als kleiner Fisch: ein Agent, Kurier und Kontaktmann ohne ideologische Bindung. Ein hochrangiger jordanischer Beamter erzählte mir, Hindawi habe in bescheidenem Umfang für Syrien (gegen Jordanien), für Jordanien (gegen die Palästinenser), für die geheime Kommunistische Partei Jordaniens und für den Mossad gearbeitet und sei »dafür bezahlt worden«.

Ein paar Jahre lang war Hindawi eine Schachfigur zwischen den

Fronten der verfeindeten Geheimdienste in Nahost. Aus diesem Grund hatte es Jordanien 1985 abgelehnt, seinen Paß zu verlängern, und ihn dazu veranlaßt, Syrien seine Dienste anzutragen. Was den Vorfall in Heathrow betraf, so gab es in Hindawis Verhalten einige Ungereimtheiten: Nach der Entdeckung der Bombe war er zur syrischen Botschaft geeilt und hatte den Botschafter um Hilfe gebeten (ihr Gespräch wurde vom britischen Geheimdienst belauscht). Anschließend war er den syrischen Sicherheitsbeamten davongelaufen, hatte aber nicht versucht, unterzutauchen oder das Land zu verlassen. Statt dessen hatte er sich freiwillig gestellt. Es sah so aus, als wollte er die Syrer bewußt in die Sache hineinziehen.

Natürlich bestand nicht der geringste Zweifel, daß der Geheimdienst der syrischen Luftwaffe an dem Zwischenfall in Heathrow beteiligt gewesen war. Er hatte Hindawi angeworben, ihm einen syrischen Pass mit einem falschen Namen gegeben und ihn nach London geschickt, wo ihm die Kofferbombe übergeben wurde. Aber konnte Hindawi, der schon für mehrere Geheimdienste, darunter auch für den Mossad, tätig gewesen war, ein Doppelagent sein, der zwar für Syrien arbeitete, jedoch von Israel kontrolliert wurde? War er absichtlich bei den Syrern eingeschleust worden oder war er als potentieller Doppelagent erkannt worden, nachdem ihn die Syrer angeworben hatten? Nach dieser Theorie war er ein Werkzeug des Mossad, ein *agent provocateur,* der Syrien als Terroristenstaat diffamieren sollte. Wenn das stimmte, dann sollte die Bombe in Heathrow gar nicht explodieren, und ihre Entdekkung durch einen israelischen Sicherheitsbeamten war eine Farce, und nicht das Ergebnis besonderer Wachsamkeit. Hindawi selbst konnte man eingeredet haben, er werde nur eine kurze Haftstrafe verbüßen müssen, da niemand verletzt worden sei.

Der politische Hintergrund der Affäre läßt diese Deutung zu. Am 13. März 1986 explodierte im Zentrum von Damaskus eine Autobombe – der Startschuß zu einer Kampagne, die augenscheinlich darauf abzielte, Assads Regime zu destabilisieren. Am 15. April griffen die Vereinigten Staaten Libyen an; am 16. April wurden bei Bombenanschlägen auf Lastwagen und Züge in verschiedenen Teilen Syriens nicht weniger als hundertvierundvierzig Menschen getötet und viele weitere verletzt; am 17. April wurde auf dem Flughafen Heathrow Hindawis Bombe entdeckt, was umgehend die weltweite Verurteilung Syriens zur Folge hatte.

In den Monaten davor hatte Israels Premierminister Schimon Peres eine große diplomatische Offensive gestartet mit dem Ziel, König Hussein von Jordanien zu direkten Gesprächen mit Israel zu bewegen. Er hatte in Europa und in den Vereinigten Staaten für Unterstützung geworben und den König aufgefordert, sich kooperativ zu zeigen. Peres stellte klar, daß die PLO für ihn unter keinen Umständen akzeptabel war, daß die Sowjetunion solange als Verhandlungspartner nicht in Frage kam, wie sie ihre diplomatischen Beziehungen zu Israel nicht wieder aufgenommen hatte – und daß Syrien das Haupthindernis darstellte. Die Diffamierung Syriens als »Terroristenstaat« war ein probates Mittel, das Land beiseite zu drängen.

Peres hatte die volle Unterstützung Margaret Thatchers. Dank ihrer guten Beziehungen zu König Hussein war sie in der Lage, sich für das von Peres gewünschte israelisch-jordanische Abkommen einzusetzen. Offenbar konnte sie nicht begreifen, warum Syrien ein Separatabkommen Jordaniens mit Israel ablehnte. Sie war der Ansicht, Assad sei prinzipiell gegen Frieden.

Nach dem Urteil gegen Hindawi erreichte die Verurteilung Syriens ihren Höhepunkt, und Israel verdoppelte seine Anstrengungen, Jordanien zu separaten Gesprächen zu bewegen. Im Februar 1987 kam bei einem geheimen Treffen zwischen Peres und Hussein die sogenannte Londoner Vereinbarung zustande: Beide Seiten akzeptierten die amerikanischen Bedingungen für bilaterale Verhandlungen. (Zu Peres' großer Enttäuschung wurde die Londoner Vereinbarung jedoch nicht weiterverfolgt, weil Schamirs Widerstand die israelische Regierung lähmte.)

Als Assad von dem Zwischenfall auf dem Flughafen Heathrow erfuhr, vermutete er, dies sei nur der Auftakt zu einem Angriff der Israelis auf Syrien, eventuell sogar mit Unterstützung der Vereinigten Staaten. Er argwöhnte, daß seine Feinde ihn stürzen wollten, um die israelisch-jordanischen Gespräche voranzubringen und Israel die Vormachtstellung in der Region zu sichern. In einem Interview mit dem Magazin *Time* am 20. Oktober 1986 behauptete Assad, der israelische Geheimdienst habe Hindawis Operation geplant. Nach einer eigenen nachträglichen Analyse des Falles erklärten mir hochrangige syrische Beamte, ihr Geheimdienst sei in eine Falle getappt. Oberst Mufid Akkur, ein Geheimdienstoffizier der Luftwaffe, dessen Name Hindawi vor Gericht genannt hatte, wurde in Damaskus wegen des Verdachts der Spionage für Israel verhaftet. Sein Vorgesetzter, Oberst Haitham Said, tauchte unter. Der Chef des Geheimdienstes, General Chuly, Abu Nidals ehemaliger Gönner, verlor seinen einflußreichen Posten und bekam ein anderes Amt.

Aber wenn der syrische Geheimdienst unterwandert war, welche Rolle hatte dann Abu Nidal gespielt? Er hatte die Kofferbombe geliefert. Aber hatte er – oder vielleicht Dr. Ghassan al-Ali – die Syrer auch auf die Idee gebracht, einen Anschlag auf die El Al zu verüben? War seine Organisation der Ausgangspunkt für eine israelische Infiltration?

Hochrangige syrische Beamte waren davon überzeugt, daß Abu Nidals Beziehung zu General Chulys Luftwaffengeheimdienst die Sicherheit ihres Landes gefährdet hatte. Sie erinnerten sich an einen früheren, weniger bedeutenden Zwischenfall: Im Jahr 1985 war einer von Abu Nidals Männern, ein gewisser Adnan al-Faris (Deckname Sami Abu Haitham), auf dem Flughafen von Damaskus verhaftet worden. Er hatte einen geheimen Bericht über verschiedene interne Angelegenheiten Syriens bei sich. Das war damals bereits der zweite Vorfall dieser Art. Offenbar hatte Abu Nidals Organisation Informationen gesammelt – über die syrische Armee, über Skandale, in die führende Persönlichkeiten verstrickt waren, über den Schwarzhandel und sogar über den Brotpreis. Nun vermuteten die Syrer, daß Abu Nidal diese Informationen anderswo gegen Vergünstigungen eingetauscht hatte, und einige Analytiker des Geheimdienstes glaubten sogar an eine Beteiligung Israels. Ende 1986 ließen die Syrer die Organisation schließlich überwachen und verschärften ihre Kontrollen.

Überfall in Karatschi

Die Hindawi-Affäre führte zu erheblichen Spannungen zwischen Syrien und Abu Nidal. Der Vorfall freilich, der ihre Beziehung endgültig beendete, war der Überfall auf einen mit dreihundertachtundfünfzig Passagieren besetzten Jumbo-Jet der Pan Am am 5. September 1986 auf dem Flughafen von Karatschi.

Technisch gesehen lief alles großartig, zumindest in der Anfangsphase. Vier bewaffnete Männer gelangten, als pakistanische

Sicherheitskräfte getarnt, in einem passabel nachgemachten Polizeiwagen auf das Flughafengelände. Als die Boeing 747 auf ihrem Flug von Bombay nach New York am frühen Morgen in Karatschi zwischenlandete, um aufzutanken, gingen die vier an Bord. Passagiere und Crew wurden rasch überwältigt. Aber schon ein paar Stunden später lief einiges schief. Dem Kapitän gelang es, aus dem Cockpit zu springen und das Flugzeug lahmzulegen. Die Täter verloren die Nerven und fingen an zu schießen. Als pakistanische Soldaten die Maschine stürmten, öffnete jemand den Notausstieg, und schreiende Passagiere glitten über die Notrutsche nach unten. Über zwanzig Menschen kamen bei dem Durcheinander ums Leben, ehe die Entführer aufgaben.

Von Überläufern erfuhr ich, daß Sami Muhammad Chudr, einer der fähigsten Männer Abu Nidals, dieses Unternehmen geplant hatte. Sein erster wichtiger Auftrag lag acht Jahre weiter zurück: Damals, im Februar 1978, hatte er das Kommando geleitet, das in Nikosia den ägyptischen Verleger Jusuf al-Sibai, einen Freund Präsident Sadats, ermordete. Mitte der achtziger Jahre war Chudr im Libanon stationiert. Er war stolzer Besitzer dreier echter libanesischer Pässe und hatte drei ausländische Ehefrauen – eine Schwedin, eine Finnin und eine Dänin. Er hatte sie zur Tarnung geheiratet, und sooft es seine Arbeit zuließ, besuchte er sie in den jeweiligen Ländern. Als die eigentliche treibende Kraft, die hinter Abu Nidals Operationen im Ausland steckte, hielt er sich zum Zeitpunkt der Flugzeugkaperung in Karatschi auf. Allerdings konnte er sich der Festnahme entziehen (sein Mitarbeiter Muhammad Harb al-Turk, auch bekannt als Salman Ali al-Turki, wurde hingegen verhaftet).

Die Täter hatten in einem Lager in der Beka-Ebene, das Abu Nidals Geheimdienstabteilung unterstand, an einem Modell des Flugzeugs geübt. Um sie zu überreden, sich freiwillig zu melden, hatte man ihnen gesagt, daß man das Flugzeug nach Israel dirigieren und dort über einer wichtigen militärischen Einrichtung sprengen werde. Die Männer waren bereit zu sterben. Aber der Führer des Kommandos mit dem Decknamen Abbas, der den Sprengstoff in einem Gürtel um seine Taille tragen sollte, erhielt heimlich die Order, das Flugzeug zu zerstören, sobald es in der Luft war. Nach Beendigung des Trainings wurden die Männer nach Syrien gebracht und angewiesen, sich auf den Abflug aus Damaskus vorzubereiten.

In Damaskus bekam Abbas Bedenken und wandte sich an Fuad al-Suffarini, seinen Onkel mütterlicherseits, der ein hohes Tier in der Organisation war. Doch Suffarini, der in den siebziger Jahren Abu Nidals Büro geleitet und mehrere frühe Operationen geplant hatte, spielte selbst mit dem Gedanken, überzulaufen (später floh er nach Jordanien). Er riet seinem Neffen, sein junges Leben nicht für ein sinnloses Unternehmen zu opfern.

Als das Kommando in Karatschi mit dem Kontrollturm verhandelte, schob Abbas in einem entscheidenden Moment eine der amerikanischen Stewardessen in den Waschraum und fing an, sie zu liebkosen – offenbar ein Versuch, die Operation platzen zu lassen. Während Abbas mit der Stewardess beschäftigt war, gelang dem Flugkapitän die Flucht. Andere Mitglieder des Kommandos, denen der Gedanke an Selbstmord wohl ebensowenig behagte, wurden unaufmerksam. Schließlich wurde die Maschine gestürmt.

Wie so viele Operationen Abu Nidals, war auch die versuchte Flugzeugentführung von Karatschi ein krimineller Akt, der keinem erkennbaren Zweck für die palästinensische Sache diente. Vermutlich war er ein Vergeltungsschlag für den amerikanischen Angriff auf Libyen im April desselben Jahres.

Ein Sprecher der Organisation Abu Nidals bestritt jede Beteiligung an dem Fiasko. Als jedoch Fotos der Täter in der Presse erschienen und Mitglieder der Organisation ihre Kollegen erkannten, wurde ihnen klar, daß die Operation auf ihr Konto ging.

Wenn ein Unternehmen fehlschlug oder großes Mißfallen erregte, oder wenn Abu Nidal sich der Zustimmung seines Gönners nicht sicher war, übernahm er in der Regel im Namen einer fiktiven Organisation die Verantwortung. Seine anti-britischen Operationen wurden beispielsweise im Namen der »Revolutionären Organisation Sozialistischer Muslime« durchgeführt; die Anschläge von Rom und Wien gingen auf das Konto der »Zellen der arabischen Fedajin«; die Bombenanschläge auf Cafés in Kuwait waren angeblich das Werk der »Arabischen Revolutionären Brigaden«; und für die Entführung des ägyptischen Verkehrsflugzeugs war die »Organisation ägyptischer Revolutionäre« verantwortlich. In allen Fällen wurde das Kommuniqué in einer Sprache verfaßt, die zu der erfundenen Organisation paßte.

Doch Abu Nidal bekannte sich auch zu Anschlägen, an denen er gar nicht beteiligt war. Als im März 1986 Safir al-Masri, der von den Israelis ernannte Bürgermeister von Nablus im Westjordanland, ermordet wurde, veröffentlichte Abu Nidal ein langes Kommuniqué, in dem er sich im Namen seiner Organisation zu dem Attentat bekannte, obwohl jeder in der palästinensischen Bewegung wußte, daß Georges Habaschs PFLP für den Mord verantwortlich war.

Eine noch unverschämtere Lüge war Abu Nidals Behauptung, er habe das gescheiterte Attentat der IRA auf Margaret Thatcher im November 1984 in Brighton verübt und das verheerende Feuer im Fußballstadion von Bradford City im Mai 1985 gelegt. Als die amerikanische Raumfähre Challenger kurz nach dem Start explodierte, veröffentlichte er in seiner Zeitschrift ein Gratulationsschreiben und ließ an die Mitglieder seiner Organisation Süßigkeiten verteilen, um bei den niederen Chargen den Eindruck zu erwecken, ihre Organisation sei zu solchen Heldentaten imstande. Als die Pan-Am-Maschine Flug 103 über Lockerbie in Schottland abstürzte – ein Terroranschlag, mit dem er nichts zu tun hatte – erklärte er, laut Aussage eines seiner Mitarbeiter, mit geheimnisvoller Miene: »Wir waren an dieser Sache beteiligt, aber wenn auch nur einer ein Wort darüber verliert, bringe ich ihn eigenhändig um!« Wenn irgendwo auf der Welt ein amerikanischer Soldat stolpere, fügte der Mitarbeiter hinzu, behaupte Abu Nidal sofort, dies sei sein Werk.

Verbannung aus Syrien

Im Sommer 1986 begann Abu Nidal unauffällig mit dem Abzug seiner Organisation aus Syrien. Er wollte das Land nach seinem eigenen Zeitplan verlassen und nicht, wie im Irak, mit einem Ausweisungsbefehl überrascht werden. Nach dem gescheiterten Piratenakt von Karatschi beauftragte er als erstes seinen Geheimdienstchef Abd al-Rahman Isa, das Archiv der Organisation und andere wichtige Dokumente nach Libyen zu schaffen. (Von allen Akten wurden zwei Kopien angefertigt: eine für die Organisation, die Isa eigenhändig nach Tripolis brachte, und eine für Abu Nidals persönlichen Gebrauch.) Nach und nach wurden ganze Abteilungen mitsamt Personal in den Libanon und nach Libyen verlegt. Kader, die Abu Nidal blind ergeben waren, schickte er in den Libanon; andere, wie den Ideologen Atif Abu Bakr, dessen neuen liberaleren Kurs er verabscheute, versetzte er nach Libyen, wo er sie unter seiner Kontrolle hatte.

Gleichzeitig ließ er zahlreiche Büros und Wohnungen verkaufen. Die Syrer hatten angenommen, er habe von rund einem Dutzend Gebäude aus operiert. Später mußten sie jedoch erstaunt feststellen, daß der Organisation mehr als zweihundert Häuser gehört hatten. In keinem wurde auch nur ein einziges Dokument oder Schriftstück gefunden.

Obwohl der Umzug sorgfältig geplant war, wurde versehentlich ein Waffenlager nicht geräumt. Jahrelang hatten Abd al-Rahman Isa und andere in Abu Nidals Auftrag Waffen nach Syrien geschmuggelt. Mit Hilfe libyscher Diplomatenpässe waren Koffer voller Pistolen und Maschinenpistolen ins Land gelangt. »Wenn die Syrer auch nur eine einzige Waffe finden, bekommen wir ernste Schwierigkeiten«, hatte Isa gewarnt. »Die Verbündeten von heute sind die Feinde von morgen. Vielleicht werden wir die Waffen in Syrien noch brauchen«, hatte Abu Nidal geantwortet. Jedenfalls war im Keller eines Hauses, das der Geheimdienstabteilung gehörte, ein großes Waffenlager angelegt worden, bestehend aus rund siebzig Maschinenpistolen, in der Hauptsache polnische Scorpions und israelische Uzis. Die Mauer, hinter der sich das Lager verbarg, hatte man übertüncht. Abu Nidal hatte das geheime Waffenlager offenbar vergessen, denn in den Monaten, als er den Umzug plante, bat er seine Finanzfachleute, das Haus zu veräußern. Der Käufer war ein syrischer Beamter.

Drei Jahre später, 1989, fand jemand das Versteck hinter der Kellerwand und machte den Syrern die Waffen zum Geschenk. (Als Assad davon erfuhr, soll er ausgerufen haben: »Mit einem solchen Waffenarsenal hätte die Opposition mich und die ganze Regierung umbringen können!«) Als die Neuigkeit bekannt wurde, herrschte in der Organisation Bestürzung. Wer hatte hier Mist gebaut? Wer hatte sie verraten?

Zu den wenigen, die von den Waffen wußten, gehörte der Mann, der sie selbst eingemauert hatte – Nidal Hamadi (Deckname Badschis Abu Atwan), der innerhalb der Organisation als »der Manager« bekannt war. Er war der Protokollführer der Geheimdienstabteilung, das heißt, er verwaltete das Archiv und die geheimen Pläne von Waffenlagern in Übersee. Badschis hatte sich der

Organisation in jungen Jahren im Irak angeschlossen und arbeitete seither beim Geheimdienst. Er hatte genaue Kenntnis von den Operationen der Organisation im Ausland und von ihren geheimen Kontakten zu ausländischen Gruppen und Staaten.

Zum selben Zeitpunkt, als die Waffen entdeckt und den Syrern übergeben wurden, beschloß Badschis – zusammen mit seinem Vater, seinem Bruder (beide Mitglieder der Organisation) und nicht weniger als fünfzehn Familienangehörigen –, nach Syrien zu fliehen. Manche Informanten behaupten, Badschis selbst habe den Syrern die Waffen ausgehändigt. Andere sagen, er sei um sein Leben gerannt, als er von der Schenkung hörte, weil er wußte, daß er in Gefahr war, wenn Abu Nidal von der Sache Wind bekam. Im Februar 1990 soll er Syrien verlassen haben und nach Jordanien gegangen sein, wo ihm die Behörden angeblich eine Zuflucht boten. Abu Nidal soll mehrere Versuche unternommen haben, Badschis dort umzubringen.

Den syrischen Behörden waren die Entführung der ägyptischen Verkehrsmaschine im November 1985, die Anschläge in Rom und Wien einen Monat später und die Flugzeugentführung in Karatschi im September 1986 weder bekannt, noch billigten sie die Operationen, obwohl die Pakistanis den Syrern ein Dossier übergaben, aus dem hervorging, daß Abu Nidals Killer den Flughafen von Damaskus und andere syrische Einrichtungen für ihre Zwecke benutzt hatten. Trotz dieser peinlichen Enthüllungen und wiederholter Proteste seitens der Vereinigten Staaten und anderer Länder hatten die syrischen Behörden lange gezögert, gegen Abu Nidal vorzugehen.

Aber die Hindawi-Affäre versetzte ihnen einen schweren Schock: Syrien stand am Pranger, und das internationale Ansehen des Landes erlitt schweren Schaden. Aber was vielleicht noch wichtiger war: Die interne Machtstruktur wurde erschüttert, denn der Schuldige war allem Anschein nach der einflußreiche General Chuly. Mehrere Monate untersuchte die syrische Regierung die komplizierte Angelegenheit, um die Verantwortlichen ausfindig zu machen. Danach erst waren die Syrer endgültig davon überzeugt, daß Abu Nidal ein gefährlicher Partner war und daß es höchste Zeit war, ihn loszuwerden.

Doch die Mühlen der Bürokratie in Syrien mahlen langsam. Die Entscheidung fiel erst, als der ehemalige Präsident Jimmy Carter im März 1987 Damaskus einen privaten Besuch abstattete. Das State Department hatte Carter angewiesen, den Zwischenfall in Karatschi mit Präsident Assad zu erörtern. Assad verlangte nach dem Dossier, das die Pakistanis Syrien geschickt hatten. Vermutlich las er es zum erstenmal. Am 1. Juni 1987 wurden sämtliche Mitglieder der Organisation Abu Nidals mit ihren Frauen und Kindern aus Syrien ausgewiesen, und ihre Büros wurden geschlossen.

Abu Nidal hatte den Ausweisungsbefehl allerdings nicht abgewartet. Zwei Monate zuvor, am 28. März 1987, kurz nach Carters Besuch, hatte er Syrien für immer den Rücken gekehrt. In Begleitung seines Geheimdienstchefs Abd al-Rahman Isa reiste er zunächst nach Polen, ehe er zwei Tage später, am 31. März, weiter nach Libyen flog. Libyen sollte sein ständiger Wohnsitz werden. Seine Frau Hijam und ihre drei Kinder Nidal, Badia und Bissam blieben noch bis August in Damaskus, um den großen Haushalt in Zabadani aufzulösen.

Ganz gleich, ob Abu Nidal oder seine führenden Mitarbeiter für Israel gearbeitet hatten oder nicht, innerhalb seiner Organisation hatte Abu Nidal jedenfalls seine Ziele erreicht: Die fragwürdigen reformistischen Tendenzen im Libanon, nicht länger im Untergrund zu agieren, waren gestoppt worden; die Organisation hatte sich gesundgeschrumpft und sollte in Bälde gesäubert und zwischen dem Libanon und Libyen aufgeteilt werden. Aus Abu Nidals Sicht hatten die Anschläge von Rom, Wien, Heathrow und Karatschi ihren Zweck erfüllt.

Nach Abd al-Rahman Isas Aussagen, die mir Abu Ijad auf Tonband zur Verfügung stellte, war der 31. März 1987 für ihn ein denkwürdiges Datum.

»Warum redest du unaufhörlich über dieses Datum«, hatte ihn Abu Nidal mehr als einmal gefragt.

»Weil es das Ende unseres erbärmlichen Lebens in Syrien und den Beginn wahrer Freude in Libyen markiert«, hatte Isa geantwortet.

12 Auswärtige Angelegenheiten

Ende der achtziger Jahre schien Abu Nidals krankhafter Geist in Libyen endlich die Erfüllung gefunden zu haben. Sein Reichtum gab ihm ein Gefühl der Allmacht. In Gaddafi hatte er einen kongenialen Gönner gefunden, der seine Freude an der Gewalt teilte. Er räumte potentielle Gegner, insbesondere Atif Abu Bakr, aus dem Weg und erlangte wieder die absolute Kontrolle über seine Organisation, indem er sie aus Syrien abzog, zwischen Libyen und dem Libanon aufteilte und zurück in den Untergrund ging.

Ein ruheloser Tyrann

Abu Nidals ehemalige Kollegen erzählten mir, in Libyen habe er sich von seiner schlimmsten Seite gezeigt. Ein Diktator war er schon immer gewesen, doch nun wurde er zum Tyrannen. Er verbot den Mitgliedern seiner Organisation jeglichen Umgang miteinander, ja, sie durften nicht einmal außerhalb ihres offiziellen Dienstes Kontakte knüpfen. Dieses Verbot galt auch für führende Mitglieder der Organisation wie Abu Nizar, den langjährigen Stellvertreter Abu Nidals, und Abd al-Rahman Isa, den ehemaligen Geheimdienstchef. Wenn Abu Nizar gelegentlich die Regeln mißachtete und Isa zu Hause anrief, sagte er Abu Nidal vorsichtshalber Bescheid: »Hör mal, ich verbringe den Abend mit Abd al-Rahman Isa.« Und Isa tat dasselbe. Abu Nidal hatte eine panische Angst vor Komplotten. Ein Treffen, von dem er nichts wußte, konnte den Betreffenden den Tod bringen.

Abu Nidal disziplinierte die Mitglieder auf mannigfache Weise. Alle Pässe, ob echt oder gefälscht, mußten ihm ausgehändigt werden. Selbst die Leiter der verschiedenen Abteilungen waren von dieser Regelung nicht ausgenommen: Keiner durfte ohne Abu Nidals ausdrückliche Zustimmung eine Reise unternehmen. Gewöhnliche Kader durften kein Telefon haben. Wenn einer ein Haus mietete, in dem sich ein Telefon befand, ließ Abu Nidal es entfernen. Mitglieder der Führung durften zwar Telefone haben, aber nur Ortsgespräche führen.

Kader, die mit einem Auftrag ins Ausland geschickt wurden, warnte Abu Nidal vor dem Besuch von Duty-free-Shops. Schon der Kauf einer Tafel Schokolade oder einer Stange Zigaretten auf einem Flughafen konnte, wenn er dahinter kam, einen Sturm entfachen. Abu Nidal ging es dabei weniger um Geldersparnis als vielmehr darum, die Mitglieder seiner Organisation zu demütigen und zu maßregeln. Mit sicherem Gespür entdeckte er belanglose Fehler seiner Mitarbeiter und benutzte sie dazu, seine Autorität geltend zu machen. Er überprüfte jeden Monat die Budgets der Abteilungen und ließ sich zusätzlich über sämtliche Ausgaben Rechenschaft ablegen, so gering sie auch sein mochten. Bei einer Gelegenheit stellte Atif Abu Bakr das System auf die Probe: Er kaufte in Tripolis einen Couchtisch und zwei Sessel für sein Wohnzimmer und schickte die Quittung zur Kostenerstattung an Atif Hammuda, den Leiter der Finanzabteilung. Der ängstliche Hammuda fragte ihn, ob Abu Nidal den Kauf genehmigt habe. Abu Bakr beschwerte sich bei Abu Nidal, der Hammuda in typischer Manier und im Beisein Abu Bakrs herunterputzte. »Du Esel«, schrie er. »Natürlich kann Abu Bakr Rechnungen unterschreiben.«

Alle Kontakte zwischen Kadern in Libyen und ihren Kollegen im Libanon liefen über Abu Nidal, und er scheute sich nicht, Briefe zu unterschlagen und Sitzungsprotokolle zu verändern, damit ein Flügel der Organisation vom anderen nichts erfuhr. Durch die Aufteilung zwischen Libyen und dem Libanon schwächte er die Führung und riß die unumschränkte Macht an sich. Das halbe Sekretariat, das halbe Politische Büro und ein Großteil der Volksarmee, des offenen militärischen Flügels der Organisation, blieben im Libanon. Aber ohne die Zustimmung Abu Nidals aus Tripolis konnten diese Organe nichts tun. Die Geheimdienstabteilung, die Finanzabteilung und das libysche Büro des Komitees für politische Beziehungen leitete Abu Nidal persönlich. Er überwachte auch die Verwaltung des Wüstencamps, in dem, neben Kämpfern und künftigen Terroristen, auch dreiundzwanzig Frauen mit Kindern in klimatisierten Unterkünften untergebracht waren, deren Ehemänner im fernen Tripolis arbeiteten. Abu Nidal bekleidete sogar den Posten des Chefredakteurs von *al-Tarik,* dem internen Mitteilungsblatt der Organisation.

Abu Nidal achtete auf strenge Arbeitsdisziplin. Witze waren verboten. Bei Sitzungen wurde jeder Versuch, Dinge zu erörtern, die keinen direkten Bezug zur Arbeit hatten, von ängstlichen Mitgliedern mit Erstaunen, ja sogar mit Besorgnis, registriert.

Doch trotz allem war an Abu Nidal eine gewisse Ambivalenz festzustellen. Er war zwar süchtig nach Macht, wie seine Kollegen feststellten, doch gleichzeitig war er offenbar nicht imstande, sie ungeniert oder selbstbewußt auszuüben. Wenn er vor mehr als einem halben Dutzend Menschen sprechen mußte, war er nervös. Vor einem größeren Publikum klang seine Rede geschraubt, und schließlich brachte er keinen Ton mehr heraus. Er wirkte ungepflegt, und nur selten schlief er zwei Nächte hintereinander im selben Haus. Seine Frau und seine Kinder waren oft im Ausland. (Gerüchten zufolge reisten sie des öfteren nach Österreich, wo sie bei der ältesten Tochter Badia wohnten, deren Mann, Chalid Abd al-Kadir, Abu Nidals geheimer Vertreter in diesem Land war.) Abu Nidal verlor an Gewicht, weil die Ärzte ihm wegen seines Herzleidens eine Diät verordnet hatten. Seine Arme und Beine waren dünn, aber sein Brustkorb wirkte wegen der kugelsicheren Weste, die er unter seiner Jacke anhatte, unnatürlich kräftig. Mittlerweile trug er eine dunkle Perücke.

Nach den langen Jahren im Untergrund konnte Abu Nidal anscheinend kein normales Leben mehr führen. In Libyen hielt er sein Privatleben sogar vor den eigenen Mitarbeitern geheim. Sie wußten nicht, wo er wohnte, wo er seine geheimen Versammlungen abhielt, wo er seine Waffen aufbewahrte und wo er sein Archiv hatte. Aus Sicherheitsgründen empfing er in seinem eigenen Haus nie Gäste. Wenn er am Abend Besuch erwartete, nahm er einfach das Haus eines Mitarbeiters in Beschlag, dessen Frau dann kurzfristig eine Mahlzeit zubereiten und servieren mußte.

Bei solchen Gelegenheiten traf Abu Nidal in der Regel erst nach seinen Gästen ein, und nur in Begleitung eines Sekretärs. Seine Leibwächter blieben draußen. Er begrüßte seine Besucher förmlich und gab seinem Sekretär ein Zeichen, während des Gesprächs Notizen zu machen. Er sprach leise, blickte häufig zu Boden und vermittelte so den Eindruck, als sei er schüchtern und unsicher. Doch schon im nächsten Moment konnte er ohne Vorwarnung zum Angriff übergehen und aggressiv werden, als wolle er klarstellen, wer hier das Sagen hatte. Obwohl Abu Nidal offenbar sehr zurückgezogen lebte, staunten seine Besucher darüber, wie clever und gut informiert er war. Er las viel auf arabisch, und ein kleines Team von Übersetzern stellte für ihn Auszüge aus ausländischen Büchern und Artikeln zusammen.

Konsolidierung in Libyen

Zwischen 1987 und 1990 zog Abu Nidal seine Leute in Libyen zusammen – in den Lagern, auf den Farmen und in den zahlreichen Büros und Wohnungen, die Gaddafi ihm zur Verfügung gestellt hatte. Die Organisation betrieb zwei Funkstationen: Die eine verband das Sekretariat mit dem Wüstencamp, die andere mit dem Libanon und mit Algerien.

Libyen wurde das Nervenzentrum der Organisation für ihre Operationen im Ausland. Wie bereits erwähnt, kümmerte sich der libysche Geheimdienst um alle möglichen Dinge – angefangen von der Ausbildung bis hin zu Reisedokumenten, dem Transport von Waffen und der Beschaffung von Ausrüstung und Vorräten. Beide Seiten profitierten davon, und es fand ein reger Informationsaustausch statt. Die Libyer machten die Organisation mit ihren Kontaktpersonen bekannt und umgekehrt. In Libyen lernten Abu Nidals Leute Vertreter der japanischen Roten Armee und der Neuen Volksarmee der Philippinen kennen, und sie wurden dazu ermutigt, jede ausländische bewaffnete Gruppe oder politische Partei, zu der sie Beziehungen knüpfen wollten, nach Libyen einzuladen.

Abu Nidal kommunizierte mit den Libyern über zwei Kanäle: über den libyschen Geheimdienst und über Gaddafi selbst. Zu anderen libyschen Regierungsvertretern hatte er keinen Kontakt; die meisten hatten ihn nie zu Gesicht bekommen. Niemand innerhalb der Organisation durfte über die Natur seiner Beziehung zu Libyen Bescheid wissen: Sämtliche Kontakte mit den Libyern liefen über ihn.

Der libysche Führer behandelte Abu Nidal zuvorkommender als andere Palästinenser. Er zahlte ihm ein monatliches Gehalt zur

Deckung seiner Ausgaben in Libyen, und er gestattete ihm, Dollars ins Land zu bringen und sie auf dem Schwarzmarkt für das Dreieinhalbfache des offiziellen Kurses einzutauschen. Außerdem stellte ihm Gaddafi Pauschalsummen zur Verfügung, die er in Europa und anderswo anlegte. Mit den Gewinnen deckte er die Kosten im Libanon. Abu Nidal wußte diese Art der Unterstützung zu schätzen, denn sie machte ihn unabhängig und schützte ihn vor einer plötzlichen Kürzung der finanziellen Zuwendungen.

Da Abu Nidal sehr um seine persönliche Sicherheit besorgt war, hielt er sich instinktiv an die Geheim- und Sicherheitsdienste seines Gastlandes. Er tat alles, um sich bei Abdallah al-Sanussi, Gaddafis wichtigstem Mann in Fragen der inneren Sicherheit, einzuschmeicheln und sprach mit ihm wie ein Soldat mit seinem Vorgesetzten. Gaddafi redete er mit »Führer« an (insgeheim nahm er die Mitglieder seiner Organisation ins Gebet, wenn sie es wagten, ihn »Genosse Muammar« zu nennen), und nannte ihn in maßloser Übertreibung einen »modernen Saladin«. In internen Berichten der Organisation war jegliche Kritik an Libyen verboten, aus Angst, sie könnten den Libyern in die Hände fallen.

Abu Nidal geriet in Wut, wenn jemand im Politischen Büro behauptete, die Organisation werde zum Werkzeug der libyschen Politik. Solche unüberlegten Worte, erklärte er, könnten sie alle vernichten. »Ihr wollt euern Stolz bewahren. Aber ich muß euch und die Organisation beschützen!« Er prahlte auch damit, daß er die Libyer fest im Griff habe und so viel über sie wisse, daß sie ihn niemals abschieben könnten. Wie um seine Unverletzlichkeit zu demonstrieren, unterhielt er seine Mitarbeiter mit skurrilen Geschichten über Gaddafis Liebesleben.

Mitglieder des libyschen Zweigs des Politischen Büros und des Zentralkomitees hielten sich gelegentlich eine Weile in Algerien auf. Abu Nidal betrachtete dieses Land als mögliche Zufluchtsstätte, falls Gaddafi ihm seine Gunst entziehen sollte. Er dachte sogar schon daran, Frau und Kinder dorthin zu schicken. Außerdem wollte er die 1986 geknüpften Beziehungen zum algerischen Geheimdienst ausweiten. Die Algerier wiederum wollten mit allen Palästinensergruppen in Kontakt bleiben und ihnen, wenn möglich, dabei helfen, ihre Streitigkeiten beizulegen.

Unterwanderung der Intifada

Ein paar Monate nach Beginn der Intifada im Dezember 1987 führte Abu Nidal die bereits erwähnten drei Operationen durch, die der palästinensischen Sache schweren Schaden zufügten – und zu dem Muster anti-palästinensischer Aktivitäten paßten, das schon zu Beginn seiner Terroristenkarriere erkennbar war.

Zypern, die Insel im östlichen Mittelmeer vor der syrischen Küste, hatte den Palästinensern lange Zeit Sympathie entgegengebracht. Zypern hatte sie während der israelischen Belagerung Beiruts im Jahr 1982 unterstützt und ihnen Zuflucht gewährt, als sie aus den arabischen Staaten vertrieben wurden. Manchmal hatte es den Anschein, als engagiere sich Zypern mehr für die palästinensische Sache als viele arabische Länder – sehr zum Ärger Israels.

Am 11. Mai 1988 ließ Abu Nidals Organisation in Nikosia eine Autobombe hochgehen; fünfzehn Menschen wurden getötet oder verletzt, darunter eine Zypriotin, die in einem Wagen hinter dem Fahrzeug saß, in dem die Bombe versteckt war, und ein ehemaliger zypriotischer Diplomat namens Andreas Frangos, der in der Nähe spazierenging. Gegenüber seinen Leuten behauptete Abu Nidal, der Anschlag habe der israelischen Botschaft gegolten, doch das Auto sei knapp zweihundert Meter von der Botschaft entfernt explodiert, so daß an dem Gebäude kein Schaden entstanden sei. Nach diesem Zwischenfall schlug die Meinung im Land um. Die Behörden der Insel kontrollierten Palästinenser bei der Ein- und Ausreise weit schärfer als bisher und wiesen mehrere Palästinenser aus.

Vier Tage nach dem Bombenanschlag von Nikosia schlugen Abu Nidals Leute erneut zu, diesmal im Sudan, einem Land, das noch mehr auf seiten der Palästinenser stand als Zypern. Am 15. Mai 1988, um acht Uhr Ortszeit, verübte ein fünfköpfiges Kommando in Khartum zwei Anschläge auf »weiche« Ziele: Sie beschossen den für Briten und Bürger aus Commonwealth-Ländern reservierten Sudan Club mit Maschinengewehren und warfen in das Restaurant eines von Griechen geführten Hotels namens Akropolis einen Rucksack voller Granaten. Dabei kamen ein sudanesischer Kellner, ein sudanesischer General und fünf Briten ums Leben: Sally Rockett, eine zweiunddreißigjährige Lehrerin, und die vierköpfige Familie Rolfe – die Eltern Christopher und Clare, beide Mitte dreißig, und ihre beiden Kinder im Alter von einem und drei Jahren. Einem der Kinder wurde bei der Explosion der Kopf abgerissen. Die Rolfes waren Quäker, hatten drei Jahre bei somalischen Flüchtlingen gelebt und arbeiteten erst seit zwei Monaten als Entwicklungshelfer im Sudan. Siebzehn weitere Personen wurden verletzt, darunter ein Amerikaner, ein Schweizer, ein Pole und ein Franzose.

Vor seinen Mitarbeitern rechtfertigte Abu Nidal die Anschläge mit der Behauptung, sie hätten sich gegen Einrichtungen gerichtet, in denen sich schwarze Juden aus Äthiopien aufhielten, die nach Israel gebracht werden sollten. Aber jeder, der mit der Gegend vertraut war, wußte sofort, daß diese Behauptung absurd war.

Die Anschläge, die von der sudanesischen Regierung wie auch von der Opposition scharf verurteilt wurden, brachten die Palästinenser im Sudan in arge Verlegenheit. Die Intifada verlor die breite Unterstützung im Land, und die palästinensischen Kämpfer, die nach ihrer Verbannung aus dem Libanon 1982 im Sudan Zuflucht gesucht hatten, bekamen erhebliche Probleme mit den Behörden. Ein paar Wochen nach der Operation veröffentlichte Abu Nidal im Namen der »Zellen der arabischen Fedajin«, einer weiteren fiktiven Organisation, ein Kommuniqué, in dem er die Ziele als »Schlupfwinkel ausländischer Spione« bezeichnete. Auf mehreren Seiten wurde die politische und wirtschaftliche Lage im Sudan erörtert, als sollte der Eindruck erweckt werden, daß die sudanesische Opposition in die Anschläge verwickelt sei. In Wahrheit hatte die sudanesische Opposition keinerlei Interesse daran, daß eine ausländische Gruppe, die auf heimtückische Terrormethoden zurückgriff, unter dem Deckmantel des sudanesischen Nationalismus in ihrem Namen operierte. Sie war über Abu Nidals Versuch erbost, aus ihrem Kampf Kapital zu schlagen.

Fünf junge Fanatiker aus der Organisation Abu Nidals im Alter zwischen zweiundzwanzig und dreißig Jahren wurden verhaftet und zum Tode verurteilt. Die Urteile wurden jedoch nicht vollstreckt, weil die sudanesische Öffentlichkeit trotz aller Abscheu vor der Greueltat nicht die Hinrichtung von Männern tolerieren konnte, die sich selbst als palästinensische Guerillas bezeichneten. Obwohl die sudanesische Anwaltskammer die Terroristen verurteilte, übernahm sie aus Sympathie für die palästinensische Sache ihre Verteidigung. Am 7. Januar 1991 wurden alle fünf Terroristen Abu Nidals, zum Leidwesen der britischen und amerikanischen Regierung, auf freien Fuß gesetzt, nachdem man den Familien der sudanesischen Opfer »Blutgeld« gezahlt und von den Angehörigen der britischen Opfer angeblich die Zustimmung zu einer Begnadigung eingeholt hatte. Wenn die Operation, wie einige frühere Mitarbeiter Abu Nidals glauben, tatsächlich vom Mossad initiiert war, so war sie ein spektakulärer Erfolg, denn die Palästinenser standen jetzt als grausame Mörder da und der Sudan wurde destabilisiert – was unter anderem wohl auch Abu Nidal bezweckt hatte.

Einige seiner ehemaligen Mitarbeiter erzählten mir, er habe Gaddafi die Operation »verkauft«, um der neuen Regierung, die Premierminister Sadik al-Mahdi erst wenige Tage zuvor, am 11. Mai 1988, gebildet hatte, zu schaden oder sie vielleicht gar zu stürzen. Diese Regierung der »nationalen Einheit« war ein Bündnis der wichtigsten politischen Kräfte im Land – der Ummah-Partei al-Mahdis, der Demokratischen Unionspartei (die mit Ägypten sympathisierte) und der Nationalen Islamischen Front (ein Ableger der Muslimbruderschaft, die für die Anwendung des islamischen Rechts, der Scharia, eintrat). John Garangs Rebellen aus dem Süden, die jahrelang gegen die Regierung in Khartum und die Ausweitung der Scharia gekämpft hatten, blieben außen vor. Gaddafi im benachbarten Libyen mißfiel diese Entwicklung. Er unterstützte John Garang und wollte darüber hinaus seinen Einfluß im Sudan auf Kosten Ägyptens verstärken und Druck auf den Tschad ausüben. Deshalb war ihm Abu Nidals Angebot willkommen, die Regierung in Khartum zu destabilisieren.

Abu Nidal selbst hatte mit dem Sudan noch alte Rechnungen zu begleichen. Zwei Jahre zuvor, 1986, hatte er einen geheimen Vertreter nach Khartum geschickt, der mit einem libyschen Paß auf den Namen Ibrahim Hussein al-Mughrabi reiste und sich als Geschäftsmann ausgab. Sein richtiger Name war Abd al-Karim Muhammad, ein Mann aus Abu Nidals politischer Abteilung. Aber die Kontakte, die er in Khartum knüpfte, erregten das Mißfallen Ägyptens, der PLO und der Vereinigten Staaten. Schließlich wurde er aus dem Sudan ausgewiesen (zuvor hatte er jedoch ein paar Waffen versteckt, die Abu Nidal ihm, vermutlich mittels libyschem Diplomatengepäck, hatte zukommen lassen; meinen Informanten zufolge wurden diese Waffen bei den späteren Anschlägen verwendet). In mehreren Schreiben an Regierungschef al-Mahdi ersuchte Abu Nidal um die Wiedereinsetzung seines Mitarbeiters, jedoch ohne Erfolg. Deshalb hegte er einen Groll gegen den Sudan. Er hatte seine Laufbahn als Vertreter der Fatah im Sudan begonnen, und er reagierte besonders empfindlich, wenn er von Ländern brüskiert wurde, in denen er gelebt und, wie er sagte, Einfluß hatte. Zweifellos war bei der Auswahl der Ziele für die Anschläge in Khartum Rache ein wichtiges Motiv.

Abu Nidal und Gaddafi hatten demnach ihre eigenen Gründe, den Sudan zu schwächen, Gründe, die eine alternative Erklärung für die Anschläge lieferten, deren eigentlicher Zweck darin bestand, die Palästinenser zu einem Zeitpunkt in Mißkredit zu bringen, als sie der größtmöglichen Unterstützung bedurften. Um es milde auszudrücken: Abu Nidal waren andere Erwägungen wichtiger gewesen als die Loyalität gegenüber Palästina. Wahrscheinlicher aber ist, daß man seine Organisation wieder einmal manipuliert hatte. Die »alternative Erklärung« roch zu sehr nach Tarnung.

Die Geschichte hatte noch einen Haken. Während die fünf Terroristen im Gefängnis saßen, versuchte Abu Nidal, die sudanesische Regierung zu bestechen, seine Leute freizulassen. Er bot der sudanesischen Botschaft in Algier zweihundertfünfzigtausend Dollar für die Opfer der Flutkatastrophe im Sudan an und schickte zwei Mitglieder seiner Organisation mit dem Geld nach Khartum. Ein Minister der Regierung nahm das Geld in Empfang, und in den Medien wurde darüber berichtet. Aber als sich die Abgesandten Abu Nidals in taktloser Weise nach den fünf Gefangenen erkundigten, begriff die indignierte sudanesische Regierung, daß Abu Nidals Spende an Bedingungen geknüpft war, und verwies seine Vertreter des Landes. Aus palästinensischer Sicht war es Abu Nidal gelungen, eine ohnehin schon schlechte Situation noch schlechter zu machen.

Ein weiterer schwerer Schlag für die Palästinenser war der Überfall am 11. Juli 1988 auf die *City of Poros,* ein griechisches Kreuzfahrtschiff mit einigen hundert Touristen an Bord. Ein fünfköpfiges, mit Maschinengewehren und Granaten bewaffnetes Kommando Abu Nidals tötete neun Passagiere und verwundete achtzig weitere. Eine derart sinnlose Greueltat konnte niemandem dienen, weder Palästinensern noch Arabern. Von allen europäischen Ländern brachte Griechenland der palästinensischen

Sache die größte Sympathie entgegen, und Ministerpräsident Andreas Papandreu hatte die Araber am nachdrücklichsten gegen Israels Terrorismus-Vorwurf in Schutz genommen. Auf dem Höhepunkt der Hindawi-Affäre im Jahr 1986, als Syrien glaubte, es sei das Opfer einer israelischen Kampagne geworden, hatte Papandreu Hafis al-Assad in Athen empfangen und ihm die Möglichkeit gegeben, sich zu verteidigen.

Jetzt hatte Abu Nidal Griechenland angegriffen, und, wie vorauszusehen, waren die Griechen darüber aufgebracht, daß die Palästinenser ihrer ungemein wichtigen Tourismusbranche schadeten und den Sturz der Regierung Papandreu beschleunigten. Mehrere Geheimdienstleute, mit denen ich sprach, hielten den Überfall auf die *City of Poros* für eine typische Mossad-Operation.

Der Überfall stellte einen anderen Zwischenfall in den Schatten, der sich am gleichen Tag ereignete. In Athen explodierte ein Wagen, als er auf eine Fähre zusteuerte. Bei dem getöteten Fahrer des Wagens handelte es sich um denselben Sami Muhammad Chudr, der für Abu Nidals Geheimdienstabteilung arbeitete. Seine Fingerabdrücke stimmten mit denen des Terroristen überein, der zehn Jahre zuvor, am 18. Februar 1978, auf Zypern das Kommando angeführt hatte, das Präsident Sadats Freund, den ägyptischen Verleger Jusif al-Sibai, ermordete und anschließend versuchte, mit einem Flugzeug und mehreren Geiseln zu entkommen. Da kein Flugplatz der Maschine Landeerlaubnis erteilte, mußte sie nach Zypern zurückfliegen. Der Zwischenfall hatte mit einem Feuergefecht zwischen ägyptischen Kommandos und der Nationalgarde Zyperns geendet.

Zu dem Zeitpunkt, als Chudr in Athen durch eine Autobombe ums Leben kam, war er Leiter des Komitees für Auslandsspionage der Geheimdienstabteilung und hatte an mehreren Operationen mitgewirkt, so etwa an der gescheiterten Flugzeugentführung in Karatschi und an den Bombenanschlägen auf Cafés in Kuwait. Außerdem steckte er hinter dem Überfall auf das Kreuzfahrtschiff *City of Poros*. Die Schlüssel, die man in seinem Wagen fand, paßten zu seiner Wohnung in Schweden, in der, wie bereits erwähnt, eine seiner drei ausländischen Frauen lebte. Nach Angaben von Informanten aus der Organisation wollte er nach der Operation dort untertauchen.

Mehrere seiner früheren Kollegen glaubten nicht, daß sein Tod

Zufall war. Abd al-Rahman Isa erzählte Abu Ijad nach seinem Übertritt (wie ich durch die Tonbandaufzeichnung seines Verhörs erfuhr), daß Abu Nidal Chudrs Tod selbst arrangiert habe. Der Überfall auf die *City of Poros* sei als Selbstmordkommando geplant gewesen: Den Attentätern sollte ein mit Dynamit beladener Wagen an Bord des Schiffes folgen und sechzig Minuten später explodieren. Chudr sollte den Wagen bis zur Fähre fahren und dann einem Mitglied des Kommandos überlassen. Was Chudr freilich nicht wußte: Abu Nidal hatte einem seiner Männer, einem gewissen Hischam Harb, Anweisung gegeben, den Zeitzünder der Bombe auf fünfzehn Minuten einzustellen. Auf diese Weise konnte Abu Nidal sicher sein, daß die Bombe nicht erst an Bord des Schiffes explodierte, wie ursprünglich geplant, sondern früher, wenn Chudr noch am Steuer saß.

Einige Informanten aus der Organisation behaupten, Abu Nidal habe Chudr getötet, weil er ihm zu mächtig geworden sei. Andere glauben, sein Tod sei eine Geste der Beschwichtigung an die Adresse westlicher Regierungen gewesen, die Libyen unter Druck setzten, Terroristen nicht länger Schutz zu gewähren. Wieder andere, wie Abd al-Rahman Isa, erklärten, Chudr habe sich mit Abu Nidal wegen des Überfalls auf die *City of Poros* gestritten. »Wozu soll das gut sein?« habe er immer wieder gefragt. In der Tat kann die Operation nur einem Zweck gedient haben: das Verhältnis zwischen Griechenland und den Palästinensern zu belasten. Chudr, der offenbar nichts von Abu Nidals möglicher Verbindung zum Mossad wußte, fing an, peinliche Fragen zu stellen. Wahrscheinlich war das der wahre Grund für seine Ermordung.

Die Vertuschung der Silco-Affäre

Im Spätsommer 1986 stoppte die Besatzung eines libyschen Patrouillenboots zwischen der libyschen Küste und Malta ein umgebautes Fischerboot, die *Silco,* und durchsuchte es. An Bord befanden sich zwei Paare und vier Kinder. Einige sprachen Flämisch, was die Libyer fälschlicherweise für Hebräisch hielten, und einer der Erwachsenen hatte einen Paß mit einem israelischen Stempel. Das Boot wurde in den Hafen von Tripolis geschleppt, die Besatzung verhaftet. Da die Libyer erst wenige Monate zuvor von den

Amerikanern überfallen worden waren und in ständiger Angst vor feindlicher Infiltration an ihrer zweitausend Kilometer langen, praktisch ungeschützten Mittelmeerküste lebten, waren sie mehr als nervös. Die Kaperung der *Silco* war ein schwerwiegender Fehler.

Damit begann eines der ungewöhnlichsten Geiseldramen im Nahen Osten. Aus Scham und aus Angst vor der Reaktion der Franzosen wagte Gaddafi es nicht, die Kaperung der *Silco* bekanntzugeben. Deshalb bat er Abu Nidal, ihm aus der Patsche zu helfen, und letzterer tat ihm gern den Gefallen. Am 8. November 1987 ließ Abu Nidals Organisation in Beirut vermelden, ein palästinensisches Kanonenboot habe die *Silco* vor der Küste von Gaza aufgebracht. Die Besatzung, mutmaßliche israelische Spione, werde im Südlibanon gefangengehalten. Gaddafi wollte sich vor den Franzosen nicht bloßstellen, und Abu Nidal machte es nichts aus, den Palästinensern zu schaden.

Mittlerweile hatten sich die beiden Paare und ihre Kinder in ihrem leidlich komfortablen Gefängnis – einer Strandvilla, die Gaddafi ihnen zur Verfügung gestellt hatte – eingelebt: die beiden belgischen Brüder Emmanuel und Fernand Houtekins, Emmanuels Frau Godelieve, ihre beiden Kinder Laurent und Valerie, beide im Teenageralter, und Fernands französische Freundin Jacqueline Valente mit ihren beiden kleinen Töchtern Marie-Laure und Virginie, die sie, wie sich später herausstellte, kurz vor Antritt der Seereise ihrem Ex-Ehemann Pascal Bétille weggenommen hatte. Im ersten Jahr ihres Aufenthalts in Libyen brachte Jacqueline Valente eine dritte Tochter, Sophie-Liberté, zur Welt; diesmal war Fernand Houtekins der Vater.

Diese buntgemischte Gruppe von Geiseln wurde in Raten freigelassen. Am 27. Dezember 1988 kamen zunächst Jacquelines ältere Töchter Marie-Laure und Virginie frei, dank der »Intervention« Oberst Gaddafis.

Am 10. April 1990 folgten Fernand Houtekins, Jacqueline und Sophie-Liberté. Sie durften von Beirut aus nach Frankreich zurückfliegen. Zuvor hatte Gaddafi alle Muslime aufgerufen, aus Anlaß des Ramadan Geiseln und politische Gefangene freizulassen. In einem offensichtlichen Tauschgeschäft, und trotz eines Embargos der Europäischen Gemeinschaft, gab Frankreich drei Mirage-Düsenjäger an Libyen zurück, die es 1986 sichergestellt hatte, und Präsident Mitterand schickte Gaddafi ein persönliches Dankschreiben. Außenminister Roland Dumas lobte sogar die »noble und humanitäre Geste« des Obersten – eine Äußerung, die in London und Washington Verärgerung hervorrief, weil dort mittlerweile bekannt war, daß Gaddafi selbst der Kidnapper gewesen war. Die Wahrheit über die *Silco* wurde verschwiegen. Vermutlich war das eine der Gegenleistungen, die Abu Nidal den Franzosen für seine Mitarbeit abgerungen hatte. Erst am 8. Januar 1991 wurden die letzten vier Geiseln, Emmanuel Houtekins, seine Frau und seine beiden Kinder, in Beirut freigelassen. Zuvor hatte man sie von Libyen nach Syrien geflogen und von dort in den Südlibanon gebracht, um den Eindruck zu erwecken, sie seien nicht von Gaddafi, sondern von Abu Nidal gefangengehalten worden. Auch diesmal wurde ein Preis gezahlt. Erneut stellte Präsident Mitterand die »wichtige Rolle« heraus, die Gaddafi bei der Freilassung der Geiseln gespielt habe. Und die belgische Regierung erklärte sich bereit, einen Terroristen Abu Nidals namens Nasir al-Said freizulassen, der in Belgien bereits zehn Jahre einer lebenslangen Haftstrafe verbüßt hatte. Al-Said hatte 1980 in Antwerpen Handgranaten auf einen mit jüdischen Kindern besetzten Schulbus geworfen. Dabei war der fünfzehnjährige David Kahane ums Leben gekommen, und sechzehn Jugendliche waren verletzt worden.

Die *Silco*-Affäre hatte ein seltsames Nachspiel. Am 15. Januar, wenige Tage, nachdem die Familie Houtekins gegen Nasir al-Said ausgetauscht worden war, wurde Walid Chalid, Abu Nidals Sprecher in Beirut, in der Brüsseler Innenstadt von einem Passanten erkannt, der umgehend die Polizei verständigte. Am Golf drohte ein Krieg, und die belgische Polizei war, wie die Polizei in anderen europäischen Ländern, aus Angst vor irakischen Terroranschlägen in höchster Alarmbereitschaft. Und hier war ein leibhaftiger Terrorist mitten unter ihnen. Chalid wurde festgenommen. Als sich jedoch herausstellte, daß er von den Behörden ein Visum erhalten hatte, um in Belgien mit Jan Hollants Van Loocke, dem Leiter der Abteilung für politische Angelegenheiten im Außenministerium, Gespräche zu führen, wurde er umgehend wieder auf freien Fuß gesetzt. Es kam zu einem peinlichen Eklat. Van Loocke und ein hochrangiger Kollege traten von ihren Ämtern zurück, Außenminister Mark Eyskens wurde im Parlament mit knapper Mehrheit das Vertrauen ausgesprochen, und Ministerpräsident Wilfried Martens, der unbedingt eine Regierungskrise verhindern wollte, ordnete Chalids Abschiebung an.

Abu Nidal hatte Chalid nach Brüssel geschickt, um festzustellen, ob aus den Belgiern noch etwas herauszuholen war. Das war typisch für seine Geschäfte mit ausländischen Regierungen. Zuerst führte er auf ihrem Territorium einen Anschlag aus, dann knüpfte er Kontakte zu den Geheimdiensten, und schließlich nutzte er diese Verbindung, um Zugeständnisse und Vergünstigungen zu erpressen. Solche Erpressungen hatten Abu Nidal reich gemacht.

Abgesehen von der Entführung der belgischen Staatsbürger, die sich an Bord der *Silco* befunden hatten, hatte Abu Nidal die Belgier mit vier weiteren heimtückischen Anschlägen »weich geklopft«: Mit dem Überfall auf jüdische Kinder in Antwerpen im Jahr 1980; dem Mord an Naim Chudr, dem PLO-Vertreter in Brüssel, im Jahr 1981; der Entführung eines belgischen Arztes in dem palästinensischen Flüchtlingslager Raschidija im Libanon im Mai 1988; und mit der Ermordung des Imams der Brüsseler Moschee und seines Stellvertreters im Jahr 1989. Die Belgier wollten ihn unbedingt kaufen.

Später stellte sich heraus, daß Abu Nidal vom belgischen Geheimdienst nicht nur die Freilassung Nasir al-Saids gefordert hatte, sondern auch eine »Prämie« von dreißig Millionen Dollar. Es dauerte Wochen, die Summe auf 6,6 Millionen Dollar herunterzuhandeln. Der Betrag sollte innerhalb von zwei Jahren bezahlt werden, getarnt als Finanzhilfe für notleidende Palästinenser. Obendrein verlangte Abu Nidal zwei Stipendien. Er war ganz versessen auf Stipendien für Studenten, weil sie das Rückgrat seiner Organisation im Ausland waren. Ob dieses Geschäft die politischen Turbulenzen während der Chalid-Affäre in Belgien überlebt hat, ließ sich nicht feststellen.

Die beiden Familien, die sich an Bord der *Silco* befanden, waren keine Mossad-Agenten. Sie wurden fernab der israelischen und libanesischen Küste gekidnappt, und Abu Nidal fungierte bei dieser Sache lediglich als Gaddafis Strohmann. Als er über die Freilassung der Gefangenen verhandelte, fragte er nicht nach den Belangen der Palästinenser. Er dachte nur an den eigenen Vorteil und an das Wohl seines libyschen Geldgebers. Gerade als sich weltweit Sympathie für die palästinensischen Kinder der Intifada regte, füllte Abu Nidal die Weltpresse mit Berichten über die Leiden französischer, belgischer und jüdischer Kinder, die in der Gewalt palästinensischer Terroristen waren.

Abu Nidal unterhielt schon seit langem geheime Beziehungen zu Frankreich. Nach dem Mord an Iss al-Din Kalak, dem PLO-Vertreter in Paris, im Jahr 1978 und der Entdeckung zahlreicher Waffenlager beschloß die DST, der für die »Landesüberwachung« zuständige französische Geheimdienst, mit Abu Nidal einen Handel abzuschließen, um ihn auf diese Weise zu neutralisieren. Anfang der achtziger Jahre fanden mehrere Treffen zwischen Mitgliedern der Organisation Abu Nidals und Beamten der DST statt – zuerst in Nachbarländern Frankreichs und schließlich in Frankreich selbst.

Im Jahr 1984 wurde (nach Angaben von Informanten aus dem Jahr 1985) eine Vereinbarung getroffen: Ein geheimer Vertreter Abu Nidals sollte in Frankreich die Verbindung zur DST aufrechterhalten. Dieser Vertreter wurde ziemlich oft ausgetauscht. Der letzte bekannte war 1990 der Libanese Emile Saab. Er lieferte seine Berichte an Ali al-Farra (Dr. Kamal), Abu Nidals Geheimdienstchef in Libyen, der selbst häufig in Frankreich weilte. Außerdem stellten die französischen Stellen Mitarbeitern der Organisation gelegentlich Visa aus, erlaubten Abu Nidal die Gründung von Unternehmen, ließen einige seiner Leute in französischen Krankenhäusern behandeln, schenkten ihm im Libanon Krankenwagen und Autos der Marke Peugeot und bewilligten drei oder vier Mitgliedern seiner Organisation Stipendien für ein Studium in Frankreich.

Im Gegenzug versprach Abu Nidal, keine Waffen nach Frankreich zu schmuggeln, auf französischem Boden keine Anschläge durchzuführen und Frankreich nicht als Ausgangsbasis für Operationen in anderen Ländern zu benutzen. Natürlich kannten die Franzosen die Wahrheit über die *Silco*-Affäre und andere Operationen Abu Nidals, aber sie machten bei der Lüge mit. Es war billiger, ihm Bestechungsgelder zu zahlen, als ihn zu bekämpfen. Einzelheiten über Abu Nidals Vereinbarung mit den Franzosen erfuhr ich von ehemaligen hochrangigen Mitgliedern seiner Organisation, die an den Verhandlungen teilgenommen hatten. Auf französischer Seite war niemand bereit, die Vereinbarung zu bestätigen.

Die Schweiz ist für Abu Nidal deshalb so wichtig, weil er dort einen Großteil seines Geldes deponiert hat und es unbedingt schützen möchte. Er benötigt in der Schweiz Privilegien: Aufenthaltsgenehmigungen, Visa, freie Ein- und Ausreise für sich und die wichtigsten Mitglieder seiner Organisation. Und er tut sein möglichstes, um die Schweizer Behörden versöhnlich zu stimmen. Häufig schickt er Atif Hammuda von der Finanzabteilung und Ali al-Farra (Dr. Kamal) von der Geheimdienstabteilung zu Verhandlungen in die Schweiz. Wenn er allerdings merkt, daß der Dialog ins Stocken gerät, zögert er nicht, Gewalt anzuwenden. Als 1988 und 1989 einige seiner internationalen Finanzgeschäfte aufflogen (nachdem Dirar Abd al-Fatah al-Silwani, der Geschäftsführer seines Handelsunternehmens in Ostberlin, in den Westen übergelaufen war), hatte er Angst, die Schweizer könnten seine Konten einfrieren. Sofort schickte er dem Schweizer Nachrichtendienst eine Botschaft und drohte mit der Zerstörung des Züricher Flughafens. Und um allen Eventualitäten vorzubeugen, ließ er im Oktober 1989 in Sidon zwei Schweizer Beauftragte des Internationalen Roten Kreuzes entführen. Kaum war die Krise vorüber, kamen die beiden Geiseln wieder frei. Zynischerweise bietet er sich bei solchen Gelegenheiten als Vermittler an, obwohl es sich bei den Kidnappern natürlich um seine eigenen Leute handelt.

Abu Nidals Versuche, in Westeuropa Fuß zu fassen, waren nur teilweise erfolgreich. Zudem mußte er viele Rückschläge einstekken. Nachdem beispielsweise die schwedische Polizei 1988 in der Nähe des Stockholmer Flughafens ein geheimes Waffenlager entdeckt hatte, folgte sie der Spur zweier palästinensischer Brüder, beide Mitglieder seiner Organisation, bis in die Kleinstadt Umeå, fünfhundertvierzig Kilometer nördlich der Hauptstadt, und verwies sie im Dezember 1990 des Landes. Die Italiener lehnten jeden Kontakt zu Abu Nidal ab und verhängten über einige seiner Männer drakonische Strafen. Ihn selbst verurteilten sie wegen des Anschlags auf den Abfertigungsschalter der El Al auf dem römischen Flughafen zum Tode. In Spanien sitzen immer noch einige seiner Leute im Gefängnis. Die Franzosen arrangierten in Paris ein Treffen zwischen Vertretern Abu Nidals und dem spanischen Geheimdienst, aber die Spanier ignorierten seine plumpen Erpressungsversuche. Sie waren der Ansicht, daß das kleinste Zugeständnis ihm nur Appetit auf mehr machen würde.

Ende der siebziger und Anfang der achtziger Jahre machte Abu Nidal Istanbul zum heimlichen Hauptquartier einiger Komitees. Er lagerte in der Türkei Waffen und schaffte sie von dort aus nach Westeuropa. Aber mit der Ermordung eines jordanischen Diplomaten in Ankara und dem Anschlag auf die Synagoge in Istanbul brachte er die Türken gegen sich auf. Die Türkei zählt heute zu seinen erbittertsten Widersachern.

Ein anderer ist Großbritannien. Seit dem mißglückten Mordanschlag auf Botschafter Argov im Jahr 1982 sind die britischen Geheim- und Sicherheitsdienste Abu Nidal außerordentlich feindselig gesinnt und steuern auf Konfrontationskurs. Mitarbeiter aus Abu Nidals Umfeld berichten, er habe mehrere Versuche unternommen, die Briten zu Verhandlungen zu zwingen. Er ließ in Athen und Bombay britische Diplomaten ermorden, im Libanon den britischen Journalisten Alec Collett entführen, Anschläge auf Büros der Fluggesellschaft British Airways verüben und bot den Briten sogar Informationen über die Irisch Republikanische Armee an, die er in Libyen gesammelt hatte. Aber die Briten blieben stur. Angeblich glaubt Abu Nidal, Großbritannien leite eine konzertierte Aktion der europäischen Geheimdienste gegen ihn. Ich habe allerdings eher den Eindruck, daß die Europäer untereinander kaum Informationen über Abu Nidal austauschen. Jedes Land behält seine Erkenntnisse über ihn für sich, und oft wird nur ungern zugegeben, daß Kontakte zu ihm bestehen.

Laut Abu Ijad würde die PLO bei der Bekämpfung Abu Nidals liebend gern mit den westlichen Regierungen zusammenarbeiten, um die Palästinenser endlich vom Vorwurf des Terrorismus zu entlasten. Doch trotz aller Annäherungsversuche wird sie von einigen europäischen Geheimdiensten (insbesondere dem britischen) nach wie vor ignoriert. Mehrere Mörder von PLO-Vertretern in Europa wurden bereits nach wenigen Jahren wieder aus der Haft entlassen. So wurden Kajid Hussein und sein Komplize Husni Hatem, die Mörder Iss al-Din Kalaks, im Februar 1986 von den Franzosen auf freien Fuß gesetzt, obwohl sie erst die Hälfte ihrer fünfzehnjährigen Haftstrafe verbüßt hatten. Muhammad Hussein Raschid, ein Mitglied des Kommandos, das in Portugal Isam Sartawi ermordet hatte, brach vor Gericht in schallendes Gelächter aus, als er hörte, daß er nur zu drei Jahren Gefängnis verurteilt wurde. Nach Ansicht der PLO hatte sich Europa entweder der Erpressung

Abu Nidals gebeugt, oder es wollte sich der Gefangenen entledigen, deren Anwesenheit in europäischen Gefängnissen Abu Nidal dazu verleiten könnte, durch weitere Terroraktionen ihre Freilassung zu erzwingen.

ASALA und andere Terrorgruppen

Abu Nidal prahlte wiederholt damit, daß er andere internationale Terrororganisationen zu Verbündeten habe, doch seine Behauptungen sind offenbar wenig stichhaltig. Nach Angaben ehemaliger Mitarbeiter bestand zwischen Abu Nidal und der IRA überhaupt kein Kontakt, obwohl Libyen solche Kontakte unterhielt. Seine angebliche Beziehung zur baskischen Separatistenbewegung ETA war reine Erfindung und beschränkte sich auf eine einzige Begegnung mit einigen ETA-Vertretern in Algerien. Auch zur japanischen Roten Armee und zur französischen *Action Directe* hatte er kaum Kontakt. In Belgrad statteten Mitglieder seiner Organisation Chalid Abd el-Nasser, dem Sohn des ehemaligen ägyptischen Präsidenten und Gallionsfigur der »Revolution Ägyptens«, einer Terrorgruppe, die in Kairo Anschläge auf israelische und amerikanische Ziele verübte, Höflichkeitsbesuche ab. Mit solchen Besuchen erwiesen sie jedoch lediglich dem Sohn eines arabischen Nationalhelden ihre Reverenz; eine Zusammenarbeit kam nicht zustande. Abu Nidal stand zwar mit einigen Baader-Meinhof-Splittergruppen in Verbindung, aber es gab keine Kooperation oder strukturelle Verbindung. Mit der Mafia hatte er ein paar kleinere Geschäfte mit Waffen und gefälschten Pässen getätigt, sonst nichts. Berichte in westlichen Medien über einen fest integrierten terroristischen Untergrund sind stark übertrieben.

Abu Nidal hatte Verbindungen zur ASALA, der armenischen Geheimarmee zur Befreiung Armeniens, einer kleinen Gruppe anti-westlicher und anti-zionistischer Extremisten. Die ASALA wurde Mitte der siebziger Jahre im Libanon gegründet und durch die revolutionären und militanten palästinensischen Splittergruppen, mit denen sie dort zusammentraf, zunehmend radikalisiert. Militante Mitglieder der ASALA glaubten, durch die Ermordung von Türken könnten sie die Regierung in Ankara zwingen, die Verantwortung der Türkei für das Massaker an Armeniern zu Beginn des Jahrhunderts einzugestehen, und die Schaffung eines unabhängigen Armenien in Ostanatolien herbeiführen.

Anregung fand die Bewegung bei einem älteren Armenier namens Gourgen Janikian, der aus verspäteter Rache für die Gewalttaten, die Türken 1915 an seiner Familie begangen hatten, 1973 in einem Hotelzimmer in Santa Barbara zwei türkische Diplomaten ermordete. Durch seine Tat brachte er vielen Armeniern deutlicher zum Bewußtsein, welches Unglück ihre Nation heimgesucht hatte. Die ASALA setzte sich selbst in Opposition zur etablierten Partei der Diaspora, der Armenischen Revolutionären Vereinigung, der sie Unfähigkeit vorwarf. Sie gewann junge Radikale für die Sache des armenischen Nationalismus und gab ihnen einen, nicht selten gewaltsamen, Grund, im Schoß der armenischen Gemeinde zu bleiben. Mitte der achtziger Jahre wurden in über zwanzig Ländern mindestens achtundzwanzig türkische Diplomaten oder deren Angehörige ermordet.

Aufgrund ihrer gemeinsamen Geschichte von Vertreibung und Zerstreuung waren Armenier und Palästinenser natürliche Verbündete. Zwischen 1977 und 1982 verfügten die ASALA und radikale Palästinensergruppen wie die PFLP über gemeinsame Ausbildungseinrichtungen im Südlibanon. Aber nach der israelischen Invasion im Jahr 1982 wurden sie aus dem Süden vertrieben, und die meisten PLO-Kämpfer mußten den Libanon ganz verlassen. Da die ASALA nach dem Abzug der PFLP aus dem Libanon auf dem trockenen saß, bot ihr Abu Nidals Organisation finanzielle Hilfe und die Benutzung ihrer Lager in der Beka-Ebene an.

Die Beziehung der beiden Gruppen läßt sich anhand der kurzen Karriere eines ASALA-Killers mit dem Decknamen Hagop Hagopian (die armenische Entsprechung des amerikanischen Namens »John Smith«) veranschaulichen. Für die einen war er ein engagierter Patriot, für die anderen ein professioneller Terrorist, der sich, wie Abu Nidal, der Gewalt und der Erpressung verschrieben hatte. In Palästinenserkreisen war er als »Mudschaheddin« bekannt. Er war ein Armenier aus dem Irak, der leicht für einen Araber gehalten werden konnte. Viele Palästinenser wußten nicht, daß er Armenier war.

Vor der Gründung der ASALA war Hagopian Mitglied von Wadi Haddads militantem Flügel der PFLP gewesen. Im Jahr 1976 wäre er in Beirut fast von einem anderen Angehörigen der PFLP getötet worden, den er als Agenten des KGB denunziert hatte. In den Jahren 1982 und 1983 machten ihn Abu Nidals Top-Leute Abu Nizar und Abd al-Rahman mit Geheimdienstoffizieren der syrischen Luftwaffe bekannt, namentlich mit Oberst Haitham Said (der später in die Hindawi-Affäre verwickelt wurde), bei dem sie sich einschmeicheln wollten. Die Syrer stellten Hagopian Einrichtungen zur Verfügung und erlaubten ihm, eine geheime Werkstatt einzurichten, in der libanesische Armenier Pässe und andere Dokumente fälschten.

Durch die Partnerschaft mit Abu Nidal ermuntert, führte die ASALA groß angelegte Terroraktionen durch, die große Empörung auslösten, nicht zuletzt bei den Armeniern selbst, und schließlich zur Zerschlagung der ASALA führten. Im September 1982 verübten zwei armenische Terroristen einen Anschlag auf den internationalen Flughafen von Ankara, bei dem zehn Menschen getötet und achtzig verletzt wurden. Einer der Terroristen wurde festgenommen und zum Tode verurteilt. Er sagte aus, Hagop Hagopian habe ihm erzählt, daß Abu Nidal die Waffen für den Anschlag geliefert habe. Im Juli 1983 wurden bei der Explosion einer Bombe auf dem Flughafen Orly acht Menschen getötet und über sechzig verletzt. Die meisten Opfer waren Türken, die am Schalter einer türkischen Fluggesellschaft für den Flug nach Ankara einchecken wollten. Vermutlich steckte auch diesmal Abu Nidal hinter dem Anschlag. Bei der anschließenden Großfahndung verhafteten die Franzosen Varoujan Garbidjan, den Führer des ASALA-Kommandos. Er wurde zu einer langjährigen Haftstrafe verurteilt.

Als Vergeltungsschlag gegen Frankreich wurde im September 1986 im Osten Beiruts der französische Militärattaché Oberst Christian Goutierre ermordet. Der mutmaßliche Täter war Hagopian selbst. Jedenfalls war er unvorsichtig genug, in einem Interview mit einer arabischen Zeitschrift mit dem Mord zu prahlen. Ein paar Monate später, im Jahr 1988, wurde Hagop Hagopian in Athen erschossen. (Er hatte in Athen sein Hauptquartier eingerichtet, nachdem ihn die Syrer 1987 – zur selben Zeit wie Abu Nidal – des Landes verwiesen hatten.) Hagopian war gerade auf dem Weg zum Flughafen. Er wollte nach Belgrad fliegen, um sich dort mit Mitarbeitern Abu Nidals zu treffen. Nach Aussagen von Informanten aus dem terroristischen Untergrund wollte Abu Nidal den Franzosen unbedingt beweisen, daß er ein brauchbarer Mann war, und verriet deshalb Hagopian an sie. Angeblich brachte er die Franzosen mit einer rivalisierenden Gruppe innerhalb der ASALA in Kontakt, die dann von ihnen ermutigt wurde, Hagopian zu erledigen.

Die ASALA hatte schwere Rückschläge hinnehmen müssen: den Verlust der Ausbildungslager im Südlibanon; Spaltungen und Austritte nach dem abscheulichen Massaker in Orly; die Verhaftung vieler Mitglieder in Frankreich; die Rivalität mit anderen armenischen Gruppen wie den Gerechtigkeitskommandos für den armenischen Völkermord, die höchstwahrscheinlich ein geheimer Ableger der Armenischen Revolutionären Vereinigung waren; die Verbannung aus Syrien; den Tod Hagopians; und schließlich den Streit um Berg-Karabach, die belagerte armenische Enklave in Aserbaidschan, der die Aufmerksamkeit der Armenier ablenkte.

Ende der achtziger Jahre stritten sich Abu Nidal und die Fatah um die Überreste der ASALA oder das, was noch zu retten war. Hagopians Witwe lebt immer noch in Griechenland. Sie weiß angeblich als einzige, wo sein Vermögen versteckt ist.

Zufluchtsort Osteuropa

Der bekannte Vorwurf, das kommunistische Osteuropa habe Abu Nidal und anderen palästinensischen Terroristen geholfen, im Westen Anschläge durchzuführen, ist übertrieben. Die Aussagen palästinensischer und westlicher Informanten lassen eher auf ein ambivalentes Verhältnis schließen, obwohl Abu Nidal Anfang der achtziger Jahre mehrere Jahre in Polen lebte und immer wieder seine große Bewunderung für Erich Honecker und die DDR bekundete. Außerdem machte er oft Ferien in Ungarn. Offenbar gab es drei wichtige Gründe, weshalb er den Kontakt zu den Osteuropäern pflegte:

- Erstens brauchte er sichere Wohnsitze für sich und einige seiner wichtigsten Mitarbeiter. Deshalb war er bestrebt, mit osteuropäischen Geheimdiensten Sicherheitsvereinbarungen zu treffen. Sein Argument bei solchen Gelegenheiten: Ein Staat, der eine Beziehung mit ihm eingehe, sei vor seinen Anschlägen sicher – eine Art der Erpressung, die er gleichermaßen bei westeuropäischen Ländern anwandte;

- zweitens war der Handel mit Ostblock-Waffen für ihn eine wichtige Einnahmequelle;
- drittens wollte er die engen Beziehungen untergraben, die die PLO zu den meisten osteuropäischen Ländern aufgebaut hatte.

Mehrere osteuropäische Staaten schlossen mit Abu Nidal Vereinbarungen, um ihn zu neutralisieren, aber es gibt keinerlei Anhaltspunkte dafür, daß sie bei Terrorunternehmen mit ihm zusammenarbeiteten. Wie ihre Kollegen im Westen, mußten auch die Osteuropäer staatliche Interessen schützen. Einmal im Monat trat ein Komitee aus Tschechen, Ungarn und Ostdeutschen zusammen und tauschte Informationen über den Terrorismus aus. Ein größeres Komitee, dem Vertreter aller Warschauer-Pakt-Staaten angehörten, tagte ebenfalls in bestimmten Abständen, um die Sicherheitslage im Ostblock zu erörtern. Für die östlichen Nachrichten- und Sicherheitsdienste war Abu Nidal, wie für ihre Pendants im Westen, ein Terrorist, der in Schach gehalten werden mußte.

Abu Nidals Beziehung zu Osteuropa hatte wohl kaum einen ideologischen Hintergrund, und auch sein politischer Standpunkt war wenig kohärent. Er stellte sich selbst gern als palästinensischen Nationalisten dar, der von den Theorien Karl Marx' beeinflußt worden sei. Andererseits haßte er die Sowjetunion und attackierte sie häufig in seinen Publikationen. Er bezeichnete sich als Maoist und bewunderte das chinesische Experiment, aber nach seinem Kurzbesuch im Jahr 1972 mit einer Fatah-Delegation war er nie wieder nach China zurückgekehrt, und er baute nie irgendeine Beziehung zu den Chinesen auf. Früher behauptete er manchmal, die Albanier seien die einzigen wahren Marxisten auf der Welt, aber auch zu ihnen hatte er keine Verbindung.

Abu Nidal nahm immer die politische Färbung der Gruppe an, mit der er gerade zu tun hatte. Bei Marxisten war er Marxist, bei arabischen Nationalisten war er Nationalist. Bei islamischen Fundamentalisten behauptete er, er sei ein strenggläubiger Muslim, bei Schiiten schwor er auf Imam Ali, und im Südlibanon änderte er sogar die Decknamen seiner Kader, um bei der schiitischen Bevölkerung Eindruck zu schinden. In Libyen erwähnte er in seinen Kommuniqués immer wieder den Namen des Nationalhelden Umar al-Muchtar, der in den zwanziger Jahren gegen die Italiener gekämpft hatte. Aber in Osteuropa gewann er mit dem Bekenntnis zum Marxismus weniger Freunde als mit »Geschenken« – eine teure Uhr hier, ein Präsent für die Gattin dort, oder einfach nur Bargeld (bevorzugt Dollarscheine). In Polen fiel es ihm besonders leicht, sich den Weg zum Zentrum der Macht zu erkaufen.

Die längste Beziehung innerhalb Osteuropas hatte Abu Nidal zu Jugoslawien. Seit den sechziger Jahren studierten dort viele Palästinenser. Als sich Abu Nidal 1974 von der Fatah lossagte, konnte er einige Studenten der Fatah in Jugoslawien auf seine Seite ziehen und mit ihrer Hilfe neue Mitglieder anwerben, was zu heftigen Zusammenstößen mit Anhängern der Fatah führte. Im April 1980 verübten seine Leute in Belgrad einen Bombenanschlag auf einen Wagen, in dem sie Abu Ijad vermuteten. Um weitere Anschläge dieser Art zu verhindern, beschloß der jugoslawische Geheimdienst, mit Abu Nidal Kontakt aufzunehmen.

Für die Jugoslawen war Abu Nidal ein Terrorist, und entsprechend schlecht war ihre Meinung von ihm. Aber sie ignorierten seine Aktivitäten in der Hoffnung, ihn davon abzuhalten, Verbindung zu Separatistenbewegungen innerhalb Jugoslawiens aufzunehmen und seine blutige Fehde mit der Fatah auf ihrem Territorium auszutragen. Natürlich nutzte er diese Toleranz so gut es ging aus. Seit 1980 hatte er einen geheimen Vertreter in Belgrad: zuerst Ali al-Farra (Dr. Kamal), danach Ijad Muhammad (der Ehemann einer seiner Nichten), dann Ali Afifi und andere. Von 1980 bis 1985 war Jugoslawien die Organisationszentrale für Abu Nidals Operationen in Europa. In Jugoslawien wurden Waffen gelagert; Killerkommandos aus Libyen oder dem Libanon machten dort auf dem Weg zu anderen Bestimmungsorten Zwischenstation; und von dort aus verschob er Waffen nach ganz Europa. Innerhalb der Organisation wurde Jugoslawien als »halbwegs sicher« eingestuft, das heißt, wenn Mitglieder in Schwierigkeiten gerieten, konnte die Organisation in der Regel mit den Jugoslawen unter der Hand ein Geschäft machen und ihre Leute herauspauken.

Abu Nidals Kontakt zur ehemaligen DDR ergab sich zufällig. Im Jahr 1984 wurde einer seiner Kader, Adnan Faris, ein Mitglied des Komitees für politische Beziehungen, auf dem Berliner Flughafen erkannt, festgenommen und verhört. Dreist schlug er eine Art von Zusammenarbeit vor. Nach seiner Rückkehr nach Syrien erstattete er seinen Vorgesetzten darüber Bericht. Daraufhin reisten Mitglieder der Geheimdienstabteilung nach Ostdeutschland, und die Verbindung war hergestellt.

In der zweiten Hälfte der achtziger Jahre wurden mindestens vier wichtige Kontakte geknüpft.

- Im Jahr 1985 reiste Abu Nidal selbst nach Ostberlin; dort hatte er eine lange Unterredung mit Erich Mielke, dem langjährigen Chef des allgewaltigen Staatssicherheitsdienstes der DDR, der Stasi.

- Kurz darauf nahm eine sechsundzwanzigköpfige Delegation der Organisation unter Leitung von Isam Maraka (der bald darauf Abu Nidals Stellvertreter werden sollte) auf Einladung der Stasi an einem dreimonatigen Lehrgang in der DDR teil.

- Ende 1985 besuchte eine weitere politische Delegation, diesmal unter Leitung von Fuad al-Suffarini von der Organisationsabteilung (der sich später nach Jordanien absetzte), die DDR.

- Anfang 1986 nahm eine zwanzigköpfige Militärdelegation unter Leitung eines Kaders mit dem Decknamen Jamil auf dem rund fünfzig Quadratkilometer großen Areal des Stasi-Schulungzentrums in Mossow, südlich von Berlin, an einem Waffen- und Sprengstofflehrgang teil. Einer der Lehrgangsteilnehmer erinnerte sich, daß Abu Nidal sie damals besuchte und in einer Ansprache an die Gastgeber die Ostdeutschen überschwenglich als »die tapfersten Sozialisten der Welt« bezeichnete.

Die Stasi unterstützte Abu Nidal jedoch bei keiner seiner Operationen im Ausland, noch gab die DDR jemals öffentlich ihre Kontakte zu ihm zu. Tatsächlich mußte er versprechen, keine Waffen in der DDR zu lagern oder über die DDR in den Westen zu schleusen und in Westberlin keine Operationen durchzuführen. Dafür durfte er in Ostberlin seine Handelsgesellschaft Zibado gründen, eine Art Joint-venture. Als sich aber ihr Geschäftsführer, Dirar Abd al-Fatah al-Silwani, absetzte, sickerten Informationen über ihre Aktivitäten an die Presse durch, und die Firma wurde geschlossen.

Zu Abu Nidals Verdruß wollte die DDR ihre engen Beziehungen zu Arafats PLO nicht aufgeben. Als Arafat 1983 in der nordlibanesischen Hafenstadt Tripoli von Rebellen der Fatah, die von Syrien unterstützt wurden, belagert wurde, schickte ihm Erich Honecker Bootsladungen mit Waffen, Arznei, Kleidung und Nahrungsmitteln – alles kostenlos. Die PLO unterhielt nicht nur umfassende Kontakte zur Stasi, sondern verhandelte über die Botschaften im Ausland auch direkt mit dem DDR-Außenministerium und hatte einen Draht zu Organen der SED, die der PLO jährlich dreihundert medizinische und hundert andere Stipendien zur Verfügung stellten. Deshalb war der Sturz des SED-Regimes sowohl für die PLO als auch für ihren Erzrivalen Abu Nidal ein schwerer Schlag.

In Polen hatte Abu Nidal nicht nur einen Wohnsitz, er erhielt auch zahlreiche Stipendien für seine Studenten. Gleichwohl war sein Verhältnis zu den Polen ambivalent. Er behauptete zwar, politische Kontakte auf höchster Ebene zu unterhalten, aber das war eine Lüge. Er hatte lediglich Kontakte zu den Nachrichten- und Sicherheitsdiensten. Politiker wollten sich nicht mit ihm treffen, und die halbe Zeit wußten nicht einmal die Sicherheitsleute, daß er im Land war. In der Regel verbarg er seine wahre Identität und reiste *inkognito*. Die Polen hatten die gleichen Motive wie andere Osteuropäer: Sie boten ihm eine Zuflucht, um gegen harte Devisen ihre Waffen zu exportieren und ihn davon abzuhalten, Anschläge gegen sie zu verüben oder von ihrem Territorium aus Operationen durchzuführen.

Die Ungarn begannen sich für Abu Nidal zu interessieren, als einer der Terroristen, die im Dezember 1985 den Anschlag auf den Wiener Flughafen verübten, erklärte, er sei nach Budapest geflogen und von dort aus mit dem Wagen nach Wien gefahren. Um künftigen Ärger zu vermeiden, schlossen die Ungarn mit Abu Nidal ein Sicherheitsabkommen, das von Atif Abu Bakr ausgehandelt wurde; Abu Bakr war in den Jahren 1983 und 1984, vor seinem Wechsel zu Abu Nidals Organisation, Botschafter der PLO in Budapest gewesen. Wie andere vor ihnen, ließen sich auch die

Ungarn erpressen. Ein Dutzend Studenten Abu Nidals durften in Ungarn studieren, und seine Mitarbeiter konnten ungehindert ein- und ausreisen. Die Hauptstadt Budapest hatte 1986 Belgrad als Zentrale für Abu Nidals Operationen in Europa abgelöst. Die Tschechen betrachteten Abu Nidal als Terroristen und unterhielten keine Kontakte zu ihm, doch mit Atif Abu Bakr, dem ehemaligen PLO-Botschafter in Prag, standen sie auf gutem Fuß.

Bulgarien, wo Abu Nidal häufig zu Gast war und gerne Versammlungen abhielt, hatte ebenfalls nichts gegen die Präsenz einer kleinen Gruppe seiner Studenten einzuwenden. Die Bulgaren verkauften ihm Waffen, erlaubten, daß seine Mitarbeiter in Sofia Zwischenstation machten, und stellten ihm in der Nähe des Hotels Wituscha eine Villa zur Verfügung, in der er manchmal einen Teil des Sommers verbrachte. Allerdings waren sie nicht gerade erfreut, als sie feststellten, daß er Waffen aus der Türkei durch ihr Land in andere europäische Staaten schmuggelte. Einige Sendungen wurden beschlagnahmt, und ein paar von Abu Nidals Leuten landeten im Gefängnis.

Seit dem Mordanschlag auf den jordanischen Diplomaten Azmi al-Mufti im Dezember 1984 in Bukarest, bei dem auch ein zweiter Diplomat verwundet wurde, stand Rumänien Abu Nidal überaus feindselig gegenüber. Obwohl Abu Nidal mit allen Mitteln versuchte, die Rumänen zu erpressen – unter anderem verübte er Bombenanschläge auf ihre Botschaft in Beirut – ließen sie sich nicht einschüchtern und verhafteten seine Mitarbeiter, wann immer sich die Gelegenheit bot.

Abu Nidal reiste nie offiziell in die Sowjetunion, noch traf er sich jemals mit sowjetischen Führern (obwohl er es aus Gründen der Sicherheit manchmal für ratsam hielt, beispielsweise auf dem Weg von Genf nach Damaskus über Moskau zu reisen). Mitglieder seiner Organisation suchten früher häufig die sowjetischen Botschaften in Bagdad und Damaskus auf, aber als die Organisation ihren Sitz nach Libyen verlegte, erloschen diese Kontakte. Angesichts der Vorwürfe aus dem Westen, Moskau unterstütze den internationalen Terrorismus, waren sowjetische Diplomaten sehr distanziert und vorsichtig bei ihren Kontakten zu Abu Nidal. In der Palästinenserfrage unterstützten sie Arafats gemäßigten Kurs und lehnten den Terrorismus ab.

Zwischen Irak und Iran

Am 29. März 1989 wurde der saudische Geistliche Scheich Abdallah Ahbal, der geistliche Führer der muslimischen Gemeinde in Belgien, den Niederlanden und Luxemburg, zusammen mit seinem tunesischen Bibliothekar in seiner Brüsseler Moschee erschossen. In der Öffentlichkeit wurde der Mord sofort mit dem sechs Wochen zuvor, am 14. Februar 1989, vom iranischen Revolutionsführer Ajatollah Khomeini verhängten Todesurteil gegen den britischen Schriftsteller Salman Rushdie in Verbindung gebracht, der in seinem Roman *Die satanischen Verse* den Propheten Mohammed beleidigt hatte. Der Imam von Brüssel, ein gemäßigter Muslim, hatte das Todesurteil des Ajatollah offenbar nicht gebilligt, und man vermutete, daß er von muslimischen Fanatikern deshalb umgebracht worden war. In einem Kommuniqué, das in einer Sprache abgefaßt war, wie sie die Hisbollah, der Islamische Dschihad und andere proiranische islamische Gruppen benutzten, bekannte sich die »Organisation der Kämpfer für die Gerechtigkeit« zu dem Anschlag.

Aber das war eine falsche Spur: In Wirklichkeit hatte Abu Nidal den Mord befohlen. Der Anschlag war Teil der Erpressungskampagne gegen Saudi-Arabien, die ihm einige Millionen Dollar an »Schutzgeld« einbringen sollte. Außerdem wollte er dem Iran seine Dienste verkaufen.

Als Abu Nidal 1983 aus dem Irak ausgewiesen wurde, streckte er die Fühler nach Teheran aus. Er bot dem Iran geheime Informationen über die militärische Stärke des Irak an und lockte ihn mit Waffengeschäften im Wert von einigen hundert Millionen Dollar; im Bestreben, mit den Revolutionswächtern des Iran in Kontakt zu kommen, suchten seine Leute in Damaskus regelmäßig die iranische Botschaft auf, die damals von dem Hardliner Ali Akbar Mohtaschemi geleitet wurde (dem späteren Innenminister des Iran und ehemaligen Führer der radikalen Partei, die gegen Parlamentspräsident Haschemi Rafsandschani opponierte); und Abu Nidal lobte unermüdlich die Kriegsleistungen des Iran und verurteilte das »faschistische Regime« Saddam Husseins. Jedesmal, wenn in der Presse behauptet wurde, der Iran kaufe heimlich Waffen von Israel, wurde der Vorwurf in Abu Nidals Zeitschrift derart energisch zurückgewiesen, als sei er selbst der Beschuldigte.

Aber die Iraner ließen sich nicht ködern, und die von Abu Nidal erhoffte Einladung nach Teheran blieb aus. Trotz seiner Bemühungen um eine Annäherung waren die Iraner der Ansicht, er stehe immer noch in Verbindung mit dem irakischen Geheimdienst, der ihm überhaupt erst auf die Beine geholfen hatte. Sie brauchten keine Hilfe bei Auslandsoperationen, wollten sich mit einem Mann seines Rufs nicht belasten und kooperierten lieber mit Gruppen, die ihre islamische Ideologie teilten, was bei Abu Nidal nicht der Fall war.

Doch im Südlibanon gelang es Abu Nidals Leuten, in begrenztem Umfang Kontakt zur Hisbollah herzustellen, und Abu Nidal behauptete, er stehe mit Scheich Muhammad Hussein Fadlallah, dem Führer der Hisbollah, auf gutem Fuß. Doch entgegen anders lautenden Presseberichten führten diese Kontakte zu keiner nennenswerten Zusammenarbeit auf operativem Gebiet.

Es gibt keine Anhaltspunkte dafür, daß Abu Nidal bei den zahlreichen Angriffen der Hisbollah gegen die von Israel eingerichtete »Sicherheitszone« im Südlibanon in irgendeiner Form beteiligt gewesen wäre. Und umgekehrt war die Hisbollah nicht an Abu Nidals Anschlag auf das griechische Kreuzfahrtschiff *City of Poros* am 11. Juli 1988 beteiligt, wie manchmal behauptet wird. Aus der Tatsache, daß der Anschlag in der letzten Phase des Krieges zwischen dem Iran und dem Irak stattfand – nur wenige Tage, nachdem die USS *Vincennes* über dem Golf eine iranische Verkehrsmaschine abgeschossen hatte, wobei zweihundertneunzig Menschen den Tod fanden – zogen viele den voreiligen Schluß, daß es sich dabei um einen gemeinsamen Racheakt der Hisbollah und Abu Nidals handle. Aber auch das war falsch. Der Iran und seine Verbündeten hatten nichts mit dem Anschlag auf die *City of Poros* zu tun. Und der Iran war eines der ersten Länder, die die Operation verurteilten.

Als die Iraker 1990 in Kuwait einmarschierten, hatte Abu Nidal es aufgegeben, den Iran zu umwerben. Statt dessen versuchte er nun, Nutzen aus der Krise zu ziehen, indem er sich bei den Mitgliedern der Anti-Irak-Koalition einschmeichelte. Doch die Operation »Wüstensturm« ging über die Bühne, ohne daß Abu Nidal in das Geschehen eingriff oder auf sich aufmerksam machte – abgesehen von dem Mord an Abu Ijad in Tunis am Vorabend des Krieges. Viele Geheimdienstleute glaubten, der Mossad habe den Mord veranlaßt, obwohl Abu Nidal wie immer auch eigene Gründe hatte, seinen ehemaligen Gönner umzubringen.

13 Die große Säuberung

Bereits zu Beginn seiner Karriere in Bagdad lernte Abu Nidal das Morden – zuerst im Kampf mit der Fatah, mit der er sich entzweite und gegen die er einen lebenslangen Haß entwickelte.

Das Todesurteil, das die Fatah 1974 *in absentia* gegen ihn verhängte, und die Ermordung seines Freundes Ahmad Abd al-Ghaffur im gleichen Jahr trieben ihn zu Gewalttätigkeiten. Was die Fatah konnte, konnte er schon lange. Die Fatah habe ihm das Morden beigebracht, erklärte Abu Nidal, und die Angst vor der Fatah, vor ihrer Rache, vor der Unterwanderung seiner Organisation und vor ihrer Machtfülle bestimme sein Handeln. Wenn ein Mitglied seiner Organisation einmal ein Büro der Fatah anrief, bedeutete dies für Abu Nidal gleich Verrat.

Frühe Gewaltakte

Anfang der siebziger Jahre baute Abu Nidal seine Organisation auf Brutalität und Furcht auf. Während der Zeit in Bagdad verschwanden auf seinen Befehl hin viele seiner Mitarbeiter. Sie landeten in irgendeiner ausgehobenen Grube auf dem Gelände des Ausbildungslagers oder wurden irgendwo in Bagdad einbetoniert. War das Opfer zu prominent, als daß man es im Irak hätte ermorden können, wurde es von Abu Nidal mit einem Auftrag ins Ausland geschickt und dort umgebracht. Sein damaliger Geheimdienstchef Abd al-Rahman Isa erinnerte sich, daß Abu Nidal ihn einmal nach der genauen Lage eines bestimmten Waffenlagers in Europa gefragt hatte. Isa nannte ihm den Namen des Mannes, der darüber Bescheid wußte. Abu Nidal blickte nachdenklich in die Ferne und fragte: »Gehörte er nicht zu den Mitarbeitern, die wir auf Reisen geschickt haben?« Der Mann, der die Waffen vergraben hatte, war selbst begraben worden. In solchen Fällen bezeichnete die Organisation den Vermißten für gewöhnlich als »Märtyrer« und widmete seinem Hinscheiden eine Todesanzeige in ihrer Zeitschrift.

Zweifellos ließ sich Abu Nidal von dem grausamen System beeinflussen, das Saddam Hussein damals im Irak errichtete. Aber die Tatsache, daß er gelegentlich auch nicht vor einem Mord zurückschreckte, beruhte größtenteils auf seiner eigenen Paranoia. Außerdem verfolgte er damit eine bestimmte Strategie: Er war der Meinung, mit Skrupellosigkeit könne er seinen Gegnern Angst und Respekt einflößen. Daß die Opfer häufig unschuldig waren, kümmerte ihn nicht. Durch ihren Tod wurden andere bei der Stange gehalten. Von dem Moment an, als er in den terroristischen Untergrund abtauchte, kannte er keine rechtlichen und moralischen Beschränkungen mehr und verlor jedes Gefühl für Menschlichkeit.

Ende der siebziger Jahre wurden Ahmad Juma, ein bekannter palästinensischer Ingenieur, und seine Braut nach einem gemeinsamen Einkauf mit einem Kader Abu Nidals in einem Bagdader Supermarkt von der Straße weg entführt, in einen Wagen verfrachtet und in ein Haus gebracht, wo sie gefoltert und getötet wurden. Juma, ein Gründungsmitglied des irakischen Zweigs der Fatah, hatte sich 1974 Abu Nidal angeschlossen und es in der Organisation zu einigem Ansehen gebracht. Für seine Entführung und Ermordung schien es kein Motiv zu geben: Weder ihm noch seiner Braut konnte man etwas nachweisen. Aber der Kader, mit dem sie unvorsichtigerweise zum Einkaufen gegangen waren, hatte sich erst kürzlich in Beirut mit ein paar Leuten der Fatah getroffen. Das genügte, um Abu Nidals Mißtrauen zu wecken. Deshalb mußten alle drei sterben. Und was das Abscheulichste war: die Männer, die Juma und seine Braut in Bagdad entführt hatten, brachten ihren Kindern die Lebensmittel mit, die die beiden im Supermarkt gekauft hatten.

Ein weiterer bekannter Fall ist der von Nabil Abd al-Fattah. Abu Nidal hatte ihm die Leitung der Spionageabwehr im Irak übertragen, einen ebenso wichtigen wie gefährlichen Posten: Er schickte viele Männer, die ihn innehatten, in den Tod. Abu Nidal erzählte seinen Mitarbeitern, Abd al-Fattah stamme aus Nablus, einer größeren Stadt nördlich von Jerusalem im Westjordanland. In Wirklichkeit war nur wenig über ihn bekannt, da er zuvor weder der Fatah noch einer anderen Palästinenserorganisation angehört hatte. Schließlich überwarf sich Abd al-Fattah mit seinem Chef und floh nach Jordanien. Daraufhin behauptete Abu Nidal, Abd al-Fattah sei gar kein Palästinenser, sondern Jordanier. Er werde vom jordanischen Geheimdienst bezahlt und sei als Spitzel in seine Organisation eingeschleust worden. Keiner wagte es, Abu Nidal zu fragen, wo er diesen Mann aufgegabelt und warum er ihn gefördert hatte.

Als die Organisation Anfang der achtziger Jahre ihren Sitz nach Syrien verlegte, lockte Abu Nidal Abd al-Fattah unter dem Vorwand nach Damaskus, er wolle wieder Kontakt zu ihm aufnehmen. Abd al-Fattah und seine Frau wurden anschließend in den Libanon verschleppt und dort ermordet. (Abd al-Fattahs Frau, Nuha al-Turk, war die Schwester von Muhammad Harb al-Turk, der wegen seiner Teilnahme an der gescheiterten Entführung der Pan-Am-Maschine in Karatschi im September 1986 in Pakistan eine Gefängnisstrafe verbüßt.)

War Abd al-Fattah unschuldig, oder war er ein Spitzel? Irgendwo zwischen den beiden »Identitäten«, die Abu Nidal ihm gegeben hatte, war die Wahrheit verlorengegangen. Und was war mit den Dutzenden von Menschen, die auf seinen Befehl gefoltert und hingerichtet wurden? Abu Nidal hatte die häßliche Angewohnheit, andere die Dreckarbeit für sich erledigen zu lassen und sie anschließend aus dem Weg zu räumen.

Als die Organisation 1983 aus dem Irak verbannt wurde, saßen in ihren Gefängnissen immer noch etwa zwanzig in Verdacht geratene Mitglieder, deren Vernehmung noch nicht abgeschlossen war. Was sollte mit ihnen geschehen? Abu Nidal gab Anweisung, sofort Handgranaten in die Zellen zu werfen, falls die Iraker versuchen sollten, die Gefangenen zu befreien. Schließlich ließ Abu Nidal die Gefangenen nach Syrien und von dort aus in den Libanon bringen, wo viele von ihnen ermordet wurden.

Basil, ein gutmütig-derber, einfacher Soldat, der mit seinem blonden Haar und seinen rosigen Wangen selbst in einer britischen Offiziersmesse nicht deplaziert gewirkt hätte, war Palästinenser, Jahrgang 1950. Er war Anfang der siebziger Jahre zu Abu Nidal gestoßen, weigerte sich aber, an den Operationen im Ausland mitzuwirken. Statt dessen ebnete er der Organisation den Weg in den Libanon und stieg Mitte der achtziger Jahre zum Chef für militärische Operationen in Abu Nidals Miliz, der Volksarmee, auf. Angewidert von den Grausamkeiten, die er erlebt hatte, lief er schließlich zu der von Atif Abu Bakr im November 1989 gegründeten Notstandsführung über (siehe nächstes Kapitel). Im Jahr 1990 erklärte er sich in Tunis zu einem Interview mit mir bereit. Wir trafen uns mehrmals heimlich in kleineren Hotels am Meer.

Er sei sechzehn Jahre Mitglied der Organisation gewesen, erzählte er mir, aber erst nach seinem Ausscheiden habe er ihr wahres Wesen erkannt. Innerhalb der Organisation gelte es bereits als Verrat, wenn man nur eine Frage stelle. Jedes Mitglied sei völlig isoliert und Abu Nidals totaler Kontrolle unterworfen.

Im Jahr 1985 hatte ein Zwischenfall Basil nervös gemacht. Die Fatah hatte fünf Mitarbeiter Abu Nidals in der Beka-Ebene gefangengenommen und getötet. Als Vergeltung überfielen Bewaffnete ein Büro der Fatah, nahmen zwei ihrer Leute und töteten sie auf der Stelle. Wie sich später herausstellte, war einer der Ermordeten gar kein Mitglied der Fatah, sondern ein Student, dessen Bruder in dem Büro der Fatah arbeitete und den er hatte besuchen wollen. Da sein Bruder nicht da war, hatte sich der Student hingesetzt und auf ihn gewartet – was ihn schließlich das Leben kostete. »Sie fragten den armen Kerl nicht einmal nach seinem Namen, ehe sie ihn erschossen«, sagte Basil.

Ein anderer Fall, von dem er aus erster Hand wußte, war der eines palästinensischen Studenten aus dem besetzten Westjordanland, der in Damaskus studierte. Auf dem Weg dorthin machte er in Jordanien Zwischenstation und besuchte seine Tante, die ihm einen Beutel mit Verpflegung für ihren Sohn Faruk mitgab, der in Syrien für Abu Nidal arbeitete. Der Student suchte das Büro der Organisation im Flüchtlingslager Jarmuk in Damaskus auf und fragte nach seinem Cousin.

»Er ist im Libanon«, hieß es. »Ein Wagen kann Sie dorthin mitnehmen.«

Bei der Ankunft im Libanon wurde er festgenommen, schwer mißhandelt und beschuldigt, ein jordanischer Agent zu sein. Achtzehn Monate wurde er unter entsetzlichen Bedingungen gefangengehalten. Als er endlich freigelassen wurde, war sein Paß abgelaufen, und die Jordanier weigerten sich, ihn zu verlängern. Auch der israelische Stempel, der ihm die Rückkehr in die besetzten Gebiete ermöglicht hätte, war mittlerweile ungültig geworden, so daß er nicht nach Hause zurück konnte. Er war ein Flüchtling.

Basil sollte mit ihm sprechen. »Ich mußte ihm erklären, daß die rauhe Behandlung, die er erfahren hatte, nichts Außergewöhnliches sei, da der Organisation ständig Gefahr drohe. Ich benutzte abgedroschene Phrasen über Zionismus und Imperialismus, und plötzlich merkte ich, wie wenig ich eigentlich an sie glaubte! Ich wollte ihm ein paar Kleidungsstücke kaufen und etwas Anständiges zu essen besorgen. Aber er war ein gebrochener Mann. Am Ende war ich nur noch sprachlos beim Anblick solch sinnlosen Leidens.« Es waren Fälle wie dieser, die Basil veranlaßten, der Organisation den Rücken zu kehren.

Das Komitee für Gerechtigkeit

In der Ortschaft Bkasta in den Bergen oberhalb der südlibanesischen Stadt Sidon, dreißig Kilometer nördlich der israelischen Grenze, wacht das Komitee für revolutionäre Gerechtigkeit über die grausame Farce von Verhören, Folterungen und Hinrichtungen, die innerhalb der Organisation als ordentliche Gerichtsbarkeit gilt. Leiter des Komitees ist Mustafa Ibrahim Sanduka (Deckname Salim Ahmad). Er ist mit einer Nichte Abu Nidals verheiratet und somit Mitglied dieser weitverzweigten Familie. Wie man sich erinnern wird, hatte ich ihn, zusammen mit Dr. Ghassan al-Ali und Alaa, auf die Liste mutmaßlicher Mossad-Agenten gesetzt.

Mehrere Gefangene, die 1990 von dem Komitee festgehalten wurden, hatten sich lediglich geringer Vergehen schuldig gemacht. Aber in einer Organisation, in der permanente Spionagemanie herrschte, war Verrat – die Arbeit für einen feindlichen Geheimdienst – der häufigste Vorwurf. Unter der Folter gestehen die meisten Gefangenen ihre Verbrechen. Viele flehen ihre Peiniger an, sie zu töten und ihre Qualen zu beenden. Einige widerstandsfähigere Opfer Abu Nidals überlebten Gefangenschaft und Folter und wurden später von den gegen sie erhobenen Vorwürfen freigesprochen. Aber die meisten werden trotzdem hingerichtet: Man will verhindern, daß über die angewandten Methoden etwas bekannt wird. Doch inzwischen ist genug durchgesickert, um sich ein Bild von den erbärmlichen Zuständen zu machen.

Bei seiner auf Band aufgenommenen Vernehmung erzählte Abd al-Rahman Isa: »Abu Nidal bestellte mich in sein Büro und sagte mit strenger Miene: ›Ich habe erfahren, daß der und der in unserer Organisation verdächtig ist!‹ Dann legte er einen Aktenordner vor sich auf den Tisch – aber er klappte ihn weder auf, noch las er daraus vor. Und ich tat es auch nicht. Ich verließ mich auf sein Wort. Ich glaubte ihm!«

Als Abd al-Rahman Isa 1989 die Organisation verließ, veröffentlichte er eine Erklärung, in der er zugab, daß er siebzehn Jahre lang belogen worden sei. Er hatte auf der Grundlage eines leeren Aktenordners gemordet. Die Mitarbeiter der Organisation nahmen solche Methoden stillschweigend hin und unterzeichneten damit gewissermaßen ihr eigenes Todesurteil. Wie sich noch zeigen wird, wurde Isa bald selbst zur Zielscheibe.

Die Foltermethoden des Komitees waren ungewöhnlich grausam, selbst für eine Gegend, in der die Mißachtung der Menschenrechte an der Tagesordnung war. Zum Beispiel hängte man einen Mann stundenlang nackt an den Händen auf und peitschte ihn bis zur Bewußtlosigkeit, machte ihn anschließend mit kaltem Wasser wieder munter und rieb seine Wunden mit Salz oder Chayennepfeffer aus. Oder man zwang einen Gefangenen, nackt in einen Autoreifen zu kriechen, Beine und Hinterteil nach oben, schlug ihn, rieb die Wunden mit Salz aus und übergoß ihn mit kaltem Wasser, damit er wieder zu sich kam und die ganze Prozedur von vorn beginnen konnte. Gelegentlich ließ man über einer Flamme geschmolzenes Plastik auf die nackte Haut eines Gefangenen tropfen. Eine andere Methode war, Öl in einer Bratpfanne zu erhitzen und dann, während der Gefangene festgehalten wurde, sein Glied darin zu »braten«.

In den Gefängnissen des Komitees wurde jeder Gefangene allein in eine winzige Zelle gesperrt, die zwei Ebenen hatte wie eine Stufe. Hände und Füße waren gefesselt, und der Gefangene hatte gerade so viel Bewegungsfreiheit, daß er die Nahrung zu sich nehmen konnte, die ihm durch eine Öffnung in der Zellenwand hineingeschoben wurde. Seine Notdurft konnte er nur mit größter Mühe verrichten.

Solche Gefängnisse sind in dieser Gegend keine Ausnahme. Am

26. Juni 1990 berichtete die israelische Menschenrechtsorganisation B'tselem über Jugendstrafanstalten für minderjährige Palästinenser in Jerusalem. »Fast alle Minderjährigen, die wir interviewten, sagten aus, sie seien schwer mißhandelt worden – man habe sie geohrfeigt, mit Boxhieben und Fußtritten traktiert, an den Haaren gezogen, mit Knüppeln und Eisenstangen geschlagen ...« Andere erzählten, sie seien auf einem Hof mit Handschellen an den Händen an einen Pfahl gebunden worden. Dort hätten sie stundenlang in ihrer mißlichen Stellung ausharren müssen, bei glühender Hitze, bei Regen und während der Nacht. Andere junge Gefangene berichteten, sie seien tagelang in eine dunkle, stinkende eineinhalb Quadratmeter große Isolationszelle gesperrt worden, in der es nur einen Toilettensitz gab. Einige erzählten, sie hätten Stunden in dem sogenannten »Schrank« zugebracht, einer engen Zelle von einem Meter Länge, in der der Häftling nur stehen, sich aber nicht bewegen kann. Andere beschrieben das »Grab«, eine im Boden eingelassene, kistenähnliche Zelle, die mit einer Eisentür verschlossen wird. Der Häftling bekommt Handschellen angelegt und muß in gebückter Haltung ausharren. Die Zelle ist schmutzig, da die Gefangenen nicht die Toilette benutzen dürfen und die Exkremente sich auf dem Boden ansammeln. Durch die Eisentür kann der widerliche Gestank nicht nach draußen entweichen.

Wenn Abu Nidals Gefängnisse zufällig belegt waren, und während das Komitee auf die Bestätigung eines Todesurteils durch seinen Leiter in Libyen wartete, wurde der Gefangene in ein frisch ausgehobenes Grab gelegt und mit Erde bedeckt. Durch eine Röhre in seinem Mund, die aus der Erde ragte, konnte er Luft holen. Von Zeit zu Zeit wurde Wasser in die Röhre gegossen, um ihn am Leben zu erhalten. Wenn die Bestätigung des Urteils aus Libyen eintraf, wurde durch die Röhre ein Schuß abgefeuert. Die Röhre wurde entfernt und das Grab zugeschaufelt.

Interne Massaker

Im Laufe der Jahre nahm das Blutvergießen im Auftrag Abu Nidals immer größere Ausmaße an. In den siebziger Jahren, als die Organisation ihren Sitz im Irak hatte, wurden Dutzende von

Menschen ermordet. In den achtziger Jahren wurden in Syrien über vierzig Menschen, darunter Frauen und Studenten, entführt, in den Libanon geschmuggelt und im Flüchtlingslager Badawi im Norden des Landes umgebracht. Siebenundvierzig Insassen eines Gefängnisses in Aita in der Beka-Ebene konnten nicht transportiert werden, als die Organisation 1987 von dort in den Südlibanon umzog. Deshalb wurden sie allesamt umgebracht, ohne vorangegangenes Verhör. In den Jahren 1986 und 1987 waren Prügel und Folter in den Gefängnissen der Organisation zur Routine geworden. Laut Augenzeugenberichten waren diejenigen, die die Verhöre durchführten, offenbar wenig daran interessiert, die Wahrheit über Gefangene herauszufinden oder ihren Werdegang zu überprüfen. Urteile wurden auf der Grundlage von Geständnissen gefällt, und die Verurteilten wurden nachts erschossen und im Wald verscharrt.

Diese Morde bildeten lediglich den Auftakt zu einer ganzen Mordserie, die im November 1987 im Libanon und in Libyen begann und sich mehr oder weniger unvermindert bis Ende 1988 fortsetzte. Dann freilich hielt es Abu Nidal für ratsam, eine Pause einzulegen, da er seitens seiner Mitarbeiter auf Widerstand stieß. In etwas mehr als einem Jahr hatte er schätzungsweise sechshundert eigene Leute ermorden lassen, also dreißig bis fünfzig Prozent aller Mitglieder, meist junge Männer von Anfang zwanzig – fast ebenso viele Palästinenser, wie die Israelis in den ersten drei Jahren der Intifada töteten.

Diese Massenmorde gingen hauptsächlich auf das Konto von vier Männern, die für Abu Nidals Operationen im Libanon verantwortlich waren: Mustafa Ibrahim Sanduka vom Komitee für Gerechtigkeit, mit seinen Gefängnissen und Vernehmungszentren, Folterknechten und Henkern; Isam Maraka, Abu Nidals fünfunddreißigjähriger Stellvertreter, der mit Umm Nidals Nichte verheiratet war; Sulaiman Samrin, der einflußreiche Erste Sekretär, besser bekannt als Dr. Ghassan al-Ali; und Mustafa Awad, bekannt als Alaa, der brutale und skrupellose Chef der Geheimdienstabteilung.

Auf Anweisung dieser vier Männer wurden im November 1987 allein im Südlibanon über dreihundert Menschen umgebracht – hunderteinundsiebzig davon in einer einzigen Nacht. Sie wurden fälschlicherweise bezichtigt, jordanische Agenten zu sein. Nach

Angaben eines Überläufers wurde mit einem Bulldozer ein tiefer Graben ausgehoben. Mit verbundenen Augen, aneinandergekettet und die Hände auf den Rücken gefesselt, mußten sich die Männer in einer Reihe entlang des Grabens aufstellen. Dann wurden sie mit Maschinengewehrsalven niedergemäht und in den Graben gestoßen. Einige lebten noch und zappelten.

Damals verließen rund hundertzwanzig Mann die Volksarmee und suchten Zuflucht in der Beka-Ebene bei Abu Achmed Fuad, dem Kommandeur der PFLP Georges Habaschs. In einem Kommuniqué bezichtigte der wütende Abu Nidal Fuad, ein jordanischer Agent zu sein – und obendrein mit Jassir Arafat und den Amerikanern gemeinsame Sache zu machen.

Diejenigen, die Abu Nidal nicht im Libanon liquidieren konnte, schickte er nach Libyen und ließ sie dort umbringen. Bei den von Jorde erwähnten Massakern im Wüstencamp starben in den Jahren 1987 und 1988 hundertfünfundsechzig Menschen. Auch sie wurden in Massengräbern bestattet. Die meisten waren junge Palästinenser, die unter dem Vorwand nach Libyen geschickt wurden, daß sie die libyschen Truppen im Tschad in ihrem Kampf um den Aozou-Streifen unterstützen sollten. Abu Nidals Organisation war eine von mehreren palästinensischen und libanesischen Splittergruppen, die Gaddafi freundlich gesinnt waren oder von ihm unterstützt wurden und ihm für seine kriegerischen Unternehmen Leute zur Verfügung stellten. Da Abu Nidal die jungen Männer jedoch im Verdacht hatte, gegen ihn zu konspirieren, kamen sie nicht weiter als bis zum libyschen Lager. Laut Aussage eines Freundes von Jorde, der ebenfalls in dem Lager gewesen war und später entfloh, wurde ein Teilnehmer des Exekutionskommandos durch seine Tat in den Selbstmord getrieben.

Al-Hajji Abu Musa war ein erfahrener Ausbilder Ende fünfzig. Er hatte sich im Irak Abu Nidal angeschlossen und war jetzt bei ihm in Libyen. In all den Jahren hatte Abu Musa viele Rekruten ausgebildet. Obwohl er Soldat war, ein Mörder, war er anständiger als die meisten, und die Zahl seiner Gefolgsleute unter den Kämpfern weckte offenbar Abu Nidals Mißtrauen. »Du weißt, Abu Musa«, sagte er bei Versammlungen zu ihm, »es gibt viele Verräter unter den Palästinensern – aber die meisten sind über fünfzig!«

Abu Nidal schickte Abu Musa nach Libyen und übertrug ihm die Leitung des Ausbildungslagers, in dem er ihn später festnehmen und umbringen ließ – wegen sexueller Perversion. In seiner sadistischen Art erklärte er Abu Musas besorgter Frau Umm Musa, einer alten Bäuerin, die noch die bei Frauen ihrer Generation übliche traditionelle palästinensische Kleidung trug, ihr Mann sei nach Libyen versetzt worden, um ihn daran zu hindern, sich eine andere Frau zu nehmen. Später ließ er auch Umm Musa, die für junge Rekruten wie eine Mutter gewesen war, ins Gefängnis werfen und umbringen, weil sie angeblich lesbisch war. Husam Jusif, Abu Musas Nachfolger als Kommandant des libyschen Lagers – der verantwortliche Mann, als Jorde in das Lager kam – wurde ebenfalls liquidiert.

»Die Leute können nicht verstehen«, sagte Abu Dawud einmal zu mir, »daß Abu Nidal seine Entscheidung, Menschen umbringen zu lassen, mitten in der Nacht trifft, nachdem er eine ganze Flasche Whisky runtergekippt hat.« Aber das war keine hinreichende Erklärung. Für Isa, der zwanzig Jahre eng mit Abu Nidal zusammengearbeitet hatte, gab es keinen Zweifel, daß er mittlerweile wahnsinnig war. Wie bereits erwähnt, glaubten Abu Ijad und Atif Abu Bakr, daß Abu Nidal im Interesse Israels handelte – und eine der besten palästinensischen Milizen im Südlibanon vernichtete. Aber, ob nun Alkohol, Wahnsinn, der Mossad, oder alle drei die Ursache für sein Verhalten waren, fest stand, daß er seine Organisation terrorisierte und niemand ihn aufhalten konnte.

Die Ermordung von Offizieren

Unter den ersten, die im November 1987 im Libanon starben, befanden sich auch die beiden besten Offiziere der Organisation, Jasir al-Disi (bekannt als Abu Mamun) und Ajisch Badran (Abu Umar). Beide waren erfahrene Soldaten: Sie hatten bei der Fatah angefangen, an militärischen Schulungen in Indien und in der Sowjetunion teilgenommen und sich nach der Meuterei innerhalb der Fatah im Jahr 1983 der Organisation Abu Nidals angeschlossen. Disi wurde Mitglied des Zentralkomitees, während Badran, der im Krieg der Lager die Truppen der Organisation befehligt hatte, zum stellvertretenden Leiter der Abteilung der Volksarmee ernannt wurde. Durch den Tod der beiden verlor die Volksarmee ihre militärische Schlagkraft.

Basil war Jasir al-Disis Stellvertreter gewesen. Bei einem unserer geheimen Treffen in Tunis im Sommer 1990 erzählte er mir, was damals passiert war, und sein rosiges Gesicht schwitzte vor Erregung. Zuerst war Disi verschwunden, und danach Badran, plötzlich und ohne jede Vorwarnung, und die Verantwortung lastete nun auf Basil. Er nahm an, sie seien kurzfristig ins Ausland geschickt worden. Dann tauchte eines Tages Wasfi Hannun, der Leiter der Abteilung der Volksarmee, in seinem Hauptquartier auf und holte ihn zu einer wichtigen Besprechung ab mit Isam Maraka, Abu Nidals Stellvertreter, und Dr. Ghassan al-Ali, dem Leiter des Sekretariats.

Hannun brachte Basil in die Berge oberhalb von Sidon zu einem Gebäude, das der Geheimdienstabteilung gehörte. Als sie näherkamen, bemerkte Basil vor dem Gebäude zahlreiche Bewaffnete: die persönlichen Leibwächter Isam Marakas und Dr. Ghassans. Basil begrüßte die Männer freundlich, aber seine Anwesenheit schien sie zu verwirren.

»Erst als ich das Gebäude betrat«, sagte Basil, »merkte ich, daß es sich um ein Vernehmungszentrum handelte. Da waren Elektrokabel, die bei der Folter benutzt werden, und ein Zementblock, auf dem der Angeklagte beim Verhör sitzt. Fünf Männer, die aussahen, als wären sie schon tagelang dort, saßen hinter einem Tisch voller Aktenordner, Thermosflaschen mit Kaffee, schmutzigen Tassen und überquellenden Aschenbechern. Die Luft war stickig. Isam Maraka sagte, sie wollten mir einige Fragen über Disi und Badran stellen. Was ich von ihnen hielte. Ich antwortete, sie seien fähige und erfahrene Offiziere und hätten sich bereits bei der Fatah, bevor sie sich uns anschlossen, einen Namen gemacht und im Krieg der Lager eine wichtige Rolle gespielt. Dann erklärte Maraka freiheraus, sie hätten zugegeben, ein Komplott geschmiedet zu haben, und befänden sich beide in Haft. Außerdem hätten sie ausgesagt, daß sie auf *meine* Hilfe gehofft hätten. Ob ich etwas von dem Komplott wisse.«

Basil entgegnete verärgert, daß er sich als Mitbegründer der Organisation betrachte und nicht die Absicht habe, sein eigenes Werk zu zerstören. Glaubten sie vielleicht, er werde den Mund halten, wenn er auch nur andeutungsweise von einem Komplott höre? Nach ungefähr einer halben Stunde ließ man ihn gehen.

Damals verschwanden viele aus den Einheiten. Zuerst dachte

Basil, sie seien nach Libyen versetzt oder zum Kämpfen in den Tschad geschickt worden, aber dann mußte er zu seinem Erstaunen feststellen, daß sie wegen einer angeblichen Verschwörung in Sidon gefangengehalten und auf brutale Weise verhört wurden. Bald darauf wurde bekannt, daß man Disi und Badran als jordanische Spione hingerichtet und ein paar Dutzend andere erschossen und in einem Massengrab bei Bkasta bestattet hatte.

Badran hinterließ eine Frau und neun Kinder, die in Dummar, einem Dorf am Rand von Damaskus, wohnten.

Verschiedene Opfer

Bei meinen Interviews mit ehemaligen Mitgliedern der Organisation, die ich in Tunis, auf Malta, auf Zypern und in Marseille aufspürte, erfuhr ich von einigen anderen Personen, die plötzlich und gewaltsam zu Tode gekommen waren.

1. Ibrahim al-Abd, ein fähiger Kader aus der Finanzabteilung, der das Handelsunternehmen der Organisation in Zürich geleitet hatte, wurde 1987 festgenommen, der Spionage für den Mossad und die CIA bezichtigt und hingerichtet. Zu der Zeit war Abu Nidal gerade dabei, seine Schweizer Bankkonten neu zu ordnen und sie stärker unter die Kontrolle seiner Familie zu bringen. Vermutlich wußte Abd zu viel über diese Gelder, ebenso wie ein anderer Kader aus der Finanzabteilung, der etwa zur selben Zeit ermordet wurde. Sein Name war Musa Raschid. Er hatte eine Finanzierungsgesellschaft der Organisation in Kuwait geleitet. Raschid wurde nach Libyen beordert und dort als jordanischer Spion erschossen.

2. Muhammad Chair (Deckname Nur Muharib), ein Mitglied des Komitees für politische Beziehungen der politischen Abteilung, fiel ebenfalls der Paranoia Abu Nidals zum Opfer. Ehe er Ende der siebziger Jahre der Organisation beitrat, hatte er ein oder zwei Jahre in der Türkei studiert. Aus diesem Grund war Abu Nidal davon überzeugt, daß Chair vom türkischen Geheimdienst angeworben worden war. Von da war es nur noch ein kleiner Schritt zu der Vermutung, daß die Türken ihn beim Mossad eingeführt

hätten und daß der ihn wiederum ermutigt habe, seine Dienste dem jordanischen und syrischen Geheimdienst anzubieten. Deshalb wurde Nur Muharib beschuldigt, gleichzeitig für vier Geheimdienste zu spionieren.

Im Jahr 1987 hatte Muharib die junge Lehrerin Fatima Skaf kennengelernt und geheiratet. Sie stammte aus einer schiitischen Familie und unterrichtete an einer Grundschule in Damaskus. Vier Monate nach ihrer Heirat wurden beide verhaftet und 1988 hingerichtet. Obwohl Fatima ihren Mann noch gar nicht lange kannte und über nichts und niemanden in der Organisation Bescheid wußte, wurde ihr Leben nicht geschont. Als ihre Eltern Nachforschungen anstellten, wurde ihnen mitgeteilt, sie sei zusammen mit ihrem Mann auf eine Mission ins Ausland geschickt worden. Bis zum heutigen Tag wissen die Eltern nichts Näheres über das Schicksal ihrer Tochter.

Nur Muharib hatte einen Onkel namens Mustafa Umran, ein palästinensischer Schriftsteller und Poet aus Gaza, der an der Kairoer Universität arabische Literatur studiert hatte. Er war ein Anhänger des Fatah-Rebellen Abu Musa gewesen, bevor er sich 1987 der Organisation Abu Nidals anschloß. Aufgrund seiner schriftstellerischen Fähigkeiten bekam er eine Stelle im Publikationskomitee der politischen Abteilung. Während seiner dortigen Tätigkeit traf er zufällig seinen Neffen Nur Muharib wieder, den er seit zwanzig Jahren nicht mehr gesehen hatte.

Als Nur verhaftet wurde, wurde auch sein Onkel festgenommen und so lange brutal gefoltert, bis er zugab, daß er der Chef eines geheimen Agentennetzes des Mossad sei, dessen spezielle Aufgabe darin bestehe, die Araber in der subversiven Haltung zu bestärken, daß normale Beziehungen zu Israel möglich seien.

Diese beiden Männer hatten sich im Komitee für politische Beziehungen beziehungsweise im Publikationskomitee leitende Positionen erkämpft. Sie galten als gute Genossen und Revolutionäre. Doch von einem Tag auf den anderen wurden sie der Spionage und des Verrats beschuldigt und liquidiert. Wie üblich, wurden auch gegen sie keinerlei Beweise beigebracht. Sie waren Unpersonen. Keiner durfte etwas zu ihren Gunsten vorbringen. Kollegen erfuhren von ihrem Schicksal aus der Zeitschrift der Organisation oder aus einem internen Memorandum.

3. Mudschahid al-Bajjari (Deckname Zuhair Chalid), ein weiteres Opfer, zählte zu den terroristischen Größen der Geheimdienstabteilung und spielte eine führende Rolle bei Auslandsoperationen. Al-Bajjari hatte zwei Jahre in einem spanischen Gefängnis gesessen, weil er mit einem gefälschten marokkanischen Paß gereist war. Er war unter anderem an den Bombenanschlägen auf Straßencafés in Kuwait im Jahr 1985 beteiligt gewesen.
Als die Organisation ihren Sitz noch in Syrien hatte, erkundigte sich der Geheimdienst der syrischen Luftwaffe 1986 bei seinem Kontaktmann in der Organisation, Ab al-Karim al-Banna (Abu Nidals Neffe), ob er ein Mitglied namens Mudschahid al-Bajjari kenne. Man wolle mit ihm sprechen, hieß es. Als Abu Nidal von den Nachforschungen der Syrer erfuhr, schien er zutiefst beunruhigt. Er brüllte, die Syrer wollten Bajjari wegen der Bombenanschläge auf die Cafés an die Kuwaitis ausliefern und sich dafür fürstlich belohnen lassen. Er verweigerte Bajjari die Erlaubnis, mit den Syrern zu sprechen.

Tatsache war, daß Bajjari einem Kommando Abu Nidals angehört hatte, das auf Veranlassung des Irak im Juli 1979 in Nizza an der französischen Riviera den Führer der syrischen Palästinensergruppe al-Saika, Zuhair Muhsin, ermordet hatte. Als die Syrer um ein Gespräch mit Bajjari baten, vermutete Abu Nidal sofort, daß sie von seiner Beteiligung an dem Attentat erfahren hatten und auf Rache sannen. Er gab Bajjari den Befehl, in der israelischen Sicherheitszone im Südlibanon eine Autobombe explodieren zu lassen (eine Spezialität von ihm). Aber die Bombe explodierte bereits in Sidon – sei es nun Zufall oder Absicht –, und Bajjari wurde getötet.

Anschließend übermittelte Abu Nidal den Syrern eine Botschaft, in der er anfragte, ob er den Führer der Arabischen Befreiungsfront, der Palästinensergruppe des Irak, umbringen lassen solle. Ein ehemaliges Mitglied der Organisation Abu Nidals gab mir folgende Erklärung: »Abu Nidal wollte den Syrern damit sagen: ›Seht her, ich habe auf Befehl der Iraker Zuhair Muhsin getötet, und jetzt bin ich bereit, auf euern Befehl ihren Mann zu töten.‹« Die Syrer lehnten den Handel ab.

Gründe für die Säuberung

Wie waren die Massaker von 1987 und 1988 zu erklären? Wenn Abu Ijad und andere recht haben, steckte vermutlich der Mossad hinter der Säuberungsaktion. Aber, wie meistens bei solchen Rätseln, ließ sich auch innerhalb der Organisation Abu Nidals eine Erklärung finden. Wie bereits erwähnt, spürte Abu Nidal, daß ihm die Kontrolle über die Organisation allmählich entglitt. Aber die eine Erklärung schließt die andere nicht unbedingt aus.

Jahrelang waren Abu Nidal, Abu Nizar und Abd al-Rahman Isa unzertrennlich gewesen und hatten gemeinsam die Organisation aufgebaut. Aber 1981 war Abu Nidal nach Polen gegangen und hatte die folgenden Jahre in Europa verbracht. Er war zwischen Warschau und Wien, Zürich und Berlin hin und her gereist, hatte Waffengeschäfte getätigt, Finanzierungsgesellschaften gegründet, Kapital angehäuft und sich vom Nahen Osten ferngehalten. Er hatte versucht, seine Organisation aus der Ferne zu leiten, indem er Woche für Woche Direktiven verschickte und seine überlasteten Mitarbeiter rügte, kritisierte und gegeneinander aufhetzte. Aber seine Kollegen, die die täglichen Lasten zu tragen hatten, nahmen ihm seine Abwesenheit übel und ärgerten sich über seine diktatorischen Methoden.

In diesen Jahren in Syrien expandierte die Organisation sehr rasch; im Libanon stieg die Mitgliederzahl fast um das Zehnfache. Die Männer, die die Organisation im Grunde leiteten, waren stolz auf diese Entwicklung, während Abu Nidal, wie bereits erwähnt, darüber eher beunruhigt war. Für ihn waren die neuen Rekruten ein unliebsamer Haufen, der seine Organisation untergrub und für ihn persönlich sogar zu einer ernsten Bedrohung werden konnte. Auf der Suche nach Sicherheit und politischer Führung ließen sich die jungen Männer von einem Herrn zum anderen treiben, sie waren roh und ungebildet, politisch unerfahren, rebellisch und hatten eine wechselvolle Karriere hinter sich. Niemand hatte ihnen die zehn Prinzipien der Organisation eingebleut. Sie besaßen nicht die Loyalität gegenüber der Organisation wie Abu Nidals ältere Kader.

Um sich persönlich ein Bild von der Entwicklung zu machen, kam Abu Nidal im Oktober 1984 für eine Woche und im Januar 1985 für zwei Wochen heimlich nach Syrien und führte lange Gespräche mit seinem Führungsstab. Am 22. Oktober 1985 reiste er erneut nach Syrien und blieb dort, mit Unterbrechungen, ein Jahr und fünf Monate, bis er schließlich am 28. März 1987 endgültig nach Libyen umzog.

In dieser Zeit erreichte der interne Streit seinen Höhepunkt, und in dieser Zeit ergriff Abu Nidal auch die brutalen Maßnahmen, mit deren Hilfe er seine Mitarbeiter unschädlich machte und die vollständige Kontrolle wieder an sich riß.

Diese Maßnahmen sahen wie folgt aus:

1. Im Jahr 1985 wurde Abu Nizar und Abd al-Rahman Isa die Zeichnungsberechtigung für die Bankkonten der Organisation in der Schweiz und anderswo entzogen und Mitgliedern der Familie Abu Nidals übertragen.

2. Im August 1986 wurde Abu Nizar seines Postens als Stellvertreter Abu Nidals enthoben und durch den jungen, sklavisch ergebenen Isam Maraka ersetzt. Wie bereits erwähnt, wurde Abu Nizar der weitaus weniger einflußreiche Posten des Leiters der Organisationsabteilung übertragen.

3. Im Juni 1987 leitete Abu Nidal die Verbannung seiner Organisation aus Syrien in die Wege, indem er ohne Wissen oder Zustimmung Syriens in Rom, Wien, Karatschi und Istanbul Terroranschläge durchführte.

4. Er teilte die Organisation zwischen dem Libanon und Libyen auf, um sie besser kontrollieren zu können.

5. Abd al-Rahman Isa wurde 1987 seines Postens als Chef der Geheimdienstabteilung enthoben und zu einem gewöhnlichen Kader degradiert; seine Nachfolger waren Mustafa Awad (Alaa) für den Libanon und Ali al Farra (Dr. Kamal) für Libyen.

6. Der Höhepunkt: Im November 1987 ordnete Abu Nidal das Massaker an Offizieren und Angehörigen der Volksarmee an.

Abu Nidals Mitarbeiter begriffen erst ganz allmählich die ganze Tragweite dieser Maßnahmen, und mit wenigen Ausnahmen fielen sie seiner überlegenen Strategie zum Opfer.

War etwas Wahres dran an Abu Nidals Behauptung, seine einstmals loyalen Mitarbeiter hätten im Herbst 1987 ein Komplott gegen ihn geschmiedet? Sicher ist, daß er seit 1985 auf stärkeren Widerstand stieß. Jene Männer, die die Organisation während seines langen Aufenthalts in Polen geleitet und dafür gesorgt hatten, daß sie sich in Syrien etablierte, im Libanon Fuß faßte und ständig expandierte, Männer, die im Krieg der Lager gekämpft und nun ihre nationalistische Richtung gefunden hatten, sie ärgerten sich über Abu Nidals Versuche, gegen den Strom zu schwimmen und die Organisation wieder in ihr altes Maulwurfdasein zurückzuführen.

Weder gefiel ihnen, daß sie aus Syrien verbannt wurden, noch mochten sie sich mit dem Gedanken anfreunden, daß die Organisation zwischen Libyen und dem Libanon aufgeteilt wurde, was eine Schwächung ihrer Position bedeutete. Sie hielten die Zeit für gekommen, sich vom Terrorismus zu distanzieren, und forderten mehr Mitspracherecht bei politischen Entscheidungen. Wie Habaschs PFLP, Dschibrils PFLP-Generalkommando oder die zahllosen libanesischen Widerstandsgruppen wollten auch sie sich dem Kampf gegen Israel anschließen, das – von den Repressalien gegen Palästinenser in den besetzten Gebieten einmal ganz abgesehen – immer noch einen beträchtlichen Teil des Südlibanon besetzt hielt und von dort regelmäßig Angriffe gegen den Norden durchführte.

Abu Nidal gab den neuen Leuten, die 1985 von der Fatah zu seinem Oberkommando übergetreten waren, die Schuld an den Problemen – vor allem Atif Abu Bakr, dem Ideologen der neuen »nationalistischen« Richtung. Abu Bakr, ein Mann mit auffallend hagerem Gesicht, ausgemergeltem Körper und ernstem, nachdenklichem Gesichtsausdruck, der manchmal schulmeisterlich dozierte und dann wieder scharfe Töne anschlug, war klüger als die anderen, ein ernstzunehmender Gegner, wie Abu Nidal feststellte. Männer seines Kalibers wollten, daß im Politischen Büro und im Zentralkomitee richtig diskutiert wurde, und sie hatten eine völlig andere Vorstellung von der Zukunft der Organisation als Abu Nidal.

Bei dem Streit, der zwischen 1985 und 1987 innerhalb der Organisation entbrannte, ging es um Macht, Geld, Operationen, ideologische Richtung, Beziehungen zu anderen Gruppen und Entscheidungsprozesse. Obwohl sich der Protest nicht offen entlud, hatte Abu Nidal Angst, seine Mitarbeiter könnten ihn eines Tages mit Hilfe ihrer Truppen stürzen und, eventuell mit syrischer Unterstützung, die Organisation übernehmen. Abu Nizar und Abd al-Rahman Isa hatten in Syrien gelebt und gearbeitet und standen in engem Kontakt zu General Muhammad al-Chuly vom Luftwaffengeheimdienst. Für den paranoiden Abu Nidal war das Grund genug, als erster loszuschlagen. Er war entschlossen, »seine Gegner zum Mittagessen zu verspeisen, ehe sie ihn zum Abendessen verschlangen«.

Vielleicht war das der Grund, weshalb er wichtige Posten mit Männern besetzte, die wie er von einer absolut geheimen Organisation träumten, die nach ihren eigenen grausamen Gesetzen lebte. Mit ihrer Hilfe entledigte er sich der Offiziere und Mitarbeiter, die seinen Gegnern die nötige Macht für einen ernsthaften Angriff gegen ihn hätten verschaffen können.

Der Sturz Abu Nizars

Durch die von Abu Nidal angeordneten Massenmorde im Libanon und in Libyen traten die Spannungen innerhalb der Organisation offen zutage. Abu Nidal konnte offenbar jeden zum Tode verurteilen und war mächtig genug, auch die Vollstreckung des Urteils durchzusetzen. Atif Abu Bakr war entschlossen, den ganzen makabren Plan aufzudecken. Er hielt es für seine Pflicht, die Mitglieder über die Vorgänge aufzuklären. Schweigen hieße, sich zum Komplizen bei Abu Nidals Verbrechen zu machen.

Im Mai und Juni 1988 schickte Atif Abu Bakr Memoranden an Mitglieder des Politischen Büros und des Zentralkomitees. Darin forderte er die Einsetzung eines Untersuchungsausschusses zur Klärung der Morde – eine offene Herausforderung an Abu Nidal, der er sich stellen mußte. Doch Abu Bakr verfaßte nicht nur Memoranden. Darüber hinaus versuchte er, Abu Nizar, ein Gründungsmitglied der Organisation, auf seine Seite zu ziehen. Als ehemaliger Stellvertreter Abu Nidals verfügte Abu Nizar immer noch über genügend Einfluß und Popularität, um einen Richtungswechsel durchzusetzen.

Abu Nidal konterte, indem er Abu Nizar eine meisterhafte Falle stellte. Als die Organisation 1987 aus Syrien verbannt wurde, übersiedelten Abu Nizars Frau und die Kinder nach Algerien. Aber dort waren sie allein. Abu Nizar selbst war oft unterwegs. Die Familie überlegte, ob sie nach Zypern oder gar in die Tschechoslowakei gehen sollte. Mit gespielter Unschuldsmiene erklärte Abu Nidal dem arglosen Abu Nizar, daß es für seine Familie am besten sei, wenn sie nach Damaskus zurückkehre, denn dort sei sie jahrelang glücklich gewesen. Abu Nizar nahm den Vorschlag in gutem Glauben an, besorgte für seine Familie libysche Pässe und schickte sie Ende August 1988 zurück nach Syrien. Kurz darauf bezichtigte Abu Nidal Abu Nizar, ein syrischer Agent zu sein. Wenn seine Familie nach der Ausweisung der Organisation aus Syrien in dieses Land zurückkehre, so könne das nur eines bedeuten: Abu Nizar habe zum syrischen Geheimdienst Kontakt aufgenommen, und dieser habe den Umzug genehmigt.

Dann unterlief Abu Nizar und Atif Abu Bakr ein weiterer taktischer Fehler, der diesmal fatale Folgen hatte. Die beiden führten nicht nur lange Privatgespräche – an sich schon ein gefährlicher Verstoß gegen die Regeln der Organisation – sondern, was noch viel schlimmer war, Atif arrangierte für Abu Nizar Anfang Oktober 1988 in Algier ein geheimes Treffen mit Abu Ijad, dem Geheimdienstchef der PLO.

Abu Ijad erzählte mir 1990 in Tunis von der Begegnung mit Abu Nizar. Es sei, so sagte er, ein langes, zeitweise hitziges, zeitweise aber auch ungewöhnlich offenes Gespräch gewesen, das um neun Uhr abends begonnen und bis drei Uhr morgens gedauert habe. Die ersten beiden Stunden habe Abu Nizar wie Abu Nidals offizieller Sprecher geredet. Beim Zuhören habe er daran denken müssen, daß dieser Mann fünfzehn Jahre lang Abu Nidals engster Mitarbeiter gewesen sei, sein Partner bei Terroraktionen und Verbrechen.

»Dann, auf einmal, änderte sich sein Ton, als hätte sich sein Gewissen gemeldet. Er erzählte mir Geschichten, die ich kaum glauben konnte. Wie Abu Nidal sie erniedrigte und beleidigte. Wie er ihnen vorschreiben wollte, was ihre Frauen anzuziehen hatten. Wie er sich in alles einmischte. Es sei schlimmer, meinte er, als das Leben in einer chinesischen Kommune. Und jetzt habe sich Abu Nidal auch noch zum Psychopathen entwickelt!

Was sollte er tun? Wie konnte er entkommen? Konnte ich für

seine Sicherheit garantieren? Sollte er überlaufen und so viele Männer wie möglich mitnehmen? Genau das wolle Abu Nidal ja gerade, erklärte ich. Jeder Diktator in der Geschichte hat sich gern der starken Männer aus seiner Umgebung entledigt – und anschließend Krokodilstränen vergossen!

Ich riet ihm, er solle bleiben und kämpfen. Er solle drastische Maßnahmen ergreifen, um Abu Nidals Macht zu brechen. Ihn vielleicht sogar gefangennehmen. Ich wollte nicht offen aussprechen, daß sie ihn töten sollten, aber wir wußten beide ganz genau, daß Abu Nidal, solange er lebte, eine Gefahr darstellte.«

Irgendwie – vielleicht durch das Abhören von Telefongesprächen – erfuhr Abu Nidal von Abu Nizars Treffen mit Abu Ijad und sah darin einen klaren Beweis für die Verschwörung, die er so fürchtete und die nur mit dem Tode bestraft werden konnte.

Am 18. Oktober 1988, ein paar Wochen nach dem Treffen, ließ Abu Nidal seinen alten Kameraden Abu Nizar am Stadtrand von Tripolis in einem Haus im Bezirk Suk al-Juma ermorden. Das Haus gehörte zu einer aus drei geräumigen Villen bestehenden Wohnanlage, die Gaddafi Abu Nidal zur Verfügung gestellt hatte. Allein das Schlafzimmer war so groß wie ein ganzes Apartment, mit eigenem Bad und eigener Küche. In diesem Raum schlief Abu Nidal ab und zu, und hier wurde Abu Nizar, nach Aussage mehrerer Insider, gefoltert und umgebracht.

Abd al-Rahman Isa war mit einem Auftrag im Sudan gewesen. Der Tonbandaufzeichnung seines Verhörs zufolge war er am Abend des 17. Oktober nach Libyen zurückgekehrt.

»Jedesmal, wenn ich von einer Mission im Ausland zurückkehrte, suchte ich, ehe ich nach Hause fuhr, zuerst Abu Nidal in seinem Büro auf und erstattete ihm Bericht, vor allem, wenn ich etwas Heikles mitzuteilen hatte. Diesmal passierte etwas Merkwürdiges. Ich eilte in mein Büro und nahm, noch ganz außer Atem, den Hörer ab, um mit Abu Nidal zu sprechen, weil ich dachte, er wolle mich sofort sehen. Mein Büro lag nur ein paar Autominuten von seinem entfernt.

›Hallo! Wir sind zurück‹, sagte ich.

›Willkommen daheim‹, erwiderte er ganz ruhig. ›Wir sehen uns morgen abend.‹«

Isa fuhr nach Hause. Seine Frau erzählte ihm, Abu Nizar habe wiederholt versucht, ihn zu erreichen. Er habe mehrmals angerufen. Isa war überrascht, weil den Mitgliedern der Organisation Kontakte untereinander verboten waren – und zu ihm durften sie ganz sicher keinen Kontakt aufnehmen. Seit seiner Degradierung war er mehr oder weniger isoliert.

Abd al-Rahman Isa und Atif Abu Bakr versuchten später, die Ereignisse des 17. und 18. Oktober zu rekonstruieren. Am Nachmittag des 17. Oktober hatte Abu Nidal Abu Nizar und Atif Abu Bakr abgeholt und mit ihnen Gaddafi zu Hause einen Besuch abgestattet. Danach waren sie zum Haus von Achmed Dschibril, dem Führer des PFLP-Generalkommandos, in einem Dorf bei Tripolis gefahren.

Nach diesen kurzen Besuchen setzte Abu Nidal Abu Nizar vor seinem Hotel ab – bei seinen Aufenthalten in Libyen wohnte Abu Nizar stets im Hotel – und fuhr anschließend Atif nach Hause. Sie hatten ausgemacht, daß Amdschad Ata, der stellvertretende Leiter des Sekretariats, Abu Nizar am nächsten Morgen um acht Uhr dreißig abholen und zu einer Besprechung fahren sollte. Atif sollte etwas später, gegen zehn Uhr, abgeholt werden. Doch am nächsten Morgen wartete Atif vergebens. Niemand kam, um ihn zu der am Vorabend vereinbarten Besprechung zu bringen. Er rief Abu Nidal an. Dieser erklärte, er sei beschäftigt, und schlug vor, das Treffen auf den nächsten Tag zu verschieben.

Am 18. Oktober wartete Atif den ganzen Tag darauf, daß Abu Nizar anrief oder vorbeikam, wie er es bei seinen Besuchen in Libyen normalerweise tat. Aber er meldete sich nicht. Als Atif sich am nächsten Morgen mit Abu Nidal traf, war Abu Nizar nicht anwesend. Als er nach ihm fragte, erklärte Abu Nidal, er sei nach Algerien zurückgeflogen.

Am Mittag desselben Tages rief Atif bei Abu Nizar zu Hause in Algerien an und erfuhr, daß er dort nicht angekommen war. Nachmittags erkundigte er sich noch einmal bei Abu Nidal. Diesmal hieß es, Abu Nizar sei unterwegs in den Libanon.

»Ich spürte, daß etwas los war«, erzählte mir Atif Abu Bakr bei einem unserer langen Gespräche 1990 in Tunis, »und ich wurde noch unruhiger, als ich feststellte, daß Abu Nizars Sachen immer noch in seinem Hotelzimmer waren – er hatte im achten Stock des Hotels Bab al-Bahr gewohnt. Die Sachen blieben dort, bis Atif Hammuda von der Finanzabteilung sie am 25. Oktober, acht Tage nach Abu Nizars Verschwinden, abholte.

Ein paar Tage später traf ein Telegramm aus dem Libanon ein, in dem stand, Abu Nizar sei dort angekommen. Abu Nidal ließ mir eine Kopie zukommen, was an sich ungewöhnlich war, da er mir normalerweise keine Kopien seiner Telegramme schickte. Daran merkte ich, daß etwas nicht stimmte.«

Atif Abu Bakr mußte damals nach Aden reisen und kehrte erst nach zwei Monaten, Anfang 1989, nach Libyen zurück. Abu Nizar war immer noch nicht wieder aufgetaucht. Abu Nidal wich Fragen nach ihm aus, brachte aber immer häufiger schwere Anschuldigungen gegen seinen ehemaligen Stellvertreter vor. Er erzählte allen, Abu Nizar habe Gelder der Organisation veruntreut, um für sich und seine Familie Eigentum zu erwerben. Laut Abu Nidal fehlten auf seinen Konten vierzigtausend Dollar.

Da es immer noch keinen Beweis für Abu Nizars Tod gab, hofften seine Freunde, er werde in einem Gefängnis Abu Nidals festgehalten. Im April 1989 hatte Atif Abu Bakr genug. Er stellte Abu Nidal zur Rede. Seit Abu Nizars Verschwinden waren mittlerweile sechs Monate vergangen, und er wollte wissen, ob es noch eine Möglichkeit gab, ihn zu retten.

Das Treffen fand abends im Andalus-Viertel von Tripolis in einer der konspirativen Wohnungen statt, die Abu Nidal ab und zu benutzte. In einer Villa auf der gegenüberliegenden Straßenseite waren seine Leibwächter untergebracht. Während sich Atif Abu Bakr und Abu Nidal in dem großen, geschmackvoll eingerichteten Wohnzimmer unterhielten, lungerten draußen zwischen Küche und Korridor vier bewaffnete Männer herum. Gelegentlich warfen sie einen Blick ins Wohnzimmer, um zu sehen, ob sie gebraucht wurden.

»Ich war allein«, sagte Atif, »und ich merkte, daß ich in eine Falle getappt war. Es gab kein Entrinnen. Selbst wenn ich lebend die Straße erreicht hätte, wäre ich nicht weit gekommen.

Ich fragte Abu Nidal, womit er die Inhaftierung, oder gar Hinrichtung, eines führenden Mitglieds der Organisation ohne Wissen oder Zustimmung der Führung rechtfertigen wolle. Ein Mitglied des Führungsstabs wurde vermißt, und keiner seiner Kameraden wußte, ob er lebte oder tot war!

›Bezichtigst du deinen eigenen Stellvertreter, ein Agent zu sein‹, fragte ich ihn. ›Wie willst du das der Organisation erklären? Wenn Abu Nizar des Verrats schuldig ist, dann ist es meine zehnjährige Tochter auch!‹«

Atif erzählte mir, er habe sich bemüht, genauso ruhig und doch freimütig zu sprechen, wie es Abu Nidal von ihm erwartete. Abu Nidal machte einen nervösen Eindruck. Er stand dauernd auf und setzte sich wieder. Atif glaubte, er wolle ihn umbringen. Abu Nidal behauptete, Abu Nizar sei ein syrischer Agent. »Aber er war dein Stellvertreter«, erwiderte Atif. »In deiner Abwesenheit trug er die ganze Verantwortung – für die Waffen, die Gebäude, die Kader. Warum sollte er dich jetzt verraten? Wie hätte aus ihm in Algerien plötzlich ein syrischer Agent werden können? Das ergibt einfach keinen Sinn.«

Schließlich fragte Abu Nidal ihn rundheraus, ob er glaube, daß Abu Nizar und Abd al-Rahman Isa sich gegen ihn verschworen hätten. Atif antwortete, in seinen Augen seien die beiden ebenso unschuldig wie seine Tochter. Abu Nidal blickte ihn so finster an, als wollte er ihn am liebsten auf der Stelle umbringen lassen, konnte sich aber nicht dazu durchringen.

»Um Mitternacht ließ er mich endlich gehen«, erzählte Atif weiter. »Um ihn zu beschwichtigen, erklärte ich mich bereit, ihn am nächsten Tag aufzusuchen. Ich verließ ihn in der festen Überzeugung, daß er Abu Nizar in Libyen ermordet hatte.«

Kurze Zeit später, im Mai 1989, erfuhr Atif Abu Bakr, daß Umm Nizar der Organisation einen langen Brief über ihren Mann geschrieben hatte. Atif wollte wissen, was in dem Brief stand. Abu Nidal und andere Mitglieder des Zentralkomitees suchten ihn zu Hause auf, und Amdschad Ata las den Brief vor versammelter Mannschaft vor.

Atif beschrieb mir die Szene. »Abu Nidal saß mir gegenüber und beobachtete mich die ganze Zeit. ›Du wirst sehen, daß das nicht Umm Nizars Stil ist‹, sagte er. ›Irgendein Geheimdienst muß den Brief für sie aufgesetzt haben!‹

Der Brief klang in der Tat unerschrocken und sachlich, und er war in Umm Nizars Handschrift abgefaßt. An einer Stelle beschrieb sie, wie sie auf der Suche nach ihrem Mann in Sidon Dr. Ghassan und Isam Maraka aufgesucht hatte. Die beiden hatten sie schlecht behandelt und tief gedemütigt.

Ich war bestürzt. Tränen liefen mir übers Gesicht. Abu Nidal bedeutete Amdschad Ata mit einer kurzen Handbewegung, innezuhalten, und fragte mich, was los sei. Ich sagte, es sei nichts, und bat Amdschad Ata, weiterzulesen. Aber ich hörte nicht mehr richtig hin. Ich dachte: ›Ist dies der richtige Moment, oder soll ich noch etwas warten?‹ Nein, jetzt oder nie.

Als Ata geendet hatte, fragte mich Abu Nidal nach meiner Meinung. Ich antwortete klar und deutlich:

›Unsere Frauen erwartet dasselbe Schicksal wie Umm Nizar! Hier trennen sich unsere Wege. Ihr seid ein Haufen Krimineller!‹

Nachdem ich ihm meine Meinung gesagt hatte, versuchte Abu Nidal, die Dinge wieder ins Lot zu bringen. Er sagte, er werde sich bei mir melden, wenn ich weniger erregt sei. Aber seine Blicke waren tödlich.«

14 Duell bis zum Tod

Im April 1987 kam es in Algier zu einer persönlichen Begegnung zwischen Abu Ijad und Abu Nidal, zwei Männern, die seit einem Jahrzehnt versuchten, sich gegenseitig umzubringen. Beide waren alte Hasen in der Welt der Geheimdienste, der eine als Geheimdienstchef der PLO, der andere als Chef einer eigenen ausgedehnten und großzügig finanzierten Organisation mit geheimem Vermögen in vielen Ländern und einem internationalen Killernetz. Sie hatten viele Schlachten gegeneinander ausgetragen, aber keiner hatte den entscheidenden Sieg errungen. Sie waren einmal Freunde gewesen, aber ihre Zuneigung war in Haß umgeschlagen und ihre jetzige Beziehung war ein Musterbeispiel für die zerstörerischen inneren Streitigkeiten, unter denen die palästinensische Widerstandsbewegung von Anfang an zu leiden hatte.

Da Abu Nidal zu unterschiedlichen Zeiten unter dem Schutz verschiedener arabischer Staaten stand, war es für Abu Ijad schwer, an ihn heranzukommen. Dabei handelte es sich um Länder, in denen die PLO selbst massive Interessen hatte. Sie konnte nicht einfach zuschlagen und sich dann aus dem Staub machen, ohne die örtlichen Machthaber zu brüskieren. Aber auch Abu Ijad war kein einfaches Ziel. Er war in Palästinenserkreisen bekannt und hatte viele Anhänger. Er wurde ebenfalls sehr gut beschützt. Abu Nidal hatte Schwierigkeiten, einen Mann zu finden, der bereit war, ihn niederzuschießen. Also versuchte er, den anderen zu neutralisieren: durch eine komplizierte Diplomatie mit arabischen und europäischen Staaten und durch Infiltration und Manipulation, die traditionellen Mittel des Geheimdienstmetiers.

Abu Nidals terroristische Aktivitäten waren das Hauptproblem für Abu Ijad. Seine Operationen fügten der palästinensischen Sache so großen Schaden zu, daß Abu Ijad viel Zeit und Energie darauf verwenden mußte, sie zu unterbinden. Nach Angaben Abu Ijads war es der PLO seit 1980 gelungen, von insgesamt ungefähr zweihundert geplanten Operationen rund hundertzwanzig zu vereiteln. »Ich glaube, wir haben der Welt viel Leid erspart. Ich erwähne diese Dinge nicht gern, denn wir wollen nicht den Eindruck erwecken, daß wir in Europa den Polizisten spielen.«

Die Ereignisse im Libanon 1985–86 zwangen den beiden Kontrahenten jedoch de facto einen Waffenstillstand auf. Wie wir gesehen haben, kämpften Abu Nidals Männer im Krieg der Lager auf seiten der Fatah gegen die Amal, die von den Syrern unterstützte schiitische Miliz. Es war eine heilsame Erfahrung. Wenn sich die palästinensischen Kämpfer an der Basis zusammentaten, machte es wenig Sinn, wenn ihre Führer einander weiter nach dem Leben trachteten.

Dialog in Algier

Durch diese Ereignisse war das Treffen von Algier erst möglich geworden. Es fand anläßlich der 18. Sitzung des Palästinensischen Nationalrats (PNC), des palästinensischen »Exilparlaments«, statt, das vom 20. bis 26. April in der Résidence des Pins, einem Konferenzzentrum fünfzehn Kilometer westlich von Algier, tagte. Die Sitzung stand unter dem Motto »Kongreß der Einheit«, und unter den verschiedenen Palästinensergruppen herrschte eine versöhnliche Stimmung. Arafat stand weniger unter Druck und war daher nachgiebiger als sonst. Der Grund war, daß die von Syrien unterstützte Palästinensische Nationale Rettungsfront seiner Gegner an Einfluß verlor. Abu Nidal selbst hatte mit den Syrern gebrochen. Seine neuen Freunde, die Libyer, und das Gastgeberland Algerien bemühten sich hinter den Kulissen um die Beilegung der innerpalästinensischen Querelen. Ganz offensichtlich vermutete niemand, daß zwischen Abu Nidal und dem Mossad eine Verbindung bestehen könnte.

Ließ sich die historische Spaltung der Fatah wieder rückgängig machen? Konnten Abu Nidal und die Fatah ihren seit 1974 andauernden Krieg beenden? Die Vermittler arbeiteten fieberhaft. Aber jeder der beiden Kontrahenten fürchtete sich vor den heimlichen Absichten des anderen. Abu Nidal fürchtete, Abu Ijad wolle seine Organisation spalten, während Abu Ijad überzeugt war, daß Abu Nidal mit Unterstützung aus Israel danach trachtete, die PLO zu infiltrieren, sie als terroristische Organisation zu brandmarken und zu vernichten.

Geplant war, daß sich Arafat und Abu Ijad mit Abu Nidal vor der Sitzung des Palästinensischen Nationalrats in Tripolis treffen sollten. Dann jedoch ließ Abu Nidal in letzter Minute ausrichten, daß er zu einem Gespräch mit Abu Ijad nicht bereit sei. Wie es hieß, war er über einen Artikel in dem französischen Magazin *Le Nouvel Observateur* verärgert, in dem Abu Ijad mit den Worten zitiert wurde (irrtümlich, wie er mir später versicherte), Abu Nidals Mutter sei eine alawitische Dienstbotin gewesen. Also ging Arafat allein zu dem Treffen. Nachts um zwei Uhr kam er in die Villa, die er zusammen mit Abu Ijad bewohnte, zurück.

»Er klopfte an meine Tür«, erinnerte sich Abu Ijad später, »und wirkte verstimmt. ›Wäre ich nur nicht hingegangen‹, sagte er.« Offensichtlich hatte Abu Nidal verlangt, Vertreter in die zwei wichtigsten Gremien der PLO zu entsenden, in das Exekutivkomitee und den Palästinensischen Nationalrat. Als Arafat ablehnte, sei Abu Nidal ausfällig geworden und habe so laut geflucht, daß er gegangen sei.

Der damalige Chef des algerischen Geheimdienstes Lachal Ajjat und der hohe algerische Diplomat Lachdar Brahimi (der jetzige Außenminister) vermittelten so geschickt zwischen Abu Nidal und Abu Ijad, daß schließlich doch noch ein Treffen der beiden zustande kam. Es fand in einer Villa unweit der Résidence des Pins statt. Die Algerier schlugen taktvollerweise vor, die beiden Kontrahenten sollten lediglich von algerischen Leibwächtern begleitet werden, damit ein Zusammenstoß ihrer Männer von vornherein ausgeschlossen war.

Abu Ijad erzählte mir von dem Treffen:

> Ich ging zur Tür hinein und sah ihn – zum erstenmal seit vierzehn Jahren. Er sah blaß und krank aus und trug einen Oberlippenbart. Obwohl wir beide angespannt und sehr kühl zueinander waren, gaben wir uns die Hand und umarmten uns. Wir waren allein. Er war bescheiden, demütig und sehr höflich. Wir wußten nicht, wie wir die schmerzlichen Themen ansprechen sollten, derentwegen wir uns getroffen hatten.

Schließlich sagte Abu Ijad zu Abu Nidal, er wolle mit ihm über viele Dinge sprechen: über ihre gegenseitigen Mordversuche, über die Gründe für bestimmte Operationen, über seine Hoffnungen für die Zukunft – und warum er sich gegenüber Arafat so schlecht benommen habe.

Abu Nidal antwortete, er sei gekränkt gewesen, weil Arafat einen Riesen von Leibwächter mit zu dem Gespräch gebracht habe. Der Kerl habe ihn nervös gemacht, aber Arafat habe ihn nicht weggeschickt. Doch am meisten habe er sich natürlich darüber geärgert, daß Arafat nicht auf seine Forderungen eingegangen sei und ihm die Aufnahme in die PLO verwehrt habe.

Sie stritten lange miteinander und hielten sich ihre gegenseitigen Mordversuche vor. »Du hast mir das Töten beigebracht!« rief Abu Nidal. »Du hast meinen Freund Achmed Abd al-Ghafur umgebracht. Ich tue nur das, was du mir vorgemacht hast.« Abu Ijad ging mit ihm die Liste der PLO-Vertreter durch, die kaltblütig ermordet worden waren: Hammami, Jasin, Kalak, Chudr, Sartawi. Abu Nidal gestand lediglich den Mord an Hammami. Er habe sterben müssen, weil er geheime Kontakte zu Israel aufgenommen habe. Er habe den Tod verdient, als warnendes Beispiel für andere. »Und was ist mit den anderen?« fragte Abu Ijad. Dann warf er ihm vor, seine Organisation sei von Israel infiltriert und manipuliert worden. Abu Nidal gab es ohne mit der Wimper zu zucken zu (wie in einem früheren Kapitel beschrieben). Ja, sagte er, in seiner Organisation gebe es in der Tat israelische Agenten. Sie lieferten ihm manchmal Informationen, aber er sei dabei, einen nach dem anderen zu liquidieren.

Abu Nidal erging sich in den wildesten Prahlereien, erzählte mir Abu Ijad. Er behauptete, daß er vierhundert jordanische Agenten gefangenhalte und sie an einem Tag töten lassen werde. Er habe den Algeriern gedroht, er werde fünftausend Europäer umbringen, falls den Delegierten des Palästinensischen Nationalrats in Algier etwas zustoße. Männer in über dreißig Ländern warteten nur auf seine Befehle, darunter auch Agenten im Weißen Haus und am saudischen Königshof. Er brauche sein riesiges Vermögen, das er auf mehrere hundert Millionen Dollar bezifferte, um sich Agenten in diesen Positionen kaufen zu können. Großzügig bot er der Fatah Teile seines Vermögens an, falls es zu einer Zusammenarbeit komme.

Bald schon ging Abu Nidal von Prahlerei zu falschem Pathos über. »Du bist der einzige, der mich wirklich versteht«, vertraute Abu Nidal ihm an. Dann knöpfte er sich das Hemd auf und zeigte Abu Ijad die Narben seiner Herzoperation. »Ich bin ein kranker Mann. Manchmal kann ich das Haus monatelang nicht verlassen. Wahrscheinlich erlebe ich das nächste Jahr nicht mehr. Aber bevor ich sterbe, soll die Welt wissen, wer ich bin. Ich möchte allen zeigen, daß ich mein Leben im Untergrund aufgegeben habe und in die Politik gegangen bin.« Er sagte, seiner Organisation komme innerhalb der palästinensischen Bewegung der zweite Platz hinter der Fatah zu, daher sollte sie wie alle anderen Gruppen in allen palästinensischen Gremien vertreten sein. »Du mußt mir dabei helfen«, bat er Abu Ijad.

Abu Ijad durchschaute diese Strategie sofort. Abu Nidal wollte Zugang zu den wichtigsten Gremien, um die gesamte PLO zu diskreditieren und so sicherzustellen, daß sie das Stigma der Terrorbande nie wieder loswurde.

»Aber du hast doch die PLO dein Leben lang gehaßt«, entgegnete Abu Ijad. »Du weißt sehr gut, daß du innerhalb der PLO nicht als *Fatah: Der Revolutionäre Rat* auftreten kannst. Das können wir nicht zulassen, schließlich verkaufen wir keine Wassermelonen. Wir können nicht Dutzende von Fatah-Gruppen im Angebot haben. Arafats Fatah, deine Fatah, Abu Musas Fatah und so weiter. Das geht nicht.«

Abu Nidal wurde wütend. Als er sich wieder beruhigt hatte, fragte er, ob man ihm überhaupt in irgendeiner Form entgegenkommen wolle. Abu Ijad schlug einen sechsmonatigen Waffenstillstand vor. In dieser Zeit könne man seine Absichten und sein Verhalten prüfen.

> Abu Nidal fragte mich: »Was für eine Art von Übereinkunft möchtest du? Los, schreib auf.« Er schrieb nicht gerne selbst, weil er wußte, daß er eine sehr kindliche Handschrift hatte. Ich nahm also Füller und Papier und schrieb:
> 1. Einstellung des beiderseitigen Propagandakrieges.
> 2. Zusammenarbeit in allen Angelegenheiten, die die besetzten Gebiete betreffen.
> 3. Ein völliges Verbot aller terroristischen Operationen gegen Araber, Bürger westlicher Staaten und Israelis.

Abu Nidal erklärte, er müsse sich vor einer Zustimmung mit seinen Mitgliedern beraten. Als sie sich dann wieder unter strenger Bewachung durch den algerischen Geheimdienst in einer Villa am Meer trafen, tobte er. »Was für eine Übereinkunft soll denn das sein, frage ich dich! Du verlangst, daß ich das Töten und alle Operationen einstelle. Du verlangst, daß ich den Mund halte und mich aus allem heraushalte. Wenn ich dem zustimmen würde, was bliebe mir dann noch? Versteh doch, du hast eine offen operierende Organisation, ich dagegen arbeite im Untergrund. Warum arbeiten wir nicht zusammen und ergänzen uns gegenseitig?«

»Schön«, entgegnete Abu Ijad, »aber nur unter einer Bedingung: Wir geben die Befehle.«

Abu Nidal schien diesen Vorschlag ernsthaft in Erwägung zu ziehen. Er schlug ein letztes Treffen vor, an dem auch sein Führungsstab teilnehmen sollte. Aber kaum hatte man sich gesetzt, da erkannte Abu Ijad, daß er nur seine Zeit vergeudete. Jetzt, wo Abu Nidal seine Männer dabei hatte, wurde er ausfallend, höhnisch und aggressiv.

»Ich will dir eine kleine Geschichte erzählen, Abu Ijad«, erklärte er vor versammelter Mannschaft. »Am Tag von Karameh (gemeint ist die Schlacht von 1968, als die Israelis ein Fatah-Lager in Jordanien angriffen) suchten alle verzweifelt nach Abu Ijad. Man fürchtete, er sei ums Leben gekommen. Aber ich beruhigte sie und sagte: ›Macht euch keine Sorgen. Er ist in Sicherheit. Er sitzt in meinem Haus und schlottert vor Angst.‹«

Abu Ijad traute seinen Ohren nicht. »Du Lügner!« schrie er. »Du schamloser Lügner! *Du* warst doch spurlos verschwunden!« Es war keine freundliche Begegnung, und es war das letzte Mal, daß die beiden sich sahen.

Atif Abu Bakrs Flucht

Die Verhandlungen in Algier im April 1987 waren letztlich nur eine weitere Runde in dem Duell zwischen Abu Nidal und Abu Ijad. Mehr denn je davon überzeugt, daß der Mossad Abu Nidals Schritte lenkte, versuchte Abu Ijad nun, die Organisation zu infiltrieren und Mitglieder zum Überlaufen zu bewegen. Er wußte, daß eine instabile Situation im Innern Abu Nidal zwingen würde, seine

Energien von Operationen im Ausland abzuziehen und dafür den Schutz seiner Person zu verstärken.

Einige Palästinenser äußerten später die Ansicht, Abu Ijad habe Atif Abu Bakr, einen langjährigen und listigen Anhänger der Fatah, bereits 1985 als *agent provocateur* in Abu Nidals Organisation eingeschleust, um in ihren Reihen Unruhe zu stiften. Ganz sicher war Abu Nidal dieser Ansicht, als Abu Bakr mit ihm brach. Ich habe des längeren mit Abu Ijad und Atif Abu Bakr gesprochen und bezweifle diese Theorie. Nach meinem Eindruck war Abu Bakr ein zu prinzipientreuer Mann und ein zu bekannter Revolutionär, als daß er sich auf einen derartigen Plan eingelassen hätte.

Abu Nidal verübte in den verbleibenden Monaten des Jahres 1987 wenig Terrorakte. Statt dessen tötete er seine eigenen Männer im Libanon, vermutlich auch aus Angst, daß Abu Ijad seine Mitarbeiter gegen ihn aufgehetzt haben könnte. Wie wir bereits gesehen haben, erreichten die internen Massaker der Jahre 1987–88 mit der Ermordung von Abu Nizar im Oktober 1988 ihren blutigen Höhepunkt. Zu diesem Zeitpunkt hatte Abu Nidal seine terroristischen Aktivitäten mit den bereits geschilderten Operationen auf Zypern, im Sudan und in Griechenland wieder aufgenommen.

Im Jahr 1989 war die kurze Phase der Aussöhnung zwischen den Palästinensern wieder vorbei. Abu Nidals Organisation, gewalttätiger und gefährlicher als jemals zuvor, war wieder in den Untergrund abgetaucht. Im Mai desselben Jahres hatte Atif Abu Bakr die Nase voll. Der Mord an Abu Nizar, das Massaker an Hunderten von Kämpfern und Abu Nidals Festhalten an sinnlosen Terrorakten, die der Sache der Palästinenser großen Schaden zufügten, trieben ihn in die offene Rebellion.

Die Massenhinrichtungen der Jahre 1987–88 ließen sich nicht lange verheimlichen. Als die Männer in Libyen von den Greueltaten im Südlibanon hörten und die libysche Gruppe von den Folterungen und Morden in Libyen erfuhr, dachten viele nur noch daran, ihre Haut zu retten. Dutzende suchten Zuflucht bei anderen Palästinensergruppen im Libanon, andere setzten sich nach Syrien ab, einige Kader flohen an den Golf, nach Europa oder Kanada. In Libyen, wo die Organisation unter Abu Nidals eiserner Faust zitterte, gelang einigen Männern die Flucht nach Tunesien. Die Stimmung unter den Zurückgebliebenen war miserabel.

Abu Bakr blieb noch eine Weile in Tripolis, aber nachdem er den Brief von Abu Nizars Frau gelesen und Abu Nidal und seine Männer als »Kriminelle« beschimpft hatte, stieg er aus der Organisation aus. Wie Abu Ijad war auch er nun überzeugt, daß Abu Nidal ein Werkzeug der israelischen Politik sei. Er brachte weitere Schlösser an seinen Türen an, heuerte Freunde aus Achmed Dschibrils Organisation als Leibwächter an und warnte Abu Nidal vor einem Mordversuch an ihm. Er ließ ihm ausrichten, daß er nach Moskau, Aden oder Budapest ausreisen werde, woraufhin ihm Abu Nidal geantwortet haben soll, er hoffe, er werde sich für Budapest entscheiden, denn dort sei es für ihn ein leichtes, ihn umzubringen.

Abu Bakrs größte Sorge galt seiner Frau und seiner zehnjährigen Tochter. Wenn Abu Nidals Schläger ihn kidnappten und ihm die Hausschlüssel abnahmen, dann konnten sie auch seine Familie entführen. Deshalb versteckte er jedesmal, wenn er das Haus verließ, den Schlüssel unter einem Stein im Garten eines Nachbarn. Eines Tages beobachtete ihn seine Frau vom ersten Stock aus. Sie holte den Schlüssel und stellte ihn abends zur Rede.

»Du bist ganz offensichtlich in Gefahr«, sagte sie. »Es wäre besser, du sagst mir die Wahrheit.« Ihre erste Frage betraf Abu Nizar. Sie wollte wissen, was mit ihm geschehen sei. Als Atif ihr erzählte, daß er im Oktober von Abu Nidal ermordet worden sei, erwiderte sie, sie habe so etwas schon geahnt, als er, Atif, mit Abu Nizars Frau in Damaskus telefoniert habe.

Atif Abu Bakr erzählte seiner Frau von den geheimen Prozessen, den Folterungen und den Ermordungen, von den Kindern, die verschwunden waren oder die man in die Obhut von Fremden gegeben hatte. Obwohl sie über die Arbeit ihres Mannes einigermaßen im Bilde war, war sie jetzt zutiefst schockiert. Der Schrecken über die Greueltaten oder die panische Angst um ihr eigenes Kind beeinträchtigte ihre Sehkraft. Sie konnte kaum noch etwas sehen. Ein Augenarzt stellte fest, daß ihre Pupillen sich ungewöhnlich stark erweitert hatten.

Am 28. August 1989 floh Atif Abu Bakr mit dem Flugzeug nach Algerien. Unmittelbar nach seiner Ankunft traf er alle Vorbereitungen, um seine Frau und seine Tochter nachzuholen. Er hatte seiner Frau zwei Diplomatenpässe besorgt, einen algerischen und einen jemenitischen, und instruierte sie am Telefon auf tschechisch – eine

Sprache, die sie in Prag gelernt hatten, als er dort PLO-Vertreter war –, am nächsten Tag mit ihrem algerischen Paß nach Algier zu fliegen. Aus Sicherheitsgründen sollte sie ihre libyschen Nachbarn und Achmed Dschibrils Vertreter in Tripolis bitten, sie zum Flughafen zu begleiten.

Dort erwartete sie jedoch eine Enttäuschung. Flughafenbedienstete, die wahrscheinlich in Abu Nidals Diensten standen, hielten sie fünf Stunden hin und überprüften so lange ihre Papiere, bis das Flugzeug schließlich ohne sie abflog. Sie wußte, daß sie in der Falle saß. Trotzig zerriß sie vor Abu Nidals Mann die Flugtickets und sagte: »Richten Sie Abu Nidal aus, wenn er Streit sucht, soll er gegen Israel kämpfen und nicht gegen eine Frau!« Da sie nicht wagte, nach Hause zurückzugehen, fragte sie Achmed Dschibrils Vertreter, ob sie und ihre Tochter bei ihm übernachten dürften.

Unterdessen hatte Atif Abu Bakr in Algier beschlossen, seine Frau nicht am Flughafen abzuholen. Er fürchtete, Abu Nidal könnte versuchen, ihn dort zu ermorden. Also schickte er einen Mann los, um seine Frau und seine Tochter abzuholen. Doch der kam unverrichteter Dinge zurück und berichtete ihm, daß seine Frau nicht in der Maschine gewesen sei. Daraufhin rief er Achmed Dschibrils Vertreter in Tripolis an und erfuhr zu seiner Erleichterung, daß seine Frau und seine Tochter bei ihm in Sicherheit waren.

> Ich sagte zu ihr auf tschechisch: »Befolge genau meine Anweisungen. Ich rufe jetzt Abu Nidals Männer an und frage sie, warum es Probleme auf dem Flughafen gegeben hat. Ich werde mir nichts anmerken lassen und so tun, als sei alles völlig normal. Ich werde ihnen sagen, daß du am Sonntag fliegen möchtest, und sie bitten, alles Nötige in die Wege zu leiten. Und in der Zwischenzeit wirst du mit dem Auto nach Tunesien flüchten. Noch heute nacht. Nimm deinen jemenitischen Paß und bitte unsere libyschen Nachbarn, dich zu begleiten.«

Abu Bakrs Frau flüchtete mit ihrer Tochter und ihren libyschen Freunden im Auto und traf schließlich nach zwölfstündiger Fahrt wohlbehalten in Tunis ein. Erst dort normalisierten sich ihre Pupillen wieder. Abu Bakr flog von Algier ein, und die Familie war wieder vereint.

Die Notstandsführung

Abu Bakr war für viele Palästinenser eine Leitfigur, und sein Ausstieg war für Abu Nidal ein schwerer Schlag. Er war ängstlich darum bemüht, den Schaden zu begrenzen, und schickte im Oktober 1989 eine Delegation nach Algier, die Abu Bakr und seiner Familie Visa für die Schweiz, die Erstattung sämtlicher Kosten und eine halbe Million Dollar in bar versprachen, wenn er zu einer Beilegung ihres Streits bereit sei. Leiter der Delegation war ein Mitglied des Politischen Büros namens Shawki Muhammad Jusif (Deckname Munir Achmed), und auch der degradierte Geheimdienstchef Abd al-Rahman Isa war mit von der Partie. Doch Abu Bakr lehnte das Angebot ab. Statt dessen traf er sich heimlich mit Isa und überredete ihn mit Zustimmung des algerischen Geheimdienstes dazu, ebenfalls mit Abu Nidal zu brechen. Isa trat Ende Oktober 1989 aus der Organisation aus und schloß sich Abu Bakr in Algier an.

Am 27. Oktober veröffentlichte Abd al-Rahman Isa ein längeres Kommuniqué, in dem er die »wahllosen Exekutionen« von Mitgliedern der Organisation anprangerte, insbesondere die Ermordung Abu Nizars. Er forderte, daß sämtliche Fakten vor ein internationales Tribunal gebracht werden sollten.

Am 1. November 1989 veröffentlichten Abd al-Rahman Isa und Atif Abu Bakr ein gemeinsames Kommuniqué, das einer Kriegserklärung gleichkam. Sie lösten damit einen Krieg aus, der bis zum heutigen Tag andauert. Sie gaben die Bildung einer »Notstandsführung« bekannt, deren erklärtes Ziel es sei, die Leitung der Organisation zu übernehmen und den »Kriminellen Abu Nidal zu bestrafen«. »Unsere Märtyrer starben in den falschen Kriegen«, erklärten sie. »Die Operationen in Rom, Wien, Athen, Paris, Karatschi und im Sudan waren sinnlos und haben uns immens geschadet. Unsere Märtyrer hätten in Palästina kämpfen sollen, aber Abu Nidal hat dem gerechten Kampf den Rücken gekehrt. Wir werden niemals mit einem Schlächter einen Kompromiß schließen, an dessen Händen das Blut unserer Brüder klebt.« Ihr Programm lautete: nein zum Blutvergießen unter Palästinensern; nein zur Sprache der Gewalt und zu den sinnlosen Operationen im Ausland; ja zur PLO als der alleinigen legitimen Vertreterin der Palästinenser; ja zur vollen Unterstützung der Intifada.

Abu Bakr, der Dichter, Denker und scharfzüngige Radikale,

kehrte voller Ekel über Abu Nidals Methoden erleichtert zur Fatah und damit zu jener Bewegung zurück, der er sich für sein Leben verschrieben hatte. Abd al-Rahman Isa war ein praktisch veranlagter Mensch, kein Theoretiker. Er zögerte, dem Terror bedingungslos abzuschwören, denn er war seit zwanzig Jahren Abu Nidals engster Mitarbeiter gewesen und hatte viele seiner Operationen geplant. Isa kannte die wahre Identität der Kader, die geheimen Waffenlager und Bankkonten sowie den Inhalt des Briefwechsels zwischen Abu Nidal und ausländischen Regierungen und Geheimdiensten. Im Unterschied zu Abu Bakr verbanden ihn keine nostalgischen Gefühle mit der Fatah. Einem Hardliner der alten Schule wie ihm fiel es schwer, in der Fatah etwas anderes als einen Haufen von Verrätern zu sehen.

Wenn es tatsächlich eine Verbindung zwischen Abu Nidal und dem Mossad gab, so wußte Abd al-Rahman Isa allem Anschein nach nichts davon. Er stand weder Dr. Ghassan noch seinem eigenen Nachfolger Alaa nahe und hatte seinen Posten möglicherweise deshalb verloren, weil er unbequeme Fragen zu stellen begann. In jedem Fall war er einer der Verlierer des internen Machtkampfs. Nach dem Mord an Abu Nizar hatte Isa um seine eigene Sicherheit gefürchtet. Abu Nidal hatte den Mann umbringen lassen, der seine rechte Hand gewesen war. Vielleicht ereilte den Mann, der seine linke war, schon bald dasselbe Schicksal. Aus Angst vor Abu Nidals Rache floh Isa nach Algier.

Wie zuvor bei Abu Bakr schickte Abu Nidal auch jetzt mehrere Emissäre. Sie bedrängten Isa, nach Libyen zurückzukehren und mit Abu Nidal zu sprechen. Einer dieser Emissäre war der berühmte ägyptische General Saad al-Din Schazli, der Stabschef Präsident Sadats im Jom-Kippur-Krieg 1973. Schazli hatte inzwischen mit Sadat gebrochen und war nach Algerien geflüchtet. Isa wußte genug und lehnte ab. »Sie sollen mir Abu Nizar als Emissär schikken«, erklärte er dem General. »Sie behaupten, er sei immer noch am Leben. Wenn das stimmt, dann will ich ihm persönlich die Hand schütteln. Wenn ich mich vergewissert habe, daß es ihm gutgeht, komme ich zurück!« Natürlich wußte er, daß Abu Nizar schon lange tot war und daß ihn Abu Nidal unter seiner Villa in Libyen hatte einzementieren lassen.

Am Morgen des 25. April 1990 stand Isa gerade allein vor seiner Strandvilla in einem Außenbezirk von Algier, als drei Männer mit Strumpfmasken über ihn herfielen. Sie versuchten, ihn in einen Wagen zu zerren. Als er Widerstand leistete, griffen sie ihn mit einer Axt an. Dann feuerten sie zwei Schüsse auf ihn ab und flüchteten. Vermutlich dachten sie, er sei tot. Doch er war nicht tot, er war nur schwer verletzt. Die Ärzte im Militärkrankenhaus von Algier konnten sein Augenlicht retten, mußten ihm jedoch eine Niere entfernen. Er identifizierte seine Angreifer: Es handelte sich um Hamdan Abu Asba, Abu Nidals Vertreter in Algerien, dessen Stellvertreter, Hischam Muhammad Sakr, und einen dritten Mann, in dem er einen Funker Abu Nidals erkannt haben wollte.

Als Atif Abu Bakr und Abd al-Rahman Isa das Kommuniqué veröffentlichten, in dem sie die Bildung einer Notstandsführung bekanntgaben, sagten ihnen viele erboste Mitglieder der Organisation im Libanon, in Syrien und Algerien ihre Unterstützung zu. Einer der ersten, der sich ihnen anschloß, war Basil (oder mit richtigem Namen Ziad Thahmud), Befehlshaber der Volksarmee in der Beka-Region im Libanon, der, wie wir bereits gesehen haben, von den Massenhinrichtungen seiner Leute genug hatte. Er brachte weitere Kader mit. Diese Männer waren den Säuberungen nur mit knapper Not entgangen. Sie hatten mitangesehen, wie ihre Kameraden abgeschlachtet worden waren, und wollten diesem Schicksal unter allen Umständen entgehen.

Von der Fatah bewaffnet und finanziert, lieferte sich die Notstandsführung mit Rückendeckung Abu Ijads in den süblibanesischen Flüchtlingslagern schon bald Gefechte mit Abu Nidal. Mitte Juni 1990 kam es unweit der Stadt Tyr im Flüchtlingslager Raschidijeh, in dem fünfzehntausend Menschen lebten, zu einer Schießerei zwischen den beiden verfeindeten Gruppen, bei der Abu Nidals Männer in die Flucht geschlagen wurden. Ein weiteres erbittertes Gefecht folgte im September in Ain al-Hilweh, dem mit hundertfünfzigtausend Flüchtlingen größten libanesischen Palästinenserlager in der Nähe von Sidon. Die Schlacht dauerte drei Tage. Bei der Einnahme von Abu Nidals befestigtem Hauptquartier wurden achtzig Guerillas getötet und weitere zweihundertfünfzig verwundet.

Abu Nidal behauptete jedoch einige Stützpunkte, vor allem in den Bergdörfern Bkasta und Karcha in der Nähe Sidons, in denen er einige seiner gefährdetsten Komitees untergebracht hat; das Gebiet wird vom Drusenführer Walid Dschumblat kontrolliert. Sidon selbst gehört selbstverständlich ebenfalls zu seinen Stützpunkten.

Dort befindet sich sein Computerzentrum, und mehrere Spitzenkader leben dort unter dem Schutz des »starken Mannes« der Stadt, des Nasseristenführers Mustafa Saad. Abu Nidal honoriert diese »Gastfreundschaft« mit mehreren zehntausend Dollar jeden Monat.

Noch im Sommer 1991 flammten um die libanesischen Flüchtlingslager immer wieder Kämpfe zwischen den verfeindeten Gruppen auf. Aber zu diesem Zeitpunkt war Abu Nidal bereits ein wichtiger, vielleicht sogar der größte Coup seiner bisherigen Karriere gelungen: die Ermordung seines alten Kontrahenten Abu Ijad am 14. Januar 1991.

Wer gab den Mordbefehl?

In einem Punkt sind sich alle von mir Befragten einig: Abu Nidal ließ Abu Ijad ermorden und bediente sich dabei Hamsa Abu Saids als Werkzeug. Zum einen hat Hamsa den Mord gestanden und beim Verhör erklärt, ein Mann aus Abu Nidals Organisation habe ihm den Befehl dazu gegeben. Darüber hinaus sind die Schmähungen, mit denen er sein Opfer bedachte – Verräter, Verderber der palästinensischen Revolution, »innerer Feind« –, dieselben, mit denen Abu Nidal jahrelang die Fatah beschimpft hat. Als Hamsa die Pistole auf Abu Ijad richtete, rief er: »Jetzt sieh zu, wie dir Atif Abu Bakr hilft!« Dies ist ein klarer Hinweis darauf, daß Abu Nidal sich an dem Mann rächen wollte, von dem er glaubte, Abu Ijad habe ihn in seine Organisation eingeschleust, um sie zu zerstören. Wie bereits gesehen, verlangte Hamsa während der Belagerung der Villa mehrmals, daß Atif Abu Bakr zu ihm gebracht werden sollte. Vermutlich wollte er auch ihn umbringen.

Abu Ijad sagte oft mit einem müden Lächeln zu mir, daß Abu Nidal ihn aus vielen Gründen hasse. Nicht nur wegen der vielen gegenseitigen Mordversuche. Und nicht nur, weil er ihm die Aufnahme in die PLO verweigert und Mitglieder zum Bruch mit der Organisation angestachelt habe. Abu Nidal könne es vor allem nicht ertragen, daß er ihm zu Dank verpflichtet sei, weil er ihn in den ersten Jahren beschützt und unterstützt habe. Aus diesem Blickwinkel wäre der Mord an Abu Ijad die Begleichung einer alten Rechnung.

Abu Nidal hatte viele Gründe für den Mord an Abu Ijad, aber die westlichen und arabischen Geheimdienstleute, mit denen ich sprach, mutmaßten, ob nicht möglicherweise jemand anders seine Hand im Spiel gehabt habe, zum Beispiel die Libyer, die Iraker oder die Israelis.

Informanten aus PLO-Kreisen räumen ein, daß Abu Ijads Verhältnis zu Gaddafi seit mehreren Jahren gespannt war. Zum Teil war das auf persönliche Antipathien zurückzuführen, zum Teil aber auch auf Ijads freundschaftliches Verhältnis zu Abd al-Munim al-Huni. Al-Huni, früher einmal libyscher Geheimdienstchef, war nach Kairo geflüchtet und wurde von Gaddafi verdächtigt, einen Umsturz in Libyen zu planen. Gaddafi war zudem erbost über Abu Ijads Bemühungen, Abu Nidals Organisation zu destabilisieren, die unter seinem Schutz stand und die er als einen Zweig seines eigenen Geheimdienstes betrachtete.

Meine Informanten vertraten die Meinung, daß der libysche Staatschef Abu Nidal wahrscheinlich sein Ja zum Mord an Abu Ijad gegeben hätte, wenn Abu Nidal ihn gefragt hätte. Allerdings bezweifelten sie, daß Gaddafi ihn zu dem Mord angestiftet hatte. Zu groß sei seine Furcht vor Vergeltungsmaßnahmen der PLO oder vor einer Verfeindung mit der palästinensischen Gemeinschaft als Ganzer gewesen. Genauso wie die Schiiten Gaddafi niemals das Verschwinden und den wahrscheinlichen Mord an dem charismatischen libanesischen Geistlichen Imam Musa al-Sadr 1978 in Libyen verziehen haben, so hätten ihm auch die Palästinenser den Tod eines so angesehenen Palästinenserführers wie Abu Ijad nicht so schnell verziehen. Auch wenn Gaddafi wahrscheinlich nichts getan hat, um den Mord zu verhindern, so muß man doch davon ausgehen, daß er kein ausreichendes Motiv für einen Mord an Abu Ijad hatte.

In einigen Pressekommentaren wurde der Verdacht laut, nicht Gaddafi, sondern Saddam Hussein stecke hinter dem Mord an Abu Ijad. Im Unterschied zu Arafat sei Abu Ijad nämlich nicht glücklich über die Allianz der PLO mit Bagdad gewesen und habe deshalb im Interesse dieser Allianz aus dem Weg geräumt werden müssen. Außerdem wurde hin und wieder behauptet, daß Abu Nidal kurz vor dem Ausbruch des Golfkrieges von Libyen in den Irak gereist sei und seinem Gönner von einst erneut seine Loyalität bekundet habe.

Es stimmt, daß Arafat den Irak während der Golfkrise offener unterstützt hat als Abu Ijad. Doch über die grundsätzliche Position der PLO waren sich beide einig: Sie hielten an der prinzipiellen Forderung nach einem Rückzug des Irak aus Kuwait fest; sprachen sich gegen eine amerikanische Intervention und gegen einen Krieg aus; forderten eine innerarabische Lösung des Konflikts und eine »Verknüpfung« von Kuwait und Palästina als Basis für eine friedliche Lösung, was bedeutete, daß die Besetzung Kuwaits durch den Irak mit der Besetzung arabischer Gebiete durch Israel gleichgesetzt werden sollte.

Das war die Formel, die Saddam Hussein selbst für eine Verhandlungslösung der Krise vorgeschlagen hatte. Auch er forderte eine »Verknüpfung«. Er suchte die Unterstützung der Palästinenser und überhaupt aller Araber. Um seinem Streit mit Kuwait eine panarabische Dimension zu geben, machte er sich von Beginn an zum Fürsprecher der Palästinenser. Es ist daher nicht sehr wahrscheinlich, daß er ausgerechnet in diesem kritischen Moment, kurz vor Ausbruch des Krieges, den engsten Kollegen Arafats umgebracht haben soll.

Ich fand keine Bestätigung für das Gerücht, daß Abu Nidal nach Bagdad zurückgekehrt sei. Laut Auskünften meiner besten Informanten hielt er sich während des Krieges in Libyen auf, wo Gaddafi ihn aus Angst vor Vergeltungsschlägen der Alliierten streng bewachen ließ. Wie ich aus westlichen Geheimdienstquellen erfuhr, hat Gaddafi ihm während der Krise nicht einmal erlaubt, seinen Rundfunksender zu benutzen, weil er fürchtete, sein Land könnte wieder der Unterstützung des internationalen Terrorismus bezichtigt werden. Während der Golfkrise wurde kein einziger Terrorakt gemeldet, der Abu Nidal anzulasten wäre – vom Mord an Abu Ijad einmal abgesehen. Hätte Saddam Abu Nidal dirigiert, wie einige vermuten, so hätte er ihn gegen die zahlreichen Feinde des Irak eingesetzt.

Von den vier Gründervätern der Fatah lebt nur noch Arafat. Muhammad Jusif al-Najjar wurde 1973 in Beirut von einem israelischen Mordkommando getötet. Chalil al-Wazir (Abu Dschihad) wurde 1988 in Tunis von israelischen Kommandos ermordet. Es ist nicht ausgeschlossen, daß auch der Mord an Abu Ijad und an seinem Kollegen Abu al-Hol in dieses Muster gehört.

Die Morde geschahen im Januar 1991, unmittelbar vor dem

alliierten Angriff auf den Irak. Seit der Irak im August 1990 in Kuwait einmarschiert war, hatte Israel auf militärische Maßnahmen gegen Saddam Hussein gedrängt. In öffentlichen Erklärungen und privaten Gesprächen, bei Kontakten mit den Regierungen der USA und anderer Staaten, in Kommentaren und Berichten plädierte es entschieden für Krieg. Konzessionen an Saddam und Verhandlungen mit ihm lehnte es grundsätzlich ab. Und es rang Präsident Bush zwei wichtige Zusagen ab: Zum einen versprachen die Vereinigten Staaten, eine Verknüpfung der irakischen Besetzung Kuwaits mit der israelischen Besetzung des Westjordanlands, des Gaza-Streifens, Ost-Jerusalems, der Golanhöhen und des Südlibanons nicht zu akzeptieren. Und zum zweiten gelobten sie, die nuklearen, chemischen und biologischen Waffenarsenale des Irak zu vernichten – andernfalls würden die Israelis die Sache selbst in die Hand nehmen.

Nasser beging 1967 einen Fehler, als er die Straße von Tiran schließen ließ. Damit gab er den Israelis Gelegenheit, ihn zu vernichten. Saddam Hussein lieferte der Welt 1990 einen *casus belli*, und Israel war entschlossen, auch diesmal das Beste aus der Sache herauszuholen. Der Irak hatte während seines achtjährigen Krieges mit dem Iran ballistische Raketen, chemische Waffen und andere Systeme gekauft oder entwickelt und bedrohte nun Israels militärische Überlegenheit. Eine Entwicklung, die Israel voller Sorge betrachtete. Aus diesem Grund drängte es auf einen Krieg mit dem Irak um Kuwait. Israel wußte, daß die Zerstörung des Irak als Militärmacht sein strategisches Umfeld genauso radikal verändern würde wie 1967 die Niederlage Ägyptens. Und wenn diesmal die Alliierten diese Aufgabe übernahmen, so entstanden dem Land nicht einmal Kosten. Israel würde sein regionales Monopol auf Massenvernichtungsmittel behalten und hätte keinen ebenbürtigen Herausforderer mehr.

Die Vereinigten Staaten hatten ihre eigenen Gründe für diesen Krieg. Sie wollten endlich das Vietnam-Syndrom überwinden; den Status quo auf der arabischen Halbinsel bewahren, den Saddam aus dem Gleichgewicht zu bringen drohte; die Ölvorkommen des Nahen Ostens unter ihrer Kontrolle halten; und schließlich innerhalb der »neuen Weltordnung«, die durch den Zusammenbruch des Kommunismus und den Zerfall der Sowjetunion entstanden war, die amerikanische Führungsrolle bestätigen. Aber nach Meinung vieler Nahost-Beobachter bestimmte Israel weitgehend die Entscheidung der Amerikaner zu diesem Waffengang.

Selbstverständlich wollten auch die arabischen Kontrahenten des Irak – Saudi-Arabien, Syrien, Ägypten und andere – eine Schwächung Saddams und seine Vertreibung aus Kuwait hinter seine eigenen Grenzen. Und auch seinen Sturz hätten sie mit Freude zur Kenntnis genommen. Aber nur das wehrlose Kuwait wollte die Zerstörung des Irak. Selbst Saddams Erzfeind, Syriens Präsident Assad, wußte, daß die Zerstörung des Irak die gesamte arabische Welt schwächen würde, und drängte Saddam bis zuletzt, aus Kuwait abzuziehen und einen Krieg zu vermeiden. Israel freilich wollte die Zerstörung des Irak.

Israel wollte nicht nur die vom Irak ausgehende militärische Bedrohung ein für allemal beseitigen, sondern nach Beendigung der Golfkrise auch das Palästinenserproblem lösen, und zwar zu seinen Bedingungen. Israel wußte, daß die Bush-Administration den arabisch-israelischen Konflikt nach dem Krieg wahrscheinlich entschlossener angehen würde als zuvor, und wollte weiter auf einem Ausschluß der PLO bestehen.

Doch im Vorfeld der Operation »Wüstensturm« drohten die Aktivitäten der PLO diese israelischen Pläne zu durchkreuzen. Arafat bemühte sich in Bagdad darum, Saddam von einem Krieg abzuhalten. Wenn er ihn dazu brachte, sich aus Kuwait zurückzuziehen oder es zumindest zu versprechen, dann war es für die Koalition weit schwerer, den Irak anzugreifen. Und mehr noch: Wenn die Welt Arafat Dank schuldete, weil er die Krise entschärft hatte, so käme das einer enormen politischen Aufwertung der PLO gleich, und ein Platz am arabisch-israelischen Verhandlungstisch wäre ihr sicher. Aus israelischer Sicht war die PLO ein Problem.

Am 14. Januar 1991, als das Ultimatum der Vereinten Nationen auslief und die Welt den Atem anhielt, tötete Hamsa Abu Said, ein Agent Abu Nidals, Abu Ijad und Abu al-Hol, die Chefs des Geheimdienstes und des Sicherheitsdienstes der PLO. Ein trauernder Arafat stellte seine diplomatischen Bemühungen in Bagdad ein und flog zurück nach Tunis ans Grab seiner ermordeten Kameraden. Die Palästinenserbewegung stürzte ins Chaos. Die Operation »Wüstensturm« brach über den Irak herein, und die PLO erlitt eine weitere Niederlage.

Aber wie steht es um Abu Nidals eigene Motive? Seine Hauptbeschäftigungen waren mittlerweile entweder Schutzgelderpressung nach Mafia-Manier oder Terrorakte gegen Palästinenser, die in Israels Interesse zu liegen schienen. Ich war mir immer noch nicht sicher, ob es eine Verbindung zum Mossad gab, aber wenn es eine gab, dann war Abu Nidal an ihr beteiligt. Wie konnte ein Palästinenser, der sich selbst einen Patrioten nannte, der palästinensischen Sache so großen Schaden zufügen und damit den Israelis in die Hände arbeiten? Wenn Abu Ijad recht hatte und Abu Nidal wirklich ein israelischer Agent ist, so gibt es dafür nur Indizienbeweise. Und daran wird sich erst etwas ändern, wenn die Israelis eines Tages ihre Version der Geschichte erzählen, sofern sie das überhaupt jemals tun. Doch bis dahin bleiben Ungereimtheiten in Abu Ijads Theorie, so vor allem Abu Nidals Operationen gegen israelische und jüdische Ziele. Israel konnte solche Terrorakte unmöglich gutheißen, wie sehr sie Abu Nidals Glaubwürdigkeit in der arabischen Welt auch stärken und seine wahren Aktivitäten verschleiern mochten. Wenn Abu Ijad mit seinem Verdacht recht hatte, dann waren diese Operationen möglicherweise das Werk von Quertreibern innerhalb der Organisation, die entweder an der Verbindung zum Mossad nicht beteiligt waren oder die Abu Nidal nicht völlig unter Kontrolle hatte. Was das Rätsel freilich noch komplizierter machte, war das merkwürdige Verhalten der Israelis: Statt wie bei allen anderen Palästinensergruppen auf Terroranschläge umgehend mit Verfolgung und Vergeltungsmaßnahmen zu reagieren, ließen sie Abu Nidal weitgehend in Ruhe.

Während ich über das Rätsel Abu Nidal nachgrübelte, kam mir wieder in den Sinn, was mir so viele Informanten gesagt hatten – daß nämlich seine persönliche Sicherheit für ihn immer absoluten Vorrang gehabt habe. Bei seinen Geschäften mit dem Irak, Syrien und Libyen war ihm jedesmal als Gegenleistung Schutz geboten worden. Er brauchte Schutz. Ohne Schutz konnte er nicht überleben. In dem terroristischen Untergrund, in dem er sich bewegte, konnte ihn ein Land freilich besser schützen als jedes andere: Israel war der mächtigste Staat im Nahen Osten, der einzige, dessen Flugzeuge, Kommandos, Killer und Geheimagenten über die nationalen Grenzen hinweg jeden Winkel in der Region erreichen konnten. Israel hatte eine lange Liste von Feinden vorzuweisen, die es aufgespürt und ausgelöscht hatte. Es hätte Abu Nidals Karriere leicht beenden können, wenn es gewollt hätte. Aber das war nicht geschehen. Warum? War er immer noch nützlich? Abu Nidal brauchte Immunität. Israel brauchte seine Dienste. Hier, so überlegte ich, war ein weiteres Indiz, das für Abu Ijads Theorie sprach.

Epilog

Nach dem Mord an Abu Ijad im Januar 1991 versuchte ich, Jorde in den Schlupfwinkeln am Mittelmeer aufzuspüren, wo wir uns ein Jahr zuvor zum erstenmal getroffen hatten. Er war verschwunden. Einige seiner Freunde erzählten mir, er sei aus Angst vor einem Mordanschlag Abu Nidals untergetaucht. Andere glaubten, er sei nach Spanien zurückgekehrt, in die Touristenbars und Diskotheken von Barcelona. Er war clever, und ich hatte keinen Zweifel daran, daß er am Leben bleiben oder mir vielleicht sogar eines Tages wieder über den Weg laufen würde.

Aber Jorde war nicht der einzige, der sich versteckte. Durch den Mord an Abu Ijad hatten viele ihren Beschützer verloren. Tunis, wohin sich die PLO nach ihrem Hinauswurf aus Beirut 1982 geflüchtet hatte, glich einem zerstörten Ameisenhaufen, dessen Bewohner verschreckt und panisch in alle Richtungen auseinanderliefen. Die PLO hatte sich seit der Ermordung ihres militärischen Chefs Abu Dschihad durch die Israelis 1988 in Tunis nicht wieder erholt. Der Mord an Abu Ijad machte die Lage noch schlimmer. Abu Nidal hatte durch diesen Mord bewiesen, daß er die Führung des Geheimdienst- und Sicherheitsapparates der PLO treffen konnte. Niemand war vor ihm sicher. Arafats Organisation erschien in der Öffentlichkeit einmal mehr als ungeordneter, chaotischer und von Agenten infiltrierter Haufen. Keiner traute mehr dem anderen, und die Moral innerhalb der PLO war auf dem Tiefpunkt.

Atif Abu Bakr und seine Gesinnungsgenossen in der Notstandsführung hatten ebenfalls Probleme. Sie hatten geschworen, Abu Nidal die Führung der Organisation zu entreißen, doch nach Abu Ijads Tod waren sie aus Angst ebenfalls untergetaucht. Andere, wie der inzwischen völlig mittellose Abu Bakr selbst, kratzten das wenige zusammen, das sie besaßen, und verließen Tunis auf der Suche nach einem sichereren Aufenthaltsort im Ausland. Diese Männer konnten kaum noch zählen, wie oft sie schon ihre Koffer hatten packen müssen.

Nach der schmählichen Niederlage des von Arafat unterstützten Saddam Hussein verschlimmerte sich die ohnehin schon katastrophale Situation der PLO und der Notstandsführung weiter dramatisch. Der Westen, dessen Anerkennung Arafat gesucht hatte, verurteilte ihn nun fast einhellig. Ebenso die meisten arabischen Staaten wie Ägypten, Kuwait und dessen Verbündete in der Koalition gegen den Irak, die mittlerweile ihre Zahlungen an die PLO eingestellt hatten. Viele Palästinenser wollten Arafat loswerden, auch wenn es die meisten nicht laut zu sagen wagten. Die Infrastruktur des palästinensischen Widerstands außerhalb der besetzten Gebiete brach zusammen. Jahrelange diplomatische Bemühungen waren zunichte gemacht. Im Sommer 1991 war die PLO schwächer und isolierter denn je.

Arafats Unglück war Abu Nidals Glück, obwohl das Außenstehende damals nicht immer verstanden. Während des Golfkonflikts hatte die westliche Presse darüber spekuliert, daß Abu Nidal sein terroristisches Netz seinem ersten Gönner Saddam Hussein zur Verfügung stellen würde. Doch damit hatten sie Abu Nidal gründlich mißverstanden, denn er war zu klug, um einen Verlierer zu unterstützen. Ebensowenig hätte er sich auf die Seite der PLO geschlagen. Weit davon entfernt den Irak zu unterstützen, hatte er den Konflikt umgehend dazu benutzt, sich bei den Verbündeten der Anti-Saddam-Koalition Liebkind zu machen.

Im Frühsommer 1991 erlaubten die Ägypter Abu Nidal, in Kairo ein Büro zu eröffnen, als hätten sie seine terroristische Vergangenheit völlig vergessen. Offensichtlich wollten sie Arafat dafür bestrafen, daß er sich auf die falsche Seite geschlagen hatte. In einer arabischen Welt, die durch den Golfkrieg mehr denn je entzweit war, gaben sie Abu Nidal ein zweite Chance.

Abu Nidal ist ein professioneller Killer, der vielen Staaten seine Dienste verkauft hat, den Arabern sicher, den Israelis vielleicht. Sein Genie bestand darin, erkannt zu haben, daß Staaten im nationalen Interesse zu jedem Verbrechen bereit sind. Ein Krimineller wie Abu Nidal erledigt ihre Drecksarbeit und wird dabei groß. Er hätte nicht überlebt, wenn er für seine »Kunden« nicht von

Nutzen gewesen wäre. Sie sind für seine Taten verantwortlich. Der Irak baute ihn auf, Syrien übernahm ihn vom Irak, und Libyen erbte ihn. Ob Israel ihn nun manipulierte oder nicht – zumindest die Indizien deuten darauf hin –, fest steht jedenfalls, daß es von seinen Angriffen auf PLO-Gemäßigte profitiert und trotz seiner Anschläge auf israelische und jüdische Ziele nichts getan hat, um ihn aufzuhalten. Und nun haben ihn die Ägypter aus Opposition zu Arafat, dem sie die Parteinahme für Saddam Hussein verübeln, sogar wieder aufgenommen.

Abu Nidal hat vielen Herren mit den unterschiedlichsten Interessen gedient. Sein scharfer Blick für die Gegebenheiten regionaler Politik, seine moralische Skrupellosigkeit und sein Überlebenstalent haben ihn zum König der Unterwelt im Nahen Osten gemacht, zu einem Gangster von Weltformat.

Die Feindschaft zu Jassir Arafat und der PLO zieht sich wie ein roter Faden durch Abu Nidals gesamte Karriere. Diese Feindschaft verband ihn mit jedem seiner Gönner, wie jetzt auch wieder mit Ägypten. Das ist der Schlüssel zu seinem Erfolg. Israel versucht schon seit Jahren, die PLO zu zerschlagen. Und auch Abu Nidals arabische Gönner empfanden die PLO stets als Bedrohung. Obwohl sie bereit waren, sie zu kaufen, befanden sie es gleichzeitig für nötig, sie einzudämmen und zu schwächen, um Arafats Bemühungen um eine unabhängige Politik zunichte zu machen. Über Jahre hinweg hat Abu Nidal die palästinensische nationale Bewegung kleingehalten, und davon haben Araber wie Israelis profitiert.

Arabische Regierungschefs haben die Sache der Palästinenser öffentlich unterstützt. Doch gleichzeitig haben fast alle der PLO mißtraut, da sie oft ihre Autorität im eigenen Land in Frage stellte, Vergeltungsschläge von seiten Israels provozierte und sie sogar in einen Krieg zu verwickeln drohte. Zum Teil ist die PLO selbst schuld an dieser feindseligen Haltung der arabischen Staaten. Sie hat sich unter Arafats Führung in die Kabbeleien der Araber hineinziehen lassen. So ist die PLO zu verschiedenen Zeiten mit den nationalen Interessen Jordaniens, Syriens, des Libanon, Tunesiens und, jüngstes Beispiel, Kuwaits in Konflikt geraten. Die Verwaltung der PLO ist inkompetent und oftmals korrupt. Sie hielt zu lange an hohlen Kriegsparolen fest und brauchte verhängnisvoll lange, bis sie sich eine realistische politische Zielrichtung gab. Sie hat bei der Vermittlung ihrer Ziele im Westen versagt. Sie präsentierte sich nicht als disziplinierte Befreiungsbewegung, sondern als Sammelsurium widersprüchlicher und eigennütziger Interessen.

Dennoch gebührt Arafat immer noch Dank dafür, daß er 1974 dem Terrorismus abgeschworen hat und seitdem versucht, auf dem Verhandlungsweg zu einer Einigung mit Israel zu kommen – eine Position, die Hardliner auf israelischer wie arabischer Seite so verschreckte, daß sie die engagiertesten PLO-Gemäßigten von israelischen und arabischen Killern umbringen ließen, wobei nach Abu Ijads Meinung auch letztere auf Geheiß Israels handelten. Wahr ist, daß die PLO jahrelang am meisten unter dem Terrorismus gelitten hat. Sie war mehr Opfer als Täter, auch wenn die israelische Propaganda der Öffentlichkeit das Gegenteil weiszumachen versucht.

Mangels besserer Alternativen ist die PLO heute nach wie vor die Fürsprecherin der palästinensischen Hoffnungen auf einen eigenen Staat, auch wenn sie durch die israelischen und arabischen Angriffe schwer angeschlagen ist. Arafat wird früher oder später von der politischen Bühne abtreten, die Intifada mag unterdrückt werden oder an Auszehrung zugrundegehen, aber der palästinensische Nationalismus wird nicht verschwinden – und vielleicht sogar noch leidenschaftlicher werden –, solange es fünf Millionen Menschen gibt, die sich als Palästinenser begreifen. Der nächste Abu Nidal läßt sich möglicherweise nicht so leicht gegen sein eigenes Volk benutzen.

Solange die legitimen Forderungen der Palästinenser nicht erfüllt sind, werden sie und vermutlich auch alle anderen Araber mit Israel niemals in Frieden leben. Der Verrat der arabischen Führer am palästinensischen Volk macht den arabischen Nationalismus lächerlich, und das Leid, das den Palästinensern von Israel zugefügt wurde und wird, ist der dunkelste Fleck in der Geschichte Israels.

Die arabischen Staaten haben die Palästinenser aus Schwäche heraus schlecht behandelt, wahrscheinlich weil sie sie gegen ein übermächtiges Israel nicht verteidigen konnten. Auch dafür hassen Führer der arabischen Staaten die PLO: Sie erinnert sie unangenehm an das eigene Unvermögen. Israel hingegen hat die Palästinenser aus Stärke heraus schlecht behandelt, weil ihm kein Staat der Region Einhalt gebieten konnte. Keine ausgleichende arabische Gegenkraft, keine Macht in der gesamten Region und offensichtlich auch kein internationaler Druck haben Israel davon abzubringen vermocht, mit den von Amnesty International und anderen angeprangerten Brutalitäten gegen die unterdrückte palästinensische Bevölkerung fortzufahren.

Viele Probleme – die israelische Besatzung, der Widerstand der Guerillakämpfer, das Leid der Zivilisten, der Terror – sind eine Folge des israelischen Siegs über Ägypten, Syrien und Jordanien im Jahr 1967. Damals eroberte Israel große Gebiete und etablierte sich als führende Macht, die unvergleichlich stärker war als alle ihre Nachbarn zusammen. Isaac Deutscher, der Historiker der russischen Revolution, war einer der ersten, der feststellte, daß Israel sich durch die Besiedlung eines Gebietes, in dem mehr als eine Million Araber lebten, selbst schaden würde. Er zitierte in diesem Zusammenhang den bitteren deutschen Satz: *Man kann sich totsiegen!*

Nur wenige Tage nach dem Sechs-Tage-Krieg erklärte Deutscher, selbst Jude und ein bekannter Anti-Stalinist, in einem Interview mit der *New Left Review* vom 23. Juni 1967: »Ich konnte in jenen Tagen nur mit dem größten Abscheu die Bilder aus Israel auf dem Bildschirm verfolgen. Die Zurschaustellung des Stolzes und der Brutalität der Eroberer; die Ausbrüche des Chauvinismus; die ausgelassenen Siegesfeiern des schmählichen Triumphes. All das stand in so scharfem Kontrast zu dem Leid und der Verzweiflung der Araber, den Flüchtlingsströmen in Jordanien und den Leichen ägyptischer Soldaten, die in der Wüste verdurstet waren. Ich sah die mittelalterlichen Gestalten der Rabbis und Chassidim, die an der Klagemauer Freudensprünge vollführten; und ich spürte, wie die Geister des talmudischen Obskurantismus, die ich nur zu gut kannte, das Land heimsuchten und wie die reaktionäre Atmosphäre in Israel immer dichter und drückender geworden war. Dann kamen die vielen Interviews mit General Dajan, dem Helden und Retter mit dem politischen Verstand eines Hauptfeldwebels, der über Annexionen schwadronierte und eine rohe Gefühllosigkeit gegenüber dem Schicksal der Araber in den eroberten Gebieten an den Tag legte: ›Was gehen die mich an? Von mir aus können sie bleiben oder gehen.‹«

Ich frage mich, was Deutscher wohl zu Schamir und Rabin, zu Scharon, Arens, Geula Cohen und all den anderen gesagt hätte, zu den Knochenbrechern und Folterern, zu den gräßlichen Straflagern und erbarmungslosen Ausgangssperren, zu den Todesschwadronen, zu den vielen ermordeten Kindern, zu dem neunzehnjährigen Palästinensermädchen, das, wie neulich zu lesen war, mit Handschellen ans Bett gefesselt, in einem israelischen Krankenhaus sein Kind zur Welt bringen mußte?

Wie können Juden, die weit größeres Leid erdulden mußten, so etwas tun? Vielleicht hätte Abu Nidals Werdegang nie diesen schändlichen Verlauf genommen, wenn Israel 1974 in Gespräche mit Arafat eingewilligt hätte, als dieser Henry Kissinger seine vier Botschaften sandte und darin seine Verhandlungsbereitschaft signalisierte.

Der israelische Schriftsteller Amos Oz meint, die Israelis und die Palästinenser seien verrückt geworden und müßten zu ihrem eigenen Schutz getrennt werden, bis sie wieder zur Vernunft kommen. Dieses Buch beschreibt einen Fall von Irrsinn. Ich habe es geschrieben, um zu zeigen, welch blutrünstiger Wahnsinn sich hinter den Kulissen abspielt. Palästinenser und Israelis bringen sich wegen eines taschentuchgroßen Landstreifens, der 1967 von den Israelis eroberten West Bank, gegenseitig um. Die Palästinenser setzen all ihre Hoffnungen auf Identität und Selbstachtung in dieses Stück Land: Für sie bedeutet alles andere als politische Autonomie eine Fortsetzung der Diaspora oder bittere Knechtschaft. Sie töten und sterben für die Rückeroberung der West Bank. Aber viele Israelis behaupten, daß die West Bank ein integraler Bestandteil des »Landes Israel« sei, und töten und sterben lieber, als daß sie sie aufgeben. Ohne Frieden zwischen den beiden Völkern wird es auch künftig Terror und Gegenterror jener grausamen, unbarmherzigen Art geben, die ich in diesem Buch beschrieben habe.

Ich bin im Laufe der Jahre zu der Überzeugung gelangt, daß Israels Sicherheit auf lange Sicht nicht in der Zerschlagung des palästinensischen Nationalismus und der PLO liegt, sondern in einer Verständigung mit ihnen. Ein kleiner Palästinenserstaat an Israels Grenze würde das Land nicht bedrohen, sondern stärken, weil es in der Staatenfamilie des Nahen Ostens dann endlich volle Anerkennung finden würde.

Israelis neigen dazu, ihre Situation als Existenzfrage darzustellen, als drohe ihnen ständig die Ausrottung. Aber der Staat Israel ist nicht in seiner Existenz bedroht. Das letzte Mal, daß Israel sich einer solchen Bedrohung gegenübersah, war während der kurzen Waffenruhe im israelisch-arabischen Krieg von 1948, wie Ezer Weizman, israelischer Kriegsheld und ehemaliger Luftwaffenchef, öffentlich zugegeben hat. Heute geht es nicht mehr um die Existenz des Staates Israel – diese Frage wurde vor über vierzig Jahren geklärt –, sondern um die Bedingungen und die Art des Friedens, den es mit dem arabischen Hinterland schließen muß. Ich, der ich mich seit nunmehr dreißig Jahren mit dieser Region beschäftige, hoffe sehnlichst auf einen solchen Frieden.

Die Araber wollen den Frieden, aber es gibt meiner Einschätzung nach zwei Dinge, die sie nicht akzeptieren werden. Sollte Israel auf ihnen bestehen, so provoziert es damit weitere terroristische Gewalttaten, wie wir sie von Abu Nidal kennen, und irgendwann auch neue Kriege. Das erste ist die permanente Unterdrückung und Zerstreuung des palästinensischen Volkes: Wenn Israel wirklich Frieden will, muß es innerhalb der Grenzen des historischen Palästina Platz machen für einen palästinensischen Staat und ihn als Partner und nicht als Gegner betrachten.

Zum zweiten wird die Region die israelische Vorherrschaft auf Dauer nicht dulden. Die arabischen Staaten haben Israel inzwischen als einen Hauptakteur im Staatengeflecht des Nahen Ostens akzeptiert, der mit Ägypten, Syrien, Saudi-Arabien und all den anderen konkurriert und interagiert. Ja, sie erwarten und achten darauf, daß Israel diese Rolle auch spielt. Aber sie sind nicht bereit, für immer ohne angemessenen Schutz im Schatten eines mächtigen Israel zu leben, in permanenter Angst vor einem Angriff seiner weit überlegenen Streitkräfte. Unterlegenheit und Demütigung treiben sie unweigerlich dazu, sich die notwendigen Mittel zu beschaffen, um Israel in Schach zu halten. Vielleicht stehen diese Mittel den schwachen und untereinander zerstrittenen Nachbarn Israels noch nicht zur Verfügung, aber sie werden versuchen, sie in die Hände zu bekommen – und Israel wahrscheinlich zu einem Präventivschlag veranlassen. Und dann beginnt ein neuer Teufelskreis der Gewalt.

Gleichwohl kann ein stabiler und dauerhafter Frieden zwischen Israel und seinen Nachbarn nur auf gegenseitiger Abschreckung beruhen, auf einem arabisch-israelischen Gleichgewicht der Kräfte und letztendlich auf guter Nachbarschaft. Israels Sicherheit kann nicht auf unbegrenzte Zeit auf Kosten der Unsicherheit seiner

Nachbarn erkauft werden, wie es israelische und amerikanische Regierungen in den letzten Jahrzehnten versucht haben.

Der Leser muß sich sein eigenes Urteil über Abu Nidal bilden, und dabei stets im Hinterkopf behalten, daß Abu Ijad und seine Mitstreiter von der Fatah allen Grund haben, Abu Nidal und Israel, ihre beiden größten Feinde, auf die Anklagebank zu setzen. Sollte Abu Nidal trotz seiner Verbrechen ein palästinensischer »Patriot« sein, so beweist er durch seine Person, wie dieser Konflikt die Sehnsucht der Palästinenser nach einem eigenen Staat zum Gangstertum hat verkommen lassen. Wenn hingegen Abu Ijad und andere recht haben und Abu Nidal ein Werkzeug der Israelis ist, so ist er ein lebender Beweis für die politische und moralische Verderbtheit, auf die Israel und seine arabischen Kollaborateure herabgesunken sind.

Der Preis für Israels Besetzung des Westjordanlands ist unschätzbar hoch. Die Palästinenser haben sie mit Toten und zerstörten Leben bezahlt, aber auch Israel hat seinen Preis bezahlt: einen Preis, der sich in der Brutalisierung seiner Gesellschaft und seiner Armee zeigt, im völligen Fehlen einer jüdischen Ethik bei der Gestaltung seiner Politik, im Verlust seines guten Namens und in der Korruption seiner Diplomatie, wenn es die internationale Meinung manipuliert und sich dreht und windet, nur um Verhandlungen zu vermeiden, die zur Rückgabe der eroberten Gebiete an ihre Eigentümer führen könnten.

Als Eduard Schewardnadse, dem ehemaligen Außenminister Gorbatschows, von sowjetischen Hardlinern vorgeworfen wurde, er habe Osteuropa »preisgegeben« und den Deutschen die Wiedervereinigung »erlaubt«, antwortete er nachdenklich: »Das war der Preis dafür, daß wir ein zivilisiertes Land geworden sind.« Israel sollte über diese Antwort nachdenken, wenn es über das Schicksal der besetzten Gebiete, die unter seiner Herrschaft leiden, entscheidet.

Appendix: Abu Nidals engste Mitarbeiter

Im Jahr 1990–91 setzten sich die drei wichtigsten Institutionen der Organisation Abu Nidals – das Politische Büro, das Zentralkomitee und der Revolutionäre Rat – wie folgt zusammen:

Politisches Büro

Sabri al-Banna (Abu Nidal), Chef der Organisation, auch bekannt unter seinem arabischen Namen Amin al-Sirr.

Isam Maraka (Salim Achmed), seit 1987 Stellvertreter Abu Nidals; übernahm den Posten von Mustafa Murad (Abu Nizar). Im Jahr 1991 verlor er den Posten an Mansur Hamdan, blieb aber Mitglied des Politischen Büros.

Mansur Hamdan, wurde 1991 zum Stellvertreter Abu Nidals ernannt; war früher Leiter der politischen Abteilung und offizieller Sprecher der Organisation.

Sulaiman Samrin (Dr. Ghassan al-Ali), Erster Sekretär des Zentralkomitees und Leiter des Sekretariats.

Muhammad Wasfi Hannun (Wasfi Hannun), Chef der Volksarmee.

Isam Awdah (Sakarija Ibrahim).

Abdallah Hasan (Abu Nabil), Leiter des Komitees für revolutionäre Gerechtigkeit.

Schawki Muhammad Jusif (Munir Achmed).

Zentralkomitee

Das Zentralkomitee bestand aus Mitgliedern des Politischen Büros sowie folgenden Personen:

Thabit Abd al-Karim Mahmud (Zaidan), stellvertretender Leiter der Organisationsabteilung.
Ali al-Farra (Dr. Kamal), Geheimdienstchef in Libyen.
Atif Hammuda (Abu Siham), Leiter der Finanzabteilung.
Ali al-Batma (Samir Darwisch).
Ismail Abd al-Latif Jusif (Hamdi Abu Jusif).
Adnan Chalifa (Abu Hazim).
Risk Said Abd al-Madschid (Walid Chalid), Sprecher der Organisation in Beirut, bekannt geworden während der Silco-Affäre.
Nabil Muhammad Abdallah Salim (Sari Abdallah).
Muhammad al-Jahir (Fuad Abu al-Tahir).
Mustafa Ibrahim Sanduka (Hussein bin Ali), der eigentliche Chef des Komitees für revolutionäre Gerechtigkeit.
Hasan Asis Abd al-Chalik (Awwad), Leiter des Mitgliederkomitees.
Isa Jaradat (Sulaiman), Mitglied des Führungsstabes der Geheimdienstabteilung.
Abd al-Karim al-Banna (Husam Mustafa).
Ghanim Salih.

Revolutionärer Rat

Der Revolutionäre Rat setzte sich aus Mitgliedern des Politischen Büros und des Zentralkomitees sowie folgenden Personen zusammen:

Hamdi Abu Asba (Azmi Hussein), von 1985 bis 1987 Vertreter Abu Nidals in Libyen; wurde 1989 nach Algerien versetzt.
Ibrahim al-Tamimi (Tarik Mahmud), Mitglied des Komitees für revolutionäre Gerechtigkeit.
Ali Zaidan (Haitham), Mitglied der Geheimdienstabteilung.
Adnan al-Faris (Sami Abu al-Haitham).

Madschid al-Akkawi, stellvertretender Kommandeur der Volksarmee im Nordlibanon.

Abd al-Karim Muhammad (Awni Jabr), früherer Vertreter Abu Nidals im Sudan, in Aden und Libyen.

Chalil Chudr Salahat (Maan Adham).

Hischam Harb, eine Schlüsselfigur bei Operationen im Ausland.

Sami Abu Ali (Mazen al-Chalili), Abteilung Volksarmee.

Muhammad Habib (Salim Abd al-Rahman).

Muhammad Achmed Abu Asal (Abu Marwan).

Mahir al-Rusan (Walid), Bruder von Nawwaf al-Rusan (Uthman); sitzt gegenwärtig wegen versuchten Mordes an Botschafter Argov in Großbritannien im Gefängnis.

Sami al-Schajib (Isam).

Walid Isa.

Samih Abu Ali.

Überläufer und Verluste des Zentralkomitees

Al-Hajj Abu Musa, wichtigster militärischer Ausbilder; wurde Ende 1987 in Libyen ermordet.

Mustafa Murad (Abu Nizar), Stellvertreter Abu Nidals; wurde am 17. Oktober 1988 in Libyen ermordet.

Abd al-Rahman Isa; lief im Oktober 1989 über; überlebte einen Mordanschlag in Algerien.

Jasir al-Disi (Abu Mamun), bekannter Kommandeur der Volksarmee; wurde im November 1987 getötet.

Ajisch Badran (Abu Umar), bekannter Kommandeur der Volksarmee; wurde Ende 1987 ermordet.

Atif Abu Bakr (Abu Farah); wurde im November 1989 abtrünnig und gründete die Notstandsführung.

Chalid al-Madi aus der Finanzabteilung; wurde zum Kader degradiert.

Faisal al-Kafri (Kamal Mansur), Überläufer.

Fuad al-Suffarini (Umar Hamdun); setzte sich 1987 nach Jordanien ab.

Überläufer und Verluste des Revolutionären Rats

Wadschih Mustafa (Abu Mustafa), Überläufer.

Bahij Junis; sitzt in Österreich in Haft.

Uthman al-Rusan; sitzt in Großbritannien wegen des Anschlags auf Botschafter Argov in Haft.

Muhammad Daw Murtah (Junis Umran), Tunesier; schloß sich der Notstandsführung an.

Siad Thahmud (Basil), Kommandeur der Volksarmee; schloß sich der Notstandsführung an.

Nidal Tawfik Musa Hamada (Badschis Abu Atwan), Schlüsselfigur in der Geheimdienstabteilung; floh nach Syrien und dann nach Jordanien.

Achmed Abu Matar, Chef des Nachrichtenbüros Al Sabra; verließ die Organisation, nachdem diese ihre Zelte in Syrien abgebrochen hatte.

Abd al-Samad Abd al-Hafis, ehemaliger stellvertretender Leiter des Revolutionären Rats.

Musa al-Husseini (auch bekannt als Musa al-Haidari oder Abu Mazin).

Muhammad Abu Jabir.

Mudschahid al-Bajjari (Zuheir Chalid); wurde in Sidon durch eine Autobombe getötet.

Samih Muhammad Chudr (Zuheir al-Rabbah), Schlüsselfigur in der Geheimdienstabteilung; starb 1988 bei der Explosion einer Autobombe in Athen.

Abd al-Fattah Ghazal (Kifah Chalid); kam durch eine Autobombe ums Leben.

Umar Humaidi (Wahid Hasanain); wurde 1990 im Lager Raschidijeh im Libanon getötet.

Farid Hijab (Kajid Abu Arischa); kam im Juni 1990 durch eine Autobombe ums Leben.

Personenregister

Sachregister

Peter Scholl-Latour

Den Gottlosen die Hölle

Der Islam im zerfallenden Sowjetreich

Mit über 100 farbigen Abbildungen. 192 Seiten.

Längst haben sich im zerfallenden Sowjetreich auch die islamischen Fundamentalisten zu Wort gemeldet. Ein blutiger Prozeß mit oft bürgerkriegsähnlichen Auswüchsen ist in Gang gekommen. Was als Bewegung für die nationale Unabhängigkeit begonnen hat, wird immer häufiger von den eifernden Predigern der fünfzig Millionen Muslime, die im Sowjetreich leben, zum Kampf für die große islamische »Umma«, den gemeinsamen Gottesstaat aller Gläubigen, mißbraucht.

Auf mehreren ausgedehnten Reisen vor und nach dem Putsch in Moskau hat Peter Scholl-Latour die Krisengebiete besucht. Sein Buch deckt das ganze Ausmaß der Bedrohung auf.

Michael Wolffsohn

Wem gehört das Heilige Land?

Die Wurzeln des Streits zwischen Juden und Arabern

Mit 15 Karten und s/w-Abbildungen. Ca. 288 Seiten.

Wer lebte zuerst im Heiligen Land: Juden oder Araber? Wer lebte dort länger und mit welchem Recht? Gehört das Land den Eroberern, und wenn ja, wer eroberte es und wann? Und welches sind eigentlich die Grenzen des Heiligen Lands, um dessen Besitz Juden und Araber ringen – das aber auch die Christen, zum Beispiel zur Zeit der Kreuzzüge, zu erobern suchten? Wie heilig ist dieses Heilige Land in der Religion der Juden, der Araber und der Christen eigentlich wirklich? Oder ist die Religion vielleicht nur Mittel zum politischen Zweck?
Sachlich gründlich, aber auch provokativ läßt sich der bekannte Historiker Professor Michael Wolffsohn auf die umstrittenen Grundfragen dieses hochbrisanten politischen Konflikts ein. Sein Buch bietet scharfsichtige Analyse und unentbehrliche Information zu einer der brennendsten Fragen unserer Zeit.

C. Bertelsmann

Alexander Niemetz

Brennpunkt Nahost

Mit 4 Karten. 320 Seiten.

Als die Ölfelder Kuwaits in Flammen aufgingen, war Alexander Niemetz, Nahost-Experte und Chefreporter des ZDF – seit November 1991 »heute-journal«-Moderator –, längst vor Ort. Tagtäglich berichtete er aus Bahrain von dem Krieg der alliierten Streitkräfte gegen Saddam Hussein und seine irakischen Invasionstruppen.
Sein Buch bietet aber viel mehr als nur einen unzensierten Report über das, was in diesem Krieg um Kuwait wirklich geschah. Seit Jahrzehnten in dieser Krisenregion zu Hause, kann sich Niemetz auf die Informationen vieler Geheimdienstler und Politiker aus dieser Region berufen, wenn er die wahren Hintergründe dieses Krieges aufschlüsselt.
»Brennpunkt Nahost« deckt das Ränkespiel regionaler und internationaler Politik auf, das diesen Krieg letztlich verschuldet hat, und fragt darüber hinaus nach der Chance für einen dauerhaften Frieden in der Golf-Region.

C. Bertelsmann

Vyv Simson/Andrew Jennings

Geld, Macht und Doping

Das Ende der olympischen Idee

Ca. 352 Seiten.

Wenn im Sommer 1992 die 25. Olympischen Spiele in Barcelona eröffnet werden, ist »Dabei-sein« längst nicht mehr alles. Wer in der Sportarena gewinnt, wird auch danach zu den Siegern zählen, dem olympischen Gold folgt ebensolches Geld in Form von Sponsor- und Werbeverträgen.
Seit Jahren stehen viele Spitzensportler auf den Gehaltslisten internationaler Konzerne, denn Erfolg ist die beste Werbung. Doch auch etliche Spitzenfunktionäre der internationalen Sportbürokratie erlagen den Verlockungen der Marketingstrategen. Willfährig nutzten sie ihren Einfluß, um Sportpolitik und Spiele auf die Bedürfnisse der einflußreichsten Sponsoren zurechtzustutzen. Und diese haben sich nicht nur mit einem Dankeschön revanchiert.

Simson und Jennings nennen in ihrem hochbrisanten Buch zum ersten Mal Tatsachen und Hintergründe dieses Millionenspiels – und die Namen der an ihm Beteiligten, unter denen sich auch Deutsche befinden.